中华现代学术名著丛书

新政治学大纲

邓初民 著

商务印书馆
创于1897 The Commercial Press

2011年·北京

图书在版编目(CIP)数据

新政治学大纲/邓初民著.—北京:商务印书馆,2011
(中华现代学术名著丛书)
ISBN 978-7-100-08299-0

Ⅰ.①新… Ⅱ.①邓… Ⅲ.①政治学-研究
Ⅳ.①D 0

中国版本图书馆CIP数据核字(2011)第067164号

本书据生活书店1947年版排印

中华现代学术名著丛书
新政治学大纲
邓初民 著

商务印书馆出版
(北京王府井大街36号 邮政编码 100710)
商务印书馆发行
北京瑞古冠中印刷厂印刷
ISBN 978-7-100-08299-0

2011年9月第1版 开本880×1240 1/32
2011年9月北京第1次印刷 印张15⅛ 插页1
定价:45.00元

邓 初 民

(1889—1981)

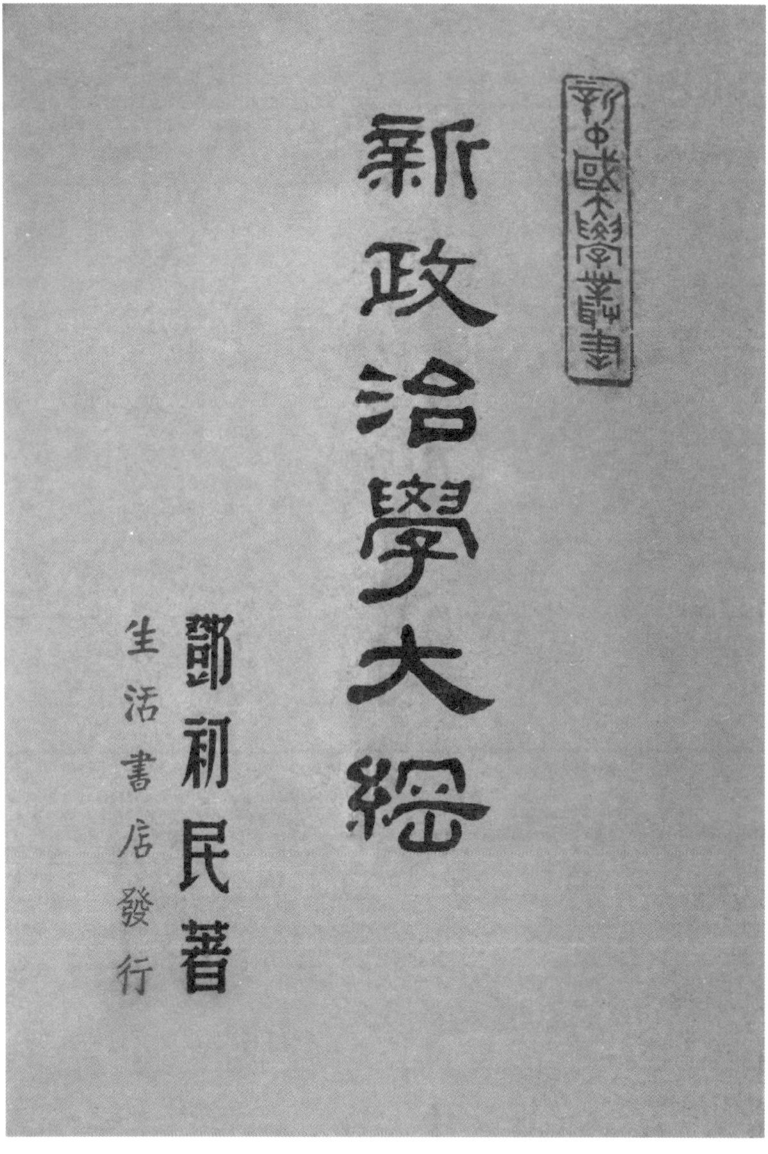

生活书店1946年版《新政治学大纲》封面

出版说明

百年前，张之洞尝劝学曰：“世运之明晦，人才之盛衰，其表在政，其里在学。”是时，国势颓危，列强环伺，传统频遭质疑，西学新知亟亟而入。一时间，中西学并立，文史哲分家，经济、政治、社会等新学科勃兴，令国人乱花迷眼。然而，淆乱之中，自有元气淋漓之象。中华现代学术之转型正是完成于这一混沌时期，于切磋琢磨、交锋碰撞中不断前行，涌现了一大批学术名家与经典之作。而学术与思想之新变，亦带动了社会各领域的全面转型，为中华复兴奠定了坚实基础。

时至今日，中华现代学术已走过百余年，其间百家林立、论辩蜂起，沉浮消长瞬息万变，情势之复杂自不待言。温故而知新，述往事而思来者。“中华现代学术名著丛书”之编纂，其意正在于此，冀辨章学术，考镜源流，收纳各学科学派名家名作，以展现中华传统文化之新变，探求中华现代学术之根基。

“中华现代学术名著丛书”收录上自晚清下至20世纪80年代末中国大陆及港澳台地区、海外华人学者的原创学术名著(包括外文著作)，以人文社会科学为主体兼及其他，涵盖文学、历史、哲学、政治、经济、法律和社会学等众多学科。

出版“中华现代学术名著丛书”，为本馆一大夙愿。自1897年始创起，本馆以“昌明教育，开启民智”为己任，有幸首刊了中华现代学术史上诸多开山之著、扛鼎之作；于中华现代学术之建立与变迁而言，既为参与者，也是见证者。作为对前人出版成绩与文化理念的承续，本馆倾力谋划，经学界通人擘画，并得国家出版基金支持，终以此丛书呈现于读者面前。唯望无论多少年，皆能傲立于书架，并希冀其能与“汉译世界学术名著丛书”共相辉映。如此宏愿，难免汲深绠短之忧，诚盼专家学者和广大读者共襄助之。

商务印书馆编辑部

2010年12月

凡　例

一、“中华现代学术名著丛书”收录晚清以迄20世纪80年代末，为中华学人所著，成就斐然、泽被学林之学术著作。入选著作以名著为主，酌量选录名篇合集。

二、入选著作内容、编次一仍其旧，唯各书卷首冠以作者照片、手迹等。卷末附作者学术年表和题解文章，诚邀专家学者撰写而成，意在介绍作者学术成就，著作成书背景、学术价值及版本流变等情况。

三、入选著作率以原刊或作者修订、校阅本为底本，参校他本，正其讹误。前人引书，时有省略更改，倘不失原意，则不以原书文字改动引文；如确需校改，则出脚注说明版本依据，以“编者注”或“校者注”形式说明。

四、作者自有其文字风格，各时代均有其语言习惯，故不按现行用法、写法及表现手法改动原文；原书专名（人名、地名、术语）及译名与今不统一者，亦不作改动。如确系作者笔误、排印舛误、数据计算与外文拼写错误等，则予径改。

五、原书为直（横）排繁体者，除个别特殊情况，均改作横排简体。其中原书无标点或仅有简单断句者，一律改为新式标点，专名号从略。

六、除特殊情况外，原书篇后注移作脚注，双行夹注改为单行夹注。文献著录则从其原貌，稍加统一。

七、原书因年代久远而字迹模糊或纸页残缺者，据所缺字数用“□”表示；字数难以确定者，则用“（下缺）”表示。

目　　录

第五编　政党论

第六编　革命论

自　序

科学决不是理论的游戏——政治科学亦然，所以专门研究某种对象运动法则的科学，主要是服务于我们对于某种对象的分析、综合、实践。任何科学都成为与实践不可分的“契机”而和实践统一在某种方式上，政治科学尤然。因此，新政治学产生于欧洲十九世纪中叶，而中国则在一九二五至一九二七年（民十四至十六年）大革命以后，才被人们零絮地介绍过来。一八四八年，普遍于西欧各国的革命已开始了在国际规模下着手为“扬弃”旧社会体系、建立新社会体系的斗争，在这样一种社会实践中，革命的前辈们创建了他们的新哲学、他们的社会主义理论，同时也创建了他们的新政治经济学。中国从一九二五至一九二七年的大革命，直到“九一八”、“一·二八”、“七七”、“八一三”，伴随着抗敌救亡运动之逐渐展开，“抗战建国”任务之必需完成，这是一个如火如荼社会斗争的大时代。由于这种社会的实践、政治的实践所迫切要求，担当着这一斗争的全中国人，尤其是进步的人群，必需要有新的斗争武器、新的战术战略——新政治学为他们服务。所以，新政治学也在中国开始向完整的方面走了。但它的产生及其发展很显然地是适应着某一人群在斗争中的实践目的，经过了长期的和艰苦的道路的。

新政治学的基本特征，是它把政治关系的运动法则放置在社会内部的阶级对立上，而以“阶级矛盾”为政治关系之基本内容，同时它不是把国家这一单纯的政治机构作为它的全部对象，而是把全部政治范畴，例如政党、革命、那种在政治上最高基本的指导力量、那种在政治上奠定千百万人生命过程的政治运动都作为它们对象的，而对于国家的本质及其任务，并所谓专政与民主的诸问题，则由帝国主义时代，亦即廿世纪初叶的革命领袖们，在帝国主义战争、劳动大众革命、反机会主义、反法西斯以及其他许多新条件下，往前发展了十九世纪中叶革命前辈们的理论或学说，并把这理论或学说提高到了新的阶段。

研究新政治学，主要是把研究的基础放置在社会的实践，尤其是政治的实践上，拿社会的实践与政治的实践的实际经验来推动政治、改造政治，又从实践中来充实政治学说、发展政治学说，来求政治学说与政治理论的深入。

研究新政治学，自然也要把研究的基础放置在社会发展、政治发展的规律知识以及新政治学的各种根本特征上，拿一贯的、系统的、组织的、一般的、深刻的政治理论来指导政治实践，来武装我们的政治头脑，提高我们政治的警觉性。政治理论对于我们的意义，不仅是一种思想、学说、真理、理论，而且是丝毫不必掩饰的社会运动、政治战斗的武器，政治的战略战术。

目前中国的政治斗争，正在从事于英勇的、划时代的对日抗战，固然是以直接反日寇法西斯侵略的民族革命为中心，同时是要达到实现三民主义革命的最后境界。我们研究新政治学，当前的主旨，更是需要从活生生的实践中把握新阶段的政治理论——政治的战略战术，剖析敌我两方不同的矛盾根据及其优势条件与劣势条件，指出最后胜利的必然性，来服务于摧毁日寇侵略势力，建立民族独立、民权自由、民生幸福的三民主义新中国的任务。

然而《新政治学大纲》这本书，因为种种关系是离开上述任务很远很远的，就中应该受先进的政治学者的指摘的地方以及我自己不满意的地方也是很多很多，一切的批评、指正都是我所乐于接受的，而且我十二万分地期待着。

第　一　编

绪　　论

第一章　政治学的意义

第一节　政治学的对象

研究各种各样的世界就有各种各样的科学，要把一种科学从其他科学区别出来，它是以各种科学所研究的客体、内容亦即其对象作规准的。因为各种科学必然是以存在于世界之特定方面或一定部类的现象为其领域的。那么，政治学的对象是什么呢？这在一般的政治学者，都是单纯把国家作为政治学的对象的，但这已不能适用于历史的特定阶段即现阶段的政治范畴。在目前，国家决不能是政治范畴的全部。政治原是以社会阶层的基本矛盾为内容的，我们主要是从社会阶层矛盾去分析它怎样表现为种种政治形态或现象，然则社会阶层怎样表现为各种政治形态或现象呢？

人是社会的动物，不能离开社会而独立生存。人要生存，就必须取得食、衣、住、行的生活资料，要取得食、衣、住、行的生活资料，就必须参加物质生活的生产。因为要参加物质生活的生产，人类就要加入一定的、必需的、与他们意志无关的关系，即生产关系。这种生产关系的总和形成社会的经济构造，亦即社会的基础。但是在原始公社崩溃以后的社会之中，私产制度变成了社会组织的原则，所以上面所说的生产关系同时又是所有关系。人们站在这种所有关系之上，必然因着生产手段的有无，显现出社会阶层的差别，更由阶层的差别发展而为阶层的对立。于是，社会上互相对立的阶层势必由于利害的不同演出阶层的冲突，这样的冲突如果听其自然，就会侵犯所有关系，彼攘此夺，若任其发展下去，社会终将陷于纷争扰乱之境，而生产手段的占有者所需要的社会的安宁秩序也就无法维持。想要镇压住阶层的冲突、维持住社会的秩序，就不能不仰赖于一种表面上似乎站在社会上面的国家。国家是产生自社会却超出于社会之上且日甚一日地与社会疏远的一种力量，这种力量正是政治的力量。因为有了国家，所以占有生产手段的阶层能够通过国家这个机关变为支配者，去支配那不占有生产手段的阶层。同时，后者就变成被支配者。

支配者所以能够凭藉国家这个机关而对被支配者实行支配，是因为掌握着政治权力。没有政治权力，被支配者是镇压不住的。所谓政治权力，即是一种特殊的公权力。这特殊的公权力简称为政权，政权就是国家的主要特征。但国家单是有这样的强制的公权力还不充分，它必须还对被支配者宣布关于权利、义务的规定与关于保障所有关系及维持秩序的规定。挟强制的公权力，使被支配者奉行遵守。于是由于国家权力的运用，发生出一系列的立法、行政、司法等的政治行为。要司掌这些行为，必须有立法、行政及司法等政府机关（中央政治、地方政府）设官分职，各司其事，这就是政府。政府是执行阶层支配的机关，即是执行国家任务的机关，它也当然是政治力量之一种。

然而有支配就有被支配，有作用就有反作用，以力服人，这是万分不够的。当被支配者微弱无力时，被支配者或许由于恐怖的感情及利害的打算而忍受支配者的支配，或许由于惯受这种支配而安之若素，但一旦被支配者有了力量并意识到自己的力量而激发强烈的感情,就必定会起来企图否定那种支配。尤其在建筑于发达了的社会结构之上的发达了的国家中,被支配者常常容易意识到自己的力量,容易激发强烈的感情,因而反抗支配者的支配就时常显现为政治斗争。一切的政治斗争,就近代的国家说,都是巨大的、激烈的、严密的,因而斗争者的指导机关的政党就产生出来。政党的组织既是指导斗争的组织,也是政治力量之一种。政党这东西,固然在支配者或被支配者的阵营内也常分化,但支配者方面的政党与被支配者方面的政党却是对立的东西。因为一方面是代表支配者的利益,一方面是代表被支配者的利益的。

无论什么斗争,必不能避免与支配者的国家及其压制机关、强迫机关冲突起来,所以一切政治斗争达到极尖锐的时候便是夺取国家权力,即夺取政权。因为被支配阶级如果没有国家权力,即没有掌握政权,决不能有计划地改造新社会,达到自己的解放目的。而夺取政权的行动就是革命。有人说:"一切革命的根本任务就是政权问题。谁有政权,谁就能解决一切。"革命是政治斗争之尖锐的表现,自然也是政治力量之集中的表现。

以上所序列的国家、政权、政府、政党、革命都是政治力量亦即政治现象的具体表现,因此我们可以说:政治学的对象是政治范畴的全部,而政治范畴的全部起码是包括国家、政权、政府、政党、革命等政治现象的,决不能是单纯的国家。

也有些学者把政权、政府、政党、革命等政治现象都总括在国家里面,因此以为政治学的对象主要的就是国家,政治学就是研究国家的规律之学。这是过去社会关系、政治现象比较简单的时候,即在阶层矛盾所反映出来的上层建筑比较单纯的时候,或许也不算错。到了历史发展的现阶段则不然,即到了阶层矛盾尖锐化的近代，上层建筑随着阶层矛盾的尖锐而繁复，由社会阶层矛盾所表现的政治现象也就不单是一个国家了。自然，政权、政府是可以包括在国家里面去的，政党、革命等等也与国家有极密切的关系，但是政党、革命则决不能拿国家这一概念来包括。特别是近代无产阶层的政党，它决不是一个国家范围内的组织，而是国际性的组织。但是它们——国家、政党、革命——的共同点，却都是以阶层矛盾为基本内容的政治现象，所以我们仍然可以把它们概括起来，概括在“政治”这一根本范畴内。

因此，这本政治学的内容，便暂分为以下各编，在分析与综合、叙述与证明之有机的联系上来展开它：

第一编　绪论；

第二编　阶级论；

第三编　国家论；

第四编　政府论；

第五编　政党论；

第六编　革命论。

第二节　政治学的任务

政治学的对象是政治现象，上面已经说明了，现在所要说明的是政治学的“学”的意义。政治学是一种科学，是一种社会科学。一种学问要配得上称为科学，它必须遵从科学的公例，把它的对象做客观的分析，以探求对象之中的因果律。科学的对象是离开研究者的主观而独立的、客观的东西，对象之中的因果律也是客观的东西。科学者的职责就在于认识这种客观的对象，发现它的因果律。所以在科学的公例之前，科学的任务，要探寻客观的对象的本质，不能羼入主观的价值的批判；在于探求对象之中的因果律，不在于估评它的价值；在于求“真”，不在于求“美”或“善”。

我们知道：自然科学是遵从科学的公例，探求有生物或无生物的因果律的；社会科学也是遵循科学的公例，探求社会现象的因果律。不过，社会科学的诸部门与自然科学的诸部门比较是稍为落后的，尤其是政治学。这是什么原因呢？问题是很容易答复的。人是生活在社会之中的，人对于社会生活的诸现象总不能像对于自然现象那样客观，即必然要受自己所处的经济的地位与社会的环境的限制，以及历史的、传统的见解的束缚，对于一切社会现象不免仍要用价值的尺标去估量。

在落后的社会科学之中，政治学更是落后。这种原因，把它分析起来，可以概括为下列三项：(1)政治是以社会阶层矛盾为其基本内容，即包含支配者与被支配者之间相互关系及作用，研究政治学的学者们常容易基于自己的利益的打算，不能或不愿暴露政治的真相，以免与现实政治相抵触，与政治的支配者相抵触；(2)现实的国家的主权者大都只能容许或嘉纳与现实政治无抵触而且有利于现实政治的学说；(3)就政治做科学的研究而暴露政治的真相以致与现实政治相抵触的政治学说，难免不被支配者所蹂躏。基于上述三种原因，所以政治学的发达比较更为落后。所以我们在目前所见到的许多政治学著作，或者是代表着支配者的利益，或者是提出一些不合现实的理想，或者只是搜集一些现成的政治学说，编纂为政治学辞典，很难取得科学的称号。

政治学这门学问虽在科学之中更为落后，但是学者们要在科学的基础上研究政治现象的要求却是很久的。现时的政治学者们都称希腊的亚里士多德(Aristotélēs)为政治学的创始者(其实只能算是一种政治学说),但是他的政治学说与伦理的观念结了不解之缘,弄得事实的认识与价值的估量错杂起来。例如他主张国家是最高的道德的社会,国家的目的是至善等等,便是用伦理的标准估评国家的价值的明证。这种伦理学的政治观念一直支配着后来的许多政治学者们,即如在中国有一个时期主张"好政府主义"的人们,可以说都是受了这种影响。

其次,近世初期的一位政治学者马克维尼(Machiavelli),是以分离政治学与伦理学及宗教一事而著称的。但是他把创立民族国家的理想放在权谋术数的上面,因而他的政治学也只是帝王术或政治术,不能说是政治的科学。从十七世纪开始流行至十八世纪而全盛的自然法学派的政治思想,其重要的部分仍是由伦理观念或功利主义的见解构成的。反对自然法学派的政治思想而起的是理想主义的国家思想,其代表者是黑格尔(Hegel)。黑格尔的国家思想是根据他的辩证法研究出来的东西,可说是站在进化的观点之上的。但他的辩证法是观念论的辩证法,他把精神的发展过程看作世界的发展过程,因而拿一种超越人类的实际生活的、神秘的"世界精神"作为国家进化的指导原理,说国家是"道德思想之实现",是"理性的外形和实质",所以他的学说终于变成了空虚的、非科学的关于国家的礼赞。

上述自然法学派的政治思想与理想主义的政治思想,在现代的各种政治学说的主要思潮中还留有它们的痕迹,所谓"法治国家思想"、"幸福国家思想"、"文化国家思想"都是从前面两种政治思想派衍出来的。"法治国家思想"主张国家的活动在以实现一种

“法”的理想为主，即以法律保障人民的生命财产及自由作为国家的理想模型。“幸福国家思想”以保障“最大多数的最大幸福”或“国民全体幸福”等作为国家的理想模型。“文化国家思想”以“国民文化”的繁荣作为国家的理想模型。政治学是一种科学，科学的任务在就对象做客观的分析，以发见对象中的因果律，必然是站在原因论的立场，并不是站在目的论的立场，而去探求对象的目的。政治学研究国家这个对象时，竟迷入目的论的泥沼而去设想国家的目的，明明是非科学的了。虽然这些政治学说能够代表某一部分人的要求，在近代立宪运动及民治国家构成的过程中演出了很大的效果，但科学的要求重在认识事实，不在估评价值。真理的认识是有用的，而有用的东西不一定是真理。我们只能在现实的国家中认识它的因果律以构成政治原理，却不能拿主观的理想的原理揭举为现实的国家的目的。

上述几种政治学上的主要思潮，是今日种种政治学中所据以编纂的根据。现今的种种政治学虽然有种种色色的体例，但一究其根底，总不能脱出上述几种主要思潮的窠臼。即令自称为脱掉那些窠臼，而摘取上述那样的各种政治学说，编纂为一种折衷的、混合的政治学。像那样的政治学也决不是科学的政治学，因为它所据以为采集题材的蓝本原是非科学的东西。

看了上面的说明，政治学的任务应当怎样，大概可以明白了。简括地说来，政治学的任务在于把某一特定历史阶段的政治现象当作一个发展的过程去考察，实行客观的分析；认识它的本质、构造和机能；探求它的发生、发展及没落的各种特殊的因果律；并依据所探求出来的因果律指示改造的方法，以促成由一种政治形态到新的政治形态的转变。

第二章　政治学与其他社会科学的关系

政治学是社会科学之中的一种，它和其他的社会科学当然是有密切的关系的。各种社会科学都是以特定的社会现象作为研究的对象的。社会现象的种类很多，按照各种社会科学部门分类起来，可分别为经济、政治、法律、道德、宗教及其他意识形态等等。依据社会学的研究，经济构造形成社会的基础；政治法制形成社会的第一层上层建筑；其余道德、宗教及其他意识形态形成社会的第二层上层建筑。社会的存在是规定社会意识的，但不是说社会发展的客观法则可以脱却意识形态而以其自身来实现，即上层建筑对于社会基础有其相对的独立性，亦可以反作用于社会基础。从前社会科学没有发达的时代，种种的社会现象都属于社会学研究的范围，以后社会现象日趋复杂，学术上的分工也趋于细密，因而许多部门便从社会学分化出来，成为各种个别的社会科学，如经济学、政治学、法律学等。而社会学就只以全体社会发展的一般法则为对象，只表现为社会发展的一般理论，对其他个别的社会科学则表现为方法；但因它自身具有一定的实在的对象，所以它便仍然是一种社会科学。在这里，与社会学最容易相混的是历史学或历史。因为历史——客观实在的历史，也是整个的社会过程，作为科学的历史学的对象，也就是整个社会发展的法则。但历史学与社会学究竟是不同的，其不同的地方是在历史不像社会学那样以社会发展的一般法则为对象，而是研究社会的一般法则在各个历史阶段，即各个特殊的社会经济结构之中，所采取的具体形态或特殊形态。因此，社会学也是历史学的方法，而历史对社会学则是它得以总括的唯一现实地盘。自然，其他的社会科学也是离不开现实历史的。所以，政治学与其他各种社会科学有不可分离的关系，特别是与社会学、历史学、经济学、法律学的关系更为密切。这里便只就政治学与社会学、历史学、经济学、法律学的关系分别加以说明。

一、政治学与社会学

政治学的对象是政治，社会学的对象是整个社会过程。政治学的任务在于客观地分析政治形态，认识政治的本质的构造和机能，探求它的发生、发展及其没落的各种特殊的因果法则；社会学的任务在于客观地分析社会形态，认识社会的本质、构造和机能，探求它的发生、发展、没落的一般的因果法则。政治是社会过程中的产物，是社会的上层建筑，它是随着社会基础的变化而一同变化的，因而它的变化的因果法则也随着社会的变化的因果法则而一同变化。一定政治现象变动的动力，胚胎于一定社会的当中，所以政治变动的法则完全受社会发展的一般法则所支配，所以研究政治学的时候，如果不根据社会学所探求出来的社会发展的一般法则，必然就不能探求出政治变动的特殊法则。

二、政治学与历史学

研究总体的社会过程的科学，除社会学之外，还有一种历史学。但如前所说，历史学不像社会学那样，以社会发展的一般法则为对象，而是研究这一般法则在各个特殊的社会经济结构之中所采取的具体形态或特殊形态。因此，它不是要找出那互相不同的社会经济结构之上的所共有的一般规定就算完事，而是要根据历史发展的观点，即由一个社会经济结构转化为另一社会经济结构的观点，与各个社会结构特殊法则的研究不可分地联系起来，去发现那历史转化、发展的一般法则。它的特征，不仅要注意历史的渐次性的进化，还更要把握住一个社会经济结构向另一社会经济结构转化的飞跃。例如，历史研究现代社会是从什么社会结构发展来的？它从发生到现在一般危机时代经过了什么阶段？它将要转化为什么新的社会结构？而规制这种转化的可能性的客观条件是什么？为了实现这种可能性的主体条件，又应由什么社会力量来担负？亦即完成历史飞跃之政治任务的社会阶层是什么？如何把政治任务与历史发展法则配合起来？没有那一种科学可以离开现实的历史地盘的，亦即没有超历史的政治。

三、政治学与经济学

经济学研究特定社会之经济的构造，亦即其生产力与生产关系；政治学研究社会之政治、法制。政治、法制是依存于经济构造的，因而政治学也依存于经济学，这是很明白的事情。

“政治是经济的集中之表现”，这句话的意思是说：政治是经济的“自己疏离”，是经济在社会层分不平等的社会结构上为着自己运动所必然要采取的形式。这就是说，在社会关系不平等的社会结构中，经济上的问题只有在政治的形式上才能解决。但这一命题并不排除经济对政治是基础的事。这只是说，一切社会过程只有通过人的行动来表现，在社会关系不平等的社会中，只有通过社会各阶层的行动来表现，而这种行动的尖端就是政治；然这种人类行动或政治的行动，无论如何是依存于他在那照应生产力一定发展水准的生产关系的地位的，即政治、法制毕竟依存于经济构造。只有这样理解政治与经济的关系，才能把握住政治学之科学的基础，因此方能使政治学得到明确的被规定的对象，才能使政治和法制的认识都可以从所谓历史哲学或伦理学的观念论的基础以及过去社会学者们的非历史的把握之下——即形而上学的离开，被历史规定着的特殊性的一般规定的把握之下——解放出来，获得真正的、科学的性质。

四、政治学与法律学

政治学与法律学关系的密切是用不着多加说明的。政治学是研究政治的科学，法律学是研究法律的科学。所谓法律者，原是由国家权力来维持的“社会关系之体系”。即当着“对社会自立起来的权力”之国家发生时，现存的生产关系亦即社会关系，便在法律的形式上被裁准，被国家权力所支持了。因而被法律所规制住的人类关系即法律关系，在内容上是生产关系、社会关系。法律既然不外是由国家权力来维持或支持的“社会关系之体系”，则法律就原不过是政治的附庸，法律学与政治学也就有着不可分的联系了。

政治学与各种社会科学都是有密切的关系的，上面只就与它的关系比较最密切的部门略说了一个大概。由此，我们可以明白政治学在社会科学中的地位及其所研究的范围，同时对于政治学的研究方法也给了一个暗示。

第三章　政治学的方法

第一节　政治学上所流行的几种方法

从前研究社会科学的学者们都有一个共通的观念，以为社会现象和自然现象不同，社会现象是人事现象，而人是有意志的、自由的，不受什么法则的必然性所支配。尤其是伦理学者、法学者、政治学者们都觉到有固守这个观念的必要。他们以为如果离开这个观念，就会冒犯危险；如果自己的行动和意欲都不受自己的意志所支配，那就会显现得罪与罚、善与恶、法律的判罪和道德的谴责等毫无用处了。这种观念在今日的社会科学上还存有它的痕迹。

自从十五世纪后半期以来，自然科学渐渐发达，而且以不断增加的速力向前迈进，自然科学研究"自然"的方法，就是把"自然"分解为种种个别的部分，把种种自然过程与自然物分离为明确的种别，把生物体内部的种种形态实行解剖的研究。这种研究方法，在自然界的认识上，是最近四百年来传承给我们的大进步的基本条件。但这种研究方法却又遗留给我们以一种习惯——把自然物及自然过程从它的全体的总关系分离出来而实行个别的观察。即是说，不在自然的运动上观察自然，而在其静止上观察它；不把它当作根本变化的东西，而把它当作永久不变的东西；不把它当作生动的东西,而把它当作僵死的东西。这种思维方法,经培根(F. Bacon)和洛克(Locke)由自然科学移入于哲学以后,就形成了形而上学的思维方法。所谓形式论理学就是这样成立起来的。

形式论理学,正如其名称所显示,只是形式的,不是现实的。它处理依据于悟性造出的定义,不穷究事物的内容,至多只能通达于事物的表面(即形式)。因为形式论理学是在事物的孤立隔绝的形态上、在事物的固定不变的形态上去考察事物的。但事物并不是孤立隔绝地存在着,也不是固定不变存在着。换句话说,孤立隔绝地存在着的事物、固定不变地存在着的事物在现实上是没有的。所以,应用形式论理学研究事物所得的认识只是认识的一分段、一断片,而不是认识的总体和总过程,所以我们如果要求得真正的知识,就不仅要认识对象的形式,并且要认识对象的内容;不仅要了解事物的现象,并且要了解事物的本质。但要做这样的研究,单靠应用形式论理学是不济事的,我们必须更进一步去应用现实的论理学。

现时政治学所应用的方法,有的是直接从自然科学方面搬进的,有的是从形式论理学上采取的,有的是从历史方面采取的,但那些方法的本身仍是形式的,所以研究所得的结果也是形式的。我们姑且就现时政治学上流行的几个方法,如有机体的方法、历史的方法、实验的方法、心理学的方法等加以检讨。

(一)政治学上的有机体的方法,可以说是应用生物学的知识研究国家这一政治现象的方法。主张有机体的方法的人,把国家看作有机体,把国家的构造和机能看作有机体的构造和机能,这种方法,只在其把国家的发生、发展及消灭比拟于有机体的发生、发展及消灭的一点是正确的。至于要想靠这个方法以研究国家的本质，国家的发生、发展及消灭的法则，却是不可能。因为在其抽象的形式上，国家或许与有机体相似，但有机体属于生物学的领域，国家属于社会科学的领域，支配着生物界的法则，不能无条件地移用于社会。人不但受生物力及物理力的作用，还要受社会力的作用。人能从事生产，以营社会生活，这是人类与其他动物相区别的主要特征。所以，生物学上的范畴与社会科学上的范畴完全不同，因而生物学上的法则不能适用于社会。所以，应用有机体的方法以研究国家，至多只能知道国家的形式，不能知道国家的本质，更不能知道国家的发生、发展及消灭的法则了。这个有机体的方法决不能成为政治学的方法，尤其把有机体的各部分的构造和机能来比拟现实国家支配者与被支配者的地位与活动，更是不伦不类。

（二）政治学上历史的方法，是应用历史的材料研究政治变迁的原因和路线的方法。这个方法，在其以历史的事实作为研究政治的资料一点是正确的。因为我们研究政治不能不取材于政治历史，尤其是研究国家的起源，必须取材于前史学。但是，我们要靠已成的历史指示我们以政治变迁的真实原因与真实路线却有些不可能。我们知道，已成的历史大都是由历代的支配者遗留下来的史料编纂而成的，而那些史料又多半是圣君贤相以及英雄豪杰的事迹，各时代的社会的真相都被隐藏或净化。所以，那样的历史不但不对我们指示政治变迁的真实的原因及路线，并且往往容易使人误入英雄主义或天才主义的迷雾，使人只知保守而缺乏改进的精神。所以当着向历史采集资料之时，必须采取进化的观点，即其转化、发展的一般法则，去探求被隐藏了的、被净化了的历代政治的真相。从这种见地说来，这个方法本身还不能单独成为一个研究方法，因为研究任何科学都不能不搜集资料，而搜集资料一事并不就是研究方法的一切。

(三)政治学上的比较的方法,是比较各种不同的政治制度以抽出其共通性而求得一种普遍的政治原理的方法。原来比较的方法是在于就各种有差别的东西加以比较,以求得类似和差别的规定的。由比较的方法所得的结果是真的科学的智识所必须经历的阶段,但是停顿在这个阶段上还是不够的。我们知道,各种国家的政治制度,各自有其特殊的历史的、社会的根源,各自有其特殊的环境和条件。正如世界决没有两个完全同一的事物一样,也决不能有两个完全同一的国家或政治制度。所以这个方法在政治学的领域中应用起来,就不外是由多种相异的政治制度以求出其相同之点,而树立所谓普遍的政治原理。然而,在这样成立的普遍的政治原理之中,各种不同的政治制度中所具有的特殊的政治原理就被抛弃了。所以,这样得来的政治原理也只是关于各种不同的政治制度的抽象的、形式的同一性。即是说,由比较的方法所得的政治原理只是抽象的,不是具体的;只是形式的,不是本质的。真正的科学的方法必须超过比较的方法这个阶段,更进而探求具体的同一性。所谓具体的同一性,即包括一切差别性的同一性。明显点说,即是立脚在普遍的政治原理之上去考察各种不同的政治制度,以确立各种具体的、特殊的政治原理。

(四)政治学上的实验的方法,是把国家这一政治现象当作实验室,把各种政治原理拿去实践以观察其实效、决定其价值的一种方法。这种方法,是依据哲学上的实验主义(Pragmatism)而成的。实验主义是主张以实际的效用为真理的标准的一种主义。据实验主义说来,真理是观念的形容词。观念显出其实效时就叫作真理。至于那观念与它的对象一致与否却不成问题,只要那观念显出实效，就不问对象的有无，都是真理。但我们知道，观念是关于对象的观念，观念的真或假，要看它是否与对象相一致。但实验主义却主张观念的真理性并不在于它与对象一致，而在于它所显出的效用，甚至那观念没有对象也是可以的。照这样说，观念与对象无关，因而真理也是与对象无关。这明明是形而上学的。若果依据这种实验主义的方法来研究国家，结果所得的知识并不是关于国家这个对象的知识，所得的真理并不是关于国家这个对象的真理。因为实验主义的方法是主张把各种政治原理拿到国家的实验室来实验，以观察其实效，判断其价值。有实效、有价值的政治原理即是真理，即是关于国家的真理。照这样，政治原理并不是由于分析国家这个对象得来的，而是从外面拿来适合于国家这个对象的了。这明明是错误的。

我们知道，科学的研究方法的顺序，是先就政治这个对象作客观的分析，经过种种研究之后，然后才能树立政治原理。所以原理不是研究的始点，而是研究的终极的结果。如果要证明这个原理是否正确，是否与政治的对象相一致，当然可用实践（或实验）做标准。如果在实践上证明了，那种政治原理便是真理，否则便非真理。但这个标准并不是实效或价值。因为真理是有用的，而有用的东西不一定是真理。价值的判断是主观的，不能作为真理的标准。科学的任务在于求真，不在于判断价值。

（五）政治学上的心理学方法，是应用心理学的知识研究政治的方法。这个方法主张把国家这一政治现象当作人类的精神的结合，把政治心理状态当作国家，所以要用心理学的知识去研究国家。前面说过，国家是社会上的治者基于经济的利害创造出来用以支配被治者的东西，并不是由于什么心的相感作用而成的。所谓政治心理，不外是支配者与被支配者关于国家权力发生出来的心理，而两方面的政治心理又是基于各自的经济的利害而显现的。所以，政治心理的根源是埋在经济的利害关系之中。经济的利害的关系是根本，政治心理是前者的反映；我们只有从根本的东西去说明由它所发生的东西，这是无须多加说明的。

上面几种方法已经一一加以说明、加以批评了，这些方法都可说是形而上学的方法。如果应用那些方法去研究政治，结果只能通达于政治的表面，而不能通达于政治的本质。如果我们要更进一步去了解政治的本质，单靠那些方法是不够的，我们不能不应用现实论理学的方法。

第二节　现实论理学的方法——唯物辩证法

现实论理学是超出形式论理学之上的关于自然、社会、思维方法的学问。现实论理学，如其名称一样，是现实的，不是形式的；是具体的，不是抽象的。这里无暇述现实论理学的本身，只说及现实论理学的方法在政治学上的应用，特揭举如下的几个论纲。

一、由现实的经济生活的关系去说明政治形态

经济关系是社会的基础，政治形态是上层构造，是从这个基础分化出来的。经济的构造是第一次的东西，政治的构造是第二次的东西。所以国家这一政治形态，不是可以由国家自身去理解它，也不是可以由人类意识的一般的发展去理解它，而是要从经济生

活的关系中寻出它的说明来。

譬如世界先有地球存在,然后它反映于我们的头脑中,使我们发生所谓地球的意识,并不是由于我们头脑中先有地球的意识,然后地球才得发生,这是很明白的事情。同样,在人们未有意识地统治社会关系以前,人与人之间就不知不觉地(即无意识地)结成一定社会关系,然后这一定的社会关系反映于人们头脑中,才使人们意识到自己是在社会当中生活着。所以,社会的意识是第二次的东西而依存于一定的社会关系,而一定的社会关系是离开人们的意识而独立的东西,因而一定社会的意识的成立应由社会的关系去说明,而社会的关系不应由社会的意识去说明。

政治对于经济的关系,和上面所说的道理一样。在一切社会阶层不平等的社会中,不平等的社会关系需要一定的权力来维持。而这权力的装置是由物与人及观念三大要素构成的。这些装置的总和便形成社会之政治的构造。我们如果考察到那一个阶层为着那一种目的去使用国家的权力,就能够理解到那种政治形态的构造和机能,一切都是由社会的阶层关系规定着。即经济是根本的东西,政治是从经济分化出来的东西。所以,我们要说明一定的政治形态必须以现实的经济生活关系为根据,才能表现出它的真相。

二、从政治的全体性上去研究政治

第一项中的说明是研究政治的前提,这个前提即是要由现实的经济生活的关系去说明政治形态。前提确定以后,第一步的工作就是详细地搜集关于政治的研究材料。我们在前面说明政治现象之具体的表现时,曾经列举了国家、政权、政府、政党、革命等现象。我们搜集材料时，当然首先要依据这几种现象去搜集材料。关于国家所应搜集的材料，如与国家的本质、国家的起源、国家的发展等项有关的材料之类（政权一项可以包括在国家的材料当中去说明，所以不另立专篇）；关于政府所应搜集的材料，如与国家权力、人民权利、政府职权、议会制度、选举制度等项有关的材料之类；关于政党所应搜集的材料，如与政治斗争、政党活动、有产政党、无产政党、政治斗争的策略与战术有关的材料之类；关于革命所应搜集的材料，如与革命的根本问题、夺取政权的手段、革命胜利的条件等有关的材料之类。以上那些材料都是与政治这个概念的内容有关的东西，都应详细地一一搜集起来。

然而，单是那些材料还是不完全的，因为政治现象是以阶层矛盾为其主要内容的，所以关于阶层的概念、形成、对立，各种各式的集团社会分子以及种种形式的斗争与种种形式的联盟等材料，都要尽量搜集起来，实行分析的研究，做成有系统的说明，以为说明国家、政府、政党、革命等政治现象的准备。

材料一经详细搜集以后，就进行第二步工作。所谓第二步工作，就是对于一切材料实行分析的研究。先就政治的各种要素加以分析之后，再抽出一个最主要、最根本的要素加以研究，暂将其他许多要素搁在一边，等到把这最主要、最根本的要素研究清楚了，再顺次进而研究其他的许多要素，顺次加上许多复杂的规定，以到达于政治的全体性的完全认识。这里所说的最主要、最根本的要素就是阶层矛盾。我们必须先认识了社会的阶层矛盾，即认识了政治的本质，然后才能顺次研究国家、政府、政党、革命等要素，探求其互相联络及其联络的线索，以求得政治的、统一的形象。

三、在政治的发展过程上研究政治形态

宇宙间一切事物都在发展的过程中，即是在运动的过程中。运动是一切东西存在的形式，凡属不变不动的东西在现实上是没有的，而运动的原因起于运动着的东西的内部的对立。一切运动或发展都由于对立物的斗争。我们就力学上的范围说，力学上的运动由于作用与反作用的对立而起；就物理学的范围说，物理学上的运动由于阴阳两电的对立而起；再就化学的范围说，化学上的运动由于原子的结合与解离的对立而起；末了，再就社会科学的范围说，社会上的运动由于阶层的对立而起。政治是社会的上层构造，社会是在不断的发展过程中，因而政治也是在不断的发展的过程中。政治也和别的一切存在物一样，显现为一个发生、发展及消灭的过程。政治的发展的原动力即是支配者与被支配者的对立。

国家这一政治现象是包摄支配者与被支配者的统一体。支配者与被支配者的组成根源于社会上的阶层的编制。社会上的阶层的编制由于经济力的发展而改编，因而政治上的支配者与被支配者的组成也随着改编。历史上的国家形态的变迁，其原动力就在这种地方。所以国家并不是一成不变的东西，也不是永久的或绝对的东西，我们对于国家的研究，必须站在发展的立场，探求国家的发生、发展及其消灭的因果律。这样的因果律的发见原是政治学的任务。

所以依据第二项的方法，对政治做了全面的研究，求得政治的统一的形象以后，必须更进而站在动的观点上，探求出政治的发展的法则。

四、具体的真理之探求

“哲学的任务不是各色各样的解释世界，而是改造世界。”同样，政治学的任务不是各色各样的解释政治，而是改造政治。前面说过，真理是有用的。试以国家的研究来说，我们研究国家是在于认识国家的本质，认识国家的发展法则。国家的本质和它的发展法则一经认识以后，当然可以依据它的发展法则以改造现实的国家，使人类的生活能适应于社会的环境而有向上的可能性。不过这里要补充几句的，所谓“使人类生活向上”的意思，是说在我们认识了国家的本质及其发展法则并根据它改进了现实国家以后的事情，却不是先拿一种“使人类生活向上”的理想作为国家的目的。这是与判断价值的那种政治学绝不相同的。

然而，所谓国家的发展法则那东西也不是永久的、绝对的真理，而是相对的真理，是可以接近于绝对真理的相对真理。因为真理必是具体的，而具体的真理本身是可变的东西，是因时因地而改变的东西。具体的真理并不是超越时间、空间而都妥当的东西。因而政治学所研究得来的政治原理并不是永久的、绝对的东西，它常常随着国家的特殊形相和特殊阶段而有所改变。所以，政治学上的具体的真理之探求，就是在研究政治过程时，一面要拿政治的“普遍”的发展路线及法则性为前提，一面对于那“特殊”的时代与政治所具有的特殊的意义加以具体的考察，才能引出具体的政治原理。关于这层，可以分为两方面去说明。

第一，政治学是要研究国家这一政治现象的科学，但它不是研究一般国家的科学，而是研究一定时代中与一定社会形态相适应的一定国家形态的科学。这样，与一定社会形态相适应的一定国家形态当然也有种种色色的不同。譬如就现代民主国家说，现代民主国家是与现代资本主义社会相适应的东西；而所谓民主国家又是各色各样，如英、美、法等国家可说都是民主国家，而这些民主国家又各自有其特殊的、历史的、社会的根源。所以，当我们把这些民主国家作为研究对象而探求它们的共通的本质及法则性时，这样的本质及法则性也只是近似的包括各种不同的民主国家。我们的认识作用的任务，一面要以这种共通的本质及普遍的法则性为前提，一面要把各个特殊国家的特征和这样的共通的本质与普遍的法则性关联起来，加以具体地分析，以求得使特殊与普遍相渗透的具体的真理。

第二，政治学不单是研究现代的国家，还要研究过去的国家。即是说，政治学要研究国家的过程，并探求国家的发展法则。国家既是一个过程，在这个过程中，它要经历无数的发展阶段。就整个的过程说来，由原始时代到有国家的时代，由古代国家而封建国家而民主国家而社会主义国家，都包括在这个长期的过程之中。在国家的这个长期过程中，具有着发生、发展及消灭的许多阶段，具有着贯穿于这许多阶段的普遍的发展法则。再就全过程中的各国*阶段上的国家说，这各个阶段上的国家又各自成为一个过程，也具有着发生、发展及消灭的各个小阶段，也具有着贯穿于这各个小阶段的特殊的发展法则。这各个阶段上的国家的发展法则与全过程的国家的发展法则的关系是特殊法则与普遍法则的关系。普遍法则由特殊法则而成立，特殊法则依普遍法则而存在。所以，我

---

* 此处“各国”疑作“各个”。——编者注

们一面要认识全过程的、普遍的发展法则，一面要认识各阶段上的国家的特殊的发展法则，才能得到具体的真理。再则，各个阶段上国家的发展法则，其相互之间也是各不相同的。例如封建国家受封建国家的发展法则所支配，民主国家受民主国家的发展法则所支配。民主国家与封建国家不同，所以两者的发展法则也不同。这不同的原因是很明白的。正如资本主义社会高出于封建社会一样，现代民主国家也高出于封建国家，所以随着封建社会转变为资本主义社会，而现代民主国家就开始受另一种法则所支配。然而各个阶段上的国家的特殊的发展法则虽然由于历史的演进而互不相同，而这些特殊的发展法则却都是构成着全过程的、普遍的发展法则的一部分。这一点是要明白认定的。

所以政治学在研究国家过程时，一面要立脚于普遍的法则性的认识之上，一面要去观察一定时代的一个阶段或一个时期的各种国家的特征，并因此去抓住国家的连锁中的最重要的、特殊的环。这样研究得来的真理才算是具体的真理。

现实论理学在政治学上的应用大致如上所述。总括起来，可以引出如下的简单的结论：

现实论理学的方法是政治学上的唯一的、科学的研究方法，这个方法要求着：(1)从经济生活的关系去说明政治形态；(2)从社会矛盾、社会斗争中去把握各种政治现象的发生、发展和变迁及其由低级过渡到高级形态的过程；(3)全面地去观察和分析政治的各种要素的关联形态，以建立包含多种复杂规定的统一的政治形象；(4)在政治的发展过程上，探求各个阶段上的发展形态，以引出包含多种特殊发展法则的普遍发展法则；(5)并依据这样研究得来的具体的政治原理，从事于政治生活的实践。

第　二　编

阶　级　论

第一章　阶级论在政治学中的地位

我们说过，政治现象是以社会阶层矛盾为其基本内容的。国家、政府、政党、革命等等都是社会阶层矛盾之具体的表现，所以有了阶级的社会必然有国家、政府、政党等组织，且必然要发生夺取政权的革命。政党因为是近代社会阶层对立激化的产物，所以它的组织的阶级性也表现得异常强烈。因此，我们在以政治为对象而探求它的发生、成长、没落之一般的与特殊的规律时，必需要论述到阶级，不，必需要以阶级的论述为其出发点。阶级是一根红线似的把各种政治现象贯穿起来的。如果把政治和阶级分开了来观察，那便无论如何不能得到政治现象之真正理解。

因为阶级在经济结构之中亦即生产关系之中有其根据，而生产关系又是一切社会关系中的基本关系，是规定一切社会关系的特质的东西，所以社会阶级关系便浸透在一切社会关系之中。在这里，首先就是被浸透于政治关系之中。不仅此也，简直是由阶级关系才产生政治关系。阶级关系反映到政治关系上，才表现为政治上的治者与被治者的关系。所以，经济上的支配阶级同时必然是政治上的统治阶级。古代社会的奴隶和封建社会的农奴，他们是在经济上被僭取的，其特征即是在政治上也没有权利。资本主义社会的生产工作者，因为在表面上也享有人权和市民权，即在法律上也跟生产手段所有者的资本家是平等的，好像是消灭了由阶级关系反映出来的政治上的不平等，但在资本主义社会中的统治者确乎只有布尔乔亚。

反之，在另一方面，被治者的政治反抗却也是与阶级社会共久远的。在古代，被斯巴达团所领导的十五万奴隶跟奴隶主的政府作战，绵延至三年之久（纪元前七三—纪元前七一年）。封建的中世历史也是以农民战争来点缀的历史。近代社会，无论是资方与劳方，都组织了代表其利害的政党，以种种形式或方法在互相对抗着；而且很明显的，被治者之每一种斗争、每一个行动，客观的意义都是趋向于破坏现存社会组织、现存政治制度的，因此每一种行动、每一种斗争都是含有极充分的政治性或政治任务（参加斗争的人有否主观的自觉可以不问）。所谓"凡是阶级斗争都是政治斗争"，其意义就在这里。

惟其如此，所以有人站在阶级立场否认政治任务，其结果为徒劳。例如工团主义派（Syndicalists），他们对于政治斗争是连听都不愿意听的，他们要完全以工人自己的力量、用罢工或其他经济斗争达到自己解放的目的。这在他们痛恶机会主义政客式的议会斗争或谨防工人的利益为无耻的政客所出卖这一点上虽是对的，但在他们把阶级和政治性分开，因而从根本上否认政治斗争，则不免犯了很严重的机会主义、机械主义的错误。

复次，有人站在政治立场否认阶级对抗，其结果亦为徒劳。例如俄国死去不久的一个教授，名叫都加-巴拉诺夫斯基（Tugan-Baranovsky）的，他就以为国家不是偏于一面的组织，而是超然的，即认国家这一政治形态是对于一切社会阶层都有同样利益的，对于一切社会阶层都具有理想的价值；他以为在经济方面，国家不仅是人民统治的基础，并且还促进经济的发展，增殖国民财富的总量，保证一切社会阶层的利益。此外，国家还有文化及其他的使命，因为政治、经济是与文化分不开的。这不仅都加教授是这样说，社会民主主义者古诺夫也是赞成这种说法的。在都加与古诺夫之前，还有比他们高明的所谓自然法学派的政治思想与理想主义的政治思想，把国家之超然性更是说得天花乱坠。是的，从表面上看，仿佛近代欧美国家为发展经济，所以拼命地造铁路，国家为提高文化，所以努力地办学校；实际上，已经构成国家政权的支配者要想剥削群众、扩大剥削的范围、帮助剥削经常顺利地进行，那就必须依靠各种各式的社会企业。譬如，没有铁路网的发展，资本主义是不能发展的；没有各种专门学校，资本主义的技术便不能提高；没有各种职业学校，便不能得到熟练的劳动力等等。但在所有这些类似的方法中，已经构成国家政权的支配者都是从那一阶级本身的利益出发的，而不是为的增殖国民财富的总量、提高一般的文化。有人以滑稽的口调驳斥这一种理论说："既然国家不仅是从事于压迫，而且还……所以对于一切社会阶层都是有利的。好乖的人儿呀！用这样的理论什么事情都可以证明了。因为托拉斯不仅从事于剥削，而且还从事于生产，那么托拉斯也是对一般社会都有利益的了。因为美国的侦探机关不仅扭住了革命的无产者的臂膀，而且还在那里捉骗子，那么侦探机关也对一切社会阶层都有利益的了。"

其他还有许多从表面看仿佛有利益于一般社会的国家设施，例如近代国家所颁布的工厂法便是。许多大人先生便根据此点否认国家是偏于一面的组织。可是我们只要用片刻的光阴思考一下，就能明瞭这究竟是什么一回事。试问当资本家遇着工人的反抗觉得稍予让步反更为有利的时候，资本家是否即不成其为纯粹的资本家呢？国家也是这样，为支配工具的国家，因为有利而向被支配者稍予让步，是否即不成其为偏于一面的组织呢？实际上，支配阶级保持其经济势力的方法是多方面的，有时出之于进攻的手段，有时出之于让步的手段。他们放弃暂时的一部分的利益，其目的仍在保持其永久的、整个的利益。改良政策往往是含有毒素的、进一步的对于被支配阶级的压迫，这在历史上几乎是铁一般的事实。

这样，为政治具体表现之一的国家组织，怎样能够把它与阶级分开了来观察呢？自然，站在阶级立场而否认政治任务、排除政治作用的工团主义派或无政府主义派，其错误也就是在这里。所以，企图站在阶级立场否认政治斗争与站在政治立场否认阶级斗争的人们，在理论与实际都是徒劳的。

因此，我们便可以瞭解“阶级论在政治学中的地位”的重要了。

第二章　阶级是什么——阶级的概念

我们在前面说过，因为阶级关系才产生政治关系。实际上，阶级矛盾的内在作用正是开动历史的机括、社会发展的原动力。历史上之一切重大事变不管怎样，都是与阶级矛盾相联系的。一个社会的经济结构向另一个结构转变的意思，那就是说阶级关系根本起了变动，所以我们首先必须把“阶级是什么”这一问题加以充分地探讨。

最通行的见解之一，就是把“贫”“富”的分限作为阶级分裂的特征。谁的钱多就是资产阶级，谁的钱少就是无产阶级。这一见解是异常粗率而且异常错误的见解。如由这一见解出发，资本主义社会里的熟练工人便将是资产阶级，而贫穷的小布尔乔亚亦可算作无产阶级了。所谓贫富相差，在严密的意义上是不成其为阶级标准的。某矿山主因经营方法的拙劣不得不借钱来维持他的营业，那他在一方面当然是受高利贷乃至金融资本家的剥削的，但在他榨取矿山劳动者一方面说，他仍属于资本家阶级。在矿工中虽是偶然也有积蓄了些钱的人，但他还是劳动阶级。所以钱囊的大小，其结果虽然也可以使同一阶级中的两个人互相侵犯，但这是纯粹的量之差异，它始终是不能成为说明阶级定义之充分的根据的。这可以叫作“数量的阶级理论”，其根本错误，在当它规定阶级时，忽视了生产关系这一点。

其次，比这进了一步的是所谓“收入论的阶级理论”，其特征是在收入的源泉的差异中找出阶级的最后根据。现在我们已经知道什么东西构成个个阶级的了，那就是“除收入源泉的共同性之外，还有从那里生出来的利害的共同性及对其他阶级的对立的共同性，各个阶级都在努力使自己的收入源泉更为丰富，而使其他阶级的收入缩小”。这是考次基的说法。考次基并且说这与卡尔留下来的未完结的阶级理论之完成。但这种说法决不是卡尔的意思。第一，卡尔并不曾把阶级对立的根据建立在单纯收入源泉的差异上；第二，考次基所谓“对其他阶级的对立的共同性”，并没有把它把握为质的、真的对立，而也只是被他还原为量的大小关系。因为如果“各个阶级都在努力使自己的收入源泉更为丰富，而使其他阶级收入缩小”，而不是破坏、消灭其他阶级收入源泉的话，那么这种对立便不过是因收入量的大小而发生出来的罢了。

考次基虽然也说生产手段的分配是规定阶级关系的契机，但他不曾把生产手段的分配与其基础的生产联结起来，不理解生产手段的分配是生产发展的历史的结果，因此他便从在物质生产的生产中看出社会过程的基础理论上跑到武力说去了。即不从社会内部的生产发展中看出阶级和国家发生的原因，倒把武力看成阶级和国家发生的原因了。

然则正确的、科学的阶级规定是什么呢？很显然的，当正确地、科学地规定阶级时，就不许仅以生产物的分配（收入的源泉）或生产手段的分配为指标。生产物的分配是从生产手段的分配归结来的，但生产手段的分配又是生产发展的结果。生产手段的分配虽然是决定阶级关系的特征，但离开生产本身来考察时，就不免要陷到考次基的武力说去了。所谓把生产手段的分配与生产本身的发展联结起来考察，那就是要将社会的分工、社会的劳动组织放在这分配的基础上，即是说应在社会的分工、社会的劳动组织之上去求分配的基础。例如就资本主义的场合来说，当手工业从农业分离、都市从农村分离、商品生产发展时，封建的自然经济便行分解，于是生产手段的资本主义式的分配便经过那建筑在商品生产之上的商业资本之发展而开始自然而然地发生和进行了。

这里所谓社会的分工、社会的劳动组织决不是布哈林所说的企业内的劳动组织，它是把所有关系上的阶级敌对、生产手段分配上的敌对之各种历史形态都包摄其中的特定的社会劳动组织。这样，它便使各种历史上的阶级敌对形态贯穿在那社会的劳动组织、生产的社会的体制之中，而生产物的分配、经济上的剥削、收集都是阶级关系的表现了。这样，才能给出阶级的科学的规定：

> 所谓阶级者，乃是根据它在那被历史规定了的社会的生产体制内的地位，根据它在对生产手段的关系（大部分它被法律所确保和固定化），根据它在社会的劳动组织内的作用，因而根据它在社会的财富之中所处理的那一部分的获得样式和大小来互相区别着的多数的人类集团。所谓阶级者，乃是受一定的社会经济制度内的地位之差异的赐与，可以私有他人的劳动的这样人类的集团。*

* 此段引文出自列宁：《伟大的创举》，参见《列宁选集》第 4 卷，人民出版社 1995 年版，第 11 页。——编者注

总之，阶级存在的首要前提是特定历史发展阶级*上的社会生产体系内的各人地位之差异；这种差异的根本标志，表现在每人对生产手段的关系之差异，即表现在生产手段的分配之中。因此，一方面没有任何生产手段或基本生产手段的人类集团与他方面独占一切生产手段或基本生产手段的集团之存在，就是一切阶级社会结构的根本特征。

* 此处“阶级”疑作“阶段”。——编者注

第三章　阶级发生的原因

因为阶级存在的首要前提，是特定历史发展阶段上的社会生产体系内的各人地位之差异，所以它就决不是跟人类本身共久远的东西，这就是说阶级是生产力一定的发展水准上才发生的。恩格斯曾经说过关于阶级发生的两条道路，试引述如下：

> 人类开始自动物界——狭义地——脱出时，就是正当人类踏入自己的历史时，他们尚未脱出半动物的领域，所以是粗野的，对于自然是无力的，对于自己是无智的，因此和动物是一样的贫困，即比动物并不生产得多。那时的生活状态，在某程度内是平等的，家长等社会的地位也是平等的——至少社会阶级是不存在的。这种状态，在后来文化各民族之原始的农耕共产体间还是继续着。
>
> 在所有这些共产体间，自始便存在着一定的共同事务。这种共同事务，必须在全社会的监督之下，委诸各个人来管理。这里所谓共同事务，例如解决争议，禁压个人的越权行为，在热带地方为河川、沼泽的管理，最后则为宗教的职能等。这样的职务，在任何时代的原始共产体间都是存在的。……而这些职务是被赋与了一定的权力，这就是国家权力的起源。
>
> 生产力渐次增大了。人口的增加在个个的共产体间生出

了共同的或是抗争的利害关系，到了这些共产体以利害关系为中心、彼此结合以形成更大的全体时，于是又发生了一种新的分工，这就是设置防卫共同利益而且防遏抗争的机关了。这种机关是全体的共同利益之代表者；同时对于其他各个共产体已保有对立的地位，不久它因如下的理由变得更是独立化了：第一，因为在万事一任自然进行的世界，它那职务由偶然的变为世袭的；第二，因为随着和其他共产体增加冲突，更增大了这个机关的必要。*

由以上所说看来，最初本是全体的共同利益的代表者，同时便转化为与社会全体相对独立的而终于成为对立的要素了，这是一条路。

然而和这样的阶级构成（即因分工而起的阶级分裂）相并着，现在又流行了一种的阶级构成。农耕家族内原始的分工，到财富达到一定阶段时，便有收容一人乃至数人之家族以外劳动力的可能，这个情形在旧时的土地所有已经崩坏的地方或至少从前的共同耕作已分为割地的个人耕作所代替的地方，发生得最多。

生产大大发展，人类的劳动力现在是能够生产比单是维持每个人所必要的更多，而维持更多劳动力的资料是有了，使用这些劳动力的工具也存在了。在这里，劳动力便获得了价

* 上述三段引文出自恩格斯：《反杜林论》，参见《马克思恩格斯选集》第3卷，人民出版社1995年版，第522—523页。——编者注

值。不过,自己的共产体及其所属的联合体并不能供给何等可以使用的过剩劳动力。

战争是供给了这种劳动力。战争在很早便发生了,它是同几个共产体同时并存的。从前因为没有利用战争之俘虏的方法,他们只有被扑杀,再从前是把他们吃了的。然而在现在所达到之经济状态的阶段,这些俘虏遂获得了一种价值,因此,战胜者都让他们活着,而利用他们的劳动。……在这里便发生了奴隶制度。

奴隶制度使农业和工业间大规模的分工方始有了可能,使成为古代世界之花的希腊文化也有了可能。没有奴隶制度,便没有希腊的国家,没有希腊的艺术及科学;没有奴隶制度,罗马国家也是没有的。……

不论是怎样矛盾的、怎样异端的,但我们可断言:奴隶制度的采用在当时情形之下乃是一大进步。事实上,人类是从动物出发的,所以为了脱去野蛮状态,必须用同野蛮差不多的动物的手段。从前共产体在它们存续的地方,形成了最素朴的国家形态之东洋专制政治(自印度以至俄罗斯的)的基础。只有在这种共产体崩坏了的地方,各民族始脱去了自己的旧套而继续进步。它们首先所做之经济上的进步,是依据奴隶劳动之生产的增加而发展了。人类劳动的生产力差不多尚未能供给出人类必要生活资料以上的过剩生产时,生产力的增进,交易的扩大,国家和法律的创制,艺术和科学的建设,很明白的只有依分工的发展而始有可能;但这个分工的发展,是须以从事单纯手工劳动之大众和从事劳动指导、国家事务、商业,以及艺术上、科学上的工作之少数特权者间的一大分工为基础的。而这种分工之最单纯、最原始的形态,正是这个奴隶制度了。*

这又是一条路。

概括起来说:第一,即当人类开始脱离动物界之时,他们还未脱去半动物的境界,生活是粗野低劣,仰赖自然界现成的食物以生活,完全受自然所支配。因而他们的生活在某种程度上是平等的,各家族之家长的社会地位也是平等的。至少在这种时候,社会上还没有阶级。这种状态一直在后来的文化诸民族之原始的农耕共产体中还是继续存在。在这样的共产体中,从最初起就有一定的共同事务存在,而这些共同事务必须在全社会的监督之下委托一部分人去处理,而这部分人为完成其职务起见,又必须设有一定的权力。随着生产力的发展,社会有了自己消费之外的、多余的生活资料;有了多余的生活资料,就需要有一部分人专门负保管之责(通常是氏族中的长者),久而久之,等到生产力再进一步向前发展,而保管财富变成一种世袭的、固定的职务时,阶级就告形成。复次,由于生产力的增大,个个共产体之间又发生了共同的或抗争的利害关系,因而以这种利害关系为中心的共产体就被造成为一个较大的全体,于是一种新的分工又成为必要,而保卫共同利益及防遏抗争的机关就自然产生出来了。于是站在这样公共机关的人们因为由偶然而变为世袭的缘故,便渐渐地特殊化而成为特殊阶级,遂至把自己提高到社会支配的地位,而各个支配者便结为支配

* 上述五段引文出自恩格斯:《反杜林论》,参见《马克思恩格斯选集》第3卷,人民出版社1995年版,第523—525页。——编者注

阶级。这样看来,阶级发生的物质前提是生产力的发展。

第二,即和上述阶级构成的过程相并着,又有着一种阶级构成的过程。农耕家族中原始的分工一到财富发展到一定阶段时,就能吸收家族以外的人们的劳动力。生产发达起来,人类的劳动生产力除了维持自身生存所必要的资料以外,还能有多余的生产物。这时,既有可以维持较多劳动力的生活资料,又有可以使用这些劳动力的工具,于是劳动力便取得了价值。而这种过剩劳动的来源便是战争。战争所得的俘虏,在以前是被屠杀或烹食的,到这时便把他们用来做奴隶了。所谓奴隶制度就是这样形成的。这种奴隶制度实是社会的分工之最单纯、最原始的形态。古代(希腊、罗马)之以阶级对立为基础的社会的繁荣与进步就是在奴隶制度下成就的。

这样说来,最初的阶级社会就是建基于奴隶所有关系之上的,所以基本的对立是奴隶与其所有者之间的对立。因此,就是那随着社会职能的执行机关之从全体社会独立乃至对立而来的阶级分化,也不是外于奴隶制的产物。所谓阶级发生的两条路实际上不过是说明的方便,而由前一条路来的阶级分化,根本也是建筑在奴隶制的基础之上的。

明白了这一点,则一般流行的所谓阶级能力说(即认阶级的差别由于各人能力的差别)、阶级暴力说(即认阶级是起源于超经济的暴力)便可不攻自破了。

第四章　阶级发展的过程

在阶级发展的过程里，我们可以指出两个阶段来。第一阶段是某一阶级的存在还仅仅是生产中一个动力，仅仅是生产过程中演着一定作用之一种人的集团。这就是说，它在这里还不是一种自觉的社会的独立势力，知道它要什么、倾向什么，觉悟它的利益与其他阶级利益之特殊性与矛盾性。即在客观上阶级虽已存在，而阶级的自觉还未发生。等到这一阶级成了自觉的社会力量的时候，即明确意识自己的特殊利害、把握自己为特殊阶级的时候，那就进入第二阶段了。那时，这一阶级便不仅是生产中的一个动力，而且自觉自己阶级的地位与作用，看出自己阶级利益与其他阶级利益的矛盾，而变成有目的的并且想达到这种目的的阶级了。

马克思对于阶级发展的这两个阶段，曾经规定如下的概念：即把不自觉的阶级叫作“自在的阶级”（Class in Itself）；把自觉的阶级叫作“自为的阶级”（Class for Itself）。关于这一点，《哲学的贫困》一书中有很好的说明：

> 经济关系，第一把大群人民变成劳动者。资本的统治对于这一大群劳动者造成了共同的地位、共同的利害。因此，这一群人按他对于资本的关系已经是一个阶级，但是还不是一个自为的阶级。在斗争中——经过如我们已经说明之几个阶

段——群众便构成一个自为的阶级了。他们所拥护的利益才变成阶级的利益。*

这两个阶段发展的过程在这里只是说明工人阶级的发展的，决不能完全适用于一切阶级的成长，例如奴隶与农奴，就始终不曾跑出自然生长性的范围。因此，严格地说起来，所谓利害相反的两个阶级之严整的抗争，只有阶级发展达到“自为的阶级”的阶段后始有可能。所以在历史过程中，一种原始的、自发的、散漫的斗争还算不得是阶级斗争，而且被压迫阶级，例如奴隶所有主压迫下的奴隶、封建领主压迫下的农奴，往往是不能在“阶级斗争”这一字的本来意义上行使着阶级斗争的。能在“阶级斗争”这一字的本来意义上行使着阶级斗争的却只有压迫阶级，因为压迫阶级总是掌握着权力或国家的；阶级国家的存在，便已证明它早已有了阶级的自觉，早已是“自为的阶级”了。那么，我们就可以说：没有统治阶级不是自觉的阶级的。

再则，某一阶级从“自在的阶级”进于“自为的阶级”的这一过渡决不是一蹴而成的，决不是全阶级的群众同时变化的。因为一切阶级中的一切分子和一切层次没有同等的生长及发展之能力，不能在同等的速度内自觉自己是一个阶级，自觉自己的阶级利益而以之与别种的阶级利益相对抗。所以，一阶级中总有先进的分子和落后的分子，而引导这些落后分子到自觉的阶级斗争上去是很长的过程。尤其是在现代工人阶级的发展过程中，它的对立

---

* 此段引文出自马克思：《哲学的贫困》，参见《马克思恩格斯选集》第1卷，人民出版社1995年版，第193页。——编者注

物——资产阶级,常常与以严重的压迫并收买工人贵族加以分化,甚至在宣传、教育方面常常以非工人阶级的世界观及其他各种奴隶道德注入于工人层次中。

一个阶级内有许多层次,如上所说,正是阶级发展过程中必然有的现象,我们试就工人阶级来看:在他们中间有工厂工人及苦力工人的“小层次”的区别。工厂工人与苦力工人的觉悟程度是大不相同的。因为工厂工人是严格的无产阶级,所以能够由劳动条件得着团结精神和共同利益的觉悟;苦力工人则因为劳动条件不容易促醒他们的觉悟,因而阶级意识比较迟钝。

此外,工厂的大小也有关系,小工厂的工人在阶级意识上通常也是发展得较慢。

工厂工人之中又分出一小部分最上层的工人,形成所谓“劳工贵族”;这种劳工贵族的利益有时以与资本家合伙为有利,故不断接受资本家从殖民地或其他工人方面剥削来的馂余,而使阶级意识模糊起来,往往出卖阶级利益。

最后,女工阶级也是工人阶级中一个层次。女工阶级中一大部分差不多在现在还处于“自在的阶级”之状态中,所以女工阶级是工人中最落后的、最不觉悟而迟钝的。这个原因不难知道:女工不但是工人,而且是妇女,受着双重的压迫。

总起来说,在工人阶级中便分出:劳工贵族、普通工人阶级、苦力工人阶级、大工厂工人、小工厂工人、女工等。

这在资产阶级中也是一样。它大约可分出:大资产阶级、中资产阶级、小资产阶级、商业资产阶级、工业资产阶级、金融资产阶级等。

总之,一阶级内有许多层次,实是从“自在的阶级”进于“自为的阶级”的过渡,不能是全阶级群众同时变化的结果。但必需注意,工人阶级虽有许多层次,究其极在整个社会结构起变化时,阶级是不犯错误的。资产阶级内的不一致,一临着工人的反抗,也就自然消灭。

第五章 各种各式的阶级集团的历史性

我们既说明了阶级的概念、阶级发生的原因、阶级的发展过程等项，现在要把各种各式的阶级集团的历史性及其运命说一说。

阶级是历史的范畴，即它为特定的历史阶段所规定，而且随着历史一同变化。例如，古代社会的基本阶级是奴隶和奴隶主人，封建社会的基本阶级是农奴和领主，资本社会的基本阶级则是工资劳动者和资本家。因为历史阶级*的不同，即社会经济结构或生产关系的不同，便反映到阶级关系的不同，而阶级关系的不同又直接表现在剥削、收夺的方法之不同中。自然，一切剥削、收夺在它为收取剩余生产物一点上是一样的，然而总由于社会经济结构之不同，而对于剩余生产物的获取上各有其特征。例如对于奴隶的剥削，其特征是在人格上也不承认其有任何独立性的剥削，连劳动力的再生产都不顾到的强制劳动的剥削。对于农民或农奴的剥削，其特征则在封建制下取地租形态。而封建地租，则有所谓劳动地租、现物地租、货币地租三种。最典型的农奴制乃是在徭役劳动的形态上来剥削的劳动地租。对于工资劳动者的剥削，其特征则在资本家和劳动者的关系上互相采取自由人格间的契约形式来剥削其剩余劳动，而剩余劳动则是以剩余价值的形态来被剥削的。

---

* 此处“历史阶级”疑作“历史阶段”。——编者注

因此，在资本主义之下，劳动者是以自由意思出卖自己的劳动力，劳动者和资本家对国家的关系，即在法律上是平等的。在这里，实质上的不平等、经济上的不平等被形式上的平等、法律上的平等的假象所遮住；反之，在奴隶和封建制的下面，阶级支配因为还需要经济以外的强制，所以这支配就公然为国家的强制力所维持着。因而在那里，阶级便表现为身分。身分当然也不是外于阶级的东西，它是披着法律的外衣的东西。

由于社会经济结构以及阶级关系依历史转变的结果，所以各个社会经济结构下被剥削压迫的勤劳者的阶级运命便也各有不同。自然，从所有这些阶级都曾经和各种压迫他们的生产关系斗争过，即对于新社会的创造都曾经尽过积极的任务这一点来说，一般在生产过程中的劳动力的所有者都是站在生产力发展的利益上，为了扬弃生产力的桎梏的生产关系而战斗的革命阶级，但他们的历史运命却各有不同。很明显的，古代社会的奴隶便没有能在新发生的封建制下提高自己为统治者，封建制下的农奴亦没有能在新发生的资本主义社会下提高自己为统治者。而在将来的社会主义的生产下面，即如现在世界六分之一的苏联，工资劳动者是已成为新社会的主人翁了。如果我们要具体地去理解古代社会的奴隶、封建社会的农奴、资本主义的工资劳动者他们的历史命运之所以不同的理由，那就仍然是阶级结构的历史性决定了它。这就因为封建制的农业，亦即其社会结构，在奴隶制的社会结构中，以及资本主义的商品生产在封建制的社会结构中，都是自发地生长出来的，而未来的社会主义的生产关系决不会在资本主义胎内生长出来。

这样，阶级和社会经济结构的本身一样，不是什么固定不变的,而是随着历史的演变发生、发展乃至被扬弃的。因而它有其发生的历史条件,也决不是要存留到永久的将来的超历史现象,所以把阶级看成自然的秩序,把阶级的分化从个人间的生存竞争来说明它,或由生物学的要因亦即优生学的观点来规定它,都不是科学的阶级规定。

第六章　现代社会各种阶级之分析

一、基本阶级

现代社会就是指的资本主义社会，它在全世界范围内还是具有支配的地位——虽然在世界六分之一的地面上已存在着社会主义的苏联。资本主义社会的基本阶级，如前所说是资本家与工资劳动者。资本主义社会生产方法的矛盾表现为两者之间的矛盾；同时，两者又相互制约着，构成矛盾的统一。一般在矛盾的统一上的统一、安定都是相对的，而矛盾、抗争却是绝对的。矛盾的扬弃与克服是矛盾向前展开的结果。所以在资本主义社会，推进矛盾向前展开的是劳动者，要把矛盾努力抹杀、固执统一藉维现状的则是资本家阶级。

资本家最初在封建制之下是都市高利贷、商业资本的代表者。由于产业从小商品生产向工场手工业以及工场手工业向大工业的发展，高利贷、商业资本转化为产业资本，产业资本家从商人之中生长出来，代表发展途上的生产力，代表新的生产方法向封建关系斗争。单就这点来说，它在历史上曾经是进步的、革命的。但它的进步性由于他们的社会地位、阶级利益而受限制，最后便走到固执统一，对于腐朽的旧社会成为肯定的要素。目前法西斯主义的嚣张，完全暴露出资产者群的腐朽性。

工资劳动者最初是由那些离开乡村的农民、崩溃了的行会工人或徒弟、零落了的小商人或手工业者生长出来的，所谓“前期普罗列塔利亚*”，就是指的这些都市中的平民要素。在最初的阶段上，他们还没有全体地统一起来，所以，在政治上便没有能越出那反对封建要素的资产阶级的民主革命以外。但是随着资本主义生产的发展，同时就是劳动者群本身的成长，在资本主义生产力和生产关系冲突存在着的现代，而且在解决这种冲突的客观条件也存在着的现代，工人阶级已经进到有直接解决这种冲突的可能性的负担者了。

二、从属阶级

地主、小资产阶级，可以把他们看作资本主义社会从属的阶级，其意义即是从属于基本的阶级的。地主在封建制下本是和农民共同构成基本的阶级，并且是统治阶级之唯一的特权身分。但在资本制下，它已不再是身分，而是资产阶级之从属的要素，构成了资本主义社会统治阶级之一部分。虽然在地租的多少与农业品价格的贵贱等上面，不免与工业资本家也有利害的对立，但因为地主在资本主义社会底下已是以资本主义的生产方法为其生活条件，所以它与农工业资本家间的利害对立决非在同一生产关系之下不可调和的。

---

* 本书中“普罗列塔利亚”为英文“Proletarian”一词的音译，其词义为：无产者；无产阶级的。书中他处所及“普罗列塔利亚特”为英文“Proletariat”的音译，其词义为无产阶级。全书不作统一。——编者注

小资产阶级是包括了城市小资产阶级与农民。城市小资产阶级在资本主义社会下,因为它的成员一面无产阶级化,而另一小部分则幻想能爬上资产阶级的地位,所以在生活条件上是极不安定的,因而在政治上也不能担负任何独立的斗争。小资产阶级,因为它是小生产商品者、小经营者之故,所以它反对那商品生产的桎梏即封建的支配,又因它是小所有者,所以它对大资产阶级也抱着反对的气息;同时,因为它到底是小所有者,所以异于无所有者而仍然具有所有者的心理。因此,它的心情与行动总在中间层或上或下地摇摆。

村中典型的小资产阶级在资本主义社会中是中农。中农随资本主义农业的发展,大部分没落为半无产的贫农,更经过贫农而没落为农业无产者;小部分则发了迹变成有产者的富农。因此,它的生活条件也和城市小资产阶级一样,政治上的斗争也没有独立性,即在它参加民主革命的场合,因为它在封建制下被那分散性的小领主的土地所束缚住,不能成为统一起来的为其自身的阶级,即"自为的阶级",所以如果它不和资产阶级或前期无产阶级的运动合流,是不会独立获得民主的。

资本主义社会的从属阶级——地主和小资产阶级,因为他们在资本主义社会中不断地向两极分化,而在社会地位上只是副次的、过渡的,因此,又叫作副次阶级或过渡阶级。

三、智识分子

智识分子在资本主义社会内是互异其在生产关系内的阶级地位的,即它不构成一个社会阶级。一般地说,所谓智识分子者,是指在智识劳动与肉体劳动的分工存在着的社会中专门从事智识劳动的人。例如技术家、事务员、官吏、医生、学者、记者、艺术家、俳优、律师等等。以上这些智识分子在他们没有生产手段一点上说，是跟劳动者一样。但他们有的则被资本家以薄薪雇入，有的则在劳动过程上尽指挥任务，有的则成为下级官吏，一方面受其雇主或其上级剥削，也同劳动者一样，一方面又在帮助其雇主或其上级压迫劳动者及一般人民。到了少数上层智识分子，例如高级技术家、政治家、大学教授等等则又不同；这是他们的生活条件已极接近于资产阶级，甚至构成了资产阶级之一员，而在社会生活向各方面积极执行资产阶级的意志，其资产阶级的阶级性极明显地被反映出来。

以上是把智识分子根据其经济上的地位来说明的，如从社会的任务来观察，则还可以把它分为企业上的和政治领域上的智识分子及学者。特别是所谓学者，规定他所属社会层之主要标识不是他在经济上所处地位的问题，倒是在于他散布了些什么意识形态到社会去的这点上。因为所谓学者，他是以发展和传布意识形态为社会的职务的。智识分子差不多就是这样从种种复杂的要素成立的，所以它决不会形成固定的社会阶层，有资产阶级的智识分子，有小资产阶级的智识分子，有无产者的智识分子。自然，在资本主义社会，无产者的智识分子是少数的，然而它决不是外于无产者的东西，即决不是和无产者及农民对立的。否则就是把它看成一定的社会阶层，看成和无产阶级或农民的社会地位之为一定的一样了。自然，没有脱离资产阶级乃至小资产阶级生活之影响的智识分子，对于他们参加某种革命运动或劳动者运动，也是需要一定警戒的。

四、游离分子

除了上述资产阶级、无产阶级、地主、城市小资产阶级、农民之外，在资本主义社会还有一种叫作流氓无产阶级的游离分子。例如乞丐、娼妓、地痞、流氓、浮浪人、常习犯罪者等等。他们是从一切物质和精神的劳动游离的，而且是连劳动力也消失了的没有生产手段的分子，因此它并不是一般的失业者和贫民，因此它是一种不属于任何阶级，其本身也不构成一个怎样的整体物的，在社会生活上，也不是起何等积极作用的要素。

第七章　现代社会各阶级之政治任务

以上我们已把现代社会各阶级分为基本阶级、从属阶级、智识分子、游离分子等等，并各就其阶级属性简单地说明了其政治任务的一般性，现在还需要引申一下。试先就现代社会之基本阶级言之。

现代社会基本阶级之一的资产阶级，如前所说，在它代表发展途上的生产力对封建势力斗争上看，它是进步的、革命的。但因为他们是资产阶级，所以其进步为其阶级属性所限，自始就表现了它的两重性：一面要对封建势力斗争，一面又怕革命超过他们的利益要求以上。所以它的革命性总有某种程度的不彻底，因之欧洲资产阶级的革命，总以对封建支配的妥协而告终；许多殖民地半殖民地的民主革命，亦动辄以其同伴——广大革命群众之较激昂而走到革命之相反的路线，即与国外的压迫民族——帝国主义，国内的封建势力妥协来绞杀革命。所以资产阶级即在民主革命上，一般地说，亦断然不是采取最彻底的态度的革命阶级。在民主革命的过程中，倒是小资产阶级——都市的小资产阶级及农民，特别是中农，此外一般劳苦大众，要比资产阶级革命得多。例如他们在革命的要求上抱着平等主义的倾向，这种倾向不仅要求政治上的平等，而且要求经济上的平等，彻底解决土地问题，平均财产。但这种要求决不是什么社会主义的，只是民主革命之最彻底的形式，而这种彻底形式的民主革命决不会为资产阶级所赞同。因此,有人认为在资产阶级的民主革命阶段其领导权应属于资产阶级的见解,也是不正确的。实际上,参加民主革命运动的资产阶级,它和都市小资产阶级、农民、劳动者之间并不一致,特别在劳动者以本身独自的要求出现时更加明显。

其次,现代社会基本阶级之一的劳动者,在它以本身独自的要求出现时,即它由“自在的阶级”进于“自为的阶级”时,他们的革命对象是资产阶级,他们是代表在资本主义社会发展途上的新生产力来同资本制度斗争的。他们不仅是已达到于“自为的阶级”,而且他们的主体条件——真正的革命组织——政党亦已形成,其组织与结合的可能性之深刻与广泛,出乎历史的任何阶级之上。它不仅在反对资本制度的抗争中是最根本的要素,即在反对封建制度的民主革命中也是最根本的要素。它在参加社会革命的抗争中,是在直接解决资本主义生产的敌对性,即在它参加民主革命帮助资产阶级革命以使资产阶级地位日趋稳定时,这也决不是把自己本身降于更不利的地位,反而是使他们对资本制度的抗争引导于胜利的必然条件。如前所说,在资本主义生产力和生产关系冲突存在着的现代,而且在解决这个冲突的客观条件存在着的现代,劳动者有力地参加进去的民主革命有进到解决这种冲突的可能性,亦即有解决资本主义生产敌对的可能性。

再次,现代社会从属阶级之一的地主,它在农业资本主义化的地方,即达到从农业资本家那里领收剩余价值一部分作为地租,它便失去其为阶级的独立性,变为农业资本家的寄食者,或直接成为农业资本家。即不能直接变为农业资本家的寄食者的地主,因其生活条件需依存于资本主义社会,其与资本家的结合可以说是当然的。并且随着劳动运动的高涨,其结合愈加强固。在封建的地主转化为资本制的地主的结合,有些国家,是封建的统治者一面保持其统治的优势,一面把资产阶级编进统治地构成员之中,并非资产阶级革命彻底地清算了封建的遗物。这时,这一种国家,地主和资本家的结合便是地主占优势。所以在经济领域中纵是资本主义的生产压倒一切,但在政治上却还残存着半封建要素。

不仅此也,还有一种场合,封建的农业关系成为资本主义存在不可缺的一个条件,在政治上残存着封建要素的倾向就更加显著,例如日本就是这样。总之,在资本主义社会的地主阶级,在某种条件上,它是从属的、副次的阶级,而又是最鄙劣的阶级。

城市小资产阶级及农民是资本主义社会的从属阶级之一,他们在资本主义社会中是不断地向两极分化,即一方面少数部分资产阶级化、富农化,一方面大多数无产化、贫农化。在政治的关系上,与其说在独立的斗争着,不如说在有产者与无产者之间动摇。在各自场合,他们究竟是倾向于有产者方面,抑无产者方面,那是由有产与无产两阶级的势力关系面和政策来决定的。不过在资本主义的害处发展,打破了小所有者的幻想,小所有者阶级独立性的外观却在日趋消灭了。在他们受着日趋没落威胁着的现代,宁是同情于无产者的日益加多。但因为他们小所有者的心理和政治水准的低落,在没落威胁加剧的时候,也很容易急不暇择地为法西斯所欺骗利用。不过在资本主义的勃兴期,产业革命开始以前,城市小所有者在都市中占过人口的多数,起过重要的作用。他们的下层随资本主义的发展日趋无产化,他们便和手工业工人、城市劳动者、浮浪人等一同构成了"都市平民的要素"。在一七八九——一七九三年的法国革命、一八四八年的德国革命中,都市小资产阶级都尽了不少的任务。特别在法国，那为雅各宾党所代表的都市小资产阶级曾援助过农民和一般“都市要素”，亦即“前期无产阶级”。

农民——也可说是农村小资产阶级。它在资本主义之下正分化为农业资本家、富农、中农、半无产者贫农和农业劳动者。它决不构成为一整个阶级，但在农村中如果还是封建的土地所有支配时，他们对于封建地主则仍然是构成一个阶级的。这就是说，对于反对资本主义的抗争，富农是反对的，中农中立，贫农和农业劳动者则成为革命者的战友，其态度各不相同，而在清算封建土地所有的问题上，这一切分子则又表示完全出于一致。因此在资产阶级民主革命上，封建制下的基本阶级——农民的意义非常重大。民主革命虽是资产阶级领导的，但资产阶级所要求的民主与农民的民主是不同的。如前所说，在民主革命上，资产阶级断然不会采取彻底的形式，所以纯粹的民主形态之实现，不是由资产阶级而是由农民及都市平民来成就的。即如十七世纪英国资产阶级革命、十八世纪法国资产阶级革命，农民也与都市小资产阶级一样，提供了很大的力量。不过农民必需在民主革命时代与资产阶级联合，在社会革命时代与无产阶级联合，才能完成其政治任务。这就因为它始终因封建土地的束缚不曾发展为“自为的阶级”之故。

复次，智识分子，如前所说，它不构成一个社会阶级，一方面它是智力劳动者，一方面它为资产阶级服务。只有不是薪俸生活的自由职业者在经济上和小所有者一样，也随资本主义高度发展显示出向两极的分化，而在政治任务上也在两极的中间摇摆不定，在某种社会条件下，也只有很少一部分站到革命的工人方面来。不过如前所说，就其社会任务方面来观察，以发展和传布社会意识为职务的学者，却看他所散布的是什么意识形态，而决定他是服务那一方面的。卡尔、恩格斯被称为无产者集团的思想家，正是由于这种标帜。但不是学者、教授，即不专门处理意识形态的技术家或官吏等，却不能由其意识形态的内容来决定其所属的阶级。例如有一些高级技术家或官吏，即使他们具有革命的意识形态，在他们还没有站在革命的方面来反对其技术之为反革命所利用时，他们依然只是不革命的智识分子。但纵然是如此，对于智识分子，决不能有不正确之估计。有人说过：任何统治者没有自己的智识分子也是不行的。苏联的劳动者没有自己自身的生产技术家也是不行的，这是毫无疑义的事。

此外所谓游离分子——亦即流氓无产者，有时虽然也很勇敢地来反对现存资本制度，然而与生产劳动脱离关系、毫没有组织能力的他们决不能在政治任务上起积极作用，这是前面说过的。不过，在这里我们还要知道：这种游离分子对于政治任务不但没有积极的意义，在他们参加革命运动时甚至是有害的，例如他们往往按日被人雇来施行反动的任务，做打手，做各种侦查工作，破坏革命就是明证。

第八章 中国的社会阶层

阶级是历史的范畴。社会科学的理论告诉我们在分析任何一个社会问题时,无条件地要求把问题放在一定的历史范畴之内;再则,如果讲到一般问题时,还需从一般问题中估计在同一历史时代的具体特点。这是我们分析了现代社会各阶级及其政治任务以后,必需讲到中国的社会阶层的原因。

不过现在还有一些人非常憎恶阶级,尤其是害怕激越的阶级意识,其实阶级只是客观的历史存在物,科学在历史范畴内,不能任意抹杀它,并且阶级也不是一块激起斗牛之怒的红布,只是科学分析的范畴。

中国自鸦片战争后沦为帝国主义半殖民地,而自满清以至于北洋军阀政府却都不外是国内封建势力的代表者,阻碍着资本主义的发展,所以它在社会经济结构上又仍然是一个半封建社会。不过随着帝国主义商品的侵入,二十世纪初,国内久已普遍的商品生产、商业资本、高利贷资本,在帝国主义对华投资的刺激下,中国民族资本在纺织业、面粉业及其他工业中有着初步的发展。特别在第一次世界帝国主义大战中,中国资本主义得了进一步发展的良机,银行业亦开始发展了,虽然在大战结束后,又受了极大的阻碍,几使一时发展了的各部门工业走向停滞与破产。

随着资本主义的某些发展,中国资产阶级已逐渐形成起来。

这就是说：中国有了资产阶级。他方面，由于帝国主义在中国创立某些工厂，当然更由于中国民族工业某些发展，在中国也产生了无产阶级。据统计，现在中国的产业工人约有六百七十五万人，而手工业工人则达一千二百万以上。

中国当然也有地主阶级，并且它在农村中大都还具有政治上、法律上的特权，武断乡曲，格杀庄佃，在中国历史上不断地被记载着。并且历代封建地主对于农民之残酷的压迫，实造成了中国民族落后及其历史发展的停滞。封建制度下基本的对立阶级是地主与农民。中国农民是中国人民中最受痛苦的阶层，它的收入百分之五十以上被地主收夺了去，此外还有赋役等封建剥削的残余形式。

除了资产阶级与无产阶级、地主与农民外，所谓都市小资产阶级、智识分子、流氓无产者亦是在中国社会存在着的。中国半殖民地与半封建的社会性质，决定了中国革命反帝国主义与反封建的内容，亦即决定了民族独立、民主自由、民生幸福的三民主义革命的任务，这是民主革命的任务。因此，这一革命是广大民众的革命。一般讲来，工农是中国民主革命的主要动力，城市小所有者及民族资产阶级在一定时期内亦成为革命的动力。自然，随着革命发展、阶级以及阶级力量对比的变动，革命的动力也是有所变动的。在现阶段的中国革命运动，由于日寇之残酷侵略，由于中华民族之深刻危机，形成了抗日民族统一战线，这便是很显明的例证。

中国农民在革命过程中已表现出很大力量，如在历代农民战争，太平天国时代，特别是北伐时代。在某种时期、某种条件下，中国农民运动已部分地形成工人、农民的联合。中国工人在革命过程中已充分表现了它的强大力量，是更不成问题的。尤其是一九二五—一九二七年大革命，可以说就是以工人群众的“五卅”反帝罢工开始的。

中国的民族资产阶级要求反帝反封建的革命，即他们要求打倒妨碍中国近代化——资本主义发展的两重压迫。不过在某种情势之下，即当革命运动势要超过他们的要求，或轶出他们所能控制的范围，他们便对革命开始犹豫，甚至离开革命。这里也表现一般资产阶级的两面性。但是当半殖民地半封建的中国遭遇空前危机，根本危及中华整个民族的生存，因而危及中国社会各阶层的生存时，中国民族资产阶级仍然是积极参加革命的，例如此次对日英勇的抗战便是。这是他们与一般资产阶级——欧洲资产阶级不同之点。

第　三　编

国　家　论

第一章　国家的本质

第一节　各种国家理论的批判

在这里，我们是要探究国家之本质。国家的本质是什么？在我们还没有提出科学的结论之前，首先应该对于各种非科学的国家理论加以批判。

第一，就是所谓神权说的国家理论。神权论者是如下所说：

上帝创造了全世界，国家也是为上帝所创造的。上帝为了支配国家，特为派遣了他的代理人，这就是国王了，因而国王的权力是由上帝所给予的。既是相信了上帝，那么对于国王的支配便须绝对服从的。不论国王行使怎样的政治，如果对他说长道短，那就是冒犯了上帝。国王对于人民的支配只有对于上帝是负责任的。

上帝派遣教王以支配人类之精神生活，又派遣国王以支配肉体的生活。教王和国王都是上帝的代表。

上帝创造了国家，但是也和许多人类的罪恶为上帝所创造一事在同样的意义上为上帝所创造的，国家本来是罪恶的存在，但是要像许多人类的罪恶由教会所圣化那样，把国家也放在教会的支配下而推行神圣的目的，那就合于上帝的意思了。即恶魔的王国变而为上帝的王国了。因此国王须隶属于教王之下的。教王为上帝的代表，他可以支配了一切。

此外还有许多幻化出来的譬喻，如教王是太阳、国王是月亮，教王为夫、国王为妇之类。

照这样说来，国家是上帝所创造，即神所创造；一切的现实的国家都要为神所支配。这便是神权说的国家理论。这种国家理论在我们看来当然是不值一笑，然而它却不是偶然发生的，它有它的社会根据与历史背景。这是中世纪的封建的、农业的、手工业的生产状态之反映，这个时期的政治支配完全是地主（僧界的、俗界的）对于农奴的支配。这种国家理论就是完全为了肯定国王（俗界的）和教王（僧界的）之专制支配而发生的国家理论。这个神秘的大幻想，由大地主的走卒们不断地注入到了当时的人民间，不，奴隶间，制驭了当时的奴隶，而且支配了后世几千年的奴隶们的心理，至少就是到了现在，还有这一理论的残余不曾肃清。

第二，就是所谓君权说的国家理论。君权说的国家理论是神权说的国家理论之正相反对的一面，是国家反对教会的斗争之结果。原来最原始的“世间”权力就是教会的支配；中世所谓神权政治正是教会的支配。国家很慢地才从教会支配之下解放出来，即所谓国家之“世间化”。我们可以看见这种发展的三个阶段：（1）国家政权服从教会；（2）国家与教会并行；（3）教会服从国家政权，变成剥削之工具。所谓君权说的国家理论正是教会服从国家政权的阶段产生的。试看君权论者怎样说呢？他们是：

> 国家及国家目的之绝对独立性的彻底的主张者，宗教、道德能为国家所利用，国家不能屈从于宗教及道德。他们基于这一根本方针与法皇对立，努力期于英明的绝对君主之下实现一个统一的国家。
>
> 他们代表布尔乔亚之要求，为实现分裂于当时多数之小领土的纷乱的国家之统一，以得为一切必要之事的勇气，希望绝对的君主之出现。

这从法国的布丹到英国有名的哲学家霍布斯、洛克都是这样主张的，主张个人须让渡一切的权利于国家，而以君主专制主义为最高的理想。由此等君权的国家论之鼓吹、唱导，于是有介在封建政治与布尔乔亚政治之过渡期的绝对君主专制主义之出现。法王路易十四说："朕即国家。"这便是君权的国家理论之具体的表现。

然而，这一绝对君主专制主义很单纯地便是哲学家们鼓吹、唱导的结果吗？不然！绝对不然！它也是有它的社会根据、历史背景的。因而神权说的国家理论循着生产状态之进步已陷于不可解的内面的矛盾。最初由普罗铁斯吞特（Protestant）教徒，由基督教的立场，指摘宗教的（即神权的）国家之理论的矛盾。后由加尔文派，由宗教的改革出发，更引出政治的结论。于另一方面，更有摩亚等的理想国，描写从教会的支配之下被解放出来的理想国家，由国家立场首先指出基督教国家之矛盾。自然，这些属于神权国家之矛盾的曝露，也不仅是对于它之理论的批判而成立，而是社会关系自身之发展的必然的结果。欧洲自十四五世纪以来，为原来的基督教国家（即神权国家）之成立的地盘的封建的生产关系之内部，有了新的生产关系之急速的成熟。此新的生产关系即布尔乔亚的生产关系。布尔乔亚的生产关系之发展，因由十五世纪到十六世纪的亚美利加大陆之发见、喜望峰的迂回航路之发见，特别标示异常之繁荣与进步，于是逐渐与旧生产关系（封建的生产关系）发生冲突。第一，是封建的土地所有制度；第二，是产业之基尔特组织。但由天国下降的神圣支配者——中世纪的神权国家，无论在任何圣经里面都未曾写着那样的事情，于是仍然死守着封建的生产关系而不知变动。在他方面，代表布尔乔亚的生产关系之新兴阶级，必然地不能不以打破旧国家关系为其自身的问题。这便是普罗铁斯吞特、加尔文派、摩亚以及霍布斯等之思想的物质基础，也就是君权说的国家理论之社会根据与历史背景。

第三，就是所谓民权说的国家理论。绝对的统一国家，政治的集中主义，这是适合于新兴的布尔乔亚之产业制度的。所以我们在前面说过，君权说的国家理论是代表布尔乔亚的要求。然而，绝对专制主义却是封建的、过渡的、小领土的分立主义之反映。其实，十六七世纪的绝对主义仍然建筑在封建的遗址上，尤其是封建阶级与市民阶级势力均衡所表现出来的一种特殊形态。所以绝对的君权与残余的封建势力终为布尔乔亚发展之障碍。在十八世纪接着要起来的便是民权说的国家理论。民权说之代表的理论便是社会契约说或主权在民说。这个契约说的形成实在是发其端于霍布斯（不过霍布斯是由契约说的立场出发主张君权的）、洛克、孟德斯鸠等，到卢梭而始集其大成。这个说法到底怎样呢？大体是：

人们为避免自然状态的不利和维持长远的平和起见，特把各人自己的自由和权利（天赋的权利）抛弃了一部分，用大家互结契约的办法让给特定的人，相约服从这个特定的主权者的命令;这样的主权者根据大家的契约出来发号施令,有实行命令的强制权。

以上是说得太抽象了,如果我们再根据卢梭的《民约论》比较具体地说出来,它的最重要的几点便如下:

(1)人是生而自由的,人类对于自由之抛弃就等于人格之抛弃;权利也是天赋的,所谓"天赋人权"便是,人类对于权利之抛弃也就等于义务之抛弃。

(2)社会的秩序是神圣的权利,然而这样的权利不能由自然而生,所以必须以契约为基础,由人类之相互契约而生。

(3)因契约的结果,人们要各自共同地把身体和一切力量放在共同意思的最高命令之下,同时人们便获得了成为全体的各个分子之自己的构成部分。

(4)因契约的结果,创立了以一切参加契约者为其分子之精神的集合的团体,以代替了契约当事者的各个人,这个团体正是因这个契约而获得了统一——共同的自我,共同的生命和意思。

(5)所谓主权,不外是共同意思的实行。所谓共同意思,就是前项所说各个人由社会契约而结成的精神的、集合的团体之意思。但它既不是构成团体之各个人的意思,也不是全体意思之总和,它乃是除去了各个意思之或"过"或"不及"的参差以其剩余的总计所组成的正确的和以公共利益为目的之意思。为这个意思的主权之精神的集合的团体,就实行这个意思的观点说,即称为主权者。主权者不过是由团体构成员相集合而形成了的。因此各个人都是处于二重的关系上,即对于其他各个人同为主权者之一员,对于主权者则为国家之一员(一方面是治者,一方面又是被治者)。结果,主权是依社会契约所组成之精神的、集合的团体之共同意思，那是绝对的、单一的、不可分的、不能让渡于任何人的，就是把它让渡于教王或国王，也是不能允许的。

由上所说各点看来，我们便可知道民权说的国家理论是具有怎样的性质了。民权说的国家理论，较之神权、君权的国家理论，诚然是一个比较进步的国家理论。尤其是它找出了一个人民的"共同意思"，来说明国家之特别强力、武力、公权力。换一句话说，"主权"之所由出的确算得是国家理论的杰作之一。布尔乔亚对封建君主之革命，而把握了如此有力之武器，所以能显出伟大之作用。卢梭死后，震撼全欧甚至于全世界之法兰西革命，及其后约十年间席卷欧洲之天地的民主主义革命之革命的理论，也便是这一革命的国家理论。当时布尔乔亚革命的英雄们也自以为真的合理的、有生命的人类社会的确要因此而实现了，试看他们当时的态度：

> 他们否定任何种类自外部而来的权威。一切宗教、自然科学、社会、政治制度等都要受彻底的批评。一切在理性的审判席之前，要问究有没有自己存在的理由。如果没有这个理由，那就完全不能存在。理性成为一切事物的唯一尺度。……从来一切社会形态和国家形态、一切传来的旧思想因为都是不合理的，所以完全要抛弃。世界在向来是被偏见所指导的。过去的一切事物都只值得怜悯和侮蔑，太阳的光亮、理性的王国现在方始出现了。迷信、不义、特权、抑压等都要为永远的真理、永远的正义、人类自然之平等和其不可分的

权利所代替了。*

以上一段话，真是把当时布尔乔亚革命的英雄们之态度及其社会思想的根本特征都完全描写出来了。它那内容最重要的就是上文所谓“自然之平等和其不可分的权利”。即所谓“自然权”(Natural Right)或“天赋人权”之个人的生命、自由、财产等权利。总之，“自然权”的高叫是当时一切理论的出发点。然而无论从那一方面说，这不过是一种非科学的空想，是一种利用来肯定布尔乔亚之阶级支配的。试看紧接着上所引述的一段话，而又有如下一段说话：

> 然而我们是知道了，这个理性的王国不过是在肯定布尔乔亚的王国，这个永远的正义是成为布尔乔亚的正义而实现的，这个平等是归着于布尔乔亚在法律之前的平等。布尔乔亚的所有权被宣言为最根本的人权之一。理性的国家，卢梭的社会契约说就是实现了，那也只能实现为布尔乔亚的民主共和制。这样，第十八世纪的大思想家们，也和他们所有的先辈一样，不能超越各个时代所附的制限。**

的确！“时代所附的制限”是不能超越的。当布尔乔亚革命的

---

* 此段引文出自恩格斯：《社会主义从空想到科学的发展》，引文与原文略有差异，参见《马克思恩格斯选集》第3卷，人民出版社1995年版，第719—720页。——编者注

** 此段引文参见《马克思恩格斯选集》第3卷，人民出版社1995年版，第356页或第720页。——编者注

英雄们完成了他们所要的“理性的王国”,即解放了利己的人类,同时在有产者社会便伴着阶级分裂之进行,即封建的残存阶级益益没落,人类社会便渐次形成布尔乔亚与普罗列塔利亚二大阶级之对立,两个阶级的矛盾也就日益进展。那么,所谓“共同意思”于是也渐渐成为非现实的存在,所存在的只是有产者团的意思或无产者团的意思。关于这一点,卢梭似乎有所预知,他自己也曾说:

> 在恶政府之下,这个平等(即人类之自然的自由与平等——原编者注)不过是外观的绣花枕样的,不过于维持贫者之贫困、维持富者之掠夺是有用处的。在事实上,法律这个东西,不过于有产者有益,对于无产者常是有害的。……

那么,所谓民权说的国家理论,“主权在民”、“共同意思”不过仍是那么一句说话罢了。

第四,就是理想主义的国家理论。理想主义的国家理论便是黑格尔的国家理论。黑格尔的国家理论,可以说就是民权说的国家理论陷于不可解决的矛盾时,由对于布尔乔亚的支配之拥护而发生出来的一个哲学上的诡辩。黑格尔的哲学是一种彻头彻尾的唯心哲学。据他说来,宇宙中最初就有个“绝对理性”或“观念”存在,这个人类的“现实世界”不过是那早就存在了的“绝对理性”或“观念”的映像,所以这“现实世界”的发展不过是那“绝对理性”或“观念”的映像的发展,那么在这“现实世界”中的“国家”不过也是“绝对理性”或“伦理的观念”之显现。所以黑格尔对于国家之定义,仿佛国家就是一个“伦理的全一体”的意味。依黑格尔说来,家族、市民社会、国家是历史之伦理的发展的三阶级*。家族是以一贯的爱的精神结合的。市民社会则为家族之反对物，是几多个家族为充满自己之欲望而结成之相互关系，即社会为基于各人之利己心、为相互利用而获得生活资料的活动场所，且为一切人类对于一切人类互争各人私的利害之战场。到了国家则不然，国家是基于社会全体之合理的意志而组成之结合，为确保一般的利益，基于各个人之共同意思而成立。总而言之，社会是各个人私的利害之战场，国家是代表全体利害之组织；社会是各个人私欲之表现，国家是个人道义之表现。所以国家是伦理的观念之显现，而又是历史之伦理的发展的最高阶段。各个人对于国家之服从乃是各个人最高之伦理的义务。

然而，黑格尔以为他所说的那样的国家在过去、在现在都不曾有过现实的存在，这一国家乃是理想的国家、观念的国家。由黑格尔的意见看来，历史上的一切国家，如古代之希腊、罗马国家，中世之基督教国家，近代之官僚国家，都与他的理想中的国家不能合致。但现实的国家之不完全，在他看来不成为什么问题。又国家之现实的起源，由于强制支配，也没有什么关系。历史的现实的国家不过是以历史的事物、历史的考察为对象，国家的本质则别有所在。国家的本质与现实的国家之变迁没有什么关系，它是永久不变的。它是理想的善之发挥，合理的自由之实现，而以精神的、道德的理想为其目标。

这个理想主义的国家理论，在理论上自然多少受了卢梭民权的国家理论之影响。可是在黑格尔的理想的国家中，像在卢梭的

* 此处“三阶级”疑作“三阶段”。——编者注

国家理论中所能见到的革命之热情已是完全消失了。它是赞美当时普鲁士王国所欢迎的国家；它是对于国家之不可思议的颂歌；它是以一贯的唯心辩证法所装饰出来的一个哲学的国家体系；它是把基督教的国家学说（即神权的国家理论）拿来美化、纯化、精练化、合理化了而描写出来的一个国家形态；它是达到了国家之哲学上的诡辩的顶点。然而，毕竟它不外是一个伟大的空论，巧妙的、非科学的幻想。

历史上种种的国家理论——自神权说的国家理论到理想主义的国家理论——到了黑格尔的理想国家，算是到了尽头。现在种种肯定布尔乔亚之阶级支配的国家学说，大概都是汲了"主权在民说"与"理想主义的国家论"之流。现时布尔乔亚对于国家之有意的、无意的种种非科学的、欺骗的、催眠的解释，大概都是抬出卢梭与黑格尔两尊偶像来，向被剥削、压迫的奴隶们遍播其含有毒质的好音。中世的神权的国家论，为当时土地贵族之反动的理论的武器；民权的国家论与理想主义的国家论——尤其是理想主义的国家论，为现在布尔乔亚之反动的理论的武器。为维持自己之支配的地位，为抑压普罗列塔利亚之反动的布尔乔亚，不待说，还要利用毫无意义的不值一笑的宗教神权等迷信。然与宗教神权同样而较为精练且美化、纯化、合理化了的唯心哲学之理想主义的国家理论，自然更不会忘记去利用它。今日被豢养于各大学的哲学教授们、政治学教授们，大概都是从这一方面去欺瞒民众的官许僧侣。

我们已历举各种国家理论而加以批判。然此等诸说就其立论上看来虽然各有不同，而在实际上，即它们对于国家之本质的说明却有一个共同点：这就是它们都不曾认识国家与社会的关系，而以为从社会的外面另有一种力量，或从天上、或从地下来投入国家里面。国家这个东西以及国家所有的强力、武力、公权力,不是神造或是神所给予的,就是人(抽象的人、一般的人、不知谁何的人)造或是人所给予的,甚至说是什么“绝对理性”或“观念”(非人非神的怪物,摸不着,看不见)的映像或显现。这种种的国家理论,分开来说,虽然有神权的、君权的、民权的、理想主义的,总起来,我们通可把它叫作一种超越的国家理论,即超社会的、超阶级的国家理论。

第二节　国家是社会的上层建筑

我们在上面所批判的是超阶级的国家理论,而社会阶层的矛盾是政治的主要内容,因而是国家的主要内容。要说明国家,却不能不从阶级的分析开始。

但阶级是科学的范畴,同时是社会的范畴。为要分析阶级,又不能不说明社会的经济构造及其变革,藉以认识国家在社会的构造中所占的位置及政治与经济的关系。

人类要生活,不能不取得生活资料;要取得生活资料,不能不参与社会的生产,即不能不走入一定的生产关系。并且他们只有在一定的生产关系内才能生产。这一定的生产关系是与当时一定的物质的生产力相适应的东西。这一定的生产关系的总和形成社会的真实基础,国家形态及法律制度是建立在这个基础上面的第一层上层建筑;一定的社会的意识形态是适应于这个基础的第二层上层建筑,生产力与生产关系是根本的东西,国家形态与法律制度以及一定的意识形态是依存于根本的东西而成立的东西。所以物质生活的生产方法决定着社会的、政治的、精神的生活一般，不是人类的意识规定他们的存在，反而是人类之社会的存在规定他们的意识——这是社会的构造之简单的说明。

因此我们知道，国家是建立于经济之上的政治的秩序，即是社会的上层建筑。所以国家形态不是可以由国家自身去理解它，也不是可以由人类意识的一般的发展去理解它，而是要从经济生活的关系去探寻它的说明。

在阶级的社会中，一定的生产关系即是阶级关系或财产关系。这一定的生产关系决不是内部一致的和谐体，即必然有经济上的强者与经济上的弱者，因此经济上的强者阶级为保障有利的一定的经济关系，就不能不利用国家权力把那种经济关系固定起来。所以权力那东西并不是由神给予的，也不是自己成为一个发动力而存在的，它的深奥的秘密还是存在于不平等的经济关系之中。

社会是一个发展的过程，社会的发展由于生产力与生产关系的矛盾与矛盾的解消而起。随着经济基础的变动，那包括国家形态的上层建筑也就随着变化起来，而体现生产力与生产关系的对立的东西是阶级的对立。所以，社会的变革的原动力是阶级对立的扬弃与再建，因而国家变革的原动力是基于阶级对立而成的支配者与被支配者的对立之扬弃与改编，因为社会的生产力是不断地发展的。生产力发展起来，就与生产关系（社会组织）发生冲突，势必引起经济关系的变动，同时引起阶级关系的变动。于是在旧经济关系中处于不利地位之阶级，变为在新经济关系中处于有利地位之阶级；在旧经济关系中占居有利地位之阶级，变为在新经济关系中处于不利地位之阶级了。结果，新旧两阶级各自拥护其于自身有利之经济关系，势必不免于互相斗争。这种斗争最初是经济,往后就转变为政治的。政治斗争的目标是夺取政权。由历史上看来,任何被支配阶级为实现其经济利益以得到解放总是爆发革命,推翻支配阶级的权势,掌握国家的权力,爬上支配阶级的地位,以建立与新经济关系相适应的新国家。随着社会的阶级关系的改编,而国家的支配者与被支配者的关系也因而改编了。所以国家的或政治的变革只有依据社会的或经济的变革去说明。

但是国家形态虽依存于经济构造,虽受经济构造规定,而国家自身也能成为一个能动的要素,有巩固经济基础的作用。即是说,经济构造虽给国家形态以决定的作用,而国家形态也能给经济构造以反作用。

国家权力对于经济发展的反作用大概可以分为四种:第一,国家权力能助长经济的发展。譬如说,代表新生产力的阶级一旦爬上支配者的地位时,能够利用国家权力促进经济的发展,并且在这种情形,经济发展的速度是很快的。近代资产阶级取得政权以后促进了资本主义经济的发展,苏联的政权加强了社会主义的经济建设,即是实例。第二,国家权力能够阻止经济的发展。譬如说,逼近没落时期的被支配者的阶级为拥护其向来有利的旧经济关系,而不惜利用国家权力阻碍新生产力的发展。先资本主义时代,君主专制国家阻碍了资本主义经济的发展,即是实例。第三,国家权力能遮断经济的发展。譬如说,拥有雄厚的经济势力的支配者的阶级一面滥用权力顽强地维持已无出路而又于自身有利的经济关系,一面为求经济的出路而引起争夺市场的战争,以致经济恐慌,遮断生产力发展的方向。现代帝国主义国家的互相火并,即是实例。第四,国家权力能引起经济资源的掠夺和破灭。譬如,强国的支配者阶级为掠夺他国的经济资源而侵略弱小国家,而弱小国家因而丧失或破灭其经济的资源。近代帝国主义国家对于弱小民族的侵略,即是实例。以上即是政治与经济的相互作用。这种相互作用,我们决不能忽视。

第三节 国家是阶级矛盾之不能调和的产物

国家不但是阶级组织,它还是阶级矛盾之不能调和的产物。现在我们可把前面所引述过的一段关于国家的学说,再引述在这里,作为本节之说明的根据。*

> 国家绝不是从社会外部加于社会的一种强力,也不是如黑格尔所说的"绝对理性"或"观念"之映像与显现。它是一定发展阶段上的社会产物。它是社会陷于自身不能解决的矛盾分裂为不能调和的对立而又无力除去这种对立的宣告。但是这互相对立而又利害相反的阶级,为了使自己及社会不破坏于无益的斗争中,那防止轧轹而抑制之于"秩序"的轨道以内的、外观上立于社会之上的权力就成为必要了。这个由社会产生并站在它的上面而又渐次与它脱离关系的权力便是"国家"。**

* 此处表述疑有误,以下引用应为首次出现。——编者注

** 此段引文出自恩格斯:《家庭、私有制和国家的起源》,参见《马克思恩格斯选集》第4卷,人民出版社1995年版,第170页。——编者注

这一段关于国家的学说，可以说已经把国家的涵义及其历史的任务之基本观念很明切地描写出来了。其主要之点，尤在肯定国家是阶级矛盾之不能调和的产物。就是说，国家的出现是以阶级矛盾在客观上的不可调和性为断的。即国家“是社会陷于自身不能解决的矛盾分裂为不能调和的对立而又无力除去这种对立的宣告”；其次，便在肯定国家是阶级统治的机关，是一个阶级压迫别一个阶级的统治机关。然因为在那一段话里接着有“但是这互相对立而又利害相反的阶级，为了使自己及社会不破坏于无益的斗争中，那防止轧轹而抑制之于‘秩序’的轨道以内的、外观上立于社会之上的权力就成为必要了”的话，布尔乔亚，尤其是小布尔乔亚的学者，就根据这一点说国家是调和各阶级冲突的机关，认国家就是阶级调和的工具，并且以为不使超出“秩序”范围之外——建立“秩序”，就是调和阶级间的冲突，而不是一个阶级对另一阶级的压迫。

其实“秩序”的建立不过是要使这一阶级对另一阶级的压迫成为合法，并迫使它巩固起来，同时即以缓和阶级间的冲突。所谓缓和阶级间的冲突，并不就是调和，又不过是压迫阶级消除被压迫阶级反对压迫者的斗争方法。再如果我们更深一层加以考虑，可以说国家的存在就证明了阶级间的矛盾是不能调和的。“如果阶级调和是有可能，则国家既不能存在，并且不会发生”。所以事实是如此：什么时候、什么地方有这种不可调和的阶级矛盾，什么时候、什么地方便有国家。并且这种阶级矛盾之不可调和性的程度有多高，则国家发展的程度就有多大。

有一种小布尔乔亚比较来得巧妙，就是它在理论上并不否认国家是一阶级的统治机构，也不否认阶级矛盾之不能调和性。但是它抹杀了被压迫阶级的解放需要武装革命与破坏原统治阶级之国家机关这一事实——抹杀了这一由“国家是阶级矛盾之不能调和的产物”出发的一种必然的结论。“因为如果国家是阶级矛盾不能调和的产物,如果它是由社会而生、站在社会之上而又逐渐与社会脱离的一种力量。那么很明显的,被统治阶级之解放不但非有武装革命则不可能,而且非把统治阶级所设立而使国家与社会分离的政府机关破坏也是不可能的。”

第四节 国家是一种公权力的建立

要说明这一点,我们当然又要引述关于国家之正确的学说来做我们论述的根据:

> 国家的第二个特征便在它是一种公权力的建立,而这个权力是组织成为一种武装力量,并且这权力和民众本身不会是一个东西的。这个特殊的公权力是必需的,因为自从社会分裂成阶级之后,民众自动的武装组织已经成为不可能的事了。这个公权力是在每一个国家里都存在着的。它不仅包含武装的人,而且还有物质上附带的设施,如监狱以及其他种种压迫人的设施,这些都是宗法社会、部落社会所没有的。
>
> 上面所述及的公权力,是随着国家中的阶级矛盾之剧烈、随着邻近国家之长大与其人口之增多而强大起来的。我们只须把现在的欧洲(指十九世纪九十年代初期)拿来观察一下,就看到阶级斗争和阶级间互相争优胜的竞争把那个公权力增

> 长到了极高的程度，以至于它竟赫赫然有鲸吞全社会甚至鲸吞国家自身的危险了。*

由上面所说的看来，则公权力的建立就是国家最重要的特征。如果没有公权力就等于没有国家，即国家之所以为国家就无从表现。这个公权力大部分所包含的是什么呢？它包含特别的武装队伍，在特别的武装队伍之下，还有物质上的附带设施，即监狱等等组织。这个公权力即包含了赤裸裸的武装力量的公权力，也就是用以指挥践踏奴隶们的一种可怕的力，也恰是那个由社会生产出来、超出于社会之上而又逐渐与社会脱离的一种“力量”之正确的概念。

> 我们有权可以说那是特别的武装队伍，因为每一个国家所特具的公权力是与武装人民“并不直接相符合”的，也就是说与人民“自动的武装组织”并不相符合的。
>
> 常备军和警察是政府力量之主要工具，但是除了把这种力量当作主要工具之外，还有什么别的方法呢？
>
> 在十九世纪末年，从大多数欧洲人的眼光中看来，是真以为除了上述的工具之外，便不能再有别的方法了，他们根本不会了解“人民自动的武装组织”是怎么一回事。**

---

* 上述两段引文出自恩格斯：《家庭、私有制和国家的起源》，参见《马克思恩格斯选集》第 4 卷，人民出版社 1995 年版，第 171 页。——编者注

** 上述三段引文出自列宁：《国家与革命》，参见《列宁选集》第 3 卷，人民出版社 1995 年版，第 116 页。——编者注

就是说他们不了解“人民自动的武装组织已经成为不可能的事了”，才有上述的工具——“特别的武装队伍”——“常备军和警察”。然而这一特别的武装队伍——常备军和警察，做一句话说，公权力，是怎样发生的呢？当然是发生于社会分裂成为不可调和的敌对阶级这一基本事实。但是布尔乔亚及小布尔乔亚的学者们偏要把这个问题藉什么“社会生活之复杂”、什么“职能之分工”的话来答复它。就是说社会生活复杂了，所以有职能之分工，有了职能之分工，于是发生了特别的武装队伍——常备军和警察之公权力。

> 这样的说法似乎是科学的，而且很有效地迷惑了一般常人的知觉，掩蔽了最重要的基本事实——社会分裂成为不可调和的敌对阶级这一个基本事实。*

我们对于国家的理解，就是要暴露出这一“最重要的基本事实”来，由这一“最重要的基本事实”所发生的公权力，它正在生长流变中日益长大，在十九世纪九十年代的初期，“它竟赫赫然有鲸吞全社会甚至鲸吞国家自身的危险了”。到了一九一四年至一九一七年，为了英德两国之互争世界霸权和瓜分赃物的强盗战争，真的全世界所有的一切几乎为这一国家权力的掠夺无厌所吞没，而引起了全世界的奇灾大祸！

---

* 此段引文出自列宁：《国家与革命》，参见《列宁选集》第 3 卷，人民出版社 1995 年版，第 116 页。——编者注

第五节　国家主要是获得经济的特权

国家既因阶级矛盾之不可调和而从社会产生出来，一旦超出社会之上而挟有一种特别公权力，这个公权力的大部分包含有特别的武装队伍——常备军和警察，而且还有物质上附带的设施，如监狱以及其他压迫人的种种设施。为要保持这个超出于社会之上的公权力，即要保持那特别的武装队伍——常备军和警察，监狱以及其他压迫人的种种设施，经济的剥削就成为必要了。人民劳动的结果就要以"赋税"或"国债"之名供奉于国家机关了。

官吏们掌握了公的权力和征税权，他们便形成了驾乎社会之上的一种社会机关。

对于官吏们之神圣不可侵犯的法律（所谓有组织的——原编者注）也经订立起来了，区区一个起码的小警察员，他的威权要大过一氏族社会的首领。

这个在经济上居于统治地位的阶级，藉助于国家的力量，因而在政治上也变成统治阶级了，并且藉此获得了压迫和剥削被压迫阶级的新方法。

不仅古代的国家和封建国家是一种对于奴隶和农奴的剥削机关，就是"现代代议制的国家也不过是以资本来剥削雇佣劳动的一种工具而已"。

在亚细亚专制国中，一切臣民都是国家的奴隶。在经济上，国家的企业榨取私人企业，征收巨大的贡物和租税；在法律上，个人的权利被蔑视，对于征收贡物与租税的行政机关的任何无理行为都不能不俯首忍受。大多数人民完全不晓得有公民生活这一回事。加于他们肩上的压迫，随着官吏组织的完备，一天重过一天。这些官吏本来是执行上层权力的命令，被用作活的榨取工具的。……*

看了以上各种说法，都可以证明国家主要是获得经济的特权，一方面是为要保持它那庞大而复杂的公权力之官吏组织，不能不实行经济的特权；一方面它之所以要保持那庞大而复杂的公权力之官吏组织，简直完全就为实行这种经济的特权。纵然在历史的过程中有种种方式的不同，如古代的奴役制，封建的赋役供纳，近代的赋税、国债和兵役义务等等，然而其中却有一个共同的目标，这个目标便是经济的特权，并且是有组织地、有秩序地执行经济的特权。

第六节　国家是生长流变的

所谓国家是生长流变的，即是说国家是辩证的发展的意思。它不是凭空而生的奇迹，有了社会的根据，它才发生。如前所说，它是阶级矛盾之不能调和的产物。它发生以后，也不是万古不朽的金身。失了社会的根源，它就要死灭。关于这，我们可以读一读下面关于国家之发生、长成、消灭的两段理论：

* 上述五段引文的主要内容出自恩格斯：《家庭、私有制和国家的起源》，参见《马克思恩格斯选集》第4卷，人民出版社1995年版，第172页。——编者注

这样说来，可知国家不是向来就存在的。从前有好些社会确是没有国家的，在这种社会里面简直连“国家”和“国家的政权”这种观念都是绝对没有的。在经济发展到了某一个阶段的时候，在这种经济的发展自然而然使社会分裂成为阶级的时候，国家就因为这一个分裂而成为必要了。我们现在正快步地行进到一个生产发展之新阶段上来了。在这个新阶段上，那种阶级不仅没有再存在之必要，而且还成为生产的直接障碍了，阶级在将来之必归消灭，正与它在过去之发生一样是不可避免的事。阶级一经消灭，则国家也必然地随之而消亡了。在一切生产者自由平等的结合的基础之上来重新组织生产的时候，社会便要把整个的国家机关掷到最适宜于它的地方去——就是要把它抛掷到古物陈列馆中去，与那纺织车、黄铜斧一类的古董相并陈列起来。*

普罗列塔利亚特取得了国家的政权之后，首先就把生产手段变为国有的产业。但是因这一个动作，它便消灭了它自己普罗列塔利亚特本身；因这一个动作，它便消灭了一切阶级的差别和阶级间的矛盾，而且同时连国家也消灭了。在阶级矛盾当中进展着的一切旧社会——过去以及现今所存在着的一切社会——都必需有这个国家。这就是说，都必需有一个剥削阶级之组织，以维持一切生产的客观条件，尤其是以便藉强力来迫使被剥削阶级在现存的生产方法所决定的压迫条件——如奴隶制、农奴制、工钱劳动制之下，永远地过活。国

* 此段引文出自恩格斯：《家庭、私有制和国家的起源》，参见《马克思恩格斯选集》第4卷，人民出版社1995年版，第174页。——编者注

家是整个社会的合法的代表,是社会之综合成为明显可见的一个集团。但是国家之所以成为社会的代表,只是因为它是某一个阶级的国家,而这个阶级在某一个时期中是单独的代表整个的社会的。在古代有奴隶主的国家,因为当时奴隶主便是国家唯一的公民;在中世纪时代,有封建贵族的国家;而在我们这个时代,有资产阶级国家。等到最后国家真正地变成社会之代表的时候,它(国家)本身便成为废物了。一旦社会上没有了压迫阶级,一旦阶级的统治和由现代无政府的生产所造成的个人之生存竞争,以及由这种竞争所产生的冲突和极端的矛盾,都一起消灭了的时候,从那时起便没有压迫,便无须乎一个特殊的压迫权力——国家了。当国家真正代表全体社会的时候,它以社会的名义取得生产手段的所有权,便是它的第一个行动,同时也便是它(国家)本身最后一个独立行动。国家的权力对于社事关系之干涉,各处各地都将成为不需要了,而国家权力的本身也将自行永眠了。此时,物品的管理机关和生产过程的指导机关便代替了治人的政府,国家并不是被"废除"(Abgeschaft)的,而是它自行"死灭"(Absterbt)的。*

国家是生长流变的,是辩证的发展的。这是关于国家之历史的发展的一般的规律。我们必须理解国家发展之一般的规律,然后才能从其发展的过程中、每一具体的历史阶段中、每一社会形式

* 此段引文出自恩格斯:《反杜林论》,参见《马克思恩格斯选集》第3卷,人民出版社1995年版,第630—631页。——编者注

中(有阶级的社会形式)找出国家发展之特殊规律来。上述两段关于国家之发生、成长、消灭的理论是最能表现出国家发展之一般的规律的。所以我们对于国家的本质之理解,必须把握这一点。至于国家发生、成长、消灭过程之具体的历史的叙述也是很重要的,在本编的第二章便要说到了。

第七节　国家的定义

无论对于何种事象,如果站在科学的立场上,拿严格的科学方法去分析,必然要得到一种共同的结论。我们对于国家的本质之探求已论述到了终点,当然要提出一个总括的、简单的结论来。

所谓一个总括的、简单的结论,老实说,就是一个国家定义。这一个国家定义本来在前面已写出来了的。

如国家实是“一定发展阶段上的社会产物。它是社会陷于自身不能解决的矛盾分裂为不能调和的对立而又无力除去这种对立的宣告。但是这互相对立而又利害相反的阶级,为了使自己及社会不破坏于无益的斗争中,那防止轧轹而抑制之于‘秩序’的轨道以内的、外观上立于社会之上的权力就成为必要了。这个由社会产生并站在它的上面而又渐次与它脱离关系的权力便是‘国家’”。

然而,这一国家定义只有综合的叙述,我们还应该根据以上对于国家本质之分析写出一个结论来。但在未提出我们的结论之前,即在未提出我们的国家定义之前,有一个很流行的并且很普遍的国家定义,我们要先加以批判或驳斥。这个国家定义便是以土地、人民、主权为国家之三要素,说:

国家是住在一定的土地范围内的而且共同服从一最高主权的人民之结合。

以土地、人民、主权为国家三要素之不当，以土地、人民、主权三者合起来定义国家之不当，我在《政治科学大纲》书里面已论之甚详，如“中国有领土而其国家之意义反不完全”，“请问中国是不是国家？或者是的，而英、日、美等之实际的国家范围里又同时各有各的中国”，此关于土地者。又如“至于近代资本阶级的社会里，明明分着阶级，而‘人民’两字却是各阶级的总和的意思，其实即在以人民否认阶级，这也是支配者科学的理想之一，自欺欺人的手段”，此关于人民者。更如“虽然我们对内说‘人民’主权，而实际是一阶级的独裁制；虽然我们对外也说国际间的国家之主权，而实际上许多小国、弱国各方面都受束缚，即使‘国际联盟’一万次的宣言承认，也是无用”，此关于主权者。

那么，国家是什么呢？不错！国家是有土地的，但这只限于拿它（土地）来区分氏族社会与国家时才是妥当的。如前面说：氏族社会是血统组织，国家是依照地域来区分庶民的。如罗马之“世界国家”，中国之“天下”，以及近代帝国主义已将三分之二的地球变成殖民地的时候，若必欲以土地限制实际国家之意义却实在的不可能。不错！国家是有人民的，但这只限于拿他（人民）来否认阶级的时候才有意义；否则，我们在任何国家里面却找不出一般的不知谁何的人民来。实际上所有的，在古代只有奴隶主与奴隶，在中世只有地主与农奴，在近代只有资本家与劳动者。不错——千真万确，国家是有主权的，但这只限于支配者来用它（主权）的时候才有这样神秘美丽。如他们(支配者)说:“主权这个意义是带有辩论性的,先是防御的主权,后来便进而成为攻取的主权。”“它是最高的、唯一的、不可分的、不能让渡的,它是人民的共同意思。”然而,打开天窗说亮话,所谓主权,只是一种阶级的权力,把它(主权)神秘美丽的外皮剥开,它是什么?它便是“特别的武装队伍”——“常备军和警察”,“监狱以及其他种种压迫的设施”。

然则我们所要提出来的国家定义应该是什么呢?不,必然的是什么?这个自然不能忽视我们上面所说几种科学的国家观之特征:第一,国家是社会的上层建筑;第二,国家是阶级矛盾之不能调和的产物,因此国家是阶级支配的机关;第三,国家是一种公权力的建立,而公权力的大部分包含特别的武装队伍——常备军和警察,监狱以及其他种种压迫人之设施,因此它(国家)是超出于社会之上的一种特殊力量;第四,国家是有组织的经济剥削之工具,因此经济的剥削是它(国家)最主要的、最终的目标;第五,国家是生长流变的,因此它(国家)也与其他社会产物一样,有发生,也有死灭,它是发生、发展、消灭的过程。如果我们把这各种特征贯穿起来,便必然地要得着如下一个结论。即:

国家是社会发展到了一定阶段由阶级矛盾之不能调和而产生出来的一个统治阶级的机关(由社会而生),它是建筑于社会之上具有公权力的一种特殊力量(超出于社会之上而又与社会脱离),而以经济的剥削为其最终目的之社会的庞大的阶级组织,又与其他社会产物一样为社会发展之一过程。

这个国家定义也就是国家本质之具体的显现。

第二章　国家之史的发展

我们在上面既把握了国家的本质，并且在末了特别指出国家也与其他社会产物一样，在社会发展的过程——是发生、成长、消灭的过程。因此它在历史的过程中，因经济构造之不同，国家形态亦必随之而有不同，所以对于国家之具体的历史叙述，我们在这里还必须从其发展的一般规律而探求出它的特殊法则来。然则国家之历史的发展阶段究竟是怎样的呢？约言之如下：

第一，国家之起源；

第二，古代国家；

第三，中世封建国家；

第四，近代代议制国家；

第五，社会主义国家；

第六，国家的消灭。

以上是国家之历史的发展的整个过程。每一阶段虽然只占历史之极短的一个时期，但都为各个特殊之法则所支配；而各个阶段之间又有其不可分的内面的连锁。即除特殊法则之外，尚有其整个的一般的发展规律。试分述之如次。

第一节　国家之起源

我们在前面说过:国家是阶级矛盾之不能调和的产物;又说:国家是社会发展到达了一定阶段的产物。这都是说国家不是自古就有的,它是在某一社会发展的阶段中有了它社会的根据才发生的。在未发生以前,曾有过无国家的社会,并且这一无国家的社会,在社会的全生命史上还是一个很长的时期。有人说:真的人类生命如有五万年的话,就有四万五千年的时代是无国家的社会。这一长期的无国家的社会是什么社会呢?这便是原始共产社会。在它的末期,就有了一种氏族的组织。所谓氏族,就是在没有国家时的一种社会组织的基本单位。这个氏族组织有如下几个特征:第一,它是以血缘关系为单位而结合之狭小组织;第二,它是以母系为结合之中心的组织(到了父系起来代替母系的时候,也就是这一组织要崩溃的时候);第三,它是以共同生产、共同分配之自然自足的经济组织为原则的共产体。这个共产体破坏的时候,便是国家发生的时候。这个共产体是怎样破坏的呢?也就是等于说国家是怎样发生的。如前所说,社会里面有了阶级才有国家。那么,现在我们的问题倒不是国家怎样发生的问题,而是阶级怎样发生的问题。阶级的发生,据我们在前面所说:第一,是由于原始社会中种种社会的共同事务的执行而发生的一定分工。如争议之裁决,个人越权行为的禁压;又如热带地方的河川、沼泽之管理,森林地方的宗教的职能也不能不在社会秩序之下委托于各个人。关于此等职务,很明显地须附与一定的权力。此等权力即为国家权力之原始。加以在各共产体间频发之战争,最初,担任战争的本为社会大众之事务,后来便渐变为武装贵族或特殊人们的事务。这样,原始社会之社会平等便受到了最重大的打击。随着生产力之增加,社会的职务也跟着增加。这些职务之担当者,开始是由各家族中选举,到后来由同一家族选出后继者的习惯,随着父权制的发达,渐渐变成世袭制,在这里便留下了世袭君主制及贵族制的根基。也就是说,留下了阶级对立的根基。第二,是伴于奴隶的劳动力之加入生产而成立的大规模的分工。奴隶制度是怎样来的呢?这在奴隶来源之历史的研究上,证明奴隶的来源大部分是战争的俘虏。然而不杀俘虏而用作奴隶却不是偶然的。这是在生产力的发达到了一人可以生产一人以上的生活资料时,即是有了剩余劳动与剩余生产品可供另一人的掠夺时,才把俘虏当作奴隶使用的。杀俘虏与用作奴隶,同是对于人身之一种掠夺。用作奴隶不过是把永续的掠夺代替了一时的掠夺(杀俘虏而食其肉),而在效用方面,所得结果,永续的掠夺实远胜于一时的掠夺。到得奴隶生产成了社会主要的生产时,便形成了奴隶制度。奴隶制度是完全建筑在奴隶主人与奴隶的两个阶级对立之上的。

这样,因分工与奴隶制度的发生,阶级是发生了。而且氏族团体由于生产领域之扩大与外界(即其他氏族团体)交涉之频繁,各氏族与各氏族的成员互相移入,尤其是因航海商业之逐渐发生,使氏族社会的内部趋于复杂化,要想维持血缘的、狭小的单位组织已不可能。而受共同事务委托之一部分人因世袭的结果,其地位与身分遂日益固定化。他们的经济上的优越与地位上的优越也日益固定化。他们为维持这优越并抑压其他的社会成员,即抑压与其利害相反的阶级，便须创立一种表面上仿佛是第三者的权力机关，即与全民众相对立的特别的武装队伍——常备军、警察，监狱及其他的物质上之强制等等。于是国家便发生了。即在原始社会的共产体内，因阶级的形成，亦即分工与奴隶制度之成立，已做出了原始国家之原型，由此一步便转入于古代国家。这便是国家的起源。

第二节　国家之发展

一、古代国家

国家是由阶级分裂而发生，所以凡是有阶级对立的地方便有国家。古代国家便是建筑在奴隶与奴隶主人两个阶级对立之上。这个在古代社会里面，如埃及、巴比伦、叙利亚、波斯、希腊、罗马诸国，都各因有奴隶主人与奴隶两个阶级的对立而形成了各自的国家。尤其是希腊、罗马之古代国家的形态为最典型的国家形态。现在试就希腊之雅典国家来看看。雅典在原始共产社会崩溃后，不常规的农业生产变为常规的，而商业亦由是发展，航海贸易，雅典尤为著称，希腊文明的光辉遂由雅典商人之货币面上放射出来。至此适应于新的经济组织之新的政治形态就有必要，而这一新的政治形态即是奴隶主人对于奴隶的统治。原来当雅典全盛时代，在全部五十万人口之中，能有公民权的自由民合计不过九万名口，而奴隶便有三十六万五千人，替那些专以观剧竞技为生活的主人供给生活资料的是这些奴隶，在惊涛骇浪的大海之军舰及商船中，把世界各国的富力搬运到雅典的也是这些奴隶。然而，奴隶所享的报酬是怎样呢？他们老是隔离了一切权利及自由，而在不能容忍的榨取及虐待之下，巩固雅典文明之经济的基础。至于罗马的文明，比较希腊起来更其是直接的奴隶文明。原来古代罗马的社会是没有许多生产物，更没有什么输出品，完全靠着国外输入一切生活必需品，所以罗马简直是一个靠侵略主义来维持自己的国家，常年必需从所征服的各小国征发一定量的谷物及毛皮、家畜等，还需要征发多量的劳动力，所以也必需常年从所征服的各小国征发强壮的男女、有能的职工以及学者、艺术家等，在罗马的统治之下当奴隶使用。罗马市民的长处在政治、法律，这差不多是历史上不可磨灭的事实，但罗马的文学、美术、音乐等方面却完全靠当时奴隶中的学者与艺术家的贡献。然而罗马对于他们的报酬，却也只有难堪的侮辱与老是隔离了一切的自由与权利。他们是牛马，是“能言的牲口”，受尽极不人道的虐待。所以有人对于奴隶的概念是如下所说：

> 奴隶是连自己的身体都不许所有的完全的无所有者，又是彻底的被榨取者。区别奴隶与其他被榨取者（如农奴及近代的无产阶级）的事情，就是奴隶是连自己的肉体即连自己的劳动力都不能所有的一个完全的无所有者这一点。另一方面，奴隶可以看作物件，即可以认为一个生产手段，但奴隶之所以被认为一个生产手段的，就是因为他们是完全的无所有者，是彻底的被榨取者。

这个是很明显的，古代国家是奴隶所有者的国家，是奴隶主人用此统治并榨取奴隶的机关。从这一种历史事实看来，国家是榨取阶级对于被榨取之压伏机关的性质便愈益明确。在这个时候，固然还有贵族与自由民的对立（即贵族与平民的对立）、本国人与外来移民的对立，但这都不是主要的、决定的、基本的。而主要的、决定的、基本的对立却是奴隶与奴隶主人的对立。所谓奴隶制度，即是以奴隶生产为主要的生产之一种经济组织。在这一阶段，为确保生产上之主要形态的奴隶劳动，必需通过征服而做出多数之奴隶，且必需把他无假藉地置于政治的支配之下。

二、中世封建国家

中世封建国家是建筑于农奴与封建地主两个阶级对立之上的。在这个时候——中世，奴隶劳动的生产技术之发达已到尽头。即奴隶所有者在其生产上完全放弃其组织的机能，专靠奴隶为他们生产生活资料及奢侈品而变为纯粹之寄生虫以后，生产技术的进步就开始停滞。为生产手段之主要的奴隶，奴隶所有者使用他们的时候又完全如使用一件物品一样，希望奴隶的本身来促进生产技术，由其生活条件来说已成为不可能。即奴隶所有者对于奴隶过度使用之后，也将如过度使用了的物品一样要变成一种废物。于是奴隶制度便要崩溃了。

“给他一点土地吧！如果要他做很忠实的奴仆，自然要使他和你的土地更密切。”于是大地主似乎知道把奴隶的榨取形态拿来变更一下，即允许奴隶除为地主耕种土地外，他自己还能享用一部分土地。这一部分土地，奴隶虽然没有所有权，但有收益权，如此一来，必能刺激榨取对象（奴隶）的兴奋性而于地主有利；这件事，他们（地主）似乎是已知道了。因此他们为要获得较大的利益，就不惜牺牲小的利益，奴隶于某种条件之下，也被允许有着很少的土地，并且制定了他们（奴隶）不能离开土地、出卖土地的法律。此后，奴隶在地主的土地上也有了自己的家族并所住的小屋及所使用的土地。他们此时已不是纯粹的奴隶了，而是与地主的土地更密切的一种很忠实的奴仆，即是一种农奴。这便是由奴隶转变到农奴制的过程。

奴隶制与农奴制的区别如下：

奴隶关系与农奴关系的相异决不在于榨取的程度及个人自由的态度。奴隶制比起农奴制来，有的固然要苛酷些，有的并不见如此。这两种制度根本的差异应该向那从属阶级在生产过程里所占的地位中去寻求。农奴与奴隶一样，个人自由是被剥夺的，但他（农奴）有自己的小小家屋及自己的家族。农奴可以耕种自己的小小地面，或者在自己的作坊从事一种职业；对于封建的领主，交付封建的租税，或者献纳封建的劳役。然而奴隶不但没有自己的小小地面或小小作坊，就是他自己的劳动力亦不是归他自己所有的。

中世封建国家是农奴所有者的国家，是封建地主用以统治并榨取农奴的机关。在这个时候，固然还有君主与家臣、师傅与徒弟等等的对立，而主要的对立则为封建地主与农奴。这个时候的经济基础则有两种显明的特征：第一个特征是封建的土地所有。法兰西有名的谚语，所谓"无无领主的土地"，是形容这个特征最适切的话。第二个特征是商工业独占之基尔特制。在这个经济基础上所建筑起来的国家叫作封建国家。"封建"这个名词是从"封土"两个字来的。封土，即是皇帝赐给封建诸侯的土地之意义。而在实质上，是在这种土地上的农奴，经济上和政治上都应归入于封建诸侯的掌握中。所以"封土"是国家的政治单位，也是封建社会上

“诸侯”与“农奴”生产关系的最高经济单位。而建筑在这一生产关系之上的国家原理便是专制主义。所谓“神权政治”、“王权神授”等等，都是封建诸侯的走卒们拿来肯定封建诸侯、大地主对于农奴的支配的。

但由于在封建社会之胎内的生产力之发达，领主的大土地所有、基尔特制、身分制以及上部构造之封建的国家组织都被颠覆，于是又由新兴的资本生产制开辟了一条向着近代国家的大道。这一过程便是资产阶级革命。有人对于十七世纪之英吉利的与十八世纪之法兰西的资产阶级革命写出如次之特征：

> 一六四八年与一七八九年的革命，不是单纯的英吉利与法兰西的革命，乃是全欧罗巴式的革命。这对于原来之政治制度不是一定的社会阶级之胜利，这乃是欧罗巴之新社会的（即新生活诸关系）政治制度之宣言。资产阶级在这一革命已得着胜利，可是这资产阶级胜利，在当时可以说是种种社会制度之胜利：是资本主义的所有对于封建的所有之胜利；是国民主义对于地方主义之胜利；是地主之土地支配对于土地之地主支配之胜利；是启蒙对于迷信之胜利、民族对于家族之胜利、产业对于英雄的愚行之胜利、资产阶级的法律对于中世的法律之胜利。

三、近代代议制国家

（A）近代国家之成立过程

近代国家里面有几种显然不同的体型：第一，是以资产阶级之阶级支配为原则的一批资产阶级国家以至于帝国主义国家;第二,是已经踏入社会主义建设的苏维埃共和国;第三,是受帝国主义压迫、剥削的殖民地半殖民地国家。我们先说明前者。

前者的国家形态是怎样成立的呢?它是通过由十七世纪至十八世纪的欧罗巴之种种的资产阶级革命而成立。而资产阶级革命的推进力,即实现这个国家形态的推进力,当然又是由于社会生活内面的经济过程之变化。亚美利加之发见、亚非利加之周航、东印度及中国市场、亚美利加殖民地之需要等,变革了十六、十七世纪的欧罗巴之生产及交换方法。基尔特的经营变为工场手工业,更因为蒸汽与机械之发明予工业的生产以大革命,于是资产阶级之代表的生产力叛逆了封建地主及基尔特所代表的生产秩序。由如此的物质条件之变革,遂不能不表现于阶级与阶级之政治的冲突。英吉利也好,法兰西也好,无论那一国家,如果不经过资产阶级革命,便不能成立所谓近代国家。

资产阶级明确地形成自己的国家,可以说是在推翻了绝对君主政治之后。于资产阶级,在其与封建主义的抗衡中,自然要经过长期的、顽强的斗争,并且是以种种的形态从事种种斗争的。有人这样说道:“那在封建领主的支配下被压迫的身分,那在独立都市有武装的自治联合体,他们或在这里获得了自治的都市共和制,或在那里获得了有给王朝纳税义务的第三身分。其次,在工场手工业时代,则于半封建的或专制的王国内为与贵族之均衡物以及一般大王朝的主要基础。最后,他们于大产业及世界市场确立以来,就获得了近世代议制国家中的唯一的政治支配。至于近世的国家权力,不过是资产阶级全体处理其共同事务之委员会。”

资产阶级国家之前行阶段是绝对君主国家。所谓绝对主义

(Absolutism),从欧罗巴十六世纪前后开始,法兰西路易十四“朕即国家”之傲语即为绝对主义之最好的象征。绝对主义实即以领主的大土地所有与严格的身分制为基础之封建君主与十九世纪之立宪君主间的过渡的、特殊的政治形态。所以这一政治形态,中世特征既是显著,同时它的政治组织又已经有了许多近世的特征,如官僚制、常备军制、财政的中央集权等,这都是资产阶级国家机关之先驱。资产阶级国法学上之主权观念也成立于这个时代。在绝对主义时代,资产阶级是主权之支持者。君主因为与贵族对抗不能不利用资产阶级,但因利用它在政治上增进了资产阶级之优越后,君主又回过头去再与贵族同盟。所以资产阶级在那时简直是以君主与贵族为其正面之敌而战,通过资产阶级革命终于夺取政权于自己之手。

在绝对主义之下,尚有无数的封建生产制之残存物,资本制生产力之发展遂不得不粉碎这些残存物并其上部构造之绝对主义。因为:

> 资产阶级之支配的经济的条件若已成熟,则绝对主义之破坏将一瞬也不能留,人类往往于行将消灭的世界之历史的成果上建设新的世界。人类在这个发展的过程里面,务必先做出新社会自身之物质的条件以及思维及意识之发展,亦即精神的条件,否则绝不能把人类从他的运命解放出来。

所以资产阶级国家,即资本主义社会所特具的国家之集中政权,是产生于绝对专制政体崩坏的时期,它开始获得了议会的权力,以后又设法完成了行政权之获得。这个行政权有无数官僚和军队的组织，有种种复杂的、人为的政府机关。官吏和常备军这两种组织，可以说是资产阶级国家的特别表征。而这一切都是由资产阶级的革命来创建的。所有革命都使这国家机关更臻于完善。资产阶级的国家，即为资产阶级统治所必须的政府机关，是由资产阶级的革命来创建与完成的。这与无产阶级的革命恰是要破坏这种国家机关成一个正反对。这一点我们要非常注意。

因为官吏和常备军这两种组织必然要成为资本社会躯干上的寄生虫，它是使这个社会破坏的内部矛盾所产生的一种寄生虫，同时又是塞住这社会躯干上之毛孔的一种寄生虫。所以不去掉这种寄生虫，新兴的革命阶级是没有办法的。关于这点，我们在后面还要说到。

资产阶级国家是以三权分立为其政治组织的原则。所谓三权分立，就是把国家权力作用分为立法、司法、行政三者。立法权属于议会，司法权属于裁判所，行政权属于国家的、地方的行政机关，而使各机关各自独立互不侵犯的意味。但在表面上，议会是国家的最高机关，而议会的组成是由选民选举代议士而间接参与政权，所以有人把近代资产阶级国家叫作代议制国家或民主国家。

（B）近代国家之发展——帝国主义国家

近代国家随着资本主义之发展，走上了帝国主义国家。帝国主义就是垄断的资本主义，就是腐化的和垂死的资本主义。它使大部分人类不能生活下去，它造成广大的政治经济危机，妨碍乃至破坏生产力的发展。所以世界之分割、势力范围之设定、关税壁垒之森严等等使资本之自由运动成为不可能，而行着武装的资本之世界的竞争，对于国内劳动阶级之压迫及对于弱小民族之榨取，也就成为资本帝国主义之生存原理。

政治是经济之上部构造，不仅此也，政治是经济之集中的表现。这种事实在帝国主义时代国家之性质上，更其是一种最强烈的反映。

帝国主义国家之第一个特征是经济与政治的限界之几归于消灭，国家带着经济上支配者的金融资本之执行委员会的性质，国家权力成为金融寡头贵族之直接的武器。金融寡头政治是金融资本独占之最露骨的表现，这个在现代资本主义社会之一切经济的设施中无一例外被织入于从属关系之紧密的纲中。老实讲起来，国家在帝国主义时代不过是全生产过程之管理的实现。有人把这样的一种国家组织叫作国家资本主义托拉斯。这种集中的过程就是证明政治与经济的限界是差不多已经消灭了的。

帝国主义国家之第二个特征是行政机关之强大化，官僚群及军队比较任何时代都要扩大而成为国家权力之中枢。它是资产阶级国家之历史的及论理的发展之成果。最初发展于自由主义的资本主义之时代，代表人民意志的议会，现在已属脆弱无能的东西，全行政机关成为资产阶级之执行机关而活动，内阁简直成为金融寡头、贵族之私的议会。有人说，特别是在帝国主义时期、财政资本时期、伟大的资本主义垄断时期、由单纯垄断的资本主义进到国家垄断的资本主义时期，这时期表现出国家机关之异常的巩固，官僚和军事机关的空前的发展，益发表示对于劳动者阶级抑压之增大，这些现象，无论在君主国或在最自由的共和国里都无所异。因为帝国主义国家早已不是由于议会而统治，乃是通过强力化了的行政权力而统治。

帝国主义国家之第三个特征是它的政治原则早已不是追求自由，而是追求反动。激烈的阶级斗争国际的规模日益扩大，劳动者阶级至与殖民地半殖民地之被压迫民族结成强力的统一战线，而资产阶级除了压迫以外，也不能有其他政策。资本主义在对于封建主义斗争之时代是诸国民之解放者，可是到了帝国主义时代则变为最大的抑压者，以前是进步的，现在是保守的。

帝国主义国家之第四个特征是资本主义之经济的、政治的发展之不平衡性，在这个时代特别强烈的结果，致帝国主义战争之爆发具有必然性。在资本主义之下，各个经济以及各个国家的发展要想平衡地增进成为不可能。即一个新兴国飞跃向前，而另一个原来的先进国却被挤落后，而落后的希图恢复，新兴的希图更进一层地进展。如果要回复被破坏了的平衡，在政治上的手段不外战争，所以现在只有武力是维持帝国主义国家的平衡的手段，是回复被破坏了的平衡之解决者。关税战争也罢，原料市场或资本及商品市场之争夺也罢，又任何国之资产阶级决定要榨取殖民地奴隶之剩余劳动也罢，结局都不外由经济的方法走到诉之于武装之威力与现实的战争，战争不外是继续战前政策的一个强力手段。在帝国主义政治支配之下，帝国主义战争之爆发是不可避免的，帝国主义战争、帝国主义和平在本质是无何等差异的。

国家之历史的发展到了帝国主义已达绝顶，国家之全组织以紧张之状态为经济的反映而开始成为经济之能动的因素，也没有如今日的中央集权随资本之集中达于极度，阶级斗争亦表现为最露骨的、最无慈悲的。至此，主权在民、共同意思诸说已到了无论如何不可通的绝境，资产阶级民主的假面具也维持不住，而表现出了资产阶级专政的本质。所以我们在这里要特别注意：资产阶级国家的形式虽然非常复杂，可是它的本质只有一个。就是说，我们如果分析这个国家到最后，必然都是一个资产阶级的专政。帝国主义国家不仅发挥了极端的中央集权及资产阶级专政之能事，而且完成了新社会出现之前提条件。所谓极端的中央集权及资产阶级专政之彻底的表现便是法西斯主义。

(C)法西斯主义与拿破仑主义

在资本帝国主义的总危机日益深刻化之下，法西斯主义是普遍的现象。因为法西斯主义就是金融资本的公开专政或公然独裁，它是在政治经济一般危机的阶段上，布尔乔亚感受普罗列塔利亚直接革命的威胁，在政治上由布尔乔亚所委任的一群独裁者的统治形态。它是彻头彻尾的反动统治，它意味着布尔乔亚议会主义、民主主义的完全放弃。

法西斯主义有时虽然也表现出“反资本主义”的外形，例如德国独裁魔王希特勒自称其法西斯党为“国民社会主义劳动党”或“国家社会党”，其实不过是为吸引落后民众，特别是小布尔乔亚阶层的空谈罢了，不过是骗人的鬼话罢了。布尔乔亚政治家纵然有时也对于法西斯主义表示排击的态度，例如有些法西斯主义党徒在口头上也大骂法西斯，其实不过是施放政治上的烟幕，甚至于是各种法西斯因小有不同而互相竞赛的表现。

唯一从法西斯主义之下来防卫布尔乔亚民主的主要势力是各国的劳动者及一般劳苦大众。例如法兰西及各国人民战线的分子乃至各国无产阶级统一战线的分子都是。

在某种社会条件下，即在这一社会经济结构过渡到另一社会经济结构和两种社会集团的势力相互平衡下，往往产生了拿破仑主义。拿破仑主义在本质上当然是不同于法西斯主义的，但现在却有人看不清这两者社会的本质的差别，所以我们需要从法西斯主义说到拿破仑主义。

在法国大革命之后，法国的布尔乔亚怕因为和外国作战或者由于封建的反动以致丧失自己的成功，曾企图在拿破仑一世的独裁之下来维持自己的利益；又在一八四八年，法国布尔乔亚虽然击退了普罗列塔利亚的攻击，但在斗争中已告疲劳而且失却统治力量，也选择地接受了拿破仑三世帝制的统治。就像这样把强力政府建立在两个阶级势力的均衡之上，即在两个阶级势力多少相均衡的状态上，由一种强力政府来加以维系的政治形态，谓之拿破仑主义。

拿破仑主义的典型就是拿破仑二世的帝国。卡尔说过："实际上，这个帝国是在布尔乔亚已经失去统御国民的能力，而工人阶级又还没有获得这个能力的这种情形之唯一可能的统治形式。"（见卡尔著：《法兰西内乱》）伊里基也把布尔乔亚和普罗列塔利亚斗争的尖锐化规定为拿破仑主义的古典地盘。

不过拿破仑主义不单是法国独有的现象，而是在欧洲普遍可以看到的现象。它甚至是旧的专制君主失却旧的封建统治的支柱转化到布尔乔亚的民主时所必然要通过的、不可避的过渡阶段。恩格斯曾论述过华士马克的拿破仑主义，说它一方面藉普通选举的实施和社会政策等等来对当时的自由主义的布尔乔亚装作拥护普罗列塔利亚的利益的姿态；而另一方面则又用社会主义镇压法等等东西来对付普罗列塔利亚，藉以拥护布尔乔亚的利益。这就是有意把资本家和劳动者的势力弄得互相均衡起来，以谋地主阶级的利益。但是在这种场合，地主已走上布尔乔亚化的道路，所以结果仍是拥护了布尔乔亚利益，表现了普鲁士的专制君主向布尔乔亚王朝的转化。

在旧俄一九〇五年前后，当沙皇不可避免地要进一步去促进中世纪的农业关系的资本主义的农业转化时，即当沙皇的专制政治要进一步向布尔乔亚王朝转化时，也出现过斯脱利宾（Stolypin）的农业拿破仑主义。在这里，也是那没有获得完全的政治自由的布尔乔亚与于抬头的普罗列塔利亚的均衡，使拿破仑主义成了可能。还有伊里基明白地指出，一九一七年克伦斯基政府也是站在布尔乔亚与普罗列塔利亚抗争的激化之上，而以此为地盘表现出拿破仑主义的倾向的。

由以上看来，拿破仑主义乃是在布尔乔亚的民主革命尚未完成而在普罗列塔利亚革命之前已失去其自信时，代表布尔乔亚利益而出现之国家形态或政治形态。因此，它跟法西斯主义有着本质的不同。申言之，拿破仑主义的古典形态起于产业资本主义时代，它对于产业资本的发展有过助长的作用；而法西斯主义却是垂死的资本主义的产物，它循着向下线发展的资本主义的危机之表现，是颓废的过程，在历史上决没有包含丝毫进步向上的成分。因此，看不见法西斯主义和拿破仑主义本质之不同的人们是有意地歪曲，是非历史的看法。

四、社会主义国家

我们在说明了资产阶级的一般国家后，现在我们应该说到社会主义国家。资产阶级的国家发展到了帝国主义国家，国家的一切机能已达绝顶，因此它由于工农革命转变到社会主义国家。但这一转变决不是把官僚和军事的国家机关从一部分人手里转递到另一部人手里，因为新兴的革命阶级不能简单地夺取现成的资产阶级的国家机关，而运用它来完成自己的目的。所以它们不能仅限于占有这个机关,而必须破坏这一现成的国家机关。所以破坏官僚和军事的国家机关几乎成了无产阶级在革命中对于国家问题之首要的任务。因此这一转变是一个由量变质的国家转变之实例,是以原则上根本不同的一个国家形式来代替一个旧国家形式的一种伟大的改革。老实说,便是由资产阶级的国家变为无产阶级的国家,由一阶级压迫另一阶级的特殊力量的国家变为实际上已非真正国家的一种形式——所谓半国家形式。所以这一转变决不是偶然的。就经济方面说,是生产力已与资本主义的生产关系发生剧烈的冲突,再也不能平衡下去;就政治方面说,是劳动者以革命的手段推翻资产阶级的政权,而从新建设自己的新政权。这一新的政权较之资产阶级的政权,是一个新的民主国家(代表无产者和一般贫民的),也就是一个新的专政国家。这因为工人阶级取得政权以后,它的任务:第一是要利用其政权把一切生产机关都集中在国家手里,用最大的速度促进生产力,实现社会主义的建设;第二是要利用其政权抑压资本家和一切反动势力并防止其复活,并且彻底澄清一切旧社会势力,根绝人剥削人的现象;第三还要利用其政权以与国际的反动势力相抗衡而打破国际帝国主义的包围;第四,工人阶级通过这一政权去领导广大的农民群众,共同建设社会主义。所以,这一新的政权一定是一种强有力的政权。老实说,这就是无产阶级专政。然而这一专政不是为强固或永续自己阶级的支配而专政,乃是为消灭阶级一般、消灭国家的支配而专政,并且在执行专政的期间不是少数人对于多数人的专政,而是多数人对于少数人的专政。实际上就是一种比较彻底的德谟克拉西——较之资产阶级的德谟克拉西更为广大的德谟克拉西。工人阶级的政权实际上是以广大的民众为基础的民主集中的政权,所以它在表面上亦不讳言对资产阶级及其他社会势力的集中支配，并且明显地宣言为无产阶级专政。因为它不是永续其专政，而是要以专政来消灭阶级，消灭国家本身，努力建设社会主义，所以有人把它叫作社会主义国家。现在举一个实例来说明它的政权之组织，这便是：前面所说近代国家之二，即已经踏入社会主义建设的苏维埃共和国。这一国家制度既已编入历史的篇章，我们在政治学的领域内自然不能不研究它。

(A)什么是社会主义苏维埃共和国

苏维埃是"Soviet"这一字的音译，它的意思就是会议，如工兵代表苏维埃，就是工兵代表会议。它在近代的历史是产生于俄国一九〇五年，然而在那个时候，可以说只是一个萌芽，因为它只存在了几个星期。它本来是一个在革命中斗争的组织，后来就变成了政权的组织——国家的组织。

我们说社会主义苏维埃共和国时是就它的形式说的。它的形式自然不同于议会主义资产阶级德谟克拉西国家的形式，它不是统治于欧美各先进国家的那种寻常形式的政权，即我们在前面说的一批资产阶级国家或帝国主义国家的那种寻常形式的政权，而是一种特殊的、巴黎公社式的那种形式的政权，即我们在前面说的无产阶级国家的那种形式或在实际上已非真正国家的一种形式的政权。

若就这一政权的阶级成分来说，最初便是无产阶级与农民，渐进于无产阶级与贫农，而至于纯无产阶级；它是发展的。但在它的发展过程中，无论何时，它的阶级相互关系总是无产阶级站在领导地位，这不是那一个人的主观要求这样的，而是各阶级的生活条件决定这样的。

至于说到这个政权的政治性质，它便是一个革命的专政。即它不是按照集中的国家政权所颁布的法律，不等待大学教授或法律专家为他们写成组织创建国家的法律草案，而是由于数千百万民众的自动，按照他们自己的路线，直接从下面创设起来的政权。这就是说这一政权的来源不是预先由国会讨论和通过的法律，而是各地民众直接从下而上的创设，用普通的话来说就是直接的夺取。

所以它是特殊的一种国家形式，它是从十九世纪末期开始的革命时代提出来的一种最高的民主国家的形式。据恩格斯的意见，它已不是按照字面本意的国家，它与资产阶级的议会主义的国家形式是不同的，资产阶级国家中最称完美和先进的形式就是议会主义的民主共和国，政权属于议会。政府的机体和管理机关就是所谓常备军、警察、官吏等等。官吏实际上不行更换，他们居特别地位，处在人民之上。然而社会主义苏维埃共和国则恰恰与它（议会主义民主共和国）成一个正反对。

第一，社会主义苏维埃共和国，它是以全民的直接武装来代替离开民众、和民众对立的机体的警察和军队（这种全民的直接武装本为氏族社会的产物，因国家的发生而成为不可能，但它现在却又要因资产阶级国家之破坏而复兴起来）。

第二，在社会主义苏维埃共和国内，官吏僚属，或由人民自己的直接政权来代替，或是至少要受人民的特别监督。他们不仅要经过选择，并且按照人民的要求，可把他们即行撤换，他们应处于简单的代表地位；他们从盘据高位的领取资产阶级式巨数薪俸的特权阶级转为利用“特种工具”的工人，他们的俸薪不得超过高等工人的寻常工资。

社会主义苏维埃共和国之所以为特别形式的国家,其实质就只在于此。此外,社会主义苏维埃共和国与议会主义民主共和国还有各种差别。

第一,从议会主义民主共和国回复到专制帝国是轻而易举的(已由历史证实),因为旧的压迫人民的机器还是丝毫没有动摇,如军队、警察、官吏等等;工农兵代表苏维埃,即社会主义苏维埃共和国,则把这种压迫民众的机器破坏和消除了。

第二,议会主义民主共和国压制和抹杀群众的独立政治生活,以及群众自下而上的对于整个国家的民主建设的参加;工农兵苏维埃,即社会主义苏维埃共和国,正好相反,苏维埃造出巴黎公社式的国家形式,即"可在经济上解放劳苦群众的公开政治形式"。

如果我们不嫌重复,我们要很明确地、很实际地写出一个社会主义苏维埃共和国的轮廓来,我们还可以把社会主义苏维埃共和国与议会主义民主共和国的比较不断地写下去。

在议会主义民主共和国内,即在资产阶级的德谟克拉西内,统治者用千百种诡计来排除群众的参加统治,以及禁止他们的集会与出版自由等。苏维埃共和国是世界上第一个能吸引群众来参加统治的。劳苦群众如要参加资产阶级的国会是为几千百种诡计所阻隔的,所以劳苦群众们都知道而且感觉到资产阶级的国会是陌生人的机会。苏维埃是劳苦群众与被剥削群众自己的直接的组织,为使他们有自己组织国家、自己管理国家的可能的机关。为劳苦群众的先锋的城市工人,因为他们为大企业组织得最好的缘故,在这一方面享有特别的优越地位,他们最容易选举与管理选举。苏维埃组织能够使一切劳苦的、被剥削的群众联合起来,围绕在它们的四周。旧的资产阶级的国家机关,即官僚制度,富者的、资产阶级教育的以及交际上等等的特权，一切这些，在苏维埃组织之下都消灭了。出版的自由不再是虚伪的了，因为印刷局与纸张都从资产阶级那里拿来了。最好的建筑——皇宫别墅与地主的住家，也都拿过来了。苏维埃政权把几千万这类最好的房屋一下子从剥削者那里拿了来，这样使民众的集会自由的权利增加了千万倍的德谟克拉西。因为集会自由的权利如果没有房屋，德谟克拉西不过是欺人之谈，所以无产阶级的德谟克拉西比了任何资产阶级的德谟克拉西要更其德谟克拉西到一百万倍，苏维埃的政权比了最德谟克拉西的资产阶级的共和国要更其德谟克拉西到一百万倍。

我们总合起来说，苏维埃是新的国家机关，它——苏维埃：

(1)给我们以工农的武装力量，这种力量不像旧的常备军那样和人民分离，而是和人民密切相连的。在军事上讲来，这种力量比较从前一切军队都强大得多；在革命的观点上讲来，它不能为其他任何力量所代替。

(2)这个机关对于群众和大多数人民发生绝顶密切的不可间断的、易于检查和恢复的联系。在旧的国家机关之下，这种联系简直是梦想不到的。

(3)这个机关的成分为人民所选举，因民意而撤换，没有官僚主义的架子，所以比以前的机关都要民主化些。

(4)它和各项的职业紧密地相连，因之它可以不经官僚主义的方法而促成各式各样的深入民众的改良。

(5)它是一种组织形式，即是被压迫的工农阶级里面最觉悟、最坚强、最先进部分的先锋队的组织形式。经过这种机关，被压迫阶级的先锋队可以提高、教育、训练和领导这些阶级中的广大群众，这些群众直到现在总是完全处在政治生活及历史之外的。

(6)它可以使我们合并议会主义和直接民权的长处,就是说它把立法的作用和法律的执行合并于人民所选举的代表身上。和资产阶级议会主义相较,这点是在民主主义的发展上具有全世界历史意义的进步。

总之,这与从前的国家比较是翻了一个大身。从前是只有富人和富家出身的官僚,即受教育的人、有专门学识的人、有特殊地位的人、有特别资格的人方能管理国家,方能进行日常的管理工作。而现在却正相反,是由全体贫民、全体劳苦群众、觉悟的工人、兵士来管理国家,来进行日常的管理工作,至少是一定要求学习管理国家的事宜。

不过这种成见是有的,或者说是不能即刻消灭的。即有些人们以为只有富人、有学问的人、有特殊地位的人才能管理国家的一种成见。但这种成见是根据对于资产阶级国家的成见而来的,或者说是根据对于资产阶级国家的迷信而来的。殊不知资本主义把国家的行政任务简单化了,它给予人们以推翻从前的资产阶级的国家统治而急转直下地造成一种全体劳苦群众能够直接管理国家的可能,即用全社会的名义来雇用工人、监工、职员等等的可能。

资本主义的文化已创设了大规模的生产制度,有了工厂、铁路、邮政、电报等大规模形式的建设。在这个基础之上,旧式国家大部分的职权已大大地简单化了。在实际上,这种职权已进化到了很简单的手续,如登记、填表和检点号码等等一类的事务了。而这一类的职务是每个识字的人都很能够胜任的,是全体劳苦群众、全体贫民、觉悟的工人、兵士都能够胜任的,至少是可以学习的。

现在如果我们说到国家机关的另一方面,即除了主要的是供给压迫之用的那些机关,如常备军、警察、官吏等等以外,在近代国家中,还有和银行、新迪加特别密切相连的机关。这种机关就只是执行计算与登记的工作(倘可以这样说的话)。其他邮政局、消费合作社、职员联合会等都是资本主义创设的计算机关。这种机关,尤其是巨大的银行,是建设社会主义时所需要的,而这些都是可以现成的得之于资本主义的机关。在这些机关上面,只要截去那种发育上的资本主义性质,把它改造得更大、更民主化、更能赅括一切,便能为全民所利用。如果最大银行中唯一最大的国家银行在各个乡区、在各个工厂中都有分行,那么它就已经是十分之九的社会主义的机关,是全国的会计、全国生产和分配产物的计算,也就是社会主义的骨骼。

这种国家机关(在资本主义之下,它不完全是国家的,但在社会主义之下,它就完全是国家了的)是可以"拿来"一下子,一道命令就使它动作。因为实际上会计、监督、登记、计算、算账等等工作,即银行、新迪加、商店等等职员的"国家化",是在技术上、政治上完全可以实现的事情。因为资本主义,尤其是财政资本主义,给它做下了准备工作。

试举两个例子来说:在欧战中,各交战国所施行的强迫的新迪加化,即在政府监督之下的强迫联合,就是资本主义替社会主义的国家建设准备下来的东西。再如,在欧战中所发现的面包的专卖和面包券以及强迫劳动,也是交战的资本主义国家所造成的。在这上面,也像其他历史的创造一般,建设社会主义的武器是从资本主义那边拿来的,而不是自己的乌托邦。

如果面包专卖、面包券、普遍的强迫劳动等等掌握在社会主义国家手中,掌握在拥有全部政权的苏维埃手中,那么这些都可以成为最有力的计算和监督的工具。这样也可以产生出一种历史上空前的推动国家机关工作的力量。

十九世纪七十年代，有一个聪明的德国社会民主党人曾称“邮政局”为社会主义制度的模型，这是很对的，现在的邮政局是在国家资本主义垄断下组织起来的一种企业。帝国主义正在逐渐地把所有的托拉斯都变为同一形式的组织。所以社会管理组织的确是由资本主义准备好了。简单说，依照邮政局的制度去组织整个的国民经济，而使所有的技术专门家、管理员、事务员以及一切被雇佣的人们（自然在社会主义的国家内，应该具有比从前更多的工程师、农学家、技术师及各种有科学知识的专门家，但这些都是可以由全体劳苦群众所管理的国家雇佣得来的），都在全体劳苦群众的监督之下工作，都作为全体劳苦群众所管理的国家之下的官吏，而付给这一切的国家官吏以普通工人的工资，这样的一个国家就是社会主义苏维埃共和国。

所以这一国家形式是特殊的，因为它已不是寻常的议会主义国家了，它已不是“国家”这一字本来意义的国家。因为管理国家的已不是与民众脱离的军队、警察以及有特权的官吏等等了。所以由这一种事实即可除去资产阶级智识分子的成见，以为只有那些在整个社会地位上完全依靠资本主义的特别官吏方能管理国家，更可以打消这一种企图，即企图以资产阶级议会主义的办法来管理国家。

但这种国家政务之简单化，尤其是减低国家高级官吏的薪俸一事，似乎仅仅是原始、真纯的德谟克拉西之一种单纯的表现，有些人们曾屡次尽其才能，用嘲笑的口吻来嘲笑“原始”的德谟克拉西，但这种人第一就完全不理解从资本主义过渡到社会主义，非有几方面回转到原始的德谟克拉西的现象是不可能的；第二，他没有理解建筑在资本主义和资本主义文化的基础之上的“原始德谟克拉西”与太古时代或资本主义以前时代的“原始德谟克拉西”究竟不是一件东西。

（B）巴黎公社的追溯

我们在上面曾好几次提到了巴黎公社的国家形式，这就是因为苏维埃的国家形式是早发源于一八七一年之法国的巴黎公社的。不理解巴黎公社，就无从理解苏维埃。因之苏维埃的国家形式绝不是一个什么人臆想出来的乌托邦，而是从历史的发展中、从一个群众运动的实际经验中得出的一个答案。

从巴黎公社惨苦的经验中，做过十分精密的分析后，我们便可知道它的组织形式及其阶级成分与政治性质怎样。

十九世纪的时候，发端于中世纪时代的集中的国家政权及其在各方面所设立的机关，如常备军、警察、官吏、教士和审判官等等机关都发达起来了，国家之含有纯粹压迫的性质也更见其明显。法国在一八四八年至一八四九年那次革命以后，国家遂成为资本进攻劳动的战争中之一个武器，而拿破仑第三的帝国更巩固了这个武器。直接与帝国处于反抗地位的便是一八七一年由劳苦群众所直接创设出来的巴黎公社。自它出生以后，便在历史上发现了一个共和政体的特别形式。它不仅要消灭一般共和政体中阶级统治之帝制形式，并且要推翻阶级统治本身。

巴黎公社曾经着手创造的究竟是一个什么形式的国家呢？它第一次所发表的命令便是废除常备军而代之以人民的武装。它是依照普选制由巴黎各区所选出来的城市代表所组织的，他们是完全负责的，并且随时可以撤销他们代表资格的。他们的大多数是工人或是被工人阶级所承认的代表，警察从来只是政府的一个工具,现在把它原来一切的政治职务都立刻革除了去,而变为随时可以更换的公社负责机关了。同样,对于其他一切行政机关的各部官吏,巴黎公社也应用这种方法。从公社社员起直至最低下的工人止,自上而下的,凡在机关中负职的人员都给以与普通工人同等的工资。一切政府最高官吏的特权以及赐与政府代表的特权和酬金,现在都跟着这些官吏本身之消灭而同归于尽。它把旧政府所有物质上的武器——常备军和警察等等既尽行消灭之后,它又毫不迟疑地集其注意于破坏精神上压迫的武器,这就是教士、牧师、神父的权力。审判官在此时也失去了他们那种虚伪的独立性,以后他们应该公开地由民众选举出来,要对人民负责,并且人民还有随时撤销他们的权力。

公社不能不承认,一旦工人阶级得到了政权,就不能再去使用那旧的政府机关了;而且工人阶级为要避免失去其已得的政权计:第一,就不能不铲除那从前反对过它的一切旧的压迫机关;第二,就该提防它自己的代表和官员们,向他们宣言(警告他们——原编者注)他们的职权是随时可以褫夺的、撤销的,没有任何例外的,藉此以巩固公社本身。

为避免使国家和国家机关从社会的公仆转变为社会的主人起见——这种变化在一向所有的政治制度中都是不可免的——公社就使用两种有效的方法:第一,它把所有的行政司法和教育的职位统统都用普通选举法选举出来;同时,选举者得随时决议撤销被选举者的职位。第二,它给予那些官吏的薪金,不分职位上下,都与其他劳动者所领取的工资相等。公社所规定的最高薪金是六千法郎。这样,那些猎官职和钻营的人们就遇着了一重障碍，甚至为代议机关的议员们创造了一种不可抵抗的命令。*

这里便是国家由量变质的一个实例。这就是一个比较完满、彻底的德谟克拉西，由国家变为实际上已非真正国家的一种形式。在这里值得特别注意的，就是它取消政府代表的一切酬金和官吏的一切优厚的薪俸，以及把国家一切服务人员的薪俸都减低到工人工资的水平线。从资产阶级的德谟克拉西变到无产阶级的德谟克拉西的这一个破坏，在这里比任何地方都要表现得明显些。它是很明显地从压迫阶级的德谟克拉西变为被压迫阶级的德谟克拉西，从以前以压倒别一个阶级为目的的阶级统治势力变为用大多数民众(工人和农民)的整个势力来压倒压迫者的一种统治。

对于一切官吏的完全选举制和随时可以执行撤销权、降低官僚的薪俸到普通工人的工资一样的程度，这是很简单而且明显的德谟克拉西的办法。而这种办法正是与一般工人和大多数农民的利益完全相适合的，同时它也就是由资本主义到社会主义的一道桥梁。

再很明显的，巴黎公社不是一种资产阶级议会的集团，而是立法和行政同时兼任的一种工作机关。

从前统治阶级的议员们每三年或六年改选一次，到议会

* 上述两段引文出自恩格斯为马克思的《法兰西内战》一书(1891 年单行本)所写的导言，参见《马克思恩格斯选集》第 3 卷，人民出版社 1995 年版，第 12—13 页。——编者注

中去代表人民和镇压民众；现在不然。在公社组织之下的民众采取普选制以吸收所有为公社中一切企业所必需的工人、监工、办事人员等，这正像单独的企业主应用他个人的选择权来吸收工人职员到他自己的企业中去是一样的情形。*

每隔数年把统治阶级里那些凭藉议会来欺凌压迫人民的分子来决定一次，这便是资产阶级议会主义的本质。但在这里，公社的办法并不是取消代表机关和废除选举制，而是要把“谈话会”式的代表机关变为实际的工作团体。我们举任何一个实行议会制的国家作例，不论美国、瑞士、法国、英国，它们政府里的国家大事都是在后台先解决好了，然后由内阁的各机关、法官们和部员们来执行罢了，而议会仅仅是藉空谈的形式来达到它们愚弄普通人民的特殊目的而已。

巴黎公社采取了新的制度，以代替资本主义社会之买卖式的腐败的议会主义。在这种新的制度之下，思想言论的自由就不只是一句欺人的谎话了。因为代表们必须自己工作，必须自己执行他们自己的法律，必须自己来检查实际行动中所得的结果，而且还必须自己直接来对选举者负责。代表制此时还存在着，可是把议会主义作为一种特别组织、作为立法和行政两种职能分工的组织以及作为议员们设置一种特权位置的组织等等的情形，现在却统统没有了。

没有代表制，不能够想像有一个德谟克拉西的存在，但可以而

* 此段引文参见《马克思恩格斯选集》第3卷，人民出版社1995年版，第57页。——编者注

且应该实现一个没有议会主义的德谟克拉西。

当讲到巴黎公社和劳苦群众的德谟克拉西所需要的那些官吏之职务时，上面一段话拿这些官吏来与其他各种雇佣的工人们相比，就是说与普通资本主义各种企业中的工人、工头、职员等人相比，这也是很值得注意的。这就可以证明科学的社会主义者绝对没有一点乌托邦思想的痕迹，并丝毫没有要发明或幻想一个新的社会。他把从旧社会诞生新社会、从前者的形式过渡到后者的形式很忠实地作为一个科学的历史发展的过程来研究；他利用群众运动的实际经验，而努力从这种经验中取得实际的教训。但是：

> 历史上新的创设，普通所遭遇的命运常是这样：它每每被人指为抄袭旧的，又因那些新的创设多少有些与旧时的社会形式相类似，因此它就甚至于被人诬为社会生活中之已死亡的形式。因此，这个破坏现代国家政权的新建设的公社也就被人看作中世纪时代的公社之复活，或被人看作许多小国家的一个联邦，或被人看作古代用以反对过渡的中央集权的一种夸张的争斗形式。……*

这样就简单地把公社看作是一种联邦主义①或“市政自治制”了，并且还误解到它是拿联邦主义或市政自治制来反对中央集权制、破坏国民统一了。联邦主义和市政自治制在原则上是无政府

* 此段引文与原文略有差异。原文可参见《马克思恩格斯选集》第 3 卷，人民出版社 1995 年版，第 57 页。——编者注

① 苏维埃国家是包含许多民族的联邦国家，但它仍是以民主集中为原则之中央集权国家，与小资产阶级智识分子的联邦主义不同。

主义的小资产阶级思想之直接的产物。凡是非难公社,以为公社要破坏国民统一和取消中央集权,这便是一种故意的奸诈。公社所要的是一种整个而不分立的共和国的政治形式,实质上它是一种民主集中主义,统一而不可分离的共和国。假使劳苦群众把国家的政权握在他们自己手里,把他们自己都组织在公社之内,将所有公社的行动联络一致,藉此以压服一切反抗,以至于把铁路、工厂、土地以及其他的私有财产都交给全体民众,难道这不是中央集权制吗?纵使公社本身的存在包含着地方自治,但是在性质上,这里的地方自治已经不是用来对抗国家政权了。因为国家政权这时已经成为残余物了。

不过公社式的中央集权已不是官僚主义、军国主义的中央集权,"从字义上说来,公社已经不是国家了"。即当被压迫的不是大多数人民而是少数人民(剥削者)的时候,公社已经不是国家了。这时它已破坏了资产阶级的国家机关,而人民大多数起来已经自己登台,以代替一种特殊的压迫势力了。凡此一切,都已经离开了国家的原义。从社会主义和政治争斗的全部历史中推断出来,这样的国家是必然会消灭的,而国家消灭之过渡时期(从有国家到没有国家的过渡时期)的政治形式就是公社式的。公社式的政权之集中,其目的在消灭阶级,在暂时地建立被压迫阶级的专政以资过渡,所以它不是官僚主义的、军国主义的。然而无疑义的,在此过渡时期,必须要国家,即"革命的过渡的国家形式"对于劳苦民众是必要的。而无政府的联邦主义派、自治派或非权力派反对一切威权,反对一切服从以及一切权力,甚至于误解了巴黎公社的实质,这自然是极愚笨而又很重大的错误。

关于未来时期的政治形式,在由资本主义转变到社会主义的过程中，显然有下列各种错误。即乌托邦社会主义者忙着想去发明一种使社会主义的社会改造可以实现的政治形式，无政府主义者则将任何政治形式的问题都回避不谈，现代社会民主主义者的人们却抱定了资产阶级议会主义的德谟克拉西的国家政治形式而认为不可超越的界限，这都是不理解巴黎公社式的政治形式的科学的根据的。

> 对于巴黎公社解释之繁多及所表现的利益之分歧，证明了公社是一个十二分富有弹性的政治组织。可是一切旧时的政府在本质上都是压迫人的组织。公社之真正的意义是在：它在实质上是工人群众的政府，是生产者反对占有阶级的斗争之结果，是最后发见而能完成工人群众本身的经济解放的政治形式。*

我们对于国家形式的问题丝毫不应冷淡，而且必须非常细心去分析每一个过渡的形式，以便照着每一种形式的历史的具体特点来确实各种过渡形式之由来与其趋势。

当一八七一年巴黎的民众运动爆发的时候，虽然是短命的、失败的，但它确是第一次成立了最后发见的国家形式。在这个形式之下，劳动者的经济解放是可以进行的。这个政治形式是可以而且必须来代替已破坏了的国家机关的。

后来到了俄国一九〇五年和一九一七年的革命，在不同的环

---

* 此段引文参见马克思：《法兰西内战》，引文与原文略有差异，《马克思恩格斯选集》第3卷，人民出版社1995年版，第58—59页。——编者注

境之中和各异的条件之下，已经继续了巴黎公社的工作，即建立了苏维埃。所以我们历史地分析了巴黎公社，正是现实地来理解了苏维埃。对于苏维埃的理解，正是须要对于巴黎公社的理解来帮助的。

巴黎公社，或者说苏维埃，它已是代替破坏了的资产阶级国家机关，它是过渡的（由资本主义到社会主义的过渡）国家形式，它是工农民众自己的政治组织，它是最后发见的国家形式，它也是历史过程中最后的国家形式，因此它已不是原来意义的国家。在这样的一个共和国内，已经没有凌辱人民的警察，没有压迫人民的常备军，没有高踞民上、拥有特权、永不更换的官吏。这就是说，全部的武装队伍以及政权和管理权都握在工人、农民——占人民之大多数的人们手中。

国家本是一个压迫机关，但这个压迫机关在公社或苏维埃里是掌握在大多数人民的手中，与在奴隶制、农奴制和工钱劳动制之下那样为少数人所占有的情形迥然不同。可是一经到了民众的大多数压倒了他们的压迫者的时候，这种压迫的特殊力量便再没有必要了，即大多数人代替了享有特权（特权的官吏、常备军的将领）的少数人的特殊组织，他们自己便能直接来执行一切职权。国家的一切行政职权愈是落到多数人手里去，则这个国家权力的需要便愈少了。在这种意义上，国家便开始消灭了。

不过在近代存在着的还有一种国家体型——殖民地半殖民地国家，我们留待后面去说明。

第三节　国家之消灭

一、社会主义社会——国家消灭之过程

上面所说的社会主义国家即是一种过渡期的国家。所谓过渡，即是由资本主义的旧社会过渡到无国家的社会主义新社会。但这一新社会的出现决不是随便可以把它搬出来的一件东西，它是要有新社会出现之必然的经济基础的。新社会之经济基础，如前所说，它是在资本主义社会之内就有了它的根源，即在帝国主义国家内已完成了新社会之前提条件。于此又经过过渡期的国家之促进，则在经济方面，一切生产机关的国有就要完全实现，即在前面所说的："当国家真正代表全体社会的时候，它以社会的名义取得生产工具的所有权，便是它的第一个行动，同时也便是它本身最后的一个独立行动。"生产机关的国有既然实现，则私有生产机关者和没有生产机关者的区别也就要随之消灭，即有产者与无产者的阶级区别就要随之消灭。阶级区别既然消灭，则无产阶级这个阶级的本身也就当然没有了。按之国家是阶级社会的产物，社会无阶级必然就会无国家——它与阶级同生，也就与阶级同死。这是一个必然的原则。不过国家的死灭，它是徐徐死去的，它是由渐进到飞跃。有人把国家的死灭用"衰亡"两个字来表示，这是很有意义的，衰亡即是逐渐凋残之意。因社会革命的结果，社会阶级的分裂归于消灭，那国家以及政权的性质就要开始转变，从政治的到单纯管理的，即政权就要失掉它的政治性而变成与社会利益有关

的单纯的管理职权了,“政治的国家”便要变成“非政治的国家”了。这便是国家“衰亡”或“死灭”之过程。

在这里,我们应该特别注意的便是这个社会主义社会,它是刚刚从资本主义社会脱出来的。实际上,旧组织的残余遗留在新组织中的事实,无论在自然界或在人类社会中,或在人生每一步的旅途上,都是可以看得到的事实。所以这个社会主义社会无论在经济上、在道德上、在精神上、在其余的一切关系上都还没有脱除那个产生它的旧社会的薰习,因此生产机关虽然国有,私有生产机关和没有生产机关的阶级区别虽然消灭,但在分配上还是只能实行下一个原则,即“各尽所能,各取所值”。在这种社会里,每个生产者都向社会正确地取回自己所给予社会的东西(扣除为社会全体所必要的费用之后),他给予社会的东西就是他个人的劳动量。他向社会领受了一种证券,这种证券上面写明供给这些分量的劳动(扣除了他为社会全体所行的劳动),拿了这个证券,向消费品的社会仓库取出与这个所费的劳动相等的东西。这就是他把他在这个形式上所给予社会的劳动在别一个形式上取回。在这样的情形之下,国家还是需要的,但它已在转变的途中了。

在今日苏联的特殊场合,国内阶级区别虽已消灭,社会主义社会虽已建立且正在逐渐过渡到共产主义的时候,但是国家不但不能任其死灭,而且仍需加强。因为苏联是一个国家的社会主义,它被包围在帝国主义列强之中,随时都有被攻击的可能。帝国主义法西斯党徒还常常派遣奸细、暗探、间谍到苏联去,或在苏联内部建立这样的奸细网。在这种情形之下,苏联国内阶级的消灭仍不能使它不需要国家,倒反要把它大大加强起来。

在进入社会主义的时候,虽然没有生产手段的占有者与不占有者的区别，一切人都成为社会的劳动者而劳动，各人都应其所提供于社会的劳动而从社会领受一定的报酬，这在表面上仿佛是各人在社会上的权利都是很平等的，然而我们要知道：一切权利都不过是资本家社会的残滓，因为凡在主张权利的处所是没有平等的，一切权利都是不平等的权利。所以在这种以各人所提供的劳动量来做分配标准的场合，即以劳动这种尺度来做衡量各人所得权利多寡的场合，一定还要发生许多不公平的事。例如有一人对于别人，在肉体上或精神上都占着优越的地位，因之在同一时间当中，他能够提供更多的劳动，或者能够劳动更多的时间，他所得的一定要比别人多。因为把劳动当作尺度使用，提供的劳动量多，则所得的权利自然也多；提供的劳动量少，则所得的权利自然也少。这个却已于不知不觉之中把不平等的个人的天分以及不平等的个人的劳动能力认作"自然的特权"了。所以这个从其内容来说，也同一切权利一样，是不平等的权利。还有其他的，例如一个人结了婚，一个人没有结婚，这个人小孩子多，那个人小孩子少等，都可以使大家纵然做同一劳动，对于社会的消费财物取同一分量，也要发生一个在事实上所得的东西比别人多、一个人比别人富那样的事情。

然而这些弊害在社会主义社会中，即在它经过了长久的分娩的痛苦之后，初从资本主义社会脱胎出来的形态中，是不可避免的现象。因为权利这个东西的公平永远不能超过它的经济的发展的阶段和经济结构所决定的社会的文化程度。所以当时的经济状态、政治状态、文化发展等等都还残留着旧社会的薰习。因此在社会主义社会中，国家并不曾完全消灭，国家依然继续存在着，它存在着，作为一种社会分子间之生产品分配与劳动分配的调节者。"不做工的人便得不到衣食"，这个新社会的原则已经实现了；"等量的劳动可以获得等量的生产品”,这个新社会的原则也已经实现了。然而只要我们不陷于乌托邦的空想,就不能以为资本主义社会一经破坏之后,人们就立刻会知道去为社会劳动,而不需要任何法规。所以在这样的情形中,一种国家的形式还是必需的。这种国家保持着生产工具的公共所有权,保持着劳动的平等和生产品分配的平等,到社会主义社会最高形态的路线,它的发展的第一步是破坏旧社会唯一的不公平,即生产手段为少数私人所霸占有的这个不公平;它的发展的第二步是破坏进一步的不公平,即依照所做的劳动而决定的消费物品之分配所构成的不公平。要把进一步的不公平破坏了,国家才自然跃入它自己所掘就的墓穴。

二、社会主义社会的高期形态——国家的完全消灭

以上所谓社会主义社会要经过多少时候才能入于社会主义社会的高期形态,我们当然无权说它一定在三个月以后或三年两年以后,但生产手段既为社会所公同领有,各人的消费按着各人的劳动得到平等的分配以后,即社会全体分子对于生产手段的使用获得了平等之后,也就是说在劳动的平等和工资的平等获得了之后,一定能使社会的生产力成就巨大地发展。我们只要知道了资本主义的生产组织是怎样地阻碍着生产力的发展,又知道了在现在所已经达到的生产技术的基础之上是可以怎样快地使生产力向前发展,我们就可以十二分确切地说,在人类的眼面前必然地立刻会发生一个从形式上的平等到实际上的平等的更进一步的问题,即由破坏唯一的不平等到破坏进一步的不公平的问题,也就是说发生一个实现以“各尽所能,各取所需”为原则的平等问题。下面一段

话说得最为透彻：

> 在社会主义的高期形态中，在由于人类受制于分工的原则而造成的奴役人类的隶属消灭之后，随之精神的劳动和肉体的劳动的对立也撤废了之后，在劳动不仅为维持生活的手段而劳动本身成了第一个生活要求之后，在生产力随着个人的全面的发展一同增加而共同财富的一切源泉都十分流出了之后，到了这个时候，社会才完全从资产阶级的法律的地平线超拔出来；而且只有在这个时候，社会才能在旗帜上大书特书着：各尽所能，各取所需。*

这里所说的“各尽所能”，就是各应其能力为生产财富而劳动的意思；所谓“各取所需”，就是各人应其生活欲望而消费社会财富的意思。这两句话是把社会主义社会高期形态的根本原则（即共产主义的原则）最简单明晰表现出来的话。这一原则的实现在社会里虽然是一个最高形态，然把它比譬起来，就是在现在一个家庭的内部倒是常规的实行原则的。例如，家庭里面的老人、病人、小孩子等，他们差不多都不能劳动，但家庭对于他们，都应他们各人的必要，供给以食品和衣服；特别是对于有重病的人，虽然他一点也不劳动，而家庭给予他的消费反远多于劳动的人。在虽不劳动、只要有必要就给予他同必要相同的东西这种地方，才是人类有“人的生活”的地方。如果一个社会里，一方面有没有必要而占有许多

---

* 此段引文出自马克思：《哥达纲领批判》，参见《马克思恩格斯选集》第3卷，人民出版社1995年版，第305—306页。——编者注

物品的人，他方面有痛感必要而苦于缺乏物品的人，决不能说是公平的状态。在各人能应其必要而领受物品的场合，才有完全的公平，才有保证无差别的真平等。社会主义社会的高期形态，就是一种有真平等的社会形态。但这种新社会的高期形态不是立刻能够实现的。要实现它，是必要以巨大的生产力的发展为前提条件。所以前面说："生产力随着个人的全面的发展一同增加而共同财富的一切源泉都十分流出了之后……社会才能在旗帜上大书特书着：各尽所能，各取所需。"

如果"各尽所能，各取所需"这条原则实现了，则每人都已获得了一定的生活保证。既到了每人都获得了生活保证的时候，就没有把劳动当作生活手段从事劳动的必要了，于是那种"劳动不是为维持生活的单纯手段，而其自身就是第一个生活要求"的事才能够同时实现；到了各人已不把工作当作单纯生活手段、能在工作本身当中发见自己的目的的时候，各人的"自由发展"才能实现。这就是所谓"个人的全面的发展"。到了个人能够这样成遂其全面的发展、各个人热心致力于其工作的时候，社会的生产力当然就要有极大的发展，所以说"生产力也随着个人的全面的发展一同增加而共同财富的一切源泉都十分流出"。还有到了各人都得到生活保证的时候，则那种只是穷人不得不负担的肉体劳动，即经济上的压迫就要消灭，所以说"在由于人类受制于分工的原则而造成的奴役人类的隶属也就消灭"。在人人都享受生活保证的世界中，教育就不能归只有财力的人所独占，所以那种基于境遇差别的个人才能的人为的悬隔也就消灭，困难而不愉快的肉体劳动都要社会全体人员去负担，甚至于一切方面都能实行机械的发明及应用，大部分工作都能转交"自然力"去负担，所以说"精神的劳动及肉体的劳动的对立也随着消灭”。总而言之,这些事情都是有相互的因果关系的同时存在的现象。

于此,我们便可以看出社会主义社会与社会主义社会的高期形态一个显著的区别:即社会主义社会是仅仅实现了“各尽所能,各取所值”的一个原则。在这个状态之下,国家的形式还是必需的,不过这个国家的形式不是官僚的政府,由特殊的武装队伍来执行国家的政权,而是真正民众的政府,由民众自己的武装来执行国家权力的。而且这个时候的国家权力,因为把广大的民众都吸收到政府机关来,得到广大民众的拥护,更能发挥其国家权力,加强其国家权力,完成国家的衰亡过程。到了社会主义社会的高期形态,便实现了“各尽所能,各取所需”的一条原则。在这个状态之下,就完全没有何等组织的权力之必要,就完全没有任何形式的国家权力之必要。不用说,我们现在就是在一个家庭以内,有时也不免要发生夫妇吵闹和父子冲突的事情,那么纵然就使到了各人生活都得着保证的世界里,人和人间的不和或争论完全绝迹这件事恐怕也是不可期待的。不过那时为镇压那种不和或争论起见,大概也用不着强大的组织的腕力,如现在社会里的军队、警察、监狱等,因此,这时的社会若从无需强制的腕力这一方面说,可以说是一个完全“无为而治”的社会。所以如果把国家当作强制的权力的主体来想,则社会主义社会的高期形态就是国家完全无用的时代——国家完全死灭的时代。本来在没有政治(国家组织)以前是已经有了社会组织的,即没有政治秩序以前社会里面就很明白地有了社会秩序的,所谓社会秩序即是人间社会生活之基本原则。当社会实现了“各尽所能,各取所需”的原则之后,国家才会完全消灭。就是说,当人们经过了过渡期的国家的长期训练之后,已经惯于遵守社会秩序，即社会生活之基本原则，而他们的生活力又发展得很大，以至于他们都自愿地、尽其所能地来工作的时候，它才会完全消灭。因为只要不知几百万次习惯关于人们对社会生活之必要的规律，只要没有引得起愤恨、反抗、叛乱的原动力，那就没有什么镇压的必要。关于这个理论之有系统的叙述，我们曾把它引述在前面。现在试重述一遍如下：

> 国家是整个社会的合法的代表，是社会之综合成为明显可见的一个集团。但是国家之所以成为社会的代表，只是因为它是某一个阶级的国家，而这个阶级在某一个时期中是单独的代表整个的社会的。在古代有奴隶主的国家，因为当时奴隶主便是国家唯一的公民；在中世纪时代，有封建贵族的国家；而在我们这个时代，有资产阶级国家。等到最后国家真正地变成社会之代表的时候，它（国家）本身便成为废物了。一旦社会上没有了压迫阶级，一旦阶级的统治和由现代无政府的生产所造成的个人之生存竞争，以及由这种竞争所产生的冲突和极端的矛盾，都一起消灭了的时候，从那时起便没有压迫，便无须乎一个特殊的压迫权力——国家了。当国家真正代表全体社会的时候，它以社会的名义取得生产手段的所有权，便是它的第一个行动，同时也便是它（国家）本身最后的一个独立行动。国家的权力对于社会关系之干涉，各处各地都将成为不需要了，而国家权力的本身也将自行永眠了。此时，物品的管理机关和生产过程的指导机关便代替了治人的政府，国家并不是被“废除”（Abgeschaft）的，而是它自己“死灭”（Absterbt）的。

这里我们要特别注意的一点：就是这个自己死灭的国家是无产者的国家，即所谓过渡期的国家，也就是前面所说仅仅是监督劳动和消费的国家。这一国家的权力已不是所谓"固有意义上的政权"。至于资本家的国家，是只有由他力来破毁它，决不能期待它自己死灭的。

因为过渡时期的国家既有了那样一种经济的基本条件，所以簿记和监督就成了那一时期的主要事务。所有公民，在那里都变成国家的雇员。那时所有的事情就只是在使一切人民都做平等限度的工作，一切都按规则遵守工作的标准而得到同等的报酬。而这必要的簿记和监督又已经在资本主义社会中达到了极端简单化的地步，如检查、登记、开发收据等等。这些工作，只要能够阅读、能够书写、懂得起码算术的人都能够胜任愉快，所以此时国家就失了它的政治性质，就很容易归于死灭。

这里还有几个论点要指示出来：即在社会主义社会的初期形态内，既没有阶级，而还有所谓有产者的法律的国家形式，又由有国家的社会过渡到无国家的社会，它的桥梁却是所谓无产者的国家。这在一般人看来，或以为真是奇论谬说，殊不知这种过程正是辩证法的发展过程。

所谓国家的完全死灭，本来不是偶然的，它的经济基础就是一个社会主义社会的高期形态，即是实现了"各尽所能，各取所值"的原则的一种社会形态，而一般人也以为这不过是一种纯粹的"乌托邦"，这种态度也只是暴露了他们自己的成见与非科学的态度。我们如果不抱着主观的成见，就知道上面所述国家的完全死灭以及社会主义的实现过程是处处由它经济基础说明的。对于社会的进化法则确实把握了而拿一种客观的、科学的态度来说明国家之产生、发展、消灭的过程的人们，他们的全部理论是以最有次序、最完整、最精审而又最充实的形式来说明一切的一种进化论。他们没有一丝一忽的动机，要想凭空建筑一个空中楼阁或创造一个乌托邦，并且没有预先悬想着一种不可推测的东西的企图。他们根究社会变革的过程及新社会之必然要到来的问题，正像自然科学家研究一种新的生物的进化问题一样，他知道了一物之来源，又知道此物之如何变化、发展、终结。所以在一般人的观念中，一若社会主义社会是一件无生命的、死僵的、永古不变的东西，殊不知事实上却只有在社会主义社会时代才开始发生迅速的、真正的、实际的人群进化。

（附注）我们在上述各节叙述了国家发生、发展、消灭之全过程，这绝不会因国家之终归消灭损及国家之尊严，这正如叙述一个伟人之死，不会损及那人的尊严一样，因为这是历史的本质发展之科学的结论。不但不会损及国家尊严，而且不会有碍加强国家权力的企图与努力，即与某一时期"国家至上"的信仰仍然不至相悖。"我从书中知道，在共产主义社会里面，国家将要死灭；同时，我们现在的任务（指苏联——译者注）却是用尽种种手段，加强国家权力。两者怎样能兼顾呢？"（见《少共真理报》）有人答复道："使国家政权最高发展，以造就国家政权垂死的条件，历史发展的本质正是如此。"不过，加强国家权力的路径是使国家与人民密切接近，是国家对群众的骨肉联系，决非与人民脱离的特殊威力。

第三章　国家论与中国

上述国家论是包括了两个主要部分：一是国家的本质；一是国家之史的发展。这是完全站在政治关系之一般法则的基础上论述国家。这种一般法则当然是可以无例外地适用于中国的。不过，科学要求我们不能把适用于任何国家的一般法则和某一特定国家，例如说中国的特殊法则对立起来。这里的任务就是要在一般法则与特殊法则的相互渗透融和之中，给现代的中国国家以政治学上一个适当的位置。

中国的国家在一般的法则上当然也不是和中国人类社会共永远的，即它也是中国社会经济发展到一定阶级的产物。《易经·序卦传》的后一节说："有天地然后有万物，有万物然后有男女，有男女然后有夫妇，有夫妇然后有父子，有父子然后有君臣，有君臣然后有上下，有上下然后礼义有所措。"这几句话说明，在母系社会只有夫妇没有父子的关系；在父系社会国家未成立以前，只有父子没有君臣的关系。所以国家是逐渐产生出来的，礼义也是逐渐产生出来的。

自从殷墟契文发现后，中国信史只能从殷代开始。自从真正的历史科学输入中国，经过好几次的中国社会史的论战以后，中国历史也无例外地有着奴隶制这一阶级。因此，中国的国家也首先是以奴隶国家的姿态出场的。不过奴隶国家的形成，即中国国家的起源，究竟是在殷代抑在其他朝代，还未能成为定论。殷代是中国的奴隶社会，奴隶国家形成于殷代，例如吕振羽氏，他引《周书·多士》说："惟尔知，惟殷先人有册有典，殷革夏命。"又引《诗·商颂》说："古帝命武汤，正域彼四方。方命厥后，奄有九有。""昔有成汤，自彼氐羌，莫敢不来享，莫敢不来王。""邦畿千里……肇域彼四海。"吕氏以为："在这些记载中，实记述着殷革夏命而创立其国家、确定其政治疆域的过程。"（见所著：《殷周时代的中国社会》，八九—九〇页）西周是中国的奴隶社会，奴隶国家形成于西周，例如郭沫若氏，他说："中国的社会在西周的时候，刚好如古代希腊罗马一样，是一个纯粹的奴隶制的国家。"他说："《周书》的十八篇（自《牧誓》至《文侯之命》的十八篇）有八篇是专门对付殷人说的话，我们看那周公骂殷人是'蠢殷'、'戎殷'、'庶殷'，或者说'殷之顽民'，而且把那些'庶殷'征发来做洛邑，用种种严厉的话去恫喝他们，那不完全是表示着被征服了的民族当成奴隶使用吗？"（见所著：《中国古代社会研究》，一六—一七页）

但不论中国的奴隶社会及奴隶国家是形成于殷代或西周，而中国国家的起源是不能外于国家起源之一般法则的。因奴隶社会及奴隶国家究竟形成于何时未能成为定论，因而中国的封建社会及封建国家形成于何时亦未能成为定论。但中国有着封建社会及封建国家更不成问题、更不能外于国家发展之一般法则。郭沫若氏说："事实上周室东迁以后，中国的社会才由奴隶制转入了真正的封建制度。从那时以后，在农业方面，中国才有地主和农夫对立的庄园制的产生；在工商业方面，也才有师傅和徒弟对立的行帮制的出现。春秋的五伯，战国的七雄，要那才是真正的封建诸侯。后来在秦统一了天下以后，在名目上虽然是废封建而为郡县，其实中国的封建制度一直到最近百年都是很巍然地存在着的。我们不要为文字所拘泥了。周室在古时虽号称为封建，但事实上在周官有乡、遂、县、鄙之分，并不是全无郡县。秦以后虽然称为郡县制，但汉有诸王、唐有藩镇、明有三藩、清初有年羹尧，就是一般的行省总督都号称为'封疆天子'，并不是没有封建的名称就不是封建制度。……所以尽管一部《二十四史》成为流血革命的惨史，然而封建制度的经济组织和政治组织依然无恙。"（见所著：《中国古代社会研究》，二〇一二一页）

自然，中国的奴隶社会及奴隶国家决不是典型的希腊罗马的奴隶社会及其奴隶国家；中国的封建社会及封建国家亦与典型的欧洲中世纪的封建制及其国家有别，这就是说中国的国家具有中国自然条件及其社会条件的特征，我们要说一般之中看出其特点来。

再则关于国家之基本概念也是如此，在一般上也是没有例外的。中国古代所谓一国，原不过指有城堡的地域而言，亦即是希腊罗马的城市国家。"殷墟契文国作'[illegible]'或作'戓'，或作'[illegible]'，从戈守口，象国有卫。"（见罗振玉、商承祚：《殷虚文字类编》）按口实像城堡形，不像后代一般的所谓国有抽象的意义。再则，"国，邦也，从口或声。臣锴曰：口，其疆域也。'或'亦'域'字，古或反"（见《说文通释》）。按国为后起之字，古"國"字、"域"字，皆作"或"，"囗"与"土"旁都是后人加上去的。所以《毛诗》"奄有九有"，《韩诗》作"奄有九域"，又或把"九域"解作"九州"，或引《洛书》："人皇始出，分理九州为九囿。"认为"九囿"亦即"九有"，"囿"字与"域"字发音相近，所以古时通用。古"國"字、"域"字既皆作"或"，所以"或"可通用于"域"与"國"，可以指私人所有之地域，亦可以指领主封君所有之国土。因此，从字源上说，中国古代所谓国，实即领主封君之国土；而领主封君之国土，实即领主封君之私产。此种以国家为领主封君之私产的观念，终封建之时未尝改变。我们试看汉刘邦做了皇帝以后很得意地向他的父亲说："始大人常以臣无赖，不能治产业，不如仲力；今某之所就，孰与仲多。"又试看李世民要乘隋末农民叛乱起而篡夺隋代天下，起初其父李渊不允，后来终于允许了，李渊对他的儿子世民说："破家亡国由汝，化家为国亦由汝矣。"这都是把国家当作"产业"、当作"私产"的最好证明。法兰西封建时代有名的谚语说："无无领主的土地。"中国有名的诗句说："溥天之下，莫非王土。"这在古代国家之基本的概念上是与一般的国家之基本概念一致的。然而也不是没有微小的差别，例如中国古代不曾有过"国"、"家"二字联缀成一名词的事实，并且把"国"与"家"分别得极其界线分明，例如《孟子》上说："人有恒言，皆曰：天下国家。天下之本在国，国之本在家，家之本在身。"这样，"国"便是立于"天下"与"家"之间的一种政治团体。但《孟子》上又有"万乘之国，弑其君者必千乘之家；千乘之国，弑其君者必百乘之家；万取千焉，千取百焉，不为不多矣"的话，似乎"国"与"家"又是实同名异的一物，可以随处换用。而所谓"万取千焉，千取百焉"又似乎"国"与"家"的不同只在财产所有的大小。不过从这里也可看出国家是私产、是领主封君所有土地的意味来。因此，这只是用语的微差而已。到了现代，西方因资本主义社会及资产阶级国家的出现，甚至因社会主义社会及社会主义国家之出现，国家的观念及其体型都有着显著地变更了。这种种国家的观念输入中国，而主要的由于中国社会经济结构的变迁，亦即历史条件的变迁，对于现代中国国家的本质及其概念亦不能不有所变迁。

中国自鸦片战争后，特别是《马关条约》与义和团运动后，帝国主义在中国获取了经济上、政治上、文化上种种特权，把中国沦为半殖民地。虽然一方面在帝国主义的对华投资的刺激下，中国的民族资本有着初步的发展，特别是在第一次世界大战中，不但使中国的纺织工业、面粉工业等等有着突飞的发展，而银行业亦开始发展了，可是因为自满清政府以至于北洋军阀政府，一方面是帝国主义统治中国的工具，同时又代表着国内封建势力拼命挣扎，使中国的生产方法始终跳不出半封建的魔圈，于是中国资本主义的发展毕竟不能不受到帝国主义与半封建势力的阻碍。因此，中国的社会及其国家便不得不暂时停顿在半殖民地的半封建的状态。

这种半殖民地半封建的国家当然是不同于欧美资产阶级的国家的，因为民主革命还未完成；当然更不同于帝国主义国家，因为它是帝国主义国家侵略的对象。这种国家的畸形决定了它革命的主要内容不能不是反帝国主义与反封建。而这一国家也就应该是一广大民众的国家，即它不是封建领主集团一面性的国家，亦不是资本家集团一面性的国家，乃是包括广大民众的全面性的国家。申言之，即它必须建立在以一般劳动民众为中心的、各阶层的共同利害之上，代表以工农大众为中心的各阶级的共同利益。

不错，中国近百年来的革命其主要内容是反对帝国主义与半封建势力，而担负这个任务的是广大民众。目前由于日帝国主义的疯狂侵略，中华民族危机的加深，使单独反对日帝国主义，保卫中国，争取民族解放，实现民主自由，改善民众生活，建立独立、自由、幸福的三民主义的中国，成为当前之唯一任务，一切皆应服从这个任务。而所谓“抗战建国”所要建立的新国家，应该，不，必然是各阶层、各党派联合统一的国家。申言之，即是以国民党为领导的，容纳各阶层、各党派于三民主义体系之中和统一在一个民族战线（这一民族战线不是孤立的）之内所组成的统一国家。

而这一国家当然还不是社会主义国家。不过它能遵照三民主义确立一定方针，通过一较长时期的革命与建设过程，使各阶层、各党派的利害矛盾适应每一革命与建设过程，得到合理的解决；同时，更能有机地互相渗透融和，向新的前途转化，则断然是有转变到更高阶段的可能的。这也就是说，这一国家在半殖民地与半封建的环境中，必然会从多阶层内容之全民性的形式走到无阶层差别之全民性的实现的一种有无限发展性的国家。

这一种国家也就是在上面提出的近代第三种体型的国家——殖民地半殖民地的国家。

第　四　编
政　府　论

第一章　导论

第一节　政府的概念

政治学上有若干概念是不容易把它弄明白的，而各个概念之间又往往互相混淆。什么是政府呢？即政府的概念如何呢？我们请先看下面的两个解释：

> 从一般人的眼光中看起来，所谓政府，恐怕就是几个官吏而已。上海的东洋车夫大概以为路上的巡捕就是政府，乡下农民以为县长及其衙役就是政府。这是因为，与东洋车夫接触的政府势力只是巡捕的权力，与乡下农民接触的也只是县长的权力而已。但政府的意义却决不能这样浅薄。简单地说起来，所谓政府是一种组织，其目的是为人民或人民的团体服务的，其所管得到的事务范围是非常广大，差不多包括人与人在社会上所发生的一切事务，就是所谓公共事务。（见张慰慈先生著：《政治制度浅说》，一页）
>
> ……凡是一个大社会，决不能完全依靠风俗习惯作为社会制裁的方法；同时一定还要有一种较为正式的、较为有系统的方法与手续，使各个人服从团体的意志、受团体的支配，并

管理各个人间的一切事务与行动。这就是团体表示那无上威权的第二种方法，叫作正式的政府。这种社会制裁方法的特点，就是在团体之内设立确定的机关。其职权是决定什么事务是各个人或团体所能做的，什么事务是不能做的；并且各个人如有违背那已经表示的团体意志的行为，这个机关或其他机关就能处以相当的刑罚。这一类的行动往往称为政治的行动。据政治学者的意见，只有政治的行动，才能包括在“政府”这名词的范围之内。（见上著十八页）

上面两种解释，从大体上说来是没有什么错误的，即在他把政府看作是一种组织，是一种机关，政府的行动是一种政治的行动等等，这都没有什么错误。而他的缺点则在没有发见政府的集团对立性，没有理解社会阶层矛盾为政治的基本内容，所以他说去说来总不曾抓住政府这一东西的根本特质。他说政府的目的是为人民或人民的团体服务的。不错！但什么是人民？什么是人民的团体？如果空空洞洞地说，一定就只能顾到“人民”或“人民团体”的形式，而不能发见他的内容，即不能指出其由集团对立而表现出来的政治支配。同时，他否认巡捕与县长等等的政治性，也是由于他不曾从集团对立关系来理解政府。其实在它执行国家特殊的公权力以完成其职务时，巡捕的权力与县长的行动就是政治的行动或代表政府的行动。

政府在政治学上的地位不是孤立的，因而政府的概念也不能把它孤立起来说明。它是执行政治任务的，它是国家的机关或形式，而政治则以阶层矛盾为其主要内容而表现出来的一种活动及行为，国家即是支配者与被支配者之对立的统一体。因而政府便不能外于政治与国家之基本的范畴来理解它。

如前所说，由于国家权力的运用，必然发生出一系列的立法、行政、司法等的政治行为，要司掌这些行为，必须有立法、行政、司法等政府机关（中央政府、地方政府），设官分职，各司其事。这就是政府明确质直的说明。那么，政府不过是执行政治任务运用国家权力的一种机关罢了。

第二节　政府的历史性

政府的概念是不能离开国家与政治的概念孤立起来说明的，因此，每一时代的政府都各有它特殊的历史内容。

例如在近代国家（如前所谓代让制国家）里面，由于国家权力的运用，发生出了一系列的立法、行政、司法等的政治行为，同时便发生了专管立法、行政、司法的各种政府机关。然在古代国家、中世国家里面，虽然政府的执掌大要也不出这三种范围，但决没有像现在这样明显的“设官分职，各司其事”的，一切政权大概都由一人（君主政治）或少数人（寡头政治）独揽，然实际上总是归一集团独揽。如在古代，总是奴隶主人；在中世，总是封建地主。所以，司法权和立法权在政府的发展史上都是经过了长期的变化才成立的。正式法庭的设立决不是很早的事，就是有了法庭以后，各人是否愿意把诉讼提交法庭解决，还是可由各人自己决定。直到以后政府才把许多事件（如属于刑事方面的）在法律上规定出来非提交法庭解决不可，司法权才算确定。至于立法权的确定比较司法权更晚。所谓立法权，就是由政府制定一种法律把各个人间的关系，主要的是财产关系，确定起来，这一部分叫作私法。另一部分则规定政府的组织、政权的行使、犯罪的处罚等等，叫作公法。而专设一个机关专管这一件事（立法的事），可以说一直到十九世纪才算确定。立法、行政、司法这一系列的政治行为，由立法、行政、司法各种政府机关分担，在表面上看来，似乎与大权独揽者不同，而实际上近代行政权仍高于一切，与古代中世国家之一人或少数人独揽大权者并无所异。自然，近代国家是资产阶级的国家，近代政府也是资产阶级的政府。这就是说，无论在那一个时期之政权或执行政权的政府，在表面上是个人或少数人的，实际上总是集团的。

然则为什么古代、中世国家的政府组织比较简单缺陋，而到近代则不然？这个可以说完全是由于古代、中世社会的经济组织、社会状况都比较简单缺陋之故，所以政府组织完全是经济组织的一个反映。古代社会经济结构形成了奴隶主人与奴隶的对立，中世社会经济结构形成了封建地主与农奴的对立，两者都要求着阶级的支配，但因古代中世经济的保守性、固定性、落后性所反映出来的因袭、传统、迷信等等的束缚，被支配阶级的反抗力不能不薄弱，而支配阶级的支配机构（即政府组织）也自用不着十分完备。近代由于国家权力之运用而发生出来的一系列的很完整的立法、行政、司法等的政治行为，自然也是近代社会经济结构的反映。在这里已用不着多说。

不过，古代、中世的政府因为是不曾有很完整的一系列的政治行为，而且*有很完整的一系列的政府组织，在表面上好像是大权独揽，于是有人把它叫作专制政府。而近世政府的组织原则是所

* 此处疑漏排“没”字。——编者注

谓三权分立,在法律上,各个政府机关的职权也规定得很严密,似乎一切都要受一种法的统制,所以有人把它叫作立宪政府。而且把古代专制政府的支配看得比近代立宪政府的支配还要强。其实政府的本质同是执行阶级的支配,阶级支配的机构是随着经济组织的发展、阶级矛盾的尖锐而日益增强的。我们决不能说前者的支配强过后者,所谓"专制"与"立宪"不过是名词的外表罢了。科学的研究必需从其各种特殊的历史内容去理解它。

第三节　政府的职权

我们在这里所说的"政府的职权",是指国家所赋与于政府的一种权能。如前所说,政府既是执行国家权力的一种机关,则政府的职权也就是国家的职权。不过国家是一种抽象的东西,它的职权不能不假手于政府而行之。然则政府的职权是什么?则不外是对内对外政治的、经济的、文化的、积极的、消极的种种,这是无间于古代、中世、近代政府之一般的原则。至于职权的大小与它所能达到的范围之广狭,则是要受各个特殊的历史内容限制的,归根到底,即是要受各种社会经济结构的限制。

明乎此,则一般人所说的国权的范围与政府职权的分配,并因此而呶呶不休者,我们都可以得着适当的解决。例如关于政府职权的范围与其分配的争论,有人硬把它(即不管它的时间性与空间性)分为个人主义派与社会主义派,说:"个人主义家主张缩小政府的权力;社会主义家却主张扩张政府或团体的权力。个人主义家不信任国家,把国家看作不好的东西,所以极力缩小他的权力范围；社会主义家却信任社会和国家，把社会和国家看作积极的好东西，所以极力要扩张他的权力范围。”（见高一涵先生编：《政治学纲要》，一〇二——一〇三页）

果真是这样的吗？个人主义是经济发展到了资本主义社会的产物。促进资本主义生产的动力是自由竞争，经济上的个性的自由竞争反映在政治上便拒绝政府的权力在产业方面的干涉。他们主张缩小政府的权力确是事实，但这是那一个时间（资本主义初期）的经济条件所要求的如此，并不是“俟诸百世而不惑”的；也只是欧洲的几个先进国家（特别是英国）如此，更不是“放诸四海而皆准”的。社会主义及社会主义家的产生自然也不是无条件的、超时空的，社会主义家——一个够得上称为科学的社会主义家，决不是无条件地主张扩张政府或国家的权力，也决不是无条件地信任社会和国家，把社会和国家看作积极的好东西。国家社会，或者说政府的职权，一个真正的、科学的社会主义家却只在可以礼赞的条件之下才礼赞它，而所谓集中国家权力、实行集中支配，它的条件是吸收广大民众来参加国家机构，加强政府的实力。而所谓政府，又只是工人、农民执行专政的工具，并且它的最终目的并不在永续强有力的支配，而在消灭强有力的支配。

第四节　宪法在政府论中的地位

我们在前面只笼统地说了政府是一种国家的机关，说它是执行国家权力的一种机关，但它决不是各种独立存在的个别的物体之堆集，而是相互联系着的一种有组织的、活的、有机的统一体。

惟其如此，所以它才能完成其对内、对外、消极、积极之各种任务。如前所说，它的组织与它的各种机构完备与否虽因时代而有不同，但它是有组织的则无所异。尤其到了近代这个时期，立法、行政、司法各种政府机关的组织如何，它们彼此的联系如何，中央政府与地方政府的组织如何，彼此的联系如何，以及各种职权的分配如何，总之，政府的组织、国权的范围以及人民的权利、义务等都需要有一种严密的规定。这种规定它们的东西是什么呢？这便是所谓宪法。

宪法在近代国家里面已经有两种不同的表现：一是布尔乔亚国家的宪法，一是苏联的新宪法。其不同点约如下：

（1）布尔乔亚国家宪法的出发点是认定资本主义制度为不可动摇的，即此种宪法的基础主要由资本主义的原则为其支柱而构成。土地、森林、工厂、作坊及其他生产工具及生产手段的私有是宪法所必需保障的，他们站在一切生产手段私有的原则上反映此种原则，并以立法确定之。苏联新宪法则与此相反，它的出发点是社会主义制度在苏联的胜利。即苏联新宪法的基础主要由社会主义的原则为其支柱而构成。土地、森林、工厂、作坊及其他生产工具与生产手段之社会主义的公有，宪法必需保障之。根据“不做工者不得食”的原则，以工作为一切健全公民之义务与责任，新宪法反映此类原则，并以立法保障确定此类原则。

（2）布尔乔亚宪法之又一默认的前提是利害相反的两社会阶层的对立为构成社会关系之基本内容。因此，无论任何政党组织政府，指导社会之权必属于布尔乔亚；同时，其所需之宪法是与布尔乔亚的要求一致的，而尤其在使布尔乔亚社会秩序更加巩固。苏联新宪法则不同，其出发点乃为下列事实：即社会为友好的人群——工人与农民所构成，社会关系已不是以利害相反的两种人群的对立为内容，主持政府的为工农，社会指导之权则属于工人阶级，而所需之宪法则是与广大勤劳大众的要求一致的，而尤其巩固勤劳大众的社会秩序。

(3)布尔乔亚宪法对于民族与种族的规定不是平等的。在宪法的规定中，有享全部权利之民族，有享部分权利之民族，此外更有被压迫剥削的民族与种族，例如殖民地半殖民地民族等。此种宪法根本为侵略的民族主义之宪法、统治民族之宪法。与此种宪法相反，苏联的新宪法则为彻底的国际主义的，其前提为一切民族、种族在宪法上均享平等权利，一切民族、种族无肤色语言之差别，文化水准或政治水准等等均不能作为规定民族权利不平等之理由。

(4)布尔乔亚对于民主主义的尊重是形式的。他们一面说全体公民均有同等参政权，但同时立即加以居住、教育、财产等资格的限制；一面说公民权利平等，但立即加以保留，使不适用于妇女或仅部分地适用于妇女。此为布尔乔亚宪法之一类。其另一类甚至公开否认或事实上否认公民权利之平等与民主自由，例如法西斯独裁。苏联新宪法则不然，它是一贯的与彻底的民主主义。因此，对于公民参政权与平等权利绝无上述限制与保留。新宪法不承认男女间权利的差别，不承认居处有定与居处无定、有产与无产、受过教育与未受过教育等权利上之差别，而认定一切公民权利绝对平等。决定每一公民之社会地位的不是财产、民族、性别、官阶之不同，而为其本人的能力与劳动。

(5)最后，布尔乔亚于宪法条文上规定了公民权利，但完全不注意如何行使此权利的条件，以及实现此权利的可能与手段。他们诚然说公民平权，但忘却厂主与工人、地主与农民在事实上的条件不可能平权；他们诚然在宪法上明白规定：言论自由，出版自由，集会、结社自由，但忘却贫民苟无开会场所、良好的印刷、充分的纸张的利用，一切自由均将变为空谈。苏联新宪法则不仅规定形式上的公民权，而且对此种权利给予充分之保障，使确有实现此权利的可能与手段。例如新宪法规定权利平等，它的保障是在苏联剥削制度之消灭、社会阶级结构之变更；规定公民有工作权，它的保障是在苏联没有经济恐慌，没有失业。所以苏联新宪法是彻底的民主主义、实质的民主主义。

由两种宪法形式与实质的不同，便产生了近代政府之各种不同的姿态。

第二章　议会政府（议会政治）

第一节　议会政府的宪法

照我们前面所说（见第三编“国家论”第二章），是把代议制国家看作近代国家三种体型之一的。所谓“代议制度”与所谓“议会主义”、“立宪政治”、“民主政治”，这些东西名称虽异而实则同。总之，它们都是布尔乔亚的政权形式。而执行布尔乔亚政权的政府机关的组织以及人民权利义务的规定等等，又都是所谓宪法来体现的。这便是上面所说的布尔乔亚宪法。

宪法是所谓一国的根本大法，它的内容主要是包括下面几个部分：（1）政府的组织与职权；（2）各级政府或一级政府间各机关职权分配的方法；（3）人民与政府间的各种权利与义务。有这样一种具体内容的宪法，当然是近代的产物，但其表现出来的形式却不一样，普通有所谓：成文宪法、不文宪法、刚性宪法、柔性宪法、钦定宪法、民定宪法等等。就其产生的历史来说，大概从一七七六年北美十三州殖民地对英宣布独立、组织北美联邦起至一七八九年北美联邦宪法成立时止，便开始了近代历史上一个蓬勃的制宪时期；法国的第一次宪法是于一七九一年九月公布的；德意志各邦是于一八一四至一八二九年之间多数采用宪法的；他如西班牙宪法公布于一八一二年，挪威宪法公布于一八一四年，丹麦与荷兰宪法公布于一八一五年，葡萄牙宪法公布于一八二二年，比利时宪法公布于一八三一年，意大利与瑞士宪法公布于一八四八年，奥大利宪法公布于一八六一年，瑞典宪法公布于一八六六年。总计自一八〇〇年到一八八〇年之内，欧洲各国曾经公布的宪法不下三百余种。然这种宪法都是所谓成文宪法，所以近代宪法的形式虽有种种不同，主要的却还是成文宪法占多数。

以上是欧战以前所制定的宪法。在欧战以后，俄、德、奥三个大帝国，有的经过革命，有的陷于分裂，在旧有的区域内划出了许多新国家，于是就需要新的宪法来重行规定一切，所以在最近十余年内又制定了许多种新的成文宪法。如德国、普鲁士及其他各邦、奥大利、捷克斯拉夫、南斯拉夫、波兰、芬兰、匈牙利、苏联各国的宪法，都是在欧战以后制定的。

在近代立宪国家里面，民主政治的新观念一般都以为宪法虽有种种形式上的不同，而实际上都是由人民以主权者的资格制定的，并且以人民为一切之根源。所以美国宪法条文之前还有一个总纲，说明我们合众国人民为什么制定此宪法；波兰宪法也说明我们波兰民族为什么在波兰共和国会中制定此宪法；捷克宪法也规定"人民为捷克共和国一切权力的唯一的源流"；其他瑞士、比利时等国的宪法差不多都有类似此等意义之规定。而例外则只有欧战以前的德国与日本，它们大概都是把宪法看作是国王制定（即前所谓钦定）的。但白纸黑字的宪法条文规定是一事，而一般人民是否真为一切权力之源流又为一事。我们如果确认了以上两种宪法的实质，则无论所谓宪法是由人民以主权者的资格来制定或由国王以主权者的资格来制定，而实则所谓主权只是布尔乔亚主权。例如在以上各国的成文宪法中，何尝不列举人民言论、思想、出版、结社、集会种种权利，而实则全无保障，即无实现此种权利的条件与手段。对于私有财产制的各种权利，各国宪法尤其是给予特别的保障，布尔乔亚宪法的主要精神即在这里。但这在客观的事实上，很明显地就只有有财产的一小部分人才是宪法所恭请的嘉宾，其余大部分没有财产的人便扔在宪法的圈子外了。

苏联的新宪法具有不同的精神，已如上述，这里不赘。

第二节　布尔乔亚宪法中的人民权利

宪法中的人民权利一部分，在上面虽然简单说到，但这是很不够的。据近代一般政治学者的意见，大概所谓人民权利即是人民的自由平等。因此英国的老政治学者蒲徕士（Bryce）把人民的自由分为四种，把人民的平等也分四种：（1）公民的自由（Civil Liberty），这是指的人民的身体及财产不受制裁的自由；（2）信仰的自由（Religion Liberty），这是指的人民对于宗教信仰不受束缚的自由；（3）政治的自由（Political Liberty），这是指的人民参与政权的自由；（4）个人的自由（Individual Liberty），这是指的个人在不妨害公共福利的范围内所有一切的自由。以上是蒲氏所谓四种自由。此外尚有蒲氏所谓四种平等：（1）公民的平等（Civil Equality），这是指的人民私权的平等，即一切人民在私法上都有平等的资格，如人民的生命、财产等项都受法律平等的保护，如被侵害即有控诉于法庭之权利；（2）政治的平等（Political Equality），这是指人民的公权的平等，即一切人民都有平等地参与政权之权利；（3）社会的平等（Social Equality),这是指的一切人民在社会内无门第、财产等阶级差别说的;(4)自然的平等(Natural Equality),这是指人类生来都是一样(如五官等项),所以凡是人类都应平等。

上述种种自由平等的权利,自然都要反映于近代立宪政府的宪法中,而把它们归纳起来,则成为下列三种基本权利:

(1)消极的基本权利。例如人身自由,言论自由,信仰自由,思想自由,住居自由,营业自由,集会、结社自由等类是。

(2)积极的基本权利。例如一切人民有享受国家设备最小限度教育的权利,老、幼、残废者有享受国家特别救济的权利,劳动阶级及一切劳苦民众有享受国家特别保护之权利等是。

(3)参政权。例如选举权、创制权、复决权、罢免权之类是。

其有明文散见于各国宪法中的,则有如"人类生而平等";"政治结合之目的在保存人类天赋权利,即自由权、财产权、生命权、压迫之反抗权等";"国家主权属于人民全体,任何集团、任何个人在无明文规定的权力以外,不能行使任何权力";"法律为一般意志之表现,凡属市民,皆有直接、间接参与制定法律或同意法律之权。法律之前,万人平等,对于所有称号、官职、公务,按各人的能力,皆有平等参与权";"无论何人,在法律规定以外,不受纠问、逮捕、监禁";"无论何人,有信教自由,言论、集会、结社、出版之自由等"。然而这些都是规定在宪法之中的,这些权利究竟实现了没有或实现到了何种程度,最好还是听蒲徕士的话。他说:"……从前人们希望政治的平等能够保障社会上一般的满足与和平,现在政治的平等已得到了,非但不能保证社会上一般的满足与和平,反而使有产、无产两阶级的悬隔日甚一日,这两阶级除了投票权的平等之外,再没有别的平等了。假使国家的行为仍然不能改良人民的生

活状况,那么从前人民千辛万苦所争到的参政权究竟有什么用处呢?"(见所著:《现代民治政体》)

看了蒲氏以上的话,仿佛他是在上面那些自由平等的权利中特别注重政治的权利,并且以为政治的平等是已得到了,不过他不能保证社会上一般的满足与和平,而且反而使社会阶级日益悬隔。何以是这样子的呢?蒲氏未能发见这种原因,或许是他不愿说破这种原因。关于这点,我们在这里不愿多说,因为在这里我们是专在指明布尔乔亚宪法中的人民权利只是布尔乔亚的权利罢了,但在 般的政治学者中(蒲氏亦居其),似乎也曾指出了政治的平等所以不能保证社会上一般的满足与和平的原因,实由于经济的不平等。如他们说:"故人类各种平等的理想应该以经济的平等的理想做基础。经济的平等是地基,其余的各种平等都是上层的构造;经济的平等是主因,其余的各种平等都是结果。"(见高一涵先生著:《政治学纲要》,一一九页)又说:"现在一般人都相信,人类如果得不到经济上的平等权,便不能享受政治上的自由权。真正是人人都能平等享受的权利乃是经济的基本权利,经济的基本权利最少也有三种:(1)凡是劳动者生产的东西,都应该完全归劳动者自己享用。由这个原则上发生出来的权利便是全劳动收益权。(2)凡生存在社会中的人类都应该获得那满足各人期望的必需品来维持他的生存。由这个原则上发生出来的权利便是生存权。(3)凡有劳动能力的人都应该有劳动的机会,由这个原则上发生出来的权利便是劳动权。"(见前著,一三六页)

是的!政治的平等是建立于经济的平等之上,"人类如果得不到经济上的平等权,便不能享受政治上的自由权"。但怎样(用怎样的方法和手段)达到经济上的平等这一点又是他们不曾明白指示出来的。至于达到了真正的经济上的平等,就无所谓政治上的平等,因为当到了在经济组织上能够说真正平等的时候,那像现在的这种政治组织已经不复存在了。

第三节　议会政府下的选举制度

用选举的方法决定一件事的好坏、决定参加政府组织的人员,偶然的在历史上可以说老早就有过;但常规的选举政府人员的全部(代议士及各种官吏)或一部(仅仅限于代议士)并决定政府的政策,却是近代议会政府的特征。因为要有效地、合法地来执行选举,便有所谓选举制度;在选举制度中最重要的一点,便是选举权与选举资格。所谓选举权,就是在法律上(选举法)被许可参加选举的一种权利,但须具有选举资格的人才有选举权,所以选举资格就是用来决定选举权的。我们在这里就只想就这一点来说一说。

关于选举资格,在议会政府底下大概都是有种种限制的,例如宗教的、教育的、社会的、性别的、年龄的、财产的,而财产的限制尤其是严重。法国在一八一四年规定年纳三百法郎的赋税与年满三十八岁的人才有选举资格;英国在一八三二年以前规定限于有年值四十先令地产的地主才有选举资格;美国、日本、意大利等国都一样有对于财产及其他的限制。其次,选举权的限制上对于性别的限制,即对于女子参政权的限制,一般人都认为是选举权历史上最有兴趣的一页。实则女子选举权的限制仍不外是财产限制的副产物。在欧战以前,世界各国一般是限制女子的选举权的,虽有少数的国家实行了一部分女子的参政权,但一九〇七年芬兰宪法的规定，女子必要年满二十五岁并能纳一定数目的赋税才有选举权，足见女子选举权的限制仍离不了财产限制的这一基本事实；不仅女子选举权的限制是这样，其他社会的、教育的、年龄的、宗教的限制都是这样。所以我们可以说，选举权的限制只有财产的限制是基本的，即一切的限制都是由它决定的。这种选举一般人把它叫作“限制选举”。

到了一八四〇年，欧洲开始了成年男女的普通选举运动，即开始了打破多种选举上的限制运动。于是一八四八年法国宪法规定：凡享有公民权利、年满二十一岁的法国男子都有选举权。英国一九一八年的选举法规定：凡年满二十一岁的男子并在选举区域住满六月以上的都有选举权；凡女子年满三十岁并有住屋一所，或其丈夫有住屋一所，亦能有选举权。美国从一八二〇年起就逐渐废除种种选举上的限制，但到了十九世纪中期才承认全体白种男子都有选举权。其他如意大利在一九一二年、日本在一九二五年都取消了选举上的纳税资格与教育资格。在欧战以前，如前所说，女子参政的国家是很少的，可是到了战后，德国一九一九年的新宪法规定：年满二十岁的女子能参与国会选举；一九二〇年普鲁士的宪法规定：女子能参与邦选举；捷克、波兰、奥大利、爱尔兰等国的新宪法都有女子参政权的规定。那么，现在有选举权的人算是很普遍了，一切选举上的限制都打破了，一般人把这种无何等资格限制的选举叫作“普通选举”。

人民的选举权由限制选举到普通选举，可以说是选举权的一大进步、一大扩张，所以有人就把近代代议制度看作是政治上之最民主的形式，甚至于把这一种政治形式看作国家的最后形式，而希图由议会的多数达到政治上的和平转变。如果这种看法与这种希图是与具体的事实相符而有可能，自然是很好的，但所谓普遍选举，无论普通到何种程度，中间总是隔着一层墙壁。这层墙壁正是隔离大多数的劳苦民众的。事实上，在所谓实行普通选举的国家里就明显地还有下列各种限制：破产的、没有确定住所的、犯罪的、剥夺了公民权的、受国家慈善机关赡养的、未曾正式在选民单上注册的都不准其有选举权，并且在所谓实行普通选举权的国家里，纵然在法律上规定了某种人(例如工人)的选举权，而在事实上故意不予以执行选举权的机会(例如选举不于星期日举行)，则选举权的意义仍等于零。再，现今的代议制政府，因为执行政府机关的任务的往往是某一政党，所以又名政党政府，而一切选举可以说都是由政党操纵，甚至候选人的名单都是由政党提出；当选举的时候，选举人只能在选举票上已经列入的候选人中投票，这又无异于从根本上剥夺了人民的选举权。他如选举运动、选举竞争，劳苦群众绝对不能胜过豪富有势而且受过教育的人们，这都是铁一般的事实。这些基本事实都充分地证明了布尔乔亚政府所谓普通选举之欺骗性。这是无足怪的！本来布尔乔亚的德谟克拉西在它的全部意义上，都不过是一切自由主义者愚弄劳苦群众的谎语。

在这里，我们可以举一个很明显的例子来证实在布尔乔亚的国家里纵然采用了普选制度，而当选的总是资本家、厂主、大商人、律师、地主等，而决不是工人、农民。例如以一九二五年法兰西国会选举的结果来说：议员共六百一十名，其中律师有一六四人，地主有一〇八人，厂主有六二人，言论家有三九人，医生有三八人，大商人有二六人，学者有三十人，高等官吏有一六人，职员有一五人，军官、工程师、银行家共有九一人，而工人只有二一人。

这就是所谓实施“普选法”的布尔乔亚国会的榜样，在工农人口占绝对多数的国家，然其国会的成分尚且如此，其他即可想而知了。

第四节　议会政府的组织原则——三权分立

议会政府通常把政府的组织原则定为三权分立。所谓三权，即立法权、行政权、司法权。所谓三权分立，即把国家权力之作用分为立法、行政、司法，而以立法权属于议会，行政权属于国家的、地方的行政机关，司法权属于法庭，使各自独立而互不相侵之谓。在近代极力发挥三权分立论的首推法兰西之孟德斯鸠，他著有《法的精神》(*The Spirit of the Laws*)一书即是发挥这一学说的。他说：

> 每种政府都有三种权力：立法权、行政权、司法权。君主或行政官用第一种权力来制定暂时的或永久的法律，修改或废止现行的法律。用第二种权力来宣战、媾和，派遣或接受公使，保障国内的公安，设备国界的防御。用第三种权力来处罚犯罪或裁判个人中间的争讼。
>
> 人民政治的自由就是指着每人确信自己无忧的意志安宁而言。要想得到这种自由，那么，政府的组织一定要使人人不必互相怕惧。当立法权和行政权通同放在一个人或一个团体的手中时，便没有自由可说，因为将要发生怕惧，恐怕君主或元老院要制定专制的法律，并且要用专横的方法去执行它；再如果司法权与立法权、行政权不分，也没有自由可说。倘若司法权与立法权合并，那么裁判者同时就是立法者，人民的生命

> 和自由便要受专断的支配。倘若司法权与行政权合并,那么裁判官便要凶残了。再如果三种权力放在同一个人或同一团体手中,无论他是贵族团体或平民团体,一切事便都完结了。(见所著:《法的精神》,第十一编第六章)

孟德斯鸠的这一学说出世之后,在当时——十八世纪,几乎成为欧美布尔乔亚政治学者及政治家的信条,所以法国革命时代的政府组织在宪法的规定上即特别注重这种分权的原理,美国的联邦宪法和各邦宪法关于政府组织部分也都一致地采用这一大原则。其实所谓三权分立,即在当时也不过是骗人的。例如英国的司法官虽然名为独立,行政部与司法部虽然名为分工,但是众议院有弹劾权,上议院有审判权,这明明是国会也可以行使司法权;到了英国的责任内阁制更加进步,简直连行政权也收归议会了。

不错,英国不是一个以分权制著称的国家,但就是以分权制著称的美国也不是能够彻底实行三权分立的,所以三权分立不过是形式上的。实际上,一切议会政府组织之根本特征乃在于中央集权。通常所谓中央集权,又即是行政权之集中的意义,行政权之超过于立法权与司法权而为集中的行使之意义。如果我们从历史的观点,一为追溯代议制政府权力发展之过程,便可知道代议制政府权力之重点开始是由议会权力而逐步转移到行政权力的。即布尔乔亚,首先是争取议会权力,更进一步才以行政权为中心而行使其集中的支配以确保其支配地位的。所以,不论是以分权制著称的美国或不以分权制著称的英国,要之从其政治权力之发展上看来,都是与所谓三权分立说不相符的。

更具体地说,议会政府权力的发展历史是这样告诉我们的。

即在它的发展过程中，实分着很明显的两个步骤：所谓第一步，仅以革命的手段成就其准备之一半；第二步则成就其准备之他一半。即第一步夺取议会权力，第二步则夺取行政权力。试看法兰西的革命一举而完成了所谓议会共和国，议会在当时首先拿在布尔乔亚手中，作为布尔乔亚与封建君主及贵族斗争之有力的武器。但布尔乔亚为要压服其他之各种阶级，确立自己的政治支配，议会已不十分有力，于是马上体验到确实掌握自绝对君主政治时代以来之发达的行政机关为确立其阶级支配之不可缺的要素。此后，布尔乔亚——不仅是法国的布尔乔亚，就特别感觉行政权的重要，于是不但对外为要压服其他阶级，即在他们自己内部的各派互争政权的恶战苦斗之下，也有了掌握行政权即是掌握政权的意义。

以上可以说把议会政府权力之重点——由议会移于行政机关之论证，已相当地申述了。总之，行政机关之大权起源于绝对君主专制时代，到了布尔乔亚的政府机关遂益加大发挥其机能。这种政府机关之特征即所谓中央集权。关于它的历史的意义，早在《康民尼斯特宣言》里面有一段话说得最好：

> 布尔乔亚抑止生产手段、财产、人口之分散，于是人口被集中，生产手段被集中，因之财产也被集积于少数人之手。此必然的结果便是政权的集中，即政治上之中央集权，他们——布尔乔亚，把不过形成联合的种种利害不同、法律不同、政府不同、税制不同之各独立地方，努力做成一民族、一政府、一法制、一阶级的利益、一关税的境界之国民。

这样的中央集权的政治自然是以行政权为中心而表现，政府权力之集中化益加显露出布尔乔亚专政之本质。所谓三权分立的组织原则自然是虚伪的东西。

第五节 所谓分职论——由分权到分职

据高一涵先生所著《政治学纲要》说:

> 从前的国家是以主权者的资格治人的,所以政府的组织专门注重权力的分配;现在的国家是以事务员的资格治事的,所以政府的组织只要注重职务的分配。柏拉图在两千多年前便把分工的原理应用到国家的职务上边去,想造成专门治国、专门护国和专门生产的三个阶级,好让国民因才服务,各展各的才能,各练各的技术。但是他的理想从来没有实现过;就是近代的亚丹·斯密(Adam Smith)也只把分工的原理应用到工业上边去,却不曾引伸出来应用到政治上边去。最近的国家,职务上大生变化,就是治人的权力日见减少,治事的职务日见增多。将来的国家也许可以同近来的地方自治体一样,把军政权、刑罚权等逐渐丢开,专门做公共的事务。到了这时,便没有分权论存在的余地,所有政府的组织问题的研究一定要集中在如何分职一件事上来了。(见《政治学纲要》,一四九页)

这就是所谓分职论。据高先生说英国社会主义家韦布(Sidney Webb)有一种计划,拟将英国的政治组织分为两院:"一是专管警卫事项的政治议会，一是专管社会产业事项的社会议会。政治议会的职务，在办理外交、殖民、国防、司法等事；社会议会的职务，在决定现在一切人想享受什么精神的物质的环境。详细说来，就是：（A）决定目前社会享受什么种类的文化；（B）对于将来社会，创造一定的文化环境。故社会议会的职权就在因时制宜地支配全社会的经济的、社会的各种活动。它的主要任务，就在行使私有财产的处分权、生产机关的监督权、财产权、课税权、教育权、卫生施行权、交通机关的监督权、社会财源的管理权、科学的调查施行权及关于物价货币的支配权等。”

这种分职的方法，又据高先生说：“与从前的三权分立说大不相同。就是一方面把议会分开，一方面又把行政事项分开。政治议会议决的事项由内阁执行；社会议会议决事项都不交由内阁执行，只交由该议会的常设委员会执行。各个常设委员会之下又设立行政各部。而社会议会常设委员会及行政各部对于产业或公益事业只行使普通的监督权，实际上的执行乃在它下面所设的各种事务局。这种分职的办法几乎同工厂分工的办法相同。这样分职的原因就是想增加政府做事的效率。所以从前的分权说专门注重制衡，现在的分职说却专门注重效率。从前的分权大部分是想防止政府专制的，现在的分职大部分是想增加政府做事效率的。这就是专门治事的国家所以生出这种分职学说的原因。”

我们读了上述的伟论，如果把政府的历史性丢开不管，把现在议会政府是那一历史内容政府丢开不管，即把议会政府权力发展的历史过程丢开不管，那么分职的政府的确比之分权的政府可以算得是一个“好政府”了。但是分权论如上所说，如果只是一个虚伪的东西，所谓分职论也不过是小资产者的社会主义家（指韦布）

脑海里面所浮现出来的“蓬莱仙岛”。高先生说“最近的国家,职务上大生变化,就是治人的权力日见减少,治事的职务日见增多”,尤其不是事实。所谓最近的国家即是前所谓帝国主义国家。我们虽然指出了帝国主义国家之第一个特征是经济与政治的限界几归于消灭,虽然指出国家在现今不过是全生产过程之管理的实现,但这只是益发证明帝国主义国家或政府是完全为金融资本家服役,国家与政府完全带着经济上之支配者的金融资本家之执行委员会的性质。再,我们指出帝国主义国家之第二个特征是行政机关之强大化,官僚群及军队比较任何时代都要扩大而成为国家权力之中枢。这种强大的官僚群与强大的海陆空军队是专治事而不治人的吗?并且我们在前面曾说:特别是帝国主义时期,伟大的资本主义垄断时期,由单纯垄断的资本主义进到国家垄断的资本主义时期,这时期表现出国家机关之异常的巩固,官僚和军事机关的空前的发展,益发表示对于劳苦大众抑压之增大。这些现象,无论在君主国或在最自由的共和国里都无所异。

第六节　行政机关组织的三种形式——总统制、内阁制、委员制

我们在前面说议会政府权力的重点是由议会而逐渐转移到行政机关的,又说帝国主义国家之第二个特征是行政机关之强大化,所以我们在这里特先把所谓行政机关组织的三种形式提出来加以说明。所谓行政机关组织的三种形式,便是总统制、内阁制、委员制。

一、总统制(Presidental System)

大概行政组织采用单独制的就是所谓总统制。现在的君主国家,君主虽然是一国的元首,但在实际上已经不是行政部的真正元首。总统制的特点,就其与政府其他机关,如立法机关、司法机关来说,就在它与立法机关完全分立,行政元首的选举在宪法上既有特别规定,它的权限也明白规定在宪法之内,所以行政元首的政策、任期都非立法机关所能过问。而行政元首以下的内阁阁员则直接由行政元首任命,直接受行政元首的指挥监督,直接对于行政元首负责。因之所有阁员均不能同时兼任议会议员,甚至于不能出席议会,答复议会质问。这就是说阁员的行政行为均不对议会负责。因此,就是阁员的行为和政策不为议会所同意,议会也不能使用不信任投票权使他们去职。他们在任期中只能由总统根据宪法上的权力自由罢免,并不负有连带上的责任。倘若议会对于公共政策的意见与总统和内阁不合,总统既不能解散议会、请求选民公判,议会也不能要求总统去职。并且有往往总统属于这一党而议员的多数则属于那一党的事。据说美国是行总统制成功的国家,所以美国的布尔乔亚学者常常称道总统制的好处。

再所谓总统制也有好几种:(1)行政元首对于议会只有政治上的独立,其他法律事项还须受议会的弹劾;(2)行政元首对于议会完全独立,无论犯了轻罪重罪,议会都不能弹劾;(3)除非犯了叛逆罪要受议会弹劾之外,其余的权力一概离议会而独立。

二、内阁制(Cabinet System)

近代各国的行政组织,除上述总统制外,还有与总统制恰相对应的内阁制。内阁制所不同于总统制的就在它是与立法机关联成一气。凡行内阁制的国家,实际上的行政元首就是内阁,一切政治上的设施直接对议会负责,间接对于选民团体负责。至于总统即名义上的行政元首,却站在没有责任的地位。通例,内阁的阁员同时就是议会的议员,就是在议会中多数党的领袖;非同时兼任议会议员的阁员也有出席议会的特权。简单说:就是内阁与议会打成一片,由他们组织起来做实际上的行政元首,凡名义上的行政元首之一切政治行为必要由他们副署才能发生法律上的效力。他们对于立法机关提出预算案及其他重要议案,议会在每一会期中所通过的议案大部分总是由内阁发议的,故采用内阁制的国家与其说是议会控制内阁,不如说是内阁控制议会。因为多数党的领袖既都是内阁的阁员,而议会议员不过是他们的党徒,所以实际上,议会只有听内阁的指挥操纵。但是在有一种时候,如果内阁不为它的党徒所信任,即不为议会中多数党员所信任,否决内阁所提出的议案,或对于它投不信任票,便只有两条路可走:(1)阁员负连带责任,全体辞职;(2)解散议会,诉诸选民。在解散议会重行选举之后,如果政府党仍占多数,内阁自然继续执政;如果反对党占多数,内阁便须让位。据说英国是内阁制的发源地,许多年来都是由议会中多数党组阁,所以这种行政组织又有人把它叫作"议会政府制"(Parliamentary Government)。采用这种制度的国家是很多的,例如荷兰、法兰西、比利时、瑞典、挪威、丹麦、希腊、日本都是。

三、委员制

在以上所述两种行政机关的组织外，即总统制、内阁制外，还有所谓委员制。委员制的特点就在行政权和立法权完全合而为一。行总统制的国家，行政权与立法权互相对峙，谁也不能支配谁；行内阁制的国家，虽然有行政、立法打成一片的事实，但是在法律上，行政、立法两部仍是分立的。至于采用委员制的国家，立法、行政的大权往往同在一个最高的议会，议会选出自己相信的人员，委托他们去组织行政部。这个行政部是事事听命于议会的，只许行政权隶属于立法权之下，绝不许行政权与立法权相对抗，故立法部与行政部的关系是主从的关系。委员由议会选举而来，他的职务由议会委托，或事先受以意旨，或事后予以撤销。这种样式的行政部，关于国家行政的职权，不是由一个首领行使，只由一个众人合组的合议团体行使。组织这个合议团体的分子，彼此都立在平等的地位上，法律上的权限彼此都是一样的。虽然也有一个人做形式上的首领，可是职权却不见得就优越于其他委员。所以这个制度，一方面和总统制不同，一方面又和内阁制不同。采用委员制的国家就是瑞士。现在苏联虽然也是采用委员制的政府组织，但它与瑞士的委员制只是形式上的偶合，在本质上是绝不相同的。

以上所述行政机关的三种形式真正不过是三种形式罢了，实际上，无论是总统制也好，内阁制也好，委员制也好，都是执行布尔乔亚权力的机关。所谓那一种制度较之那一种制度好，那一种形式较之那一种形式优，只是在执行支配的效率上，支配者自己在互较短长；在被支配者看来，除了支配的程度有深浅外，正是无关休戚。并且从行政机关之日趋强大化一点来检讨,上述三种行政组织——似乎所谓总统制、内阁制、委员制——在帝国主义时代都成了过去的东西。即现在的政府正在走向法西斯主义,而暴露其布尔乔亚独裁的本质。例如在欧战时,以内阁制著称的英国便实行了所谓各党的联合内阁,又有所谓“国民政府”、“超然内阁”、“举国一致内阁”出现。而仿行内阁制之日本,最近也不断地发生法西斯的暴动暗杀事件,自一九三二年五月十五日内阁总理犬养毅被暗杀后,也组织了齐藤实的所谓“超然内阁”、“举国一致内阁”。所谓“国民政府”、“超然内阁”、“举国一致内阁”,实则即所谓法西斯内阁布尔乔亚独裁制的露骨表现。老实说:就是以明目张胆的独裁制代替了假面具的隐蔽独裁的内阁制。一般人所标榜着的内阁制既然到现在不过是有名无实了,其余所谓总统制、委员制自然也都是一种形式而已。

第七节 立法机关的组织——议会

上节已将行政机关组织的三种形式加以说述了,现在进而说述立法机关的组织,即议会的组织。关于议会的组织,大概采用两种最通行的制度:即所谓两院制(Bicameral System)与一院制(Unicameral System)。采用两院制的国家尤占多数,采用一院制者却只有捷克斯拉夫、芬兰以及德国联邦中几个小邦而已。

关于一院制与两院制的利弊,一般政治学者曾各持理由呶呶不休,兹略为介绍如下。

主张两院制的人说:两院制能够救济议事的轻躁,所谓四只眼总比两只眼看得更多更好，两院制能够限制专断，两院制能够调剂进步，两院制能够维持行政部的独立，两院制能够代表阶级的利益等等。主张一院制的人也有许多理由，例如他们以为一院制能够使责任明确，一院制能够使民意统一，一院制能够使议事敏捷等等。但这也不过如我们在前面所说，是支配者自己在想到他们该如何执行支配时候的一种互较短长的事，我们可以不必深论。

但不管采用一院制的国家也好，采用两院制的国家也好，都是所谓采用议会制度的国家。而议会议员的选举大概又多采所谓"属地主义"的制度，即各国选举议员为便利起见，多把全国分为若干选举区，而采用分区投票制。分区选举明明所采的是属地主义。又议会的议员在名义上是全体国民的代表，而实际上则只能代表毫无组织的个人本身，不是代表有组织的一群个人中间公共的某种特定的利益。于是弊端百出，在他们自己也感觉到，而有下列一串他们自己最通行的"自我批判"：

（一）议会往往不能代表真正的舆论：因为议会的任期不是五年，便是四年，离选举的日期过远，故不能代表民众真正的感情和意见。

（二）议会的选举往往为特殊势力所左右，利诱威迫都所不免，故不能代表真正民众的意见。

（三）议员的选举以政党为运动的主力，故往往便宜了党内的庸人，而一般品行高洁和思想独立的人都不大愿意就政党的范围，所以不得当选。

（四）议员由政党指名，而政党的经费多得实业界的资助，故当选者往往重视物质的后援者或出资者的私意见，而漠视民众的真意见。

(五)议员因图谋当选,往往一味阿附选举人,甚至于不择手段,用种种欺骗或诡辩的方法。

(六)议员为政客所独占,故往往以争权夺利为主,不把民众的利益放在心上。

(七)议员因由属地主义而选出,故多注目选举区的利益,而不注意到全体社会的利益。

(八)现在的议会多不能适合社会生活的实际状况,现代社会生活分成种种经济集团,在横断的国民主义之上立脚的议会往往不能代表纵断的经济生活。

(九)为政客大本营的议会事实上不得不变成野心家的集合所、辩论家的舌战场,而且人多嘴杂,责任不明。

(十)议会制度不过是布尔乔亚的假民治制度。

——以上十项,见高一涵先生所著:《政治学纲要》,一八五—一八六页。

就以上所说看来,议会制度已是很明显地走上了崩溃的路。但为救济以上的弊害和议会本身的崩溃起见,一般政治学者以及所谓政治家似乎有种种新的办法提出,即所谓议会制度的新趋势,而最主要的便是所谓职业代表制。这种办法,据他们说,就是把从前属地、属人代表制变成利益代表制。而近来采用职业代表制的方式计有两种:即(1)德国式的职业代表制;(2)俄国式的职业代表制。把俄国的职业代表制与德国的职业代表制并举,这正如他们把俄国的委员制与瑞士等国的委员制并为一谈一样,是有意识地淆乱是非。我们现在只就德国式的职业代表制介绍一下:

德国一九一九年的新宪法第一百六十五条第三项规定："区经济会议及中央经济会议的组织，应令全国各重要职业团体，均有选出代表的权利。"一九二〇年五月的暂行中央经济会议组织法中规定：中央经济会议由三百二十六名代表组织而成，代表名额按照十个团体分配：(1)农林，六十八人；(2)园业、渔业，六人；(3)工业，六十八人；(4)商业、银行业、保险业，四十四人；(5)交通业、公益事业，三十四人；(6)手工业，三十六人；(7)官吏、专门家，十六人；(8)消费团体，三十人；(9)德意志各联邦，十二人；(10)德意志共和国，十二人。总共三百二十六人，若把这三百二十六个代表再加以分类，则可归纳为下列四类：

(1)各企业的雇主的代表；

(2)各劳工团体的代表；

(3)消费团体的代表；

(4)政府的代表。

但在这里我们要知道，德国除了这个采用职业代表制的经济会议外，仍有一个采用地域代表制的普通会议，并且这个经济会议的代表成分是资本家与政府代表占多数。而这样一个不健全的经济会议还只能对于经济立法与社会立法有建议权和审议权，这所代表的还是少数人的利益。所以资产阶级的议会，无论是采取地域代表制、职业代表制，仍不失为一个执行布尔乔亚支配的机关。然这种职业代表制在希特勒执政以后都已经没有了。

第八节　司法机关

司法机关的组织显然是与立法机关和行政机关的组织不同的。立法机关的组织是两院制或一院制的会议,而立法的权力是寄托在许多议员手上;行政机关的组织是上面所说的总统制、内阁制、委员制,而行政的权力是寄托在一个人或少数人手上,但有许多国家实际上总是放在一个人手上。司法机关的组织形式是司法权力一方面既不放在一个人手中,一方面又不放在多数人手中,通常由几个法官,有时组织一个单独法庭,有时组织一个合议法庭,来审判各种案件。据说近代各国法庭的组织很有一点像一个尖形宝塔,下面有多数初级法庭,按照人口多寡和事务繁简的原则分布于全国,顶上有一个全国最高的法庭,处理各种上诉的案件。

关于各种案件,不待说,例由法官组织单独法庭或合议法庭裁判,但也有采用人民陪审制度的。现在的英国便是一例。英国的陪审制度是以普通人民为陪审官,受法官的指导,以审查判决那些关于民刑诉讼事实问题。陪审官十二人,在发生案件的地方,由有一定财产的户主之中用抽签法选出,判决须得全体一致的同意。但诉讼人有正当的理由,有拒绝某人为陪审官的权利。陪审官的职务以审查事实问题为主,法官便就那由证据所证明的事项而下判决。法官宣告法律的适用,陪审官则审查事实,以决定犯罪之有无或轻重。前者是需要专门知识的,后者只要有普通常识便行。一般政治学者以为把专门知识与普通常识结合起来便可以维持裁判的公平。

但这都是属于一般的问题,而代议制政府的司法机关的特点却在司法机关的独立。一般政治学者对于这一特点是极端称赞的。例如高一涵先生在其所著《政治学纲要》中说:

> 凡是组织完善的政府,能够使人民的一切权利得到极巩固的保障,便当然要有个独立的司法机关,专管一切司法的事件。如果没有司法机关来解释法律、适用法律、裁判争讼、保障权利,或者有别的机关代行司法机关的权限,便要毁坏人民的自由。在君主国中,固然要有独立的司法机关,以阻止君主滥用威权去侵害人民的权利;就是在共和国中,在实际经验上,也要有独立的司法机关,以防止专横的政党侵犯法律和宪法。法庭比较别的政府机关都可靠,就因为它程序确定、组织完备,不容易为个人偏见和群众感情所动摇。……(见《政治学纲要》,三二一—三二二页)

上面一段话对于司法机关的独立可谓为极其礼赞之能事了。但在实际上,司法权是否真能独立,法庭是否真能离开其他政治机关而行使其独立的机能,究不能不成为我们应该研究的问题。在近代国家里,代议制政府的司法机关是支配者站在自己利益的立场执行其阶级支配的最根本的权力机关之一,不受集团利害的影响、不为个人的偏见和群众感情所摇动而能完全独立地执行其公平裁判的法庭是不会有的。布尔乔亚社会的裁判是以支配者的利益为中心的裁判。

在布尔乔亚社会里,不仅为一国之根本法的宪法是以支配者的利益为中心,即各种私法,如民法、商法等,也是以支配者的利益为中心。法律是社会的产物,在各种法律的条文里,都充分地反映着现存的社会关系。现存的社会关系是治者抑压被治者的关系,因之法律不外是治者的一种工具,司法权决不能独立于社会关系之外。

以上种种,正是布尔乔亚宪法根本精神及上述各种特征之彻底的反映。

第三章　法西斯独裁政府

第一节　法西斯主义的特征

根据上述布尔乔亚宪法的根本精神，议会政府，或说议会政治、民主政治，本来只是形式或外貌，然而随着资本主义发展到了垂死的阶段即帝国主义阶段，许多帝国主义国家都走到法西斯的独裁了。尤其当战后第一期资本主义直接革命危机紧张的时候，例如当一九二二年时，法西斯主义首先就乘意大利革命危机尖锐化而革命阵营的力量尚未巩固时，以暴力夺取了意大利政权。一九二九年以来，普遍于全世界的深刻的经济、政治危机动摇了整个资本主义体系，法西斯便愈加疯狂起来。一九三三年，德意志希特勒的爬上德国政治舞台，日帝国主义趋于法西斯化，都是很显然的事实。

除上述意、德、日外，法西斯还在波兰、南斯拉夫、保加利亚、匈牙利等国取得了全部的或部分的政权，乃至世界各帝国主义国家都存在着深刻的法西斯的危险，即法西斯主义的危险正在威胁着全世界，首先是以非法的独裁的政府姿态威胁工人集团、革命的农民阶层、小布尔乔亚阶层以及一切爱好和平正义的人们。

有人把法西斯主义看作超阶级的政权或政府，又有人以为法西斯政府是小布尔乔亚专政，这是错误的。它的特征是什么呢？一是否认议会政治的暴力独裁制。议会政治的政府形式本是布尔乔亚的政权形式，但现在已不能适应金融资本家的需要。所以在德、意、日等法西斯国家中，议会早已成了废物，一切政权都握在法西斯党领袖的手中。但法西斯的独裁决不能与无产者的独裁相混，无产者的独裁是极大多数人对于少数反革命者的独裁，实则极富于民主的色彩；而法西斯的独裁却是少数寡头用暴力压迫大多数人民，墨索里尼与希特勒就是权力的源泉。二是拥护垂死的资本主义制度。法西斯上台执政，为利用一部分群众——农民、小布尔乔亚，甚至一部分落后工人，它也不得不标榜着“反对资本”、“拯救祖国”、“代表全民”等政纲；但它是受着金融资本家的资助与维护的，也只在未上台前或政权尚未稳定时，口头说说而已；等到它政权稳定之后，就立刻把它们那种为资本家谋利益、拥护资本制度的恐怖主义的面目暴露无遗。三是虚伪的全体主义。即它在表面上否认社会阶层的对立，而大吹其所谓全体和谐的全体主义。在“全体主义”的美名之下，禁止工人组织工会，禁止工人为自己利益的罢工运动，禁止革命群众的革命斗争。四是国粹至上主义。即法西斯政府对于本国的一切东西都无批判地加以推崇，尤其把腐朽的中世纪的骸骨——神学的、玄秘的一切东西，当着宝物翻掘出来，阻止一切科学的、进步的东西，而对于外来的优良文化则无条件地加以排斥。此外在所谓优生学的观点上，推崇本民族为天之骄子，制造野蛮的排外运动，尤其是希特勒残酷的排犹运动。五是战争狂。因为资本主义的总危机所形成的深刻的社会矛盾只有战争可以解决。由于资本主义发展不平衡性的绝对原则到了帝国主义阶段愈加严重，便使得日、德、意等法西斯国家必然地走到绝望的军事冒险,“法西斯主义就是战争”这句名言正是描绘它的战争狂的。

以上法西斯主义的各种特征,它们之间却不是各个孤立的,它是在拥护垂死的资本主义制度这一根本特征上把各种特征联系起来的。

第二节　法西斯主义的先决条件及其定义

法西斯独裁政府形成的先决条件,简言之有三:一是资本主义制度的极端动摇。惟其如此,所以它适应这种客观的需要,起来拥护垂死的资本主义制度。二是中间阶层的贫穷化。惟其如此,所以它能利用农民、小布尔乔亚,甚至最落后的一部分工人对于现状的不满,标榜欺骗的政纲,很迅速地形成一种政治上的势力。三是下层民众直接革命的威胁。惟其如此,所以为要镇压革命运动,决非采取过去的合法手段所能奏效,即非迅速抛弃虚伪的民主政治的假面具不可。所以它对于下层民众革命的压迫是彻底的、公开的暴力压迫。

然则法西斯主义到底是什么呢?关于它的定义,各人的说法都不相同,即法西斯主义的创始者给法西斯主义所下的定义也是空泛而不着边际的。例如墨索里尼说法西斯主义的精髓是在国家的观念中。试看他在意大利《百科全书》“法西斯主义”一项下说:“法西斯主义的基础是国家的观念,这是它的特性、它的责任、它的目的。法西斯主义认国家是绝对的,所有的个人与团体同这比较起来都是相对的。”这些话只能说明法西斯主义的制裁性非但空泛不切实际，而且是不正确的。此外有许多人说：法西斯主义是右派的独裁制。这种说法也不对。因为历史上有许多右派独裁的事实，如中国秦始皇的专制、过去帝俄的专制等等，都不能说是法西斯主义。另外还有人说：法西斯的上台执政只不过是一个布尔乔亚政府代替另一个布尔乔亚政府。好像二者之间没有什么分别，其实这是大不相同的。法西斯的执政实是表示由布尔乔亚统治的某一种国家形式——政府，替换另一种国家形式——政府。这就是说以布尔乔亚的公开专政代替了布尔乔亚的形式民主。法西斯的政治与形式的民主政治虽同为布尔乔亚统治的政权方式，但二者却有公开与隐掩的不同。

因此，法西斯的正确意义，我们只有从它的发展过程中去找解释。法西斯主义之所以产生并能发展到相当力量，是有着如前所说三个先决条件，即：(1)资本主义的极度动摇；(2)中间阶层的贫穷化；(3)劳苦大众革命势力的发展。很明显的，在欧战以后，资本主义的发展经过一个暂时稳定的时期后，就踏入经济总危机的阶段。这个泛滥世界之经济总危机的洪流，使整个资本主义体系的基础发生极度的动摇。在这大洪流中不但大布尔乔亚受到很大的打击，就是中产阶层也受到很大的损失。中产阶层在资本主义社会中本来是向着两极分化的，即小部分资产化，大部分无产化，再加以空前的经济的总危机的来临，更使他们只有走到无产赤贫的深渊去。同时，在世界经济恐慌的狂潮下，劳苦大众只有失业、只有饥饿，只有革命是唯一的出路更是不成问题的。以上三者汇集起来都是资本主义制度根本的威胁。它们看到自己地位的危险，自然要多方想法挽救。而它们所用的方法，就是吸收中间阶层的分子，用暴力去压迫革命的力量，藉以挽救资本主义垂死的命运。

这样，法西斯主义就产生了。所以法西斯主义，就是现代布尔乔亚到了垂危的时期，利用贫穷化的中间阶层，以制止革命势力的抬头，而图挽救资本制度之最后企图的一种反动的政治形态。

从上面的分析中，也许有人以为法西斯主义的产生，中间阶层的地位非常重要。但无论如何，法西斯是金融资本家所资助与养育长大的，中间阶层只被骗而受利用。所以季米特洛夫在讨论法西斯主义的报告中综合法西斯各种特征，曾经说过："法西斯主义就是财政资本自己的专政。"并在最后的结论中说："法西斯主义就是布尔乔亚向劳动群众施行的最残酷的进攻，就是横行无忌的民族侵略主义和强盗的战争。"

第三节 法西斯的组合国家及政治上的恐怖

法西斯政府是拥护垂死的资本制度为布尔乔亚服务的，但为吸收一部分工农及小布尔乔亚群众，不但曾用过很动听的政纲去实行骗术，而且造出所谓"组合国家"的政府形式去阻碍革命势力的发展。"组合国家"的重要意义就是要承认生产领域内私人企业对于国家利益的重要，工人应与厂主积极合作，增进生产，因此绝对禁止工人组织独立的工会、发动罢工。以上是一九二七年意大利劳动宪章的根本精神，而一九三四年颁布的德国劳动法也有同样的规定。所以法西斯主义组合国家的实质即在破坏工人独立的组织，压迫革命的工人、农民及革命的智识分子，以挽救垂死的资本主义制度，尤其是横在眼前特殊的、深刻的经济恐慌。

然而结果怎样呢？德意的经济状况自法西斯执政后不但没有

改善，而且日趋恶化。《波兰时报》对于法西斯波兰的经济状况还有如下一段描写：

> 波兰农民现在所使用的办法可说只是中古时代才采用过的办法。他们买不起火柴，将火留在火炉里，把它借给邻居用，把一根火柴切成好几片；他们买不起肥皂，互相借用污浊的肥皂水；没有盐吃，把咸鱼桶放在水里，煮出咸水来。这并不是谣言，而是农村的实况，每个人都可以相信的。

此外，政治上的恐怖尤其是骇人听闻。据说："在法西斯德国的苦工营里，格斯德波（暗探局）地下室里，在波兰的监狱里，在保加利亚和芬兰的暗探局里，在南斯拉夫的监牢里，在罗马尼亚的大狱里，在意大利的囚人岛上，工人阶级的优秀代表、革命农民、为人类光明前途而奋斗的战士，每天所遭受的那种恶毒的拷打和侮辱，就是俄皇暗探局的最残忍的刑罚也是望尘莫及的。万恶的德国法西斯主义把男人当着他们妻子的面前切成肉酱，把杀死的儿子的尸灰用信包寄给他们的母亲，强割睾丸已经变成法西斯所惯用的斗争手段。在刑房里面，法西斯强迫被捕的反法西斯的战士打毒针，打断他们的手足，挖去他们的眼睛，吊打他们，用水灌入他们的鼻孔，在他们的活身体上用刀刻出法西斯'卐'字形来。"（见《反战反法西斯斗争的当前问题》，八—九页）

另外在国际红色救济会的一个统计材料里："我们可以看到在德国、波兰、意国、奥国、保加利亚、南斯拉夫等国，被杀者、受伤者、被捕者、成残废者、被拷打者究竟有多少。单就德国一国而言，在国家社会党人执政期内，被杀的人就有四千二百以上，被捕的人数有三十一万七千八百，受伤的或受严刑的人数有二十一万八千六百以上。所有这些难民都是反法西斯的工人、农民、职员、智识分子。……在奥国，从去年二月战斗时期起，基督教的法西斯政府杀死了一千九百个，打伤了一万个，逮捕了四万个革命工人（当然指未被并于德以前）。"（见前书九一十页）

这种政治上的恐怖真是空前绝后的，这便是法西斯专政的实质。

第四节　法西斯主义的前途

法西斯运动，如上所说，一时弥漫了整个资本主义世界，最近德、意、日法西斯之疯狂侵略——德并奥吞捷；意既征服了阿比西尼亚，复野狼似的占领亚尔巴尼亚；日寇无止境地进攻中国，轰炸中国不设防城市，奸淫掳劫，无所不用其极。似乎整个世界人们的命运都操持在他们惨无人道的屠刀下，生或死，一切都要他们来决定。然而究其实际，法西斯的政权是不巩固的。因为它在目前不仅是劳工阶层的敌人，而且是革命的农民、小布尔乔亚、智识分子及世界上一切爱好和平正义的人的最凶残的仇敌。

首先，由于法西斯之露骨的反动性，不顾一切地建立残暴酷虐的政治垄断权，用暴力消灭国内各政党，禁止工人的活动，结果不仅没有克服布尔乔亚营垒内的矛盾，反而加深了国内各阶层的矛盾及布尔乔亚间的矛盾。例如在目前的德国，不仅工农大众是反对希特勒的，甚至布尔乔亚自由主义者也很多是反对希特勒的。法西斯虽尽忠于金融寡头，使金融寡头不需要的各个政党没有公开存在的可能，可是它绝对不能制止革命的政党秘密地存在。

其次，由于法西斯主义实行最反动的民族侵略主义，不仅引起了被压迫、被侵略民族坚决的抵抗，例如过去西班牙、阿比西尼亚，乃至亚尔巴尼亚、现在中国继续不断的、英勇的抗战，而且更有爆发第二次世界大战的危险。“法西斯主义就是战争”，这句话是千真万确的。

最后，由于法西斯未执政前之无耻地欺骗宣传与执政后之尽情地掠夺、抢劫、屠杀的暴行，使得群众一天一天认识他们的真面目，离开它，痛恶它，不断地缩小它的群众基础，甚至起来与做积极的斗争，亦即助长了群众革命化的过程，促成反法西斯的大联合。这就是法西斯本身所包含的炸药。

试看法西斯现在已迫使各国下层大众与其他民主势力结合成为反法西斯的广大统一战线，各国工农和民主制度的拥护者不能不起来为保卫民主、和平而战，一切被侵略民族也不能不起而为反法西斯侵略、保卫民族独立自由而战了。

第四章　苏维埃政府

第一节　苏维埃政府是普罗专政的国家形式

苏维埃政府是一种新式组织，因为它是普罗专政的国家形式。普罗列塔利亚需要打破布尔乔亚的国家机器，用普罗民主去代替布尔乔亚民主，所以它需要一种新式的政府组织，不仅能用普罗民主去代替布尔乔亚民主，而且成为普罗国家的政权基础。这种新式的组织就是苏维埃。苏维埃与旧式组织——即布尔乔亚民主政府比较起来，有什么优点呢？

(1)苏维埃是最包括普罗列塔利亚及广大群众的组织。

(2)苏维埃不仅包括工农群众，而且包括海、陆、空军的兵士及智识分子等一切劳苦群众的组织。而在广大群众中，苏维埃是最便利于普罗列塔利亚对群众革命斗争政治领导的工具。

(3)苏维埃是群众革命斗争中之最强有力的推动机，例如革命时领导实行武装起义，革命胜利后实行普罗专政的任务。

(4)苏维埃是群众自身的直接组织——是群众最民主的而又是最有权威的组织。它最能发扬群众革命的积极性，最能把广大群众吸收来参加国家的管理。

(5)苏维埃是各级的、由下而上的、由各个地方苏维埃联合而成的政府组织，主要是普罗列塔利亚的政权组织。

所以苏维埃是政权组织的一种崭新的形式，它与旧的布尔乔亚民主的形式有原则上的差别，它的专政与所谓法西斯独裁更是有着本质上的不同。它是一种新形式的政权，是最适合于普罗专政的任务的。不过并非只有普罗专政可以采取苏维埃的形式，即民主革命阶段的工农民主专政亦是可以采取苏维埃的形式的。

以上是苏维埃的优点，此外它还有它所独具的特征：

第一，它在社会阶级存在的条件下，能保证最大多数人民（工人、农民、劳动智识分子）有最广大的民主，它是大多数人民的政权，它的专政是大多数人对少数人的专政。

第二，它在有阶级的社会中，有国家、民族之间隔的社会中，苏维埃政权组织是一切国家中最有国际性的组织。它反对并粉碎一切民族压迫，它使各民族自愿地团结成为一个亲密的联盟，所谓苏联就是五十多个大小民族亲密团结的大联邦。

第三，苏维埃如前所说，把立法、司法、行政等权合并为统一的政府组织，并且以生产单位（如工厂、农场、机关、学校等）的选举制来代替区域的选举制，它使工农群众和政府机关直接联系起来。

第四，它能使军队脱离对于布尔乔亚指挥的服从，使工农与军队真正融合起来，创制出强有力的工农红军，保障社会主义的胜利。

第五，只有苏维埃才能一下子彻底破坏旧的布尔乔亚的官僚机关与司法机关，而组织成新的普罗专政的政府与法庭等等。

第六，只有苏维埃才能吸收广大群众参加国家的管理，充实国家力量，集中行使强有力的政权，准备国家的衰亡。苏维埃政权形式是普罗专政的国家形式。

第二节　苏维埃政府与普罗专政的系统

苏维埃政府是普罗专政的形式。普罗专政在苏联不是共产党的专政，也不仅仅只靠苏维埃政府，它是一个整体的、一系列的系统组织。不过在这一系统组织里，有领导的或指导的力量，有转动的轮带及起重的杠杆等作用或意义之不同。

什么是普罗专政系统组织里的这些“轮带”或“杠杆”呢？又什么是“指导或领导力量”呢？为什么需要这些东西呢？

“轮带”或“杠杆”就是党外、政府外的一些群众组织；如果没有这些群众组织，或政府不藉助于这些群众组织，就不能实现专政。指导力量就是普罗列塔利亚的先进部队，即普罗列塔利亚政党。这种指导力量，即主力及其副次的力量，即助力，是普罗列塔利亚所必要的。因为如果没有它们（主力及助力），普罗列塔利亚在它争取胜利的斗争中，在有严密的组织和有完备武装的布尔乔亚面前，便会成为没有武装的赤手空拳的军队。这些组织是普罗专政所必要的，因为如果没有这些组织，普罗列塔利亚在为推翻布尔乔亚的斗争中，在为巩固自己政权的斗争中，在为建设社会主义斗争中，便会遭受不可免的失败。这些组织是什么呢？

第一，这就是工人的职工会及其在中央和各地的支部，即许多生产的、文化的、教育的及其他组织。职工会联合所有一切职业的工人——这不是党，不是政府，而是全体工人的组织。从这样的组织中训练自己，把自己队伍里的优秀分了提拔出来，做所有一切部门里的管理工作，帮助政府，并把工人阶级中的前进分子与落后分子联系起来，把工人与党、与政府、与其他群众联结起来。

第二，这就是农民所有的各种合作社及其在各地的支脉。这是农民群众的组织，不是党，不是政府，但这种组织把农民联合起来——最初把他们以消费者(消费合作社)的资格联合起来，然后就把他们以生产者(集体农庄以及其他生产合工社)的资格联合起来。在苏维埃政权巩固以后，在广大的建设时期，这种合作社有极重大的意义。它使党与农民群众的联结紧密，并吸收农民来参加政府的社会主义建设。

第三，这就是工农青年的群众组织，在苏联就是共产主义青年团。它不是党与政府的组织，但它是很接近于党的组织。它的任务就在帮助党以社会主义的精神来教育青年，代替普罗列塔利亚的其他一切群众组织，造就一些供给所有一切管理部门工作的青年后备队。在苏维埃政权巩固以后，在对于一切青年群众广大文化教育工作时期，它带有特别重大的意义。

第四，这就是普罗列塔利亚政党——无产群众的先锋队。它的力量就在于它把所有无产群众中的优秀分子都吸收在自己的队伍中来。它的任务就在统一无产群众的工作并指导他们的行动，使他们向着同一的目的走，向着解放自己的目的走。这种统一和指导，对于无产群众是绝对必要的。因为不做到这一点，革命斗争的一致、夺取政权的步骤、社会主义的建设是不可能的。但是，只有普罗列塔利亚政党才能统一和指导无产群众工作，才能完成苏维埃政府专政系统组织中基本领导的作用。

第五，最后，这就是苏维埃政府及其在中央和各地方的无数支脉——即在中央和各地方的苏维埃。苏维埃是普罗专政的直接表现形式，所有一切关于巩固专政和建设社会主义的办法都是经过苏维埃来实行的，工人群众对于农民及其他群众的领导也是经过苏维埃来实现的，苏维埃把千百万群众和党与政府联结起来。

第三节　苏维埃政府普罗专政的任务

苏维埃专政是普罗专政的形式，但它所要完成的任务是什么呢？这里必需明确地指出，约言之，有如下各点：

第一，是要镇压已被推翻的布尔乔亚反抗，即消灭它的复辟的企图。工人夺取了政权和公有了工厂、作坊、土地、森林、矿山及其他一切生产工具和手段以后，便以为可以安心乐意去睡觉，认为一切工作都做完了，社会主义乃至共产主义的新社会就可以自然地到来，这是很大的错误。如果俄国的十月革命，革命工人不是很快地就组织了自己的国家和政府以及军事力量来压倒革命的敌人，那么俄国的革命就不会保持最后的胜利。再则，要是以为那被推翻的资本家、地主会自愿放弃已得的权利，无条件地来服从新制度，那更是笑话。恰恰相反，他们一定会拼命反抗工人革命的政权，因为他们在初失败时还有国际的帮助，还保存一些事实上传统上的优势——例如他们还有钱，还有管理政治的技术知识，而且革命后的小商品生产也还能产生资本主义出来。所以，他们的反抗的力量一时还没有完全被消灭。他们会竭其所有力量来恢复自己的统治而斗争，他们还会建立反革命军队进行国内战争，进行各种捣乱破坏来反对普罗专政。

所以得到革命胜利的工人群众就一定要建立自己的国家和政府，建立强有力的普罗专政。苏联二十年来不仅能维持自己的苏维埃政权，而且还粉碎了敌人一切反革命运动，就是因为它建立了自己的苏维埃政权。

第二，它是要团结全体劳动群众，把他们加以革命的改造并改造工人自己。因为要镇压反革命者的反抗，为要击退他们对于苏维埃政权的进攻，工人就应该与其他广大群众团结起来，共同地建立社会主义的新社会。但需注意，其他广大群众，例如农民，他们的本身就不是一致的，在俄国革命胜利之后，农村还有贫农、中农、富农。

贫农是半无产者——因为它一半是工人，一半是农民。自然，他们是很愿意而且马上就与工人结成友军共同进行斗争。但是中农有向两极的分化的可能，即向上极走到富农，向下极走到无产者。虽然他们也受富农的某些剥削，但也不能阻止他们向上极爬的幻想。而他们又是占大多数的基本的群众，所以当工人政权尚未达到消灭富农阶段之前，必需要向中农证明或保障：资本主义的路不是一条有利的路，中农唯一有利的路是社会主义的路、集体农庄的路。工人政权不仅要在口头上而且要在实际上感化中农、改造中农。

工人政权领导中农走上了集体农庄的道路，工人不但在斗争与建设中改造了中农，同时也改造了自己。苏维埃政府要用一切方法去巩固工人与农民的联盟，经过合作社和苏维埃吸收他们加入社会主义建设。这是苏维埃政府专政的第二个任务。

第三，它是要完成社会主义的建设。为着进到社会主义就必需有大规模的社会主义的工业，即工业化。此外，必需有大规模社会主义的农业，即国有农庄、集体农庄的扩大。然而这就需要普罗专政的苏维埃政府来有计划地进行与发展社会主义经济，把社会主义的生产大大地提高起来，把城市中及农村中资本主义分子(如小商人与富农)消灭下去，并且把一切反革命派，例如托洛茨基派、布哈林派、孟塞维克、社会革命党等的捣乱破坏，竭力防止、肃清。

在一切剥削者和一般阶级消灭以后，工人自己还要清除资本主义旧社会的习惯，改造自己的生活、意识，使自己的一切思想行动都效忠于社会主义事业，使自己尽一切力量去建设和巩固没有剥削、压迫的社会主义社会。

以上就是苏维埃政府专政的任务。

第四节　规定在苏联宪法中的国家权力、政府职权及人民之权利义务

苏联的新宪法是一九三六年十二月五日由全苏第八次非常代表大会通过的，但它还有一种旧宪法制定于一九二四年。新宪法是反映它从一九二四——一九三六年来经济体系和社会阶级结构巨大变迁的一种法律形态。试就规定于新旧宪法中的东西做一比较研究如下：

第一，苏维埃政府之经济基础，我们可以在关于公有财产和个人私有财产之明确规定中看出来。苏联旧宪法分上下两篇，其中所规定的完全是关于中央各机关和加盟共和国地方机关的权限，而关于社会制度和财产的何者公有、何者个人所有都没有明文规定。新宪法开宗明义第一章就说："苏联为工农社会主义国家。"(第一条)"土地及蕴藏、水流、森林、工厂、作坊、煤井、铁矿、铁路、水上及空中运输事业、银行、电信事业、国家举办的大规模农业企

业与大城市和工业中心的公用事业和房产均为国家财产，亦即全体人民的财产。”（第六条）凡公民个人“劳动收入和储蓄、住宅和家庭附属业务、家用品和家具、个人消费品和便利用品”均为个人私有。这些私有均受法律保护，并有继承权。

第二，关于国家组织的变更。旧宪法中加入苏联的苏维埃社会主义共和国只有七个，即：俄罗斯联邦、乌克兰、白俄罗斯、南高加索联邦、土克门、乌兹列克*、达吉克。新宪法则有十一个。即将南高加索联邦取消，把构成它的亚美尼亚、乔治亚、阿才倍疆改为独立共和国，直接加入苏联；此外，并将从前属于俄罗斯联邦的卡查尔和去尔去斯**两个自治共和国亦改为独立共和国，直接加入苏联。这样，连旧有俄罗斯联邦、乌克兰、白俄罗斯、土克门、乌兹列克、达吉克算上，便是十一个。它的特点是郑重规定：“各加盟共和国保留自由退出苏联之权。”（第十七条）它们的领土，非经同意不得变更。

第三，是关于国家权力机关的改变。旧宪法规定，苏联最高权力机关为全苏联苏维埃代表大会；在代表大会闭会期间，为大会所举的中央执行委员会；在中央执行委员会闭会期间，为中央执行委员会主席团。在旧宪法中，中央和地方的权限、立法机关和执行机关的权限都是混在一起的。新宪法则将全苏联苏维埃代表大会取消，改设最高会议为最高权力机关，而最高会议则由联邦院和民族院组成。联邦院是由苏联公民按选举区选举代表来组成的，计每三十万人中选举代表一人；民族院是由各加盟共和国、各自治共和

* 此处“乌兹列克”疑误，当作“乌兹别克”，下同。——编者注

** 此处“去尔去斯”疑误，当作“吉尔吉斯”。——编者注

国及各民族区选举代表组成的，计每一加盟共和国选举代表二十五人，每一自治共和国选举代表十一人，每一自治省选举代表五人，每一民族区选举代表一人。两院享有同等权力，两院举行联席会议，选举最高会议主席团。最高会议任期四年，依第三十二条之规定，完全执行苏联的立法权；最高会议主席团依第四十九条之规定，则执行国家元首的职权。最高执行和命令机关，则为联盟人民委员会和其下所设各种人民委员部。于此可以看出，新宪法之更趋于民主化，因已将立法与行政各种职权重加分配故。

第四，是关于选举制度的改革。旧宪法*，凡年满十八岁的男女和红军兵士享有选举和被选举权，至于资本家、地主、大商人、富农、僧侣以及帝俄官吏、警察等都没有选举和被选权；新宪法则规定："凡年满十八岁的苏联公民，除精神缺陷者及被法院判夺选举权者外，不分所属色种、民族、信仰、性别、教育程度、住居年数、社会出身、财产状况及过去活动，均有选举和被选举权。"旧宪法关于选举权之行使，工农是不平等的，即工人在政治上比农民占优越地位；新宪法已撤除此种不平等。旧宪法同于各级苏维埃选举，采用间接选举法；新宪法规定："代表选举采直接制。"旧宪法采取公开提名通过方法；新宪法则改行秘密投票制。

第五，是关于司法权的改革。旧宪法司法权并非独立的。新宪法则规定："法官独立，仅服从法律"；"检查官亦独立行使职权，不受任何地方机关的干涉"，并规定一切裁判事务专属于法院管辖，审判用公开方式，且采陪审制。

第六，是关于公民权利义务的明确规定。旧宪法只说一切公

---

* 此处疑漏排"规定"两字。——编者注

民有劳动的义务和集会、结社及言论的自由，其他各项义务和权利并无明白规定；新宪法则列举公民有工作权、休息权、生活保障权及教育权，且“公民身体有不受侵犯保障，任何公民，非经法院裁可或经检察官批准，不受逮究”。关于公民义务方面，新宪法规定：“每个公民须保护及巩固公共的社会主义财产”；“捍卫祖国”；“凡背叛祖国、违犯誓言、投降敌人、损害国家军事实力、替外国做间谍者，都看作最大罪恶，受法律最严厉的制裁”。（以上请参考张仲实编译：生活书店出版《苏联新宪法研究》）

苏联新宪法关于上述各点，都充分表示了社会主义国家的特征，而其特征正如上面所说：它是社会主义的，国际主义的，彻底的、实质的民主主义的。

第五章　民主与独裁

上面所说政府的各种形式：第一，所谓议会政府，它在宪法中的规定是民主的。如所谓主权在民，最高权属于国会，政府组织采三权分立制，人民有政治上的各种自由——言论、思想、集会、结社、出版、住居、营业、信仰之各种自由。虽然由于布尔乔亚之经济制度，由于布尔乔亚之集团属性，宪法中的各种民主规定不能不受限制，布尔乔亚的民主只是形式的民主，然它却确实地占领了历史上一个重要阶段，成为一时的支配的政治形态，即它在近代史上也尽过它进步的革命的任务，完成了它历史的使命。所谓民主、民权、民治只是一个名词。它的译名都是"德谟克拉西"。但无论什么名词——民主亦然，是有它的历史内容的，是发展的，不是一个绝对的抽象物，亦不是一个不可逾越的界限。所以历史上有古代式的民主，有布尔乔亚的民主，更有普罗列塔利亚的民主。由低度的、狭隘的、形式的民主发展而为高度的或接近实质的民主，正是历史的进步。因此，布尔乔亚的民主也必然要占领一个历史的阶段而表现它的某种进步性。

第二，所谓法西斯政府，它是表示由布尔乔亚统治的某一种国家形式替换另一种国家形式，这就是说它以布尔乔亚之公开专政（独裁）代替了布尔乔亚的形式民主。它为挽救垂死的资本主义制度，镇压劳苦群众直接革命的威胁，不能不把布尔乔亚民主的假面具揭开,不能不赤裸裸地使用暴力。所以布尔乔亚宪法及一般法律的规定,在法西斯看来,都是一些绊脚绊手的东西,尤其是议会政治的饶舌,各党各派的自由活动,政客策士的纵横捭阖,及其他什么言论、思想等等的自由,都是法西斯认为最讨厌的东西,故不惜一一加以摧毁。本来所谓独裁(专政)不是别的,它是在新形式中社会对抗手段之继续,它的正确意义是表示出不是依据法律而是依据于强力(暴力)的、无限制的政权,法西斯独裁是依据金融寡头力量的一种无限制的政权。布尔乔亚的民主,因为它还具有形式的民主,所以法西斯必需摧残它;又因为它只是形式的民主(实质是布尔乔亚独裁),所以劳苦群众也认为不大满足。然而站在劳苦大众的立场,是不是说争取民主的斗争会是根本的错误?不,绝不;相反的,若劳苦群众不为民主制做普遍的斗争,则不能准备自己去战胜布尔乔亚,尤其在法西斯尽情绞杀布尔乔亚民主的现阶段,保障民主的斗争几成为目前全世界人类共同的课题。

第三,所谓苏维埃政府,它也是公开的专政——普罗列塔利亚专政。但这种专政(独裁)是与法西斯独裁有着本质上的不同的。它的专政是依据于工农广大群众的力量的无限制的政权,是压制暴力者、剥削者和压迫者的有利于广大群众的专政。而专政的本质还不仅是在对暴力者、剥削者和压迫者予以无情的制裁,并且是在群众的组织与领导,在大规模的经济建设。专政是以建设社会主义、消灭阶级对立和消除一切剥削基础为目的。这是专政,也是民主,且是高度的、进步性的民主,距离实质的民主甚近,与布尔乔亚形式的民主迥不相同。正如中山先生所说,不是少数人的民主,而是广大多数人的民主。一九三六年颁布的苏联新宪法充分反映了苏维埃政府自成立以来所达到的和取得的经济上、政治上、文化上的成绩，同时，也充分反映了大多数人民主的实质。因为它规定了普遍的、直接的、秘密的选举法，并规定了每个公民都享受工作权、休息权、教育权，且给予物质、经济条件的保证，彻始彻终贯彻了真正的、唯一彻底的社会主义国家的民主精神。然而它这样做，决不是减少普罗专政的力量，恰恰相反，正是扩大和巩固普罗专政的力量。把广大群众吸收进来参加国家管理，把专政建筑在大众忠心的拥护上，正是等于把政权的线索拿在一只手内那样稳定而牢固。

这样，我们便可断言："民主与独裁"决不是两不相容的、绝对的两极，而是相反相成、互相渗透的，辩证的、对立的统一物。布尔乔亚的民主是形式的、低级的民主，然而它是可以在新的历史内容之下发展为实质的、高级的民主的。普罗列塔利亚的专政同时也就是社会主义民主。只有法西斯独裁（对于金融寡头也可以说是民主），一方面是绞杀布尔乔亚形式的民主，另一方面又是与大众为敌阻塞社会主义民主之路而把法西斯独裁本身亦陷于无出路的绝境的。它正在以疯狂的姿态威胁着全世界的民主制度或民主政府，所以全世界的民主国家必需结成坚牢的反法西斯的统一战线，各尽其力地来粉碎它。例如有的国家如苏联，应该积极地发挥民主制度；有的国家如英法，应当尽量地争取民主的前途或保持民主的精神；有的国家即如法西斯德、意、日的民众，亦应当为民主而与本国的法西斯政权斗争；再如中国，根据中山先生的遗教，在抗战建国的过程中，更应当努力争取民主并创建自己的新式民主制。

第六章　中国的政府

中国的政府，显然没有典型的布尔乔亚的民主历史，即不可能形成典型的布尔乔亚的议会政府，这是与它不可能是一面性的布尔乔亚国家相符合的；同时，在另一方面，它也没有普罗专政或社会主义的民主历史，即在目前它还没有脱离帝国主义的羁绊，决不可能形成普罗专政的社会主义政府。至于由资本主义垂死的阶段所反映出来的法西斯独裁，更与中国历史发展的本质无缘——因为法西斯独裁的前提条件是："资本主义的极度动摇，中间阶层的贫穷化，劳苦大众革命势力的抬头。"而中国还是一个半殖民地的半封建社会，它的政治出路是广大民众的反帝、反封建——各阶层的民族统一战线。现在是三民主义革命最后阶段——"抗战建国"的民族统一战线，那么由封建制到资本主义的过渡阶段的民主，或由资本主义到社会主义的过渡阶段的民主怎样呢？甚至于历史上所谓拿破仑主义的"第三政权"怎样呢？这在中国历史也不会有。因为它一方面不是布尔乔亚一面性的国家，同时在另一方面也不是封建领主集团一面性的国家。中国的历史条件决定中国各社会阶层有同时要求民族解放、民主自由、民生幸福的特殊性。关于这一点，著者与黄松龄、马哲民两氏集体写成的《贡献中国国民党五中全会》一文中由黄松龄氏执笔的一部分，论之最详。他说：

中国国民党上述诸特征表现于政权上面，规定了国民政府的特殊任务。国民政府这种政权，在形式上颇类似于西方近代史上曾经出现过的所谓“第三政权”(按即前述拿破仑主义——著者注)：像法国大革命后所形成的拿破仑第一政权；一八四八年欧洲革命后在法国形成的拿破仑第三政权；稍后又在德国形成的毕士马克政权；以及一九一七年俄国二月革命后形成之克伦斯基政府。但实质上则完全不同。拿破仑第一政权建立在资产阶级、小市民以及广大农民各种矛盾均衡之上，用以抵抗压制国内外封建势力的反动，保持大革命的果实；而它的主要任务是代表资产阶级利益，发展资本主义前途。拿破仑第三与毕士马克政权建立在资产阶级与无产阶级矛盾均衡之上，主要任务在于将无产阶级利益拘限于资产阶级利益之中，以扶助资本主义的发展。不过，拿破仑第三是用较广大的民主制度、毕士马克则用改良的社会政策作为矛盾调节的机构，有所不同罢了。克伦斯基政府则更包含有地主的成分，只是形式上比沙皇较为民主。因无产阶级与农民的革命势力突进发展，故其命运比其他第三政权特短。国民政府则是建立在以下层劳动民众为中心的、各阶层共同利害关系之上，代表以下层民众为中心的各阶层共同利益。其基本任务在于遵照三民主义，确立一定方针，通过一长期的革命与建设过程，使各阶层的利害矛盾适应着每一过程，得到合理的解决；同时，更能有机地互相渗透融和，向新的前途转化。换言之，国民党政权是从有产性走到社会性、从多阶层内容之全民形式走到无阶层差别之全民实质的一种有无限发展性的政权。这与西方现在已经有(法国、西班牙——那时西班牙政府军还未失败——著者注)、将来更要发展的联合政权,因今后世界革命已经合流具有相同的历史意义与任务。不过一则是代表西方式的革命政权,一则代表东方式的革命政权。在内容上,所代表的阶层略有广狭不同;在形式上,它是由人民阵线表现为各党派并行的联合政权。国民党政权,则是以国民党为领导,容纳各党派于三民主义体系之中和统一在一个民族战线之内所组织的国民党统一政府。(见成都《新民报》增刊"半月座谈")

不错,中国的政府,正是所谓具有特殊任务和特殊历史内容的政府。它符合着中国历史——半殖民地革命历史发展的本质,它更符合着当前"抗战建国"的任务。这一特殊性早已包含在孙中山先生的全部遗教里。关于政府部分的乃是五权宪法的遗教。

孙中山先生在研究欧美各国宪法后,他说:"将来中华民国的宪法是要创立一种新制度,叫作'五权分立'。"这就是人人都知道的立法、司法、行政、监察、考试五权。他更详细地加以解释说:"大家要晓得五权宪法是兄弟创造的,五权宪法好像一部大机器。……如果要治理一个新国家,就不能不用这个新机关的五权宪法。……除了宪法上规定五权分立之外,最要紧的就是县自治,行使直接民权。能够有直接民权,才算是真正的民权。……五权宪法好像是一架机器,直接民权便是这架大机器的掣扣。人民要有直接民权,要有罢官权。……什么叫作创制权呢?人民要做一种事业,要有公意可以创订一种法律。……什么叫作复决权呢?立法院定好了法律……要人民加以复决,这个法律才是能够通过了。"

建筑在五权宪法、直接民权基础上的政府当然是不同于上述各种形式的政府，而是以下层大众为中心、符合于下层大众利益的新式民主政府。所以在国民政府建国大纲中，孙中山先生更具体地确定建设三民主义五权宪法的办法。第一条便说："国民政府本革命的三民主义、五权宪法以建设中华民国。"第二条说："建设之首要在民生。故对于全国人民衣、食、住、行四大需要，政府当与人民协力，共谋农业之发展，以足民食；共谋织造之发展，以裕民衣；建筑大计划之各式屋舍，以乐民居；修治道路运河，以利民行。"第三条："其次为民权。故对于人民之政治知识能力，政府当训导之，以行使其选举权，行使其罢官权，行使其创制权，行使其复决权。"第四条："其三为民族。故对于国内之弱小民族，政府当扶植之，使之能自决自治；对于国外之侵略，政府当抵御之；并同时修改各国条约，以恢复国际地位，国家独立。"

此外，关于人民权利之保障，孙中山先生尤为重视。在国民党政纲对内政策中，他又提出了许多保障民权的条款，如："实行普遍选举制，废除以资产为标准之阶级选举"；"确定人民有集会、结社、言论、出版、居住、信仰之完全自由权"。对于劳工、农民、妇女、儿童之权利，亦莫不有明文规定。

这都是孙中山先生的遗教——他的三民主义、五权宪法、他的"建国大纲"、他的"对内对外政策"，和他的整个主张一样，是处处以民族独立、民权自由、民生幸福为前提的，是处处以工农大众利益为中心的。所以"国民党政权，是从有产性走到社会性、从多阶层内容之全民形式走到无阶层差别之全民实质的一种有无限发展性的政权"。而在抗战建国的当前，"国民党政权，则是以国民党为领导，容纳各党派于三民主义体系之中和统一在一个民族战线之内所组织的国民党统一政府”。

这是由孙中山先生遗教产生、发展所必然达到的革命的、东方式的政府形态。

第　五　编

政　党　论

第一章　政党的概念

一切社会科学所研究的对象都是社会发展过程的产物，政党便是社会阶层对立尖锐化到了近代社会所产生出来的东西。因为一切社会斗争都是政治斗争，而政治斗争之最完成、最统一的形态便是政党的斗争。

那么，政党是什么？换言之，政党的概念如何？也许有人以为这个问题已没有讨论之必要了，实际却不是这样的。因为在论述关于社会现象之科学的定义或其概念时，即论述和人类关系最多的各方面之科学的定义或其概念时，在阶级社会中，往往因一部分人社会存在的不同而反映在他们的社会意识上，便发生出正相反对的见解。例如有人说：

> 政党是为在政治社会占优势且为继续其优势之有一定意见的人类为共同的活动之任意的、继续的结合。
>
> 政党是以参与国家政务为目的而结合之自由团体。
>
> 政党是关于政权之掌握有共同利害关系的人们，以共同之力在立宪政治下为掌握政权而结合之永续的集团。

以上各种说法很明显地是代表一部分人的社会存在所决定的社会意识。由这种社会意识所给予之党的各个概念，在表面上看来虽各有不同，而实则有一个本质相同的共同点，这便是他们不从社会关系来理解政党，把政党看作超阶层的，从政党里面抽出其阶层性，而拿什么"一定之意见"、"参与国家政务之目的"，有意识地或无意识地抹杀政党之本质的现象。关于这一点，下面一段话说得最好。它说：

> 诸君！布尔乔亚科学，关于党这个名词的定义是非常含糊的，他们的代表者很少明言党是社会斗争的组织。这一简单的、谁也明白的真理，布尔乔亚学者们却和避免指摘议会及教会之本质同一理由，不欲且不能加以承认。布尔乔亚制度，在它的性质上，迫得它有把一切制度都变为有利于普罗列塔利亚阶级之欺骗——而成为阶层调停机关之必要。他们努力使这个成为舆论，使自身也假作取了这样的形态，决不使发生阶层斗争的现象。

如上所说，足见关于政党是什么的问题，布尔乔亚的政治学者只给予了极含糊的定义或概念。这怕不仅限于布尔乔亚学者吧？对于政党之正确的、科学的观念未曾切实理解的人们正多着哩！政党论之首要的任务就是解决这一问题，然则政党究竟是什么呢？

所谓党这个名词，英语叫做"Party"，原是从拉丁语"pars"这一字来的，意译就是部分的意思，因此党便是一部分。我们在前面说过，政党是阶级社会的产物，尤其是近代阶级社会的产物，因此党便是一定阶级之一部分。然而仅是这样说法还不充分，因为阶级之为物，就大体说来虽然是等质的、一律的、完整的，但就个个分子加以分析，则他们的智力、体力及其阶级意识或阶级觉悟总不免有许多差异。为使这个包含有种种不同分子的阶级全体从事于有效的斗争,指导的部分便成为必要。不用说,这一负担指导斗争的一部分,必然是全阶级中最有阶级觉悟、最能团结又最勇于为本阶级利益奋斗之一部分。这一部分便是政党。因此,我们可得出如下之明确的、科学的政党之概念:

> 所谓政党,是一定阶级之一部分,且是全阶级中最有阶级觉悟、最能团结又最勇于为本阶级利益奋斗之一部分。概括言之,它便是由全阶级中之先进分子结集而成之指导社会斗争的组织。

这样说来,足见政党是阶级社会的产物,是阶级的指导部分。打一个比方说,它便是阶级的头脑、阶级的先锋。这一政党的概念不仅是适用于某一阶级之政党的概念,而且是适用于一切阶级之政党的概念。

第二章　政党的形成过程

我们在前面曾说过，政党是阶级社会的产物。那么，是否社会一有了阶级对立便有政党呢？不，有了阶级对立的社会不一定就是有了政党的社会。任何社会产物都不是从天上掉下来的现成东西，它必然要经过发生到成长的形成过程。就阶级的本身说，它的产生是要经过一定的阶段的，而产生它的历史的前提则有如下几项：

（1）因原始技术发达，社会于是有剩余生产品，从此各种社会关系上社会的不平等一天比一天增长起来。

（2）简单的商品经济过渡到资本主义制度；等级组织之消灭。

（3）由新的生产技术所结合起来之直接生产者的阶级出现于社会斗争的舞台。

政党由发生到成长的形成过程，我们固然也可以说它是随伴着阶级由发生到成长的形成过程，但不能说有阶级的社会都有政党。古代社会、封建社会是有阶级的社会，古代社会、封建社会却无我们现在所要探究的政党。在中国过去历史上的汉之党锢，宋之洛、蜀、朔，唐之牛、李，明之东林，绝不是我们现在所要探究的政党；在欧洲过去历史上的希腊罗马之贵族党、平民党，中古意大利城市之教皇党、皇帝党，十七世纪英国之保皇党、议员党，也绝不是我们现在所要探究的政党。固然自从原始社会崩溃以后，人类就进入于新的有阶级对立的历史时代，每一阶级都有随着生产力与生产关系之变化而争取其阶级利益之必要，但奴隶与农奴却不可能具有明确的政治意识，甚至提出明确的政治纲领，为实现政纲夺取政权而奋斗。即他们不可能结成政党，爬上统治者的地位。

前面说了，政党斗争是政治斗争之最完成、最统一的形态。然则政治斗争而取着政党的形式必然要在什么时候才能见到呢？这必然是要在近代社会。因为在近代资本主义社会，它的基础——经济构造，才能容受较完整的各种上层建筑，例如政治、法制、意识形态等等，政党必需在某一阶级感觉到政治斗争之必要，而且有了斗争，指导的科学以及政纲、政策、策略、战术，才能有政治的组织，即政党的组织。

像这样的一种政党——近代意义的一种政党，是要以"阶级的自觉"做条件的。任何社会的阶级对立都是基于阶级利益的对立，但对于本阶级一般的、基础的利益之理解却不是随着阶级地位而即刻便能意识到的。第一，由经济结构中的矛盾所反映出来之阶级利益的矛盾，只有在较进一步的发展阶段上才能暴露出来；第二，阶级不是从天上掉下的现成东西，它是由许多不齐一的社会层次缓缓分化出来的；第三，任何阶级要有阶级自觉，必需经过其存在及其在历史舞台上斗争之一定时期；第四，支配阶级对于其被支配阶级，往往用人工的有计划的方法去摧残被支配阶级之阶级自觉的萌芽。所有这些情形都归结到这样一种形态，即某一阶级已经存在着，但自觉的阶级却还不存在。阶级是存在了，但尚缺乏阶级意识，这即是不自觉的阶级，这一种不自觉的阶级即前面所说"自在的阶级"（Class in Itself）。然而无论如何，阶级意识在最终是必然伴着既成社会内在的矛盾之深刻化而次第增进的，即因种种的斗争经验,那自发的和不自觉的阶级终于要达到自觉的程度,这一种自觉的阶级即前面所说“自为的阶级”(Class for Itself)。

等到被压迫阶级,亦即代表新生产力的阶级,在斗争的过程中,由“自在的阶级”进到“自为的阶级”,同时它必然要造成自己斗争的组织,即领导本阶级全体群众的那种战斗组织。这一组织便是近代意义的政党。这一组织正是用来与压迫阶级之国家组织相对抗的。因为国家组织的存在便是证明压迫阶级已经成为一个“自为的阶级”,一种国家政权的行使便是证明压迫阶级对于其基本利益之充分的觉悟,压迫阶级是以一切国家机关为工具去与被压迫阶级作战的。在压迫阶级与被压迫阶级恶战苦斗的当间,被压迫阶级也只有最有效地适用它那与国家组织相对抗的组织,即政党组织,才能与它的敌人应战;一旦革命爆发或国内战争到来之时,这种政党的组织便将要冲破敌人的阵线而成为新的国家机关之雏形的组织。我们试拿资产阶级革命做例,法兰西大革命时的人民党或雅各宾党(Jacobin),这是最初的立宪同志会……他们是建立于以启蒙人民为目的的基础上,以为宣传比行动重要;但是环境逼迫他们转入政治漩涡,并直接参加行政。我们再拿无产阶级革命做例,在俄国大革命期间,工人与兵士的战斗组织——苏维埃(Soviet),和工人的政党组织——布尔塞维克(Bolshevik),便成了新国家的基本组织。

由上所说,我们便可得到一个很明确的结论:政党之形成过程是伴随着阶级之由“自在的阶级”进到“自为的阶级”的形成过程的。

第三章　阶级、政党、领袖

当我们说到政党是以阶级的自觉做条件时，就可以看出政党与阶级是有如何不可分离的关系。我们必须很透彻地理解阶级，才能很透彻地理解政党阶级是什么。我们在前面已比较充分地说明过，在这里不再赘。

在有了阶级的社会，便必然要发生社会斗争，而一切社会斗争都是政治斗争，政党的斗争是政治斗争之最完成、最统一的形态。为什么甲阶级与乙阶级作战时必须有政党来指导呢？换言之，甲阶级与乙阶级本身为什么不能直接作战而必须有政党这一指导作战的组织呢？这就因为任何阶级决非均等同一的全体，即在一阶级内必有自觉的分子与落后的分子。试一考察现代之劳动阶级，其自觉的程度决不一致，其自觉的阶级意识常为一阶级内的小行会、小团体、小帮口等意识所掩蔽，所以一阶级中的一切分子和一切层次决不能在同等的速度内自觉自己是一个阶级，自觉自己阶级的利益与别种阶级的利益是相反的。由先进的分子引导落后的分子到自觉的阶级的路上去，必是一个无尽头的过程。总之，所谓共同地位、共同利害、阶级的一致只是相对的，即以这一阶级与那一阶级相对比，就其对外说，这一阶级或那一阶级自然都是一个特殊的、一致的人们的集团；如就一个阶级的内部再来分析一下，即就其对内说，必然会表现出许多帮口、行会等诸社会层次不一致的现象，这种不一致的现象便是各自利害关系的不同。于是它们（各小社会层）最先便只能看见它们各自的利益，而不能看见全阶级的总利益。这便是一阶级内之“不同性”。一阶级内有了这样的不同性，就是政党成为必要的原因。所以一定阶级之一部分必然要形成一个特殊的组织——政党；所谓一定阶级之一部分必然也就是前面所说的最觉悟、最英勇、最进步、最有训练而又最能团结之一部分。

假定我们认为任何阶级都是完全的、绝对的、均一的，那它们随时都有动员全体群众的可能，它们随时都可以选出适当的人或集团以任一切行动的指导，或轮流着担任一切行动的指导，这样一种常任指导机关便将成为赘物而不必要了。但事情完全不是这样的，斗争的指导在敌人的力量愈是强大时更其是必要。

由上述我们已知道，阶级的不同性便是这一阶级所以有政党必要的原因。实则一切的发展都是不平衡的，不仅在一个阶级内部表现出帮口、行会、小团体等等的不同性，就是一个阶级的先锋，即指导阶级作战的政党，它的内部也有智力不等、前进落后、利害相反种种的不同性存在。所以拿政党与阶级相对地说，自然政党是较有自觉的一致的一部分，可是单就政党本身绝对地说，则正与我们考察阶级时相同。既然如此，专靠政党本身仍然不能指导作战，即政党内部的分子仍然不能随时选出适当的人或集团以任一切行动的指导，或彼此轮流着担任行动的指导。这样一种常任指导的人物——政党的领袖就成为必要。领袖的任务就在于划一全体党员的意志，排除其不同性而正确地执行党的政治路线。这样，政党内部不同性便是这一政党所以有领袖之必要的原因。但领袖必须以阶级、政党的全部利益为出发点，才能完成他的任务。

综上所说，阶级、政党、领袖三者是对立的，因为政党不就是阶级，政党的领袖不就是政党。但同时又是统一的，因为政党必依存于阶级，政党的领袖必依存于政党。政党、政党的领袖在领导阶级作战时，因此其相互间便非有极紧密、极适当之关系不可。因为政党与阶级的关系即是党员与非党员的关系。党员对于非党员大众，一方面必须领导和指挥，一方面必须教育与说服，缺乏教育与说服是不能够领导的。再则，一方面党必须要自己团结着而成为极坚实的阶级之一部分，一方面它又必须日益紧密地同非党员群众联系起来，而把广大的非党员群众尽量地吸收到自己组织的周围。

第四章　政党的种类

我们如果承认近代意义的政党是以阶级的自觉做条件，则我们便不能把它看作社会的自然生长的东西，它必然是含着社会的各个经济集团（阶级）的目的意识性，某一政党的一切行动一定就是社会的某一经济集团利益即某一阶级利益的代表者。然而社会发展到了最近代——帝国主义时代，政党的组织特别发达，政党的名目与派别也特别繁复，一般人看到政党的名目与派别之繁复便因为弄不清楚的缘故而做了许多形式的、浮面的分类，于是拿什么地域、信仰、种族、政见等关系的不同，认为是政党有种种不同的根据，于是便把政党分为地域的政党、宗教的政党、民族的政党、政见的政党等；同时，又拿思想的不同而把政党分为：(1)极右党——立宪保守党；(2)右党——立宪自由党；(3)左党——社会民主党；(4)极左党——社会革命党等。但我们如果要从政党的本质下观察，则对于政党的分类，毕竟只能以其组织的核心阶级为主眼，所以无论有多少政党，无论有多少名称，它的目的性却极简单，总之为其所代表的阶级利益而出现。那么，我们要说明政党的种类是离不开阶级的种类的，关于阶级的分类在前节是列举了：

(1)某社会形态内之基本阶级；

(2)从属阶级；

(3)智识分子；

（4）游离分子。

阶级的分类有这么许多，政党的分类也应该有这么许多。不过严格地说来，上举（3）、（4）两项并算不得是一种阶级，它们决不能独立地为拥护自己的利益而形成一种斗争的组织。只有上举一项基本的阶级对立，在资本主义社会，便是资产阶级与无产阶级的对立，它们才能组织各自的政党，为各自的利益而斗争。由基本的阶级对立，必然要形成主干的政党对立，这便是布尔乔亚（Bourgeois）政党与普罗列塔利亚（Proletarian）政党。再上举二项的从属阶级与三项的智识分子，虽然在资本主义社会底下，都是向两个基本阶级的两端分解，都是站在两个基本阶级的中间动摇不定，但因他们各自的特殊性而形成一种改良主义的政党之可能。智识分子是社会上巨数的脑力劳动者，它是因资本主义生产方法发展的结果而形成的，它的脑力劳动对于社会生产是起组织作用的，所以在社会中也有不小的力量。虽然它也和从属阶级一样，有时向两极分化，例如银行经理、大学教授、律师、医生等收入较多的智识分子，很接近资产阶级或已资产阶级化；下级职员、小学教员等收入较少的智识分子很少与工人有区别，然它仍保存有它自己的特点，有它自己的社会形象。因为他们是有智识的，就常以为高出资本家和工人之上，而欲站在超阶级的地位，以调和劳资为己任。但资本主义日趋崩溃，经济恐慌，工商业凋落，脑力劳动者的过剩，必然趋使一部分智识分子跑到无产者的阵营来，加入无产者斗争的党，但这却就是在工人政党中组成左右倾机会主义和调和派的干部人才。另外，所谓从属阶级也就是小资产阶级，它是封建生产方法之活的残余，它与智识分子的分别是在于它依赖于生产手段的小私有之上。因为手工业者与农民正是有一定的财产关系的。在实际上，有一大部分的小资产阶级差不多比无产阶级还生活得坏些，所以不断地向工人阶级补充，也有一小部分的人逐渐升到资本家队伍中去，所以它动摇于资产阶级与无产阶级之间的中间性，也和智识分子一样。我们在这一点可以说从属阶级与智识分子都是一个中间的集团。小手工业者、农民，它在自己劳动而不剥削他人一点是相当同情于无产阶级的，但在私有（虽然很小）方面，它的意识却是接近于资产阶级的，因此从小生产的条件中造成了他们典型的个人主义。他们的大部分因无产阶级化，虽然也不能不加入无产者的阵营，如西欧有许多破产的小手工业者加入所谓社会党，然而这也正和智识分子一样，只造成了机会主义政党的基础（德国的社会民主党，据有一个时期的统计，八五〇，〇〇〇党员，其中便有三五〇，〇〇〇是智识分子及小资产阶级）。这一种机会主义、改良主义的政党，也可以把它叫作小布尔乔亚政党。

这样说来，我们拿阶级做政党分类的主眼，则不论政党的名目与派别怎样繁复，它的类别却极简单，即：

（1）布尔乔亚政党；

（2）普罗列塔利亚政党；

（3）小布尔乔亚政党。

以上自然是以整个阶级利益为主眼而分类的。但因任何阶级内部都具有不能完全一致的不同性，所以在布尔乔亚政党中，又有代表地主利益的保守党、代表工商业者利益的自由党及代表接近资产阶级之小有产者利益的自由民主党等；在普罗列塔利亚政党中，也有代表工人贵族利益的社会民主党及代表流氓无产阶级利益的无政府党等。

不过在这里我们还要注意一件事，即现在除了帝国主义国家或现代历史的经济结构所反映之布尔乔亚、普罗列塔利亚、小布尔乔亚各种政党外，还有一种特殊类型的政党，这便是诸落后国家——殖民地半殖民地国家的政党，例如土耳其的国民党，埃及、印度式的国民会议，中国国民党等。此外还有一种非政党的政治集团，它是站在党的组织以外，或围绕在党的周围拥护特定阶级的利益的，老实说，它就是一种特定政党的别动队。这例如现有许多政治运动团体、社会运动团体、劳工运动团体，以及其他含有政治性的什么教育团体、学术团体，什么主义研究会等都是。

第五章　政党的要素

政党是阶级之一部分，是代表阶级利益为全阶级的整个利益而斗争的。那么，它的构成必须具备下列几种要素：

(1)党员；

(2)主义及政纲；

(3)组织。

构成政党的第一个要素当然便是党员。如是某一阶级的政党，必然就是某一阶级的群众占党员成分之多数。不过因为阶级具有不同性，所以决不是全阶级的群众都是党员的，而且有时某一阶级政党的党员并不限于某一阶级本身(如非某一阶级而能某一阶级化的)。这是*最重要的问题，便是某一阶级的党员如何取得某一阶级政党之党员的资格问题。有一种政党对于党员资格问题看得极其松动。甚至于有人说："政党不向愿意加入它的人发问：'你属于什么阶级？'所以社会民主党也是不问的，只要谁在根本上承认党的原则、党的要求即党的党纲，那就谁都可以加入党。至于这个党纲所包含的内容不单是一定的经济利益的要求，即除经济利益的领域外，还包含有一定之政治的及哲学的见解。"有一种政党则不然，它对于党员资格必须有极严密意义之规定。例如说，凡

---

* 此处"这是"疑作"这里"。——编者注

属某一政党的党员，除承认党的原则、党的要求即党的党纲外，必须加入党的组织，参加党的活动，同时还必须缴纳党费，遵守党的纪律，实行党的一切决定。我们这里所说党之构成分即为构成政党之要素的党员，自然是指后一种资格的党员说的。

构成政党的第二个要素便是主义及政纲。什么叫作主义呢？凡属一个政党，必然有一种共同的意识形态（Ideologie），即一定的经济的、政治的、哲学的见解。所以每一个政党也就是一种意识形态的结晶体，或是一种特殊的、一定的经济思想、哲学思想、政治思想的复合体之代表者。这一切思想的复合体之集中的表现便是党的主义。不过我们要注意：所谓“一定的经济的、政治的、哲学的见解”，所谓“一切思想的复合体”，决不是空中浮荡着的，而是由那些阶级的生存条件中生长出来的，即是代表着那些阶级的经济利益的，政治的、哲学的部分不过为其经济的部分之外衣。什么是政纲呢？便是由这一政党的共同的意识形态，即由一定的经济的、政治的、哲学的见解所推演出来的具体的政治纲领。主义与政纲便是一个政党的生命所托。因为一个政党的根本目的与它所负的最后使命都表现在它的主义与政纲上，所以一个政党斗争的方向、努力的目标、根本的任务以及一切政策、策略、战术，差不多都要根据它的主义与政纲才能决定，而且一个政党为吸引群众和取得一阶级内最好的分子入党，也要靠它的主义与政纲去号召，所以每一政党必然要有显明的主义与政纲为它的构成分。

现在要说到构成政党的第三个要素了，这便是政党的组织。政党是指导作战的机关，它要在指挥统一的机关之下行使及运用它全部的职权，所以组织是特别重要的东西。通常，党的最高机关必然是中央党部，依次便有所谓省党部、县党部、区党部等等。在特殊情形之下，因事实之必要，除通常组织外，多设特别党部。如民族部、妇女部、军人部等等。党的细胞组织，换言之，党的基础，真正代表普罗列塔利亚特的政党，它的城砦是在工厂。而代表布尔乔亚的政党，则把党看作一个选举机关。为应选举的必要而组织，因而它们党的基础是在选举区。这一点，社会民主党也是如此。以上仅就党的组织形式而言。一个党的组织是否严密、是否强有力，完全要看它的纪律如何，纪律是政党之能否成功的根本条件。在普罗列塔利亚特的党内，它的纪律是铁的纪律，每一党员必须服从党的组织，实行党的一切决议，绝对不许任何人逸脱组织上的范围而在党内分系分派，即"所有分派之完全废除"。但分派之绝对禁止决非在党内禁止讨论之自由，而是在讨论被决定后，少数者须完全服从多数者的意见。少数服从多数是党的纪律之一根本原则。关于这一点，下面一段话说得最透彻：

> 如果没有一个团结的和铁的纪律的强大的党，夺取并保持无产阶级专政是不可能的。但如果没有统一的意志，没有一切党员完全一致的行动，则党的铁的纪律也是不可能的。自然，这并不是说党内不许有意见上不同的斗争，恰恰相反，铁的纪律不仅容许而且提倡党内的批评和意见的斗争。这更不是说纪律应该是"盲目的"，恰恰相反，铁的纪律不仅容许而且提倡自觉的和自愿的纪律，因为只有自觉的和自愿的纪律才是真正铁的纪律。但到了意见斗争已经终止、批评已经过去、决议已经通过之后，一切党员的统一意志和统一行动就成为必需的条件。如果没有这种条件，则整个的党及党之铁的纪律都是不可能的。

严密的党的纪律是从党的组织原则生出来的。民主集中主义常常是普罗列塔利亚特的政党之组织的根本原则。所谓民主集中主义即是集中与民主相结合的一种主义，民主的成分与集中的成分是由党的活动情势来决定的。以俄国的布尔塞维克党来说，在一九〇五——九〇六年以前，党是偏于集中主义的，各级党部的选举者往往不能从选举产生，因为在当时的反动情势下，如果不采取中央集权办法，党便不能生存。到一九〇六年以后，党的规约渐偏于民主主义。革命以后，即由一九一八——九二〇年，党因为要与国内外的反革命武力斗争，甚至把党内一切工作方法都军队化了。这又是严格的中央集权。所以在纪律方面，党须实行少数服从多数的原则外，还须实行下级服从上级的原则。在俄国的党内，当时这些原则的严格的执行虽然引起了许多动摇分子的攻击，说这是官僚主义、形式主义，但要党能有计划地工作，要领导斗争，是不能不厉行这些原则的。

党是某一阶级有组织的队伍，但党不是唯一的某一阶级的组织。还有许多非党的组织，如工会、协作社、社会运动团体、政治运动团体，以及其他含有政治性的教育团体、学术团体等等，党还要用组织的力量来领导他们。不过这决不是说由党直接命令他们，而是对于他们的活动，经过在这些组织内斗争着的党员，给予他们以卓越的阶级战的指针，而把他们放在自己组织的周围。

这样，党员、主义及政纲、组织都具备了，便能形成一个活泼的、敏捷的、英勇的、强有力的指导作战的有机体。

第六章　政党的特性

关于政党的本质或其特性，在前面我们曾在各种关于政党的说明中零星地说到，但现在我们要把它集中起来系统地说一说。

第一，一个政党首先应该是一个阶级的先锋队。政党应该集中所有优秀分子以及其经验、其革命性、其对于阶级利益之无限的忠诚到组织里面来。但一个政党要变成真正的先锋队，它便应该具有革命的理论，知道运动与革命的必然法则。它必须这样，才能站在阶级前面，才能比阶级看得更远，才能领导阶级作战。政党的作战条件比较军队的作战条件来，即使不更为复杂，至少也不更为简单。它也有进攻与退守，也有战术与策略，也有后备军及其运用。谁能够分析这些条件，谁能够指示几百万群众以正确方向呢？在军队里面，这自然是一个有经验的司令部，在阶级的作战上，这个司令部便是政党。社会斗争没有革命政党就等于军队没有司令部一样。所以，政党就是阶级作战的司令部，也就是阶级的先锋队。

但一个政党不仅仅是阶级的先锋队而已，同时应该兼是全阶级中的一部分，与全阶级紧密地联系着。先锋队和阶级本身的其他群众之区分，即党员和非党员之区分，本来是不能消灭的；这种区分除非到阶级本身消灭、无产阶级同化一切阶级以后才能消灭。但这种区分如果成了隔离，即是说一个政党如果关起门来而离开了非党员的群众，这一政党也就不成其为政党了。政党是领导阶级的，但它如果不能紧密地联系于非党群众，群众一定就会不接受它的领导，即群众就无从对它发生精神上和政治上的信仰，那么政党的扩大和巩固也就要成为问题。所以一个政党对于非党群众用一种精神上、政治上无形的线索把党与非党群众联系起来，这是极端重要的一件事。这样才能做到政党是阶级中不可分离的一部分。

第二，一个政党应该是一个阶级有组织的队伍。一个政党不仅是一个阶级的先锋队，它还应该是本阶级有组织的队伍。以无产阶级的政党来说，它在资本主义条件底下，任务是异常艰巨和复杂的，它要在内部和外部发展之异常艰巨和复杂的条件底下奋斗。如果环境要求进攻时，它就应该领导进攻；如果环境要求退守时，它就应该领导工人群众退守，以避免敌人重大的打击。它还须给予几百万无组织的无党工人群众以斗争必须有纪律、有计划的精神，以组织和坚持的精神。但一个政党要实现这些任务，毫无疑义的，必须自己足为纪律和组织的规范，必须自己就是一个有组织的队伍。举一件历史的事实来说，俄国的多数派在党章第一条就确立下党是一种有组织的单位之概念，确立党是各种党内组织的单位之总和，而党员同时又是党内某一组织的分子。少数派却反对这一条党章，他们提议一种自动入党的"系统"。按照这个系统，凡每个教授、每个学生、每个同情者，只要他们帮助党，即许他们不加入且不愿意加入党内任何组织，也可以给他们以党员的名义。这样必然使党内充满了教授和学生，使党的组织退化成为一种流动的、未成形的、无组织的机关，使党沉没在"同情者"的大海里，尤其是消灭了党和阶级的界线，卸去了党提高无组织群众至先锋队水平线的任务。这样的政党也就不能担负在革命进程中组织阶级的作用。

但一个政党不仅是党内组织之总和，同时又是这些组织之整个的系统。这些组织的形式联合为一整个的单位，在此单位中，有高级的或低级的指导机关，少数须服从多数，实际的议决案一经通过，全体党员都须服从执行。没有这些条件，政党就不是一整个的组织单位，就不能有计划地、有组织地去领导争斗。党变成了有组织的，这就等于创立了一种权力，就等于把思想上的威权变成了权力上的威权。少数服从多数的原则、集中领导党的工作的原则在组织问题上是必须坚决施行的原则。然而这种原则在俄国多数党内往往引起许多人的攻击，说这是“官僚主义”、“形式主义”，而多数党的领袖却把这些人叫作“俄国虚无主义”和“封建诸侯的无政府主义”，认为非铲除不可。试看他说：

> 俄国虚无主义者特别带有这种封建诸侯无政府主义的特性。党的组织，在他们看来是一个巨大的“工厂”；部分服从总体，少数服从多数，在他们看来是一种“束缚”；在中央领导之下的分工，在他们看来是人变成了“机器的螺丝”；党的组织章程，在他们看来是一件轻微无用之物，是可以完全用不着的。……显然可以看出，他们高喊反对官僚主义，不过用来遮掩他们对于中央机关几个人之不满意而已。……你是官僚，因为你虽受大会委任，但未合我的意思，而且违反我的意思；你是形式主义者，因为你虽然依据大会形式的决议，但未得我的同意；你行动太机械了，因为你虽依靠于党大会“机械的”多数人，但你并未顾及我是否也赞成你；你是专制魔王，因为你不

愿将权力交给你的亲热的旧朋友。

这就是嘲笑那些反对组织的人们的。这样看来，党必须是一阶级有组织的队伍。

第三，一个政党是阶级组织的最高形式。政党是一个阶级有组织的队伍，但政党不是唯一的阶级组织。除了政党外，还有许多其他组织。例如无产阶级，除了无产阶级政党外，还有工会、协作社、工厂委员会、议会党团、无党的妇女联合会、出版物*、文化团体、青年联合会、革命的团体、国家的组织形式（如果无产阶级取得了政权）等。这些组织的大部分是非党的，只有其中的一部分是直接加入于党或为党的一支派。但在这样繁多的组织之下，怎样实现统一的领导呢？怎样能够保证这许多组织不至于引起领导上之不统一呢？人们可以这样回答，说是每一个组织的工作都是限于自己的特殊范围，因此不会妨碍别个组织的工作。这自然是对的。但这些组织的工作应该朝着同一方向做去，这也是对的，因为这些组织都是为一个阶级之利益。试问谁来决定所有这些组织工作之一致的方针呢？那里有一种中心的组织，不仅有必需的经验能够确定这种共同的方针，而且有充分的权威能够迫使所有这些组织来施行共同的方针，以造成指导上的一致并避免人各为政的状态呢？

这种组织就是政党。政党的确具有为这种中心组织之必需的条件。我们还是拿无产政党来说吧：第一，因为政党是无产阶级优秀分子的集合，直接与非党组织有联系并时常领导这些组织；第

* 即指出版团体。——编者注

二，因为政党既然是优秀分子之集合，就成为良好的学校，训练出工人领袖，能够指导本阶级的一切组织形式；第三，因为无产政党既是训练工人领袖的学校，就成为唯一有经验、有权威的组织，能够集中斗争的指导，因此又能够改变所有非党组织为仲介的机关，为党和阶级间联络的线索。所以，政党是阶级组织的最高形式，无产政党是无产阶级组织的最高形式。

自然这并不是说，工会、协作社等非党的组织应该形式上服从党的指导，主要的是加入这些组织的党员应该尽力使这些组织的工作接近于党，并自愿地接受党的政治指导。党是指导力量，这些非党组织是转动机的轮带或起重的杠杆。

有人主张非党组织"独立论"或"中立论"，以致产生了独立的议员、离党的新闻记者、偏狭的职工运动者以及小资产阶级化的协作社运动者。这都是不理解政党是阶级组织的最高形式所发生出来的错误理论。

第四，政党是阶级专政的工具。如前所说，政党是阶级组织的最高形式，是阶级诸组织之根本的指导机关。不仅此也，它还是阶级专政的工具。一个阶级在不曾取得政权时，可以用它来夺取政权；既取得政权以后，又可以用它来巩固政权，执行阶级专政。以无产阶级为例，无产阶级需要党，不仅为夺取政权，尤其为保持、巩固、扩大此政权，以达到社会主义的完全胜利。

但保持并扩大政权，或者说执行阶级专政，这是什么意思呢？这就是说，灌输纪律和组织精神于几百万群众中去；这就是说，在群众中造成坚垒和利器以反对小资产阶级腐败和成见之影响；这就是说，加紧组织工作以改造小资产阶级分子；这就是说，帮助群众训练自已，使成为一种势力，能够消灭阶级并准备社会主义生产组织的条件。

一个阶级需要党,为的是夺取并保持专政,所以说政党是阶级专政的工具。但无产阶级的专政是在消灭阶级,由此可以推知:阶级消灭,任何专政也消灭,政党也要跟着消灭。

第五,政党的意志是统一的,即党内不容有党派存在。我们在前面说,政党是阶级专政的工具。它夺取*并保持阶级专政,如果没有一个团结的和铁的纪律的政党,夺取政权或保持政权都是不可能的。但如果没有统一的意志,没有一切党员完全一致的行动,则政党的铁的纪律也是不可能的,因此统一的党及党的铁的纪律是与党内党派的存在不能并容的。如果一个政党以内有了党派的存在,则一个党内必至发现几个中央;党内有了几个中央就等于没有一个共同的中央,就等于破坏统一的意志,就等于削弱并消灭纪律,削弱并消灭专政。因此,凡是一个真正的无产政党,必然要求完全消灭一切党内的分派,必然要求立即解散党内一切根据特殊政纲组织的派别。不然,则无条件地开除出党。

在这里,我们有重述上面一段话之必要:“自然,这并不是说党内不许有意见上不同的斗争,恰恰相反,铁的纪律不仅容许而且提倡党内的批评和意见的斗争。这更不是说纪律应该是‘盲目的’,恰恰相反,铁的纪律不仅容许而且提倡自觉的和自愿的纪律,因为只有自觉的和自愿的纪律才是真正铁的纪律。但到了意见斗争已经终止、批评已经过去、决议已经通过之后,一切党员的统一意志和统一行动就成为必需的条件……”

第六,政党往往因肃清了党内机会主义分子而能巩固起来。

---

* 依据上下文之意,此处“夺取”一词后疑漏排“政权”两字。——编者注

无论一个什么政党，党内总是有许多分派的。而革命政党内的分派之发生，当然是由于党内有机会主义分子。以无产阶级的政党来说，它决不是采关门主义的党，这个阶级也不是闭关的阶级。因资本主义之发展而无产阶级化的农民、小资产阶级、智识分子都不断地加入无产阶级队伍中来；同时，无产阶级队伍中也不断地蜕化出上层分子，例如从职工运动中和工人议员中蜕化出来的就占一大部分，这因为资产阶级拿殖民地额外利润的一部分来收买他们。

所有这些小布尔乔亚的派别，这样或那样不断地蜕化到无产者队伍中来，自然也就要这样或那样混进党来，他们自然也就要把动摇犹豫的和机会主义的精神、破坏和多疑的精神带进党来。大体说，他们就是党内分派和纠纷的源泉。一个政党遇着这样的情形发生，只有不顾惜地肃清他们出党。这是不能仅仅以党内思想斗争的方法来战胜他们的。一个政党想建立党内的统一和坚固的团结，首先就要懂得在适当时期肃清这些机会主义分子。党因肃清机会主义分子而巩固起来。因为在革命之前夜及在争求革命胜利之最剧烈的斗争时候，领导斗争的政党内部若有少数机会主义分子或领袖稍一动摇，就可以丧失一切，葬送革命，或颠覆已经到手的政权；如果这种摇动的领袖或少数机会主义分子此时离开了党，老实说，即从党内把他们肃清出去，这并不是削弱了党、削弱了革命，反是增强了党、增强了革命。过去俄罗斯和匈牙利的经验就很明显地证明这个。在俄国革命的过程中，党遇见多次困难，如果少数派、改良主义者、小布尔乔亚德谟克拉西，俄国党始终把他们放在党内，苏维埃政权一定是要被推翻的。

以上六点即是任何政党所应该具有的特性。

第七章　政党的战略与策略（或战术）

政党为了指导斗争必须采取各种适当的手段，而战术与策略则为指导斗争的一种科学，它在斗争的过程中占着斗争之成功与失败的决定地位。这两种东西（战略与策略）在表面上看很相类似，而实则有极明显的区别。要说明这两者的区别，最好是按照一般政党的实际惯例，用一理论、二政策、三战略、四策略或战术四种东西的顺序而加以解释。

任何政党都有它一种共同的意识形态和一种共同的政治纲领，由这两者便形成那一政党的理论。但政党的理论，从它的性质上讲，本来只是一种比较抽象的、概括的东西，根据这种理论更拟出一种比较具体的政治行动方针来，便是那一政党的政策。所以政策是要在实际上去施行的。不过怎样才能施行它的政策，却是一个很不容易的问题。因为斗争的对象是多方面的，客观的环境又是很复杂的，政治经济情形也是像流水一样随时变动的。为要达到政策的实现，便必须斟酌特殊情形，有某一特定阶段内的战略。战略已经决定，它便还要运用一种策略，好像军队作战一样，使用一些什么“各个击破法”、“内线作战法”、“败一胜二法”以及其他种种斗争的方法；从范围的大小说，策略的范围小于战略的范围，同时又服从于战略，受战略方针的指导。总之，政党的战略与策略就是普通军事学上的所谓战略与策略，而且是一种讲解作战的科学。

以上是就一般政党的实际惯例说的。普罗列塔利亚政党的领袖对于普罗列塔利亚政党的战略与策略所下的解释，是有更明确的范围与更明确的定义的。如说：

> 战略是普罗列塔利亚特在革命的某一阶段所立下的进攻方针，是支配革命势力（主要的和次要的后备军）所确定的计划，是在这一革命阶段内实行此计划的奋斗。

又说：

> 政治战略乃阶级运动之根本趋向，循此趋向，则最有利于这一阶级，足以与其仇敌以根本打击，而达到党纲上所确定之目的。

从这种观点上来看，要确定一种战略趋向，必需知道全局的形势，知道历史发展的具体阶段以及规定这些阶段的具体的历史条件。但这样说来似乎是太抽象了，决不能因此而获得战略之具体的理解。最好我们拿一个政党之运用战略的实际材料来证明，这一实际材料便是俄国革命的历史材料。

俄国革命我们可以把它分作三个阶段，而每一阶段是有每一阶段的战略的。而历史阶段不同，战略便要因之而变。

第一阶段（一九〇三年至一九一七年二月）：目的——推翻沙皇专制主义，完全肃清中古时代的余孽。革命的根本势力——普罗列塔利亚特与农民。主要的进攻方针——使自由帝制派的布尔乔亚陷于孤立——这一阶级是努力与沙皇主义妥协,抓取农民并消灭革命的。支配革命势力的计划——普罗列塔利亚特与农民联盟。“普罗列塔利亚特必须抓住农民群众,彻底进行民主革命,以击破专制政治顽抗的力量并使摇动的资产阶级守中立”。

第二阶段(一九一七年二月至一九一七年十月):目的——推翻在俄国的资本帝国主义,并从帝国主义战争中抽身出来。革命的根本势力——普罗列塔利亚特与贫农大众。邻国的普罗列塔利亚特是可靠的后备军。战争的延长和帝国主义的危机是良好的机会。主要的进攻方针——使小资产阶级德谟克拉西派(孟塞维克党人、社会革命党人)陷于孤立——它们是努力与帝国主义妥协来抓取劳动的农民群众并终止革命的。支配革命势力的计划——普罗列塔利亚特与贫农联盟。“普罗列塔利亚特必须抓住乡村半普罗列塔利亚特群众,完成社会主义革命,以击破资产阶级顽抗的力量并使摇动的农民和小资产阶级守中立”。

第三阶段(十月革命以后):目的——在一个巩固普罗列塔利亚特专政,实行社会主义建设,并以一国社会主义的胜利为根据去领导全世界普罗大众和被压迫民族的劳苦大众,进行推翻一切国家的帝国主义的斗争。革命越出了一个国家的范围,开始世界革命的时代。革命的根本势力——一国的普罗列塔利亚特专政和胜利的社会主义建设、各国的普罗列塔利亚特的革命运动。主要的后备军——先进国的半普罗列塔利亚特群众和小农群众、殖民地弱小国家的反帝反侵略的民族解放运动。主要的进攻方针——使小资产阶级德谟克拉西派陷于孤立,使第二国际政党陷于孤立——这些分子是赞成与帝国主义妥协的政策的。支配革命势力的计划——全世界各国普罗列塔利亚特革命与殖民地弱小国家解放运动的联盟。

战略所注意的是革命的根本势力及其后备军。革命若从这一阶段进至别一阶段，则战略亦随之而变；但在某一革命阶段内，战略是根本不变的。

以上是关于战略的解释。策略怎样呢？如说：

> 策略是普罗列塔利亚特在运动的高潮或低潮即革命的高涨或低落之较短的时期所立下的行动方针，是以新的斗争和组织形式替换旧的斗争和组织形式，新的口号替换旧的口号，并集合这些形式和口号来实行此方针的奋斗。如果战略的目的是在战胜沙皇主义或布尔乔亚，是在彻底进行反沙皇主义或反布尔乔亚的斗争，那么策略的目的就比较狭小些。因为策略所努力的，并不在赢得整个的大战争，而在于革命的某一高涨或低落时期之具体环境中赢得部分的冲突或部分的接触。策略是战略的一部分，是依附于战略，受战略的指导，因而服从战略的。
>
> 策略随运动的高潮或低潮而变。譬如在俄国革命的第一阶段时（一九〇三年至一九一七年二月），战略的计划是不变的，但策略则经过几次改变。一九〇三年至一九〇五年这一时期，党的策略是进攻的，因为那是革命的高潮，运动继长增高，策略必须顾及此事实。因此，斗争的形式是革命的，是适应革命高潮要求的。地方的政治罢工、政治示威、政治的总罢工、抵制国会、暴动、革命奋斗的口号——这些便是这时期先后递变的斗争形式；斗争形式变了，组织形式亦随之而变。工厂委员会、农民革命委员会、罢工委员会、工人代表苏维埃、多

少公开的工人政党——这些便是这时期的组织形式。

一九〇七年至一九一二年这一时期,党不得不采取退守的策略,因为那些运动的低潮、革命的低落,策略不能够不顾及此事实。因此,斗争的形式和组织的形式不能不变。从前抵制国会,此时参加国会;从前公开的国会外的进攻,此时国会内的进攻和国会内的工作;从前政治的总罢工,此时部分的经济罢工或简直停止罢工。在这时期,党自然须入于秘密状态,群众的、革命的组织没有了,代之而兴的是文化教育的、协作社的、储蓄会的及其他合法的组织。

革命的第二阶段和第三阶段也是一样。在各阶段中,策略改变几十次,战略的计划则保持不变。

策略所注意的是普罗列塔利亚的斗争形式和组织形式,这些形式的变化及其混合,在革命的某一阶段中,随革命的高潮或低潮高涨或低落,策略经过几次的变化。

看了以上关于战略及策略的解释,则战略与策略的区别点何在,以及一个政党要如何靠它的战略与策略而制胜便觉显豁了。

第八章　政党对于战略与策略的指导

关于战略与策略之正确的运用，在有产政党方面，很少实例供我们的记述。无已，则仍以无产政党为例。而无产政党对于战略与策略之指导的实例，又只有取材于俄国革命的历史。

政党对于战略的指导的任务在正确使用所有后备军，俾在革命发展的某一阶段中，达到革命的根本目的。而革命的后备军约可分为直接的与间接的两类：

直接的后备军为：(1)本国的农民及一般中间分子；(2)邻国的工人阶级；(3)殖民地弱小国家的革命运动；(4)革命政权所已占有和获得的东西。

间接的后备军为：(1)无产阶级以外之本国其他阶级相互间的矛盾和冲突，革命可以利用来削弱敌人的势力增强自己的后备军；(2)资产阶级国家相互间的矛盾冲突和战争(例如帝国主义战争)，革命可以利用来向敌人进攻或对敌人防御。

第一类的后备军的意义用不着解释，至于第二类的后备军的意义，在这里还有说明之必要。譬如俄国在第一次革命时及第一次革命以后，社会革命党人与自由派兼帝制派的资产阶级中间之冲突，对于农民从资产阶级底下解放出来的运动无疑有相当的作用，是无可否认的。十月革命时期，各派帝国主义者因互相拼命战争，不能集中力量反对新兴的苏维埃政权，使俄国的革命势力得以巩固,这一事实之有重大的意义更是无可否认的。在这里有一问题,便是怎样能正确使用这些后备军。关于这一点的答复,就是必须实行若干必要的条件。

第一,当革命已经成熟,工人四面取攻势的革命行动即将爆发而后备军与先锋队之联络又成为胜利的必要条件之时,党必须在此紧要关头集中主要的革命势力以打击敌人最脆弱的一点,就是战争。当时俄国多数党就在这问题上团结广大群众于先锋队的周围,反对战争。革命的结果证明,这样使用后备军是对的。

第二,必须选择革命发动的时间。这时,应该是恐慌已经达到顶点,先锋队已经有决心战斗到底,后备军已经准备好了赞助先锋队;敌人方面已经十分张惶失措。俄国十月革命就是应用这种战略的一个例。不遵守这个条件,就会发生危险的错误,即所谓"丧失时机"。那时党或赶不上运动的进程,或远走在运动的前头,而造成一败涂地的危险。俄国有一部分同志欲于一九一七年八月逮捕*德谟克拉西会议时而起暴动之企图,可以作为这种"丧失时机"的一个例。

第三,必须不犹豫地遵循已定的方向走去,不管这条到目的之路有何种困难和阻碍。必须如此,先锋队才不会失去斗争的主要目的,而群众向这目的走时并在先锋队周围团结时,才不会走入歧路。不遵守这个条件,就会发生危险的错误,即所谓"错乱方向"。俄国党在德谟克拉西会议停止时,即决定参加国会筹备会,可以作为这种"错乱方向"的一个例。俄国党此时似乎忘记了国会筹备会乃是资产阶级使俄国离开苏维埃道路而走上资产阶级议会制度道

* 原文如此,疑误。——编者注

路之企图。不过，这种错误不久就纠正过来了。

第四，当敌人势力强大，退守成为必然之势，敌人的挑战受之不利，而在各种势力关系上又只有退守之一法才能够避免先锋队的受打击并保存其背后的后备军之时，必须善于操纵后备军，采取适当的退守。关于这一点，有一段话说得最好：

> 革命的党应该学得齐全。党已经学过进攻了，现在应该明白，这种学问还不够，应该拿别一种学问来补充，即应该学习怎样能适当地退守。必须明白——革命的阶级而且在自己痛苦的经验上学会了明白——不懂得适当的进攻和适当的退守是不能胜利的。*

这种战略的目的是在延宕时间以破坏敌人的势力，并积聚自己的势力以备以后重新进攻之用，当时俄国与德国结的《不列斯特和约》，可以作为这种战略的一个例。这次和议使俄国党能延宕时间，能利用帝国主义内部的冲突，能破坏敌人的势力，能保持背后的农民并能积聚势力，准备向高尔恰克和田尼庚进攻。

以上便是一个政党正确指导战略之主要的条件。

一个政党对于策略的指导是战略指导中的一部分，可以说策略的指导是附属于战略的指导的。策略指导的任务就在习练斗争和组织的一切形式。注意正确使用这些形式，求在某种状况之下，

---

* 此段引文出自列宁：《共产主义运动中的“左派”幼稚病》，引文与原文略有差异，参见《列宁选集》第4卷，人民出版社1995年版，第139页。——编者注

取得准备战略上成功所必须的最大限度的效果。在这里又有一个问题,就是怎样能正确使用斗争和组织的形式呢?关于这一点,也必须实行若干必要的条件。

第一,所使用的主要的斗争和组织形式必须是最能适合当时运动高潮或低潮条件的,是能够促进并保证几百万群众行向革命地位、行向革命战线并分配于革命战线的。

只有先锋队认识旧制度不能保存、终必颠覆这还不够,必须几百万群众也明白这个并表示已准备赞助先锋队,但群众只有在自己的经验上才能明白这个。策略的任务就在使几百万群众能够在自己的经验上认识旧制度必然要被推翻,而所使用斗争的手段和组织形式必须能够促进群众在经验上认识革命的口号是对的。如果拿俄国革命的实例来说,假使自一九〇七年至一九一一年,党不决定参加国会,不集中力量在国会的工作,使群众以自己的经验认识国会是无用的,俄国立宪民主党人的许诺是骗人的,与沙皇妥协是不可能的,工农联盟是必需要的,那么党就会脱离群众。质言之,没有群众在国会时期之经验,则立宪民主党人的假面具不能揭破,无产政党的领导权也不能形成。当时撤回派的策略所以危险,就在这种策略能够使先锋队脱离几百万的后备军。

再,如果俄国在一九一七年四月,当孟塞维克党人和社会党人尚未表露他们是赞成战争并帮助帝国主义,而群众亦未以自己的经验认识这二派党人关于和平、土地、自由等演说都是骗人之时,俄国的无产阶级立即跟着那号召马上暴动之左派党人走去,那么党就会脱离无产阶级,而无产阶级就会失去在广大农兵群众中的威权。又,如果没有群众在克伦斯基时期之经验,则俄国孟塞维克党人和社会革命党人不能孤立，无产阶级专政也不能形成。所以那时不惮烦地指出小布尔乔亚政党的错误，并公开在苏维埃内部争斗，这种策略乃是唯一正确的策略。那时俄国左派革命党人的策略所以危险，就在他们那种策略能够使一个政党从无产阶级革命的首领变成空洞无力的阴谋家的小团体。

第二，在某个时期，必须从过程的锁链中找出特别的一环，务使拿住这一环就可掣起全串锁链，并可准备达到战略上成功的条件。这就是说，从党面前的许多任务之中找出特别的一种任务，务使这一任务解决之后其他任务能跟着势如破竹地解决去。这可用底下二个例来证明，其中一个是较远的事实（即当俄国无产党成立的时期），又一个是较近的事实（即新经济政策时期）。

在俄国无产政党成立的时期，无数的小团体相互间尚未联络起来，党内自上至下充满了原始性质和小团体习气，思想的复杂成了党内生活的特性。在这时期，锁链中根本的一环，即党面前的任务中根本的一任务，就是出版一种刊物供给全俄国。为什么？因为当时只有出版一种刊物才可造成党的有力的中坚，能够将无数的小团体结合起来，能够准备思想上和策略上之一致的条件，因此能够建立党的真正基础。

再，在俄国从战争过渡到经济建设的时期，工业等于破产，农村经济又缺乏城市制造品之供给，而国家工业和农民经济之结合成了社会主义建设的必要条件。在这时期，锁链中根本之一环，即任务中根本的一任务，就是发展商业。为什么？因为在新经济条件之下，工业和农民经济之结合只有经过商业才有可能；因为只有用发展商业手段来扩大商品之买卖，工业亦才能扩大；因为只有在商业方面巩固起来，只有拿住商业，只有拿住这一环，然后才能希望工业与农民市场相结合，并迅速地解决其他的任务，以便造成建设社会主义经济基础之条件。

以上便是一个政党正确的指导策略之主要的条件。

第九章　政党斗争的方式

前面所说政党的策略也就是政治行为的具体的、实践上的表现，这种行为的方式即所谓斗争的方式。自然，这些斗争的方式是很多、很复杂的，而策略的决定则决不能不注意到这些斗争的方式。

斗争的方式既然很多而又很复杂，然则这些繁复的方式因什么而决定的呢？下面便有答复：

普通作战的方法，或者说战争的方式，不是永久相同的，它们都要跟着发展的程度而变更，首先便是跟着生产的发展而变更。所以成吉思汗时代作战的方法和拿破仑第三时代作战的方法是不同的；二十世纪作战的方法和十九世纪作战的方法也是不相同的；现代作战的方法一定要包括一切作战的方式和科学上的发明，要会利用它们、融合它们，或者因形式的不同而各别地应用它们。

不仅普通的军事作战，政治斗争的方式也是如此。政治斗争的方式或许比军事作战的方式更加繁复。因为这些方式跟着经济、社会、文化的发展而变更，跟着各阶级的状态而变更，跟着政权的性质以及国际关系而变更。

对于无产政党，大概可以指出下列几种斗争方式：

（1）秘密方式；

（2）公开方式；

(3)国会方式;

(4)武装方式;

(5)国家方式。

自然,每一斗争方式都必须适应于客观的历史条件及具体形式。关于上述各种斗争方式与客观的历史条件及具体形式之间的关系,可以大概论述如下。

第一节　秘密的斗争方式

政党斗争之秘密方式是与专制政治的总形势有关联的。在一种专制政治的环境里,秘密方式差不多是典型的、唯一的斗争方式。可是应当说明,不仅在专制政治的环境里,秘密方式是最主要的、最实际的斗争方式;在特别情形的时候,就是在斗争极端剧烈的时候,即使在布尔乔亚的民主政治之下,也只能采取秘密的方式。例如在目前许多民主国家或法西斯国家中,最显著的如意大利、日本、波兰、南斯拉夫、芬兰等国家中,那里的无产政党也只能处于秘密的或半公开的状态。

如果在这种形势之下抛弃秘密方式,只求公开,那就是抛弃革命斗争。总而言之,在专制政治的环境里,即在一个政党没有任何公开的可能的时候,那所谓“地底下”的工作简直是斗争之唯一方式。

第二节　公开的斗争方式

在某一种环境之下，如果一个政党有公开的可能，这一政党自然要利用它而实行公开的斗争。自然，斗争的公开，尤其是公开的规模分量及作用，完全要看公开可能的多少而定。如果虽有公开的可能，而党的本身还不能完全公开，那么它的工作中心仍旧应该是秘密的。这种公开与秘密的分量是必须注意的；否则，不计公开的规模与分量，党一下子就将工作中心移到不甚妥当的公开可能上，党便要变成一种所谓可能主义的党，变成机会主义的党。党自然应当利用所有一切的可能，以便组织群众并取得群众，但是不应当不计量公开的规模与分量，而盲目地把公开当作斗争和工作的根本方式。

如果在各种公开可能之中有国会方式的斗争，党自然也要利用它。但是有一个附带的条件：如果为革命的利益，当时确有国会外的革命行动迅速发展的趋势，统治者已经不受大多数群众的赞助，那么党就可以并且应当抵制国会——拒绝国会选举等等。为什么？因为假使在这种时候而把斗争转移到国会里面去，那就等于分散革命力量，造成群众对于立宪的幻想。所以，党对于国会的利用决不是无条件的。即令有一个时候，为便利革命工作的进行，党有利用国会议坛的公开可能，但是第一必须明白斗争的重要方式仍旧在国会之外，第二必须将工作及斗争重心仍旧放在秘密方式里。

为加重这一意义，在这里可以换一个语调来说，假使无产政党在各方面都可以公开，一切工作、鼓动、宣传、组织等，总之一切行动都能公开，自然就没有秘密方式。自然前面说的秘密与公开的比例分量可以消灭，不过对于国会方式的关系，有一点是永久不变更的：就是无论怎样，革命工作的重心始终是在国会外的行动。如果人们没有中过迷信国会主义的病，如果要把国会方式的斗争应用得没有毛病，无产政党就应当永久记得这一点。

第三节　国会方式

对于利用国会策略之整个概念，上述还嫌不够，所以必须再加以详细论述。

首先我们要解决一个问题，就是参加国会、利用国会的斗争方式是否必要，是否适当？这一问题有很重要的意义。因为在目前工人群众之中还有些派别，例如无政府主义及无政府工团主义，根本否认政治斗争及政党之必要，当然也否认国会方式的斗争。这个根本原因是有许多国内的工人政党采取机会主义，藉国会为个人升官发财地步，以致丧失了对于工人方面的信用，所以工人因反对那种机会主义的政党便连国会斗争也反对了。

我们这里且不必来证明工人阶级必须要有政党和政治斗争，因为这种必需已是很明显的，至于参加国会的必要及目的，可以述之如下：

无产政党对于国会方式的态度，从第一国际时代一直便是利用资产阶级国会做宣传。参加国会是为的要发展阶级意识，就是说要引起被压迫阶级对于压迫阶级的敌意。

但这种态度随后是有点变更了，不过这并不是因为学说有什么改变，乃是受着政治发展过程的影响。即后来因为生产力的生长及资本主义式的剥削范围日益推广，所以资本主义及国会制度的国家得着了长期的稳定。因此无产政党的国会策略，便发生对于有机的资产阶级国会立法工作的适应手段。就是说在资本主义范围内的改良运动的势力一天一天大起来，社会民主党之所谓最小限度党纲大占优势，而最大限度党纲便变成了讨论遥远的最终目的的题目了。因此就发生国会里的升官发财主义、贿选，公开地或隐密地背叛工人阶级的利益。但这很明显的不是学说有什么变更，而是历史的具体条件把学说腐蚀了。

到了最近的时期，即由资本主义稳定时期到帝国主义时期，国会的本质又显然有很大的变更了。有人说：当资本主义发展的时期，国会制度有相当的积极作用，是不可否认的。如今到了帝国主义时期，即资本主义动摇和衰落的时期，国会简直变成了一种诳骗、欺罔、强暴、欺凌弱者、强词夺理的工具。在这帝国主义的阴谋、劫夺、强暴、盗窃、破坏的行为之下，所谓国会里的改良绝无系统、绝无计划、绝不稳固的，对于劳苦民众实际上已经毫无意义。

从这里说法看来，自然的结论仿佛是：在国会里一无作用，国会方式的斗争简直用不着。但这是错误的。上述情形并不使无产政党应该抛弃国会里的斗争，却正要格外实行这种斗争，不过目的不同罢了。换言之，无产政党看见资本主义社会到了危机的时候，看见资本主义发展的历史过程走过了那有机的时代而到了动摇衰落的时代，它就按此情形定出革命的国会斗争的策略。这种策略最简单的意义就是进行这种国会方式的斗争，是为着直接准备推翻资产阶级的国会。这就是说，此时国会对于无产政党并非争得改良的场所，革命工作的重心完全移到国会之外，党之所以参加国会，它是以破坏资产阶级的国家及国会为目的。老实说，无产政党参加国会，是因为要在资产阶级政权机关内有自己的同志，藉以暴露它的罪恶，使得更加容易破坏资产阶级国会的信用。

无产政党对于国会方式的斗争应当这样看待，所以它们对于国会的策略实际上是取消国会制度的策略。用参加国会的手段去破坏国会的信用，取消国会，这在第一眼看来仿佛是很奇怪的，但实际上并没有什么奇怪。因为大部分工人群众现在对于国会还有许多幻想，即认为这种国会的民权主义的统治方式对于自己很有利益、很有必要，殊不知对于无产政党，国会的时代已经过去，如前所说，国会是欺罔、诳骗的工具，这种事实本来已经很是明显，可惜还没有为一般大多数的劳苦民众所都能看见。要证明现代国会的这种本性，使一般民众都能看见，最好的方法是无产政党参加国会，适用国会方式的斗争。因为参加国会，格外容易证明给落后的民众看，为什么这种国会应当解散，为什么国会制度应该在政治上死灭。

国会斗争方式之正确的意义是如此。那么，有些工人政党现在还在继续着旧时国会斗争之策略，即把国会制度看作是为工人阶级争得民权主义的改良之工具，迷信国会，这自然不是国会方式之正确的意义。而工人阶级中的某某几派，如前所说无政府主义、无政府工团主义，完全否认国会斗争，也是犯了策略上极大的错误。

但到国会（或议会政府、民主政治）一方为劳苦民众所不满，一方为最近跑上政治舞台的新贵——法西斯独裁尽情摧残时，全世界广大民众都要为反法西斯而斗争。民主政治的唯一象征的国会，虽然只是一种形式——民主的形式，却应该来保存它，把它当作反法西斯之武器。国会斗争的方式，其目的决不应该是推翻它而是拥护它了。战略应该随具体的历史条件而定，否则就是革命的机械论者。

第四节　武装方式

现在再接下去讲武装的方式。这种斗争方式是革命群众要达到战略上的目的所不可避免的方式。因为在斗争的过程中，等到要实行战略上总攻击的时候，武装斗争就要成为最重要的斗争。自然在武装行动之前，党应当先有教育群众、取得群众、组织群众的种种工作，所以武装行动必须是群众的，如果只有少数人的武装行动，那就是冒险主义、白朗吉主义（Blanquism）。这就是说，武装行动是最负责任的时机，应当有极严格的准备，对于具体的形势，应当有极严格的、许多次的、详尽的考察，因为武装行动是一种政治斗争的特殊形式，它有一种特别的规律，这种特别规律是：

（1）无论如何不可弄着武装行动好玩，行动既然开始，便须明确的知道——必须干到底。

（2）必须在最紧要的地点和最紧要的时机集中充分占优势的力量，否则，本来组织得、准备得比较好的敌人便要消灭武装行动的人们的。

（3）行动既然开始，便应当十二分坚决地行动，而且无条件地必定要取得进攻的形势，“防守是武装行动的死路”。

（4）应当努力趁着敌人军队还是分散的时机突然袭击敌人。

(5)应当每天取得胜利,就是最小的胜利也好的(可以说应当每小时取得胜利,如果仅仅是一个城市里的行动),无论如何必须保持精神上的优势。

上面所述关于武装行动的规律和条件当然可以增加,但是无论如何不可以减少;至于增加,说得确切些,要具体化这些规律,武装行动在具备上述的条件之外,必须与总同盟罢工相适应。

有一个时候,有人以为武装行动是不能执行的一种斗争方式。他们说,因为现代的军事技术和现代城市构造的性质,使得武装行动不可能。但是经验上证明出来,这些障碍是可以消除的。因为在城市方面可以有特别的巷战策略,在军事技术方面可以设法散乱对方军队组织,这是一个革命过程中很重要的工作,因为军队是保持旧统治最固定的工具,是资产阶级纪律最严密的地方。

所以武装行动是这样的一种斗争方式。它不但是不可避免的,而且是革命对于敌人袭击的最高方式的斗争,革命本是强力行动,它就正在这一方式里具体化哩!

第五节　国家方式

任何政治斗争的目的总是取得政权,无产政党的斗争自然也是这样。但一个阶级或一个政党在取得政权之后,它的地位便有一种根本上的改变,因之它的斗争方式也就要跟着改变,这是丝毫没有疑义的。因为这一政党得到了政权,即拿住了国家机关;而国家机关是一个强迫的行使权力的机关,是一种为这一阶级各方面的事业和利益服务的机关,它能使这一政党手里有最大限度的力量资料，一直到军队。

历史上现在已有了一个无产阶级政党取得国家政权的事实，这就是前面说过的苏维埃共和国，这便是历史所涌现出来的无产阶级专政。所谓无产阶级专政，就是无产阶级利用国家政权与一切反革命势力斗争。这种拿国家做斗争工具的方式就叫作国家方式的斗争。这种国家方式的斗争自然不能和国家政策相分离，但仍旧有它的特别形式的行为，即所谓纯粹的党务。不过在这个时候，党务的工作和国家的工作是相适应、相融和的，国家与党的职任是同一的，而党与国家比较起来，党却站在领导的地位。所以就近代的政治意义说，党是高出于国家的。党在取得政权以后，党是领导并决定国家政策的机关。

无产政党之斗争的国家方式是非常繁复的，甚至对于反抗者适用镇压的方法也包含在内，如适用武装的力量等等。因为无产阶级专政的目的，首先便是摧折资产阶级的一切反抗，用强力镇压他们要想恢复旧统治的企图。单靠法律是不中用的，法律是建筑在武装的力量上，所以为镇压反抗往往不顾法律，一直到群众的恐怖政策。

有些人说，革命在逻辑上用不着恐怖政策。自然，恐怖政策不是一种原则、一种制度，但在某种程度内、某种必要上，就是恐怖政策也要用。因为历史上并没有任何革命，当革命阶级取得政权而成为治者阶级之后，却能不被迫而实行多少恐怖主义的；无论那一革命对于已经推翻可是仍在反抗的阶级敌人，多多少少都要实行某种形式的恐怖主义。

从上述看来，所谓恐怖主义，是指无产政党既成执政党之后的一种斗争方式，所以恐怖主义就是取得政权后的无产阶级斗争之一种国家方式。但除了这一种意义的恐怖主义以外,还有另一种意义的恐怖主义。如在俄国的历史上,当初社会革命党反对沙皇政府曾经用过恐怖主义,后来反对无产阶级专政也用过恐怖主义。这种恐怖主义就是个人的暗杀。个人的暗杀也是一种斗争方式,但这与上面所说的为无产阶级斗争之一种国家方式的恐怖主义是没有丝毫共同点的。暗杀主义是个人的,无产阶级政党的斗争方式永久应当是群众的,国家方式的恐怖主义也是群众的。

在论述斗争之国家方式的结论里还要加上一层,即无产政党利用这些国家方式的斗争,同时也应用到国外的战线上去。因为无产阶级虽取得政权,它的国家还处在资本主义国家的包围中,无产阶级应当利用国家方式的斗争,去组织并促进社会主义的国际革命。在这一点上,又可以用秘密的和公开的两种可能。所以在国家方式之中,也有秘密方式和公开方式。

凡此一切,都是历史上实行的经验里所涌现出来的各种斗争方式,政党的职任就在于能够运用所有的斗争方式。

第十章　政党的组织方式

政党在自己的斗争中，在实现自己的行为中，如上所说，既有许多斗争的方式，因此便发生组织方式的问题。

这一问题的意义是怎样的呢？我们可以规定如下：

军队组织的方式、种类、编制等都要适应作战的方式和方法，如在袭击的作战里，则以马队为最重要；在布阵的作战里，马队便毫无作用，或者只有第二等的作用；而重炮队、飞机队、坦克队以及毒瓦斯的射击之作用则可以解决一切。军事技术上的职任，就是要有各种类的军队，竭力地改良它们，使成完备的组织，而且要在动作的时候，综合适应各种军队。

以上是军事斗争中的组织方式，政治斗争中的组织方式也是如此。政治斗争组织的方式也和军事一样，应当和斗争方式相适应。

从上述看来，这里所讲的组织方式是什么意义，大概已经很明白了，那么我们就可以对于它下一个定义：所谓"工人阶级斗争中的组织方式，乃工人阶级斗争及运动之各种方面里的力量之组织的方式及种类"。

组织有几种方式及种类可以指出来呢？我们已经说过，组织方式和斗争方式有密切的关系。那么，无产政党在每一具体的历史形式里所进行的斗争方式都应当有各种的组织方式与之相应。

如果是在专制政治之下，即在那种没有公开可能的条件之下，既不能有公开方式的斗争，所以组织方式也是应当秘密的。革命职业家的秘密组织就是当时组织自己力量的根本主要方式，就是当时革命军队的主要种类。

如果在有公开可能的时候，既有公开方式的斗争，可是无产政党还没有公开的存在，那么除革命职业家的秘密组织以外，还可以有工会、协作社、文化运动的组织，以及国会里的组织即国会里的党团等等。

如果在群众的革命运动时候，无产政党亦可以公开，那么除工会、协作社、国会里的党团等等之外，还可以有其他紧急状态之下的组织方式，例如工厂委员会、农民委员会、军事委员会等等。

最后，即革命胜利之后，既有国家方式的斗争，便亦有相当的国家方式的组织。

组织的方式大致如上所述。但是，应当牢牢记住一个规律，就是：无论这些组织方式是怎样的，政党本身总要做总参谋部，要做中心的指导工作。政党应当竭力使其他各种方式的组织信仰自己是工人阶级的主要的政治组织，而能服从自己。无产政党应当反对一切所谓“独立论”、“中立主义”。所谓独立论、中立主义，即有些人们或党派主张其他各种群众组织对于政党是独立的或中立的，不应受政党之政治上、思想上的领导。

这一重要规律（即政党本身总要做总参谋部，做中心的指导工作）是根本的规律，如果不遵守它，政党就不能进行有成效的斗争。如果政党对于各种组织方式不能尽自己的职任，就是取得这些组织，日益改良它们，使成为完备的组织，也不能进行有成效的斗争。

世界各国无产政党各自在它所处的具体形式之中运用适应这

些形势的斗争方式，自然也都应用各种各式的组织方式。他们在每一斗争的具体阶段上愈加能考察各种组织方式之必要，并且这些组织方式的综合、相应的妙处，愈加坚决地认定党是总参谋部，是主要的中心，应当在思想上、政治上统率其他一切组织方式。那么，国际革命的形势也就愈加容易发展。

第十一章　政党的口号与指令

第一节　口号与指令的概念

口号是什么？答道：口号就是某种职任或目的之简明的标语。一切斗争之中，尤其是政治斗争，口号占着极重要的地位，所以要提出口号来，必定要很谨慎地研究总的形势，很明确地观察当时的职任及目的。

我们试看在普通军队作战之际，如果能很正确地标明战争的目的，而在这一标语，又为每个兵士所了解，那么往往仅仅这一标语就足以决定战争的胜败。因为这种标语可以振作兵士精神、鼓励兵士勇气。政治斗争中口号作用之大，也如在军队中一样。如果这一口号恰是几千万几万万民众所需要的政治要求，那么这一口号自然也可以决定这一斗争的胜败。

但是口号的性质却有种种不同，而其不同处是要看那一政党所抱的目的如何而定。如果那一政党所定出来的口号是时间性比较长久的，是一种标明战略职任的标语，那么这种口号便带着宣传的性质，即所谓宣传的口号（Slogans of Propaganda）。宣传口号的目的是要造成坚定而忠实的革命者。

如果到了实现这一口号所标明的职任之时机成熟的时候，到了要吸引极广泛的群众的时候，那么这一口号便变成鼓动之口号（Slogans of Agitation）。

但是在斗争的过程里，党不但要从宣传之口号进于鼓动之口号，它还要往前走，就是还要从鼓动之口号再进而至于行动之口号（Slogans of Action）。那就是可以并且必需运用实力推动群众直接行动去实现党的职任的时候了。

由此再进一步，便有所谓政党的指令（Directive）。所谓指令，就是直接下动员令，即在某日某时应做某事等等，指令并不是对于全党，在紧急的时候，甚至于是对于各个党员的。

自然，口号不但应当明显，不但应当是指示职任的集中的、整个儿的标语，而且应该像指令一样，要在适当的时机提出。在这里还须注意，决不可以将各种口号相混，更不可以将口号与指令相混，因为如果将鼓动之口号与行动之口号相混，或者将口号与指令相混，那就很危险的，甚至于有致命之伤，也和过早地或过晚地发动一样。

在斗争的过程中，有的时候会造成这种形势，即逼得党非在很短的一定的时间以内取消或变更已经决定的及已经成熟的口号或指令不可。因为不如此，不能避免敌人的打击，以待较适宜的时机。

一个政党的口号上究竟有什么样的职任呢？请看下面所说：

> 党的职任，就在于会及时将鼓动之口号变成行动之口号，将行动之口号变成具体的指令；如果有特殊的形势，又要会用必要的伸缩性以及坚决的判断力去及早取消某种口号，那怕这种口号是已经很普遍、很成熟的口号，也不可有所顾惜。

第二节　口号与指令之实际运用的经验

以上所说都是一种抽象的理论。假若我们不能找一个实际运用口号与指令的具体事实来说明，无论说得怎样圆满，恐怕还是不容易理解的。现在可以举俄国无产政党在这方面的实例来说说。

俄国无产政党从登了斗争舞台之后，便采取当时劳动解放社所标明的主要宣传口号，即“打倒专制政治”的口号，还有一个积极的口号，便是“要求民主共和”的口号。等到一九〇九年革命将开始的时候，他们便将这两个口号变成鼓动的口号。

一九一七年二月革命之前，他们的党已经把“打倒专制政治”的口号从鼓动的口号变成行动的口号，因为这一口号在那时已经完全成熟。

二月革命开始，这一口号实际上已经变成指令，而且立刻便实行；同时，在二月革命之前，他们的党考察整个形势之后，就开始推翻民主共和的口号；到了二月革命的时期，便决定社会主义革命的方针，完全取消“民主共和”的口号而提出新的口号，即“一切政权归苏维埃”的口号。此外还有许多附属的口号，这便是“停止战争”、“面包与和平”等。

因为那时俄国革命发展的速度很快，所以“一切政权归苏维埃”的口号做宣传口号的时间很短，不久便成了鼓动的口号，而且又很快地变成行动的口号，到了十月二十五日（十一月七日）便变成直接的指令。

二月革命后八个月之间，他们的党却也遇着过一次这样的事，有些党员将“一切政权归苏维埃”的鼓动口号误解成为行动口号。这件事发生在那年四月间彼得城示威运动的时候。当时他们的党决然反对这一件事，马上便恢复了当时这一口号的相当的性质。

这八个月中间，也遇到一次取消已经成熟的口号及指令的事实。这件事就是在那年曾经决定过一次武装示威的指令，后来又取消这一个指令，因为当时他们的党考察到在“一切政权归苏维埃”口号之下的示威，可以为敌人屠杀彼得城工人阶级及其政党的口实。

后来，他们的党居然得到了政权，实行了无产阶级专政，自然又要提出新的口号了。他们的党仍旧能够及时地标明目的和职任，就是提出新的口号，而且不使各种口号与指令相混。

取得政权以后的主要口号便是“拥护苏维埃政权”。若把这个口号拿来分析一下，当国内战争的时候，这一口号在后方是一种行动的口号，在前敌就是指令。国内战争时期是他们运用口号及指令最巧妙的时期。那个时候，他们的敌人也不得不佩服他们的能干，能够很适当地发出口号，并将这种口号变成别种口号，而且这种转变富有伸缩性及决断力。

国内战争胜利之后，他们的党又提出新的口号，这种口号主要的就是标明经济建设的责任。这里有宣传的口号，例如“组织社会主义经济”，也有鼓动的口号、行动的口号及指令，针对着解决根本职任的方向，用一定的步骤而发出。

同时，还永久存留着一个根本鼓动的口号，例如“拥护苏维埃共和国，反抗国际资本主义”这一口号依照国际形势的转变，往往可以很快地变成行动之口号及指令。

后来第三国际指导国际的一切革命运动，在运用口号及指令的时候也利用俄国党的经验。

这里可以指出下列两个事实：第三国际考察到现时国际社会主义革命的进行迟缓之后，决定暂时不直接提出"一切政权归苏维埃"的鼓动口号，而只把它当作宣传口号。第三国际又另外提出"工农政府"、"国民革命"等鼓动口号，依各国特殊的性质及形势而定。这都是俄国党提议的。

再则，第三国际严格地认定混淆鼓动口号、行动口号及指令之不当——当一九二〇年三月间德国的事变便是如此。这也是根据俄国党的经验的。

以上所引的事实及经验自然只是最主要的口号和指令，不过用来指明一个政党对于口号及指令的运用方法，藉以便于口号及指令运用之理解耳。

第十二章 政党之历史的命运

我们在以上各章已就政党的各方面做过一般的研究，现在我们就要说到它的历史的命运了。这就是说它在历史的过程中，由它的发生到成长以后，也如一切社会产物一样，要日就其死灭之途。

政党之形成过程，如前所说，是根源于阶级的自觉，即由“自在的阶级”进于“自为的阶级”的时候才有政党的形成。然则它的死灭是如何到达的呢？我们以为它的第一步骤就是政党的单纯化。我们知道政党是一定阶级之一部分。因阶级之不同性，一个阶级往往有几个政党，一个政党又分许多派别。然随着阶级之日趋单纯化，这许多政党、许多派别自然也是要日趋于单纯化的。何以政党之单纯化就是政党死灭之第一步骤呢？因为在一个阶级内的许多政党、许多派别原是阶级层次的反映，而阶级的小层次总是不断地向两极分化，政党的种类也必然不断地向两极分化。同时在许多政党中，必有某一政党是真能代表全阶级的总利益、为全阶级的总利益而奋斗的。如果它真能代表全阶级的总利益，为全阶级的总利益而奋斗，它必能随着阶级意识的发展渐渐得着组织并指导全阶级的地位，它的内部自然会日益团结、日益统一。其余的许多政党或者因革命阶段的深入推动它们，自愿归并那真能代表全阶级利益的政党，或者渐渐消失自己存在意义而自然归于消灭，甚至于许多小派别也由那一真能代表全阶级利益政党的教育作用而自然泯除界限，以完成所谓政党的单纯化。但政党单纯化的主要原因当然是由于阶级的单纯化。如果阶级单纯化到了最后的阶级，到了一种由旧社会过渡到新社会的最后阶级，那阶级必然是日在过渡的崩溃中，代表这一阶级的政党也必然是日在过渡的崩溃中。阶级因过渡完了而死灭，代表这一阶级的政党自然也要因过渡完了而死灭。但它的死灭是经由了单纯化的过程的。所以我们说，政党之单纯化是它趋于死灭之第一步骤。什么东西都不是突然死灭的，都是由渐变到突变，政党的命运也是一样。

那么，什么是它死灭的第二步骤呢？这是一个在上面的说述中已经答复了的问题。渐变—突变—肯定—否定—否定之否定，是一切社会产物在历史上必经的过程，政党那能是例外哩？

第十三章　布尔乔亚(Bourgeois)政党

第一节　布尔乔亚政党的形成

我们在前面各章曾把政党做过一般的研究,现在想就有产政党与无产政党作为各别的说明如下。

近代意义的政党,不待说,是以布尔乔亚政党开始的,因为布尔乔亚在最初也是一个被剥削、被压迫的阶级,它要从被剥削、被压迫的地位解放出来,就不能不与当时的剥削阶级压迫阶级斗争,斗争便需要政党的指导,斗争的结果才达到自己变成剥削者、压迫者的地位。所以正如前面所说*:

> 布尔乔亚发达一步,他们的政治上的权力也便跟着发达一步。当初在封建时代贵族掌权的时候,他们也是被压迫的阶级;在中世纪的自由都市里,他们便是一个武装的自治团体,有的变成独立的共和都市(如德意志、意大利),有的变成君主政治下纳税的"第三等级"(如法兰西);以后到了手工业时代,他们被封建或专制的君主用作抵抗贵族的工具,且在事

* 此处表述疑有误,以下引用应为首次出现。——编者注

实上是大王国统一的柱石；最后，自从近代的产业和世界的市场都成立了，他们就成为布尔乔亚，一手把持了那近代代议制度国家的政权。近代国家的行政机关，只算是他们办理公共事务的一个委员会罢了。

这样说来，很明显的，布尔乔亚为了和中世纪的封建诸侯，乃至封建末期的集中的权力之绝对专制君主斗争，即与政治史上所谓绝对主义斗争，以战取布尔乔亚今日这种支配地位，也正如今日普罗列塔利亚特之对于布尔乔亚一样，最终必然要达到所谓政治斗争的。他们为了要指导这一政治斗争，便不能不具有他们自己的政党。

但如我们在前面所说，近代意义的一种政党是要以“阶级的自觉”做条件的，因之布尔乔亚的阶级形成也是经过两个阶段，即“自在的阶级”与“自为的阶级”这两个阶段。布尔乔亚在封建制度及绝对君主制的支配之下，使自己构成为“自在的阶级”的阶段，布尔乔亚为了使封建社会成为布尔乔亚社会，而从事于颠覆封建制及绝对君主制的斗争，使自己构成为“自为的阶级”的阶段，这些阶段的经过为期是很长久的，而且需要最大的努力才能使最后的胜利归于自己。所以，布尔乔亚对于封建诸侯及绝对君主制的斗争，也是经过一定的步骤以部分的斗争开始的。由部分的斗争渐渐展开之布尔乔亚的团结就是布尔乔亚政党了。

布尔乔亚政党在最初虽然是与封建诸侯及绝对君主制斗争的武器，到后来却一面要同别的产业进步上利害不同的本国布尔乔亚斗争，一面还要经常地同外国的布尔乔亚斗争，所以布尔乔亚政党在其与封建诸侯及绝对君主制斗争胜利以后，则变为布尔乔亚与布尔乔亚(有时是本国的,有时是外国的)自己斗争的武器。这便是由布尔乔亚内部具有不能完全一致的“不同性”产生出来的,这也便是布尔乔亚在表面上往往有几个政党的缘故。在这种种斗争里,即与本国或外国布尔乔亚的斗争里,布尔乔亚觉得自己必须鼓动普罗列塔利亚特,求它的帮助,因此便将普罗列塔利亚特牵入政治的漩涡中。于是,布尔乔亚就将自己的政治教育、普通教育的要素供给普罗列塔利亚特。换句话说,就是付给普罗列塔利亚特以斗争的政党的组织,把对抗布尔乔亚的武器付给普罗列塔利亚特了。

这样,布尔乔亚政党形成以后,在其斗争中,也为普罗列塔利亚特的发展开辟了许多坦途,即是说也促成了普罗列塔利亚政党的形成。

第二节　布尔乔亚政党与德谟克拉西(Democracy)

布尔乔亚政党在它和封建诸侯及绝对专制君主斗争时,它所代表的利益是“第三等级”(the Third Estate)的利益。所谓“第三等级”,就是当时尚未达到阶级化分之各种阶级的混合体。其中包含有布尔乔亚、工人、过渡阶级(如手工业者、小商人等),他们与那特权的封建诸侯、贵族、地主比较起来,在法律上是一无所有的,他们可以说是与当时封建诸侯、贵族、地主相对抗之各种阶级的联合体在法律上的表现。而在“第三等级”中,自然是布尔乔亚的形成较之工人、手工业者、小商人等都要健全,所以与封建诸侯等的斗争也要以它为领导,而所要求的利益当然是“第三等级”整个的利益,因之他们在斗争中所把持的理论根据或指导精神是所谓“德谟克拉西”。“德谟克拉西”这一概念可以说在当时是成为自文艺复兴以来个人生活解放运动之思想的基础,而它的代表理论便是卢梭的《社会契约论》及孟德斯鸠的《法的精神》两书。

卢梭在《社会契约论》一书中,如前面所说,他主张人类是生而自由平等的,人类在自然状态之下服从自然法的命令,得各自享受生命、自由、财产之安全。但因共同生活之扩大,人类理智之进步,在无国家权力的地方不能充分获得生命、自由、财产之保障,于是由相互契约而创立国家,即各人将其自然权之一部分让与于国家主权者之手,而服从它的支配。这样由社会契约而创立的国家,其主权者属于一人的场合便是君主制;其主权者属于少数人之场合便是贵族制;其主权者属于人民全体之场合便是民主制,而以民主制为其最理想的国家形态。国家主权既是由人民让与的,所以无论其主权者为君主、为贵族,都必需依据人民之共同意志行使职权,自然更不能违背人民之共同意志滥用职权,否则人民便有推翻它的权利。这种权利叫作“革命的权利”。那么,封建诸侯、绝对专制君主压迫人民乃是违反了社会契约,而“第三等级”的人们起来推翻他们、起来革命正是社会契约所授与的正当权利,于是他(卢梭)高唱自由、平等、博爱等口号来反抗封建之经济的、政治的、精神的一切束缚。孟德斯鸠研究了英国的最初的宪政,甚为赞赏,于是也依据英国政制精神,主张把立法、司法、行政三权分立,这便是所谓“三权分立论”。他的意思是不使政权归于一人之手,即不致发生专制、独断、跋扈等弊,这在前面也略为说过。卢梭的契约论本来不过是一个假定的说法,但却适合当时困顿于专制君主乃至封建诸侯压制之布尔乔亚的心理,就是说他给与了布尔乔亚的革命以理论的根据，于是在这一理论基础上（这一理论自然是那一社会经济的产物），便爆发了一七八九年的法国大革命。

以法国大革命为契机，全欧洲都充满了布尔乔亚德谟克拉西的波浪，布尔乔亚便到处得了胜利，一扫了从来的封建制度，而孟德斯鸠的“三权分立论”也被各国采用为政治组织的原则，尤其在美国的政治组织上形成了三权分立的典型的形态，这样以议会为中心的政党政治，以宪法为准绳的立宪政治便风行了一时。

在布尔乔亚对于封建诸侯及绝对君主专制革命的开始，它是代表“第三等级”的利益，领导当时幼稚的工人阶级及过渡阶级向封建阶级斗争的，所以那时高揭了自由、平等、博爱的大旗。而这一面大旗在那时也有相当的意义，即自由、平等、博爱，对于工人阶级、过渡阶级也不全是粉饰的、好听的空话，即在布尔乔亚颠覆了封建阶级后，为与本国的、外国的同阶级斗争，如前所说，也还需要过普罗列塔利亚特的帮助。但布尔乔亚一旦自己掌握了政权，随着资本主义经济的发展达到了所谓资本主义最后的阶段，即帝国主义的阶段，他们所说的自由，对于工人、农民、城市小商人，尤其是普罗列塔利亚特，便成为榨取的自由与压迫的自由；他们所说的平等对于工人、农民、城市小商人，尤其是普罗列塔利亚特，便只是形式上的平等与口头上的平等；其余所谓博爱便更谈不上了。因为资本主义经济的发展到了所谓帝国主义的阶段，自由竞争便转变为独占，因此他们对于布尔乔亚德谟克拉西的追求已不感到有何等利益，加以随着布尔乔亚之强大而强大起来的普罗列塔利亚特的伟大势力，不断地以种种斗争威胁着他们，于是布尔乔亚德谟克拉西也转变为布尔乔亚独裁。这样，布尔乔亚政党在领导着幼稚的工人阶级对封建阶级斗争时是革命的；等到普罗列塔利亚特的伟大力量起来,以他们为革命的对象时,便转变为反动的了。所以到了这种时候,布尔乔亚政党在表面上虽有种种不同,然而他们根本上的主张差不多是一致的。他们站在形而上学的立场,把现存制度——资本生产制永久化、绝对化。依他们的意见:社会主义及社会主义革命是有害的乌托邦,是理想家的幻想。他们以为普罗列塔利亚特永远不能管理国家及一切工业,人类社会只有在私产制度之上才能发展。所以他们反对普罗列塔利亚特的革命斗争,而赞助帝国主义战争。

第三节 布尔乔亚政党之史的发展

一、英美的布尔乔亚政党

要说明英美的布尔乔亚政党,必须一溯其起源。英国布尔乔亚政党的形成,最初是导源于所谓托勒党(Tories)与辉格党(Whigs)。到十九世纪中叶,托勒党改称保守党(Conservative Party),辉格党改称自由党(Liberal Party)。在英王威廉三世(William Ⅲ and Mary Ⅱ)以前,内阁常由英王在托勒、辉格二党选任若干人,后来感觉这种办法有许多不便且滋流弊,于是英王乔治一世(George Ⅰ,1714—1727)的时候,他便把组阁的重任专门交给辉格党的领袖温尔坡(Walpole)。温尔坡组阁凡二十一年,由此便树立了一党内阁的先声,并且形成了一个英国政制上的惯例。什么惯例呢?这就是托勒与辉格二党,谁党的党员在下议院占多数,便由谁党的领袖组织内阁,内阁成立后完全对议会负责任。等到议会对内阁表示不信任时，内阁便只有两条路可走：一即改组内阁；一即解散议院，诉之选民。布尔乔亚政治学者把这叫作责任内阁制(Responsible Government)或议院内阁制(Parliamentary Government)。又因为它是两党对立：一党在朝，一党便在野，所以专就政党来说，便是二党对峙的二党制(Bi-Party System)。

我们在上面说过辉格党的领袖温尔坡组阁凡二十一年，其后因辉格党内部发生内讧，托勒党的领袖彼得(Pitt)继之组阁又凡一十六年。但辉格与托勒二党更番组阁，他们的阶级基础、政治主张与其所代表的利益究有什么不同呢？我们可以列一简表如下：

托勒党	辉格党
(1)党员成分豪绅、僧侣占多数；	(1)党员成分小地主、商民占多数；
(2)主张国教的统一；	(2)主张容许非国教的传布；
(3)限制人民滥用请愿权；	(3)主张人民有自由请愿权；
(4)主张人民不能反抗君主；	(4)主张人民有反抗君主权；
(5)主张王位继承应遵循正统顺序的规定而行；	(5)主张削除王族中违反宪法的王位继承权；
(6)主张国权非授自国民，国王无须遵守宪法。	(6)主张宪法是国民与国王共守的契约。

以上是辉格党与托勒党时代两党对立的根据。到了自由党与保守党时代(辉格党在一八三〇年改为自由党，托勒党在一八三一年改为保守党)，成为两党对立的根据的也有最著称的几点：一即

一八三二年的新"选举法案"(*The Reform Act*),自由党是赞成的,保守党是反对的。再自由党主张曼彻斯特学派(Manchester School)的自由贸易说,保守党则相反主张保护贸易说。又如一八四六年保守党提出"谷物输入废止法"(*Corn Law*),自由党又不赞成。十九世纪末叶的"爱尔兰自治案",更为二党争论的一大问题:保守党反对爱尔兰自治,自由党赞成爱尔兰自治,所以在一八八六年自由党领袖格兰斯顿(Gladstone)担任组阁时提出"爱尔兰自治法案"(*Home Rule*),卒遭自由党右派首领张伯伦(Chamberlain)所反对(张伯伦不久即加入保守党)。从这些对立的根据上,很明显地看出自由党是代表工商阶级的党,保守党是代表地主阶级的党。他们各自代表各阶级的利益,有时在朝,有时在野,有时得势,有时失势。例如到了二十世纪初头,保守党一时归于失势,失势的原因大概因一九〇〇年对南非殖民战争的失策、一九〇四年"捐照案"(*Licensing Act*)的否决,以及对于失业问题不能解决等等。保守党失势的时候,当然便是自由党得势的时候;欧战正酣时,不幸自由党又分裂为二,工党(Labor Party)便起而代之,于是有一九二四年工党内阁的出现。但这也不过是布尔乔亚政党在不能应付各种劳动运动时,暂请小布尔乔亚政党出来代行欺骗与镇压而已。一旦阶级斗争日趋尖锐、欺骗政策无效时,还是只有由布尔乔亚政党来执行镇压政策。这便是英国保守党现在重复执政的社会根据。

以上是关于英国布尔乔亚政党之简单的史的叙述。

美国布尔乔亚政党,我们可以把它分为三个时期来说。

第一个时期,是联邦党(Federalist)与共和民主党(Republican Democrat)对立的时期。原来美国的政党是起源于费拉达尔费亚(Philadelphia)宪法会议的时候,因为那时一派主张增加联邦政府的权力，所以叫作联邦党，这派以哈密尔顿（Hamilton）为领袖；另一派主张各州分权，所以叫作反联邦党（Anti-Federalist），这派以嘉斐孙（Jefferson）为领袖，后改为共和民主党。这两党所代表的利益是各有不同的：前者代表工商阶级的利益；后者代表地主阶级的利益。华盛顿与亚当姆（Jahn Adams）都是联邦党的总统，联邦党得势以后，不免滥用权力，如一七九八年"侨民律"和"煽乱律"（*Alien and Sedition Acts*）的通过就是明证。所谓"侨民律"，就是大总统若认侨民有危害于国内安全与和平者，得驱逐其出境。所谓"煽乱律"，就是凡有用印刷品攻击联邦政府的任何机关者都构成犯罪。这样，布尔乔亚便认为联邦党的施政反乎布尔乔亚德谟克拉西，于是就倾向于共和民主党，所以一八〇〇年共和民主党的领袖嘉斐孙便当选为总统。自此共和民主党便继续执政二十八年。

第二个时期，是民权党（Whig）与民主党（Democrat）对立的时期。在共和民主党二十八年的党治下，经济界已起了变化。就是说国内的农工业已由东南部向西北部发展，这样的经济变化当然要影响于政治，即政治日趋于民主化。于是共和民主党益发得到西部农民和东部劳动者的拥护，该党也就渐渐抛弃从前的党名，索性改为民主党了。因为这个字（Democrat）在当时还有人认为急进、可怕，讳而不用，所以由共和民主党改为民主党在当时确是一个大胆的改进。当时美国的大总统是查克荪（Jackson），他便是民主党的领袖。在查克荪的统治之下，比较的能代表平民，所以那时美国人有"查克荪的民治"（Jacksonian Democracy）一语。但是无论在善良的与非善良的统治之下，都免不了是有反对派出现的。当时反对查克荪的一派便另组国民共和党（National Republican），后来其组织日渐扩大，又改称民权党。一八四〇年当选总统的哈利荪

(Harrison)、一八四八年当选总统的太雷(Taylor)都是民权党的首领。民权党的政治主张可以说是完全接受联邦党的信条的,或者说它即是联邦党的继承者更为适当。

第三个时期,是共和党(Republican)与民主党(Democrat)对立的时期。在一八四〇年主张废止黑奴的一个团体叫作自由党,这便是共和党的前身。后来共和党与民主党便因为放奴问题成为赞成与反对的焦点。不待说,共和党是赞成放奴的,因为共和党所代表的是美国北部工商资产阶级的利益,对于黑奴在生产上不感觉必要;民主党是反对放奴的,因为民主党所代表的是美国南部地主阶级的利益,美国的地主阶级及所谓种植家,在农业劳动上全靠奴隶来执行,甚至于可以说黑奴劳动就是他们的命脉。两党所代表的阶级利益既不相同,所以主张便完全相反。有名的南北美战争就是由这一问题引起的。战争结果,共和党获得了最后胜利。于是在一八六五年通过宪法的"第十三次修正案"——废除奴隶制。自共和党对于这一问题的主张胜利后,便形成了一个强有力的政党,继大总统林肯而起,常常握到美国的立法、行政、司法的大权,执政时期亦特别长久。民主党在失败以后,自然要努力于党运的复兴,结果亦能于不久的时期握到政权,选出克内夫兰(Cleveland)为大总统。此后美国的政治大权不在共和党便在民主党了。现总统罗斯福,他的党籍便是属于民主党的。因为美国的政党也是两党对峙的,所以布尔乔亚学者把它联起来叫作英美式的政党。

二、大陆的布尔乔亚政党

我们这里所谓大陆的布尔乔亚政党是以法德两国为代表的。大陆式的政党与英美式的政党在表面上不同的特征，就是前者是多数党分立，后者是两党对峙。我们现在就从法国的布尔乔亚政党说起。

法国的政党在欧战以前著名的有两党，这便是王政党（Monarchist）与共和党（Republican），它们产生于一八七一年第三次共和没有成立与普鲁士订立和约时的国民大会中。后来共和党又分为二派：一是投机派，一是急进派。投机派以甘必大（Gambetta）为首领，主张和平的改造；急进派以克勒蒙梭（Clemenceau）为首领，主张急进的改造。当时两派所争辩的主题，尤其是所谓政教分离问题，投机派主张政教不能分离，急进派则主张分离。从一八七九年——一八九三年的十四年中都由这二派循环执政。至一九〇五年后，二派中又复分为四派：投机派分化为国民党与进步党，急进派分化为急进社会党与社会党。

以上是欧洲大战以前的法国布尔乔亚政党分立情形。欧战以后，国家元气大伤，为急谋恢复，各政团都争相提出新的政治主张，于是政党不免又有新的分化。第一，便有所谓法兰西行动派。这是从一八九八年创立的一个法兰西行动委员会成立的。它的领袖有摩拉（Maurras）、都特（Léon Daudet），他们都是文学家，主张推翻共和，恢复王政。大战以后，在法国社会上颇有若干潜势力。第二，便是所谓爱国同盟会。这是在普法战后由共和党人组织的。它的领袖有米勒兰（Millerand）、戴丁吉尔（Taittinger）。其势力多在法国北部工业城市中。他们对内主张强有力的共和政治，对外主张对德复仇、伸张势力于国外。所以战败德国后，不主从德国领土撤兵，在其内部另组织一爱国青年团，具有军事上的规律*，以拥护国家主义为目的。第三，便是所谓共和联盟。它是旧时和平派共和党的变相，于一九〇三年由进步党、自由共和党、国民共和社三派合组而成的，总部设于巴黎，党员的根据亦在巴黎及巴黎以北的小工业家，现在全国共有八十个支部，二百余种机关报，主张团结一切共和主义者，对内注重施行适于共和政体的政策，对外注重强硬的外交。该党因为在法有较长久的历史，故亦在政府中常常握到政权，对于过去的白里安(Briand)及普蔺开雷(Poincaré)内阁都曾予以援助。当一九二四年左党大联盟时，该党主张组织右党大联盟与之抗。第四，便是所谓社会共和民主党。它在法国历史也很久，所以在全国都有了它的活动分子，前说普蔺开雷就是该党领袖。从大体上说，它对内主张在巩固的共和制度之下施行改良主义，对外倾向于国家主义，对德施以强硬手段，对俄主张联合进攻。此外还有社会主义党、共产党、急进社会主义党诸党派。国会由两院组成，由各党分占议席。一九三六年的选举，人民阵线大胜利。所谓人民阵线，是由上院的左派民主社会主义及下院的急进及急进社会主义党、社会主义党、共和党联盟、共产党诸政派组成的统一阵线，藉以防止法西斯的执政的。

以上是关于法国布尔乔亚政党之简单的史的叙述，兹再就德国布尔乔亚政党加以申述。

德国布尔乔亚政党，我们可以分开两个时代来说，一即德意志

* 此处表述疑误，或作“规模”。——编者注

帝国时代的政党，一即德意志共和时代的政党。

德国也是多数党分立的国家。政党的起源可以说在一八六二年，当时有两个政党出现于德国：一为保守党（Conservative Party），它是拥护政府的（当时首相是毕士马克），但党员甚少，势力亦薄；二为进步党（Party of Progress），它是反对政府的，党员较多，势力亦较厚。所以从当时情形看来，毕士马克的地位似很难保持，然因帝政时代，首相是对德皇负责的，所以它不能动摇毕士马克的首相地位。到后来，保守党分裂为二：（1）保守党；（2）自由保守党。前者是拥护政府的；后者是反对政府的。进步党亦分裂为二：（1）国民自由党；（2）进步党。前者是拥护政府的；后者是反对政府的。

在帝政时代，除了上述四个政党外，还有二党要补述一下：一即中央党（Catholic Center Party），二即社会民主党（Social Democratic Party）。但后者是打的无产政党的旗帜，实为小布尔乔亚政党。兹先述前者。中央党的组织是由于普鲁士的教徒发起，所以它的党员成分多天主教徒。德意志帝国成立以后，政权大半落于新教徒之手，天主教徒为维持他们的利益，乃有此政党的组织。组织以后，他们的势力日见扩张，到一八九〇年，该党几成为政治的中枢，于是党内的宗教色彩亦渐归于暗淡；一九〇九年后，几完全洗去了宗教色彩。论其政治主张的大体，可以说该党是保守兼民主的、贵族的兼平民的。

以上是关于德意志帝政时代政党的叙述。

欧洲大战以后，即一九一八年十一月，德国发生革命，从此便一变帝政而为共和。在德意志共和时代，便有所谓：（1）国权党（German Nationalist）。它是在一九一八年十二月以前的保守党蜕化出来的。该党的领袖有达尔坡利克（Delbrück）及杜灵格

(Düringer)等,党员成分大多属于资本家、大地主、军人,对内主张复辟,对外主张强硬外交,所以它在德国算是最右的。(2)人民党(German People's Party)。它是在一九一八年十一月从以前的国民自由党蜕化出来的。领袖为施特勒斯曼(Stressmann),党员成分多大商人,对内主张由国民的意志自由决定团体,对外主张融和政策。该党在战后的德国颇占势力,在一九二三年的所谓人才内阁中,领袖施特勒斯曼曾充外交总长,一直到施氏死去才离开政治舞台。(3)中央党。原是很保守的,后渐民主化,共和时代更表示左倾。因它站在各党中间,所以在共和时代的内阁中,无论左派右派担任组阁,都有中央党分子参加。它的领袖有贝叶尔(Bayele)、雀利朋(Trimborn)等。(4)巴威略人民党(Bavarian People's Party)。它是在一九一八年从以前的中央党分离出来的,因党员成分多巴威略,故名。该党的领袖为赖起(Leieh)。它对于巴威略王家是很效忠的,对内主张彻底的联邦主义,反对中央集权。(5)民主党。它是在一九一八年从战前的进步党和国民自由党的分子混合而成的,领袖有老曼(Naumann)及敦保(Dernburg)等。对内拥护共和,反对国家干涉个人自由,尤重视文化及职业教育。但到了现在,则只有国社党为唯一之合法政党,希特勒为党魁。党内有褐衫或缩写 SA 和挺进队或缩写 SS 两组织。国社党国家据说系建筑于种族纯粹的精神上,规定非阿利安人不得为公务员及新闻记者,并限制其在职业中的人数,党员需无条件的服从党魁的命令。一九三三年希特勒组阁后,采用严厉手段,下令撤废《威玛宪法》中所规定的言论、出版、集会等自由权,德国就走上了一党专政的法西斯独裁。

以上是关于德国布尔乔亚政党之简单的史的叙述,因法德过去都是多党分立,所以布尔乔亚学者把它们并起来叫作大陆式的政党。

三、日本的布尔乔亚政党

有人说日本的布尔乔亚政党仿佛是别具一格的，与英美式、大陆式的政党都不同。实则日本的政党却很接近于英美式的政党，因为它也标榜着两党对峙的政党政治。

日本最早的政党是所谓自由党与改进党。自由党的领袖是板垣退助，改进党的领袖是大隈重信。不久两党势力都归于消沉，于是有一个叫作后藤象二郎的，出来纠合自由改进两党的分子，组织在野大同盟。然以明治二十二年后藤之入阁，大同盟亦归于瓦解。到了明治二十三年，日本举行第一次众议员选举，不能不有政党以资运用，于是自由、改进两党乘机复活。自此经过四五年间，两党都能一致团结以与政府相抗。有人把日本这一时代叫作政党政治与官僚政治的对抗时代。

自政党的势力露头角后，政府知政党势力不可侮，于是以后的伊藤内阁、松方内阁都各自联结一党以为声援。但以甲党与乙党间往往不能调和，使内阁不能久于其位，到明治三十一年，于是合并自由、改进两党为宪政党，而组织大隈板垣的宪政党内阁。有人说这是日本最初的政党内阁。

后来两党又发生内讧，自由党单独组织宪政党，而改进党则组织宪政本党。不久，宪政党投入伊藤博文旗下，组织政友会，成立伊藤内阁。政友会遂常为握有政权的在朝党。同时，宪政本党也发生分裂：一部分改组为立宪国民党，以与政友会相抗；旋又组织新政党，叫作立宪同志会，党势扩张在政友会之上；其后，更纠合其他分子组织宪政会,推加藤高明为总理。这便是日本大正五年时候的事。但有一派——即犬养毅一派,则保持立宪国民党的旧垒。

政友会从伊藤、西园寺两总裁以后便有原敬。原敬以大正六年的选举获胜,遂出组内阁,以大正十年被刺死,继承他的为高桥是清,然高桥内阁亦仅支持到十一年便倒,后亦被杀。政友会此时以不欲反对党出来组阁,于是促成超然内阁的出现。因此继起的便是一个由贵族院所拥立的内阁,内阁总理,自加藤、山本而至清浦。这样在野各党大不满意,于是发生所谓护宪运动,政友会便由此分为两派:即政友会与政友本党。政友本党便是拥护清浦内阁的。清浦倒后,遂由三派——宪政会、政友会、革新俱乐部合组护宪内阁。

三派合组的护宪内阁当然也是不能持久的,所以不久便发生分裂。政权单独归于宪政会,即宪政会单独担任组阁。宪政会的内阁自加藤而若槻,一直到昭和二年,方因政友会与政友本党的共同攻击而倒。宪政会内阁倒后,由田中继组政友会内阁,不料政友本党以后又发生分裂,一部加入政友会,大部则与宪政会相合并而组织立宪民政党,以滨口雄辛为总裁。昭和四年,政友会田中内阁倒,于是乃有民政党内阁的出现。

日本历史最悠久的政党为立宪民政党和立宪政友会。民政党代表工商业利益,主张金本位及节省国家地方支出,施行统制经济,救济农业、渔业,对满蒙问题要求彻底解决。政友会则代表地主利益,主张国有铁道、道路、灌溉等以增地产价值,提高农村居民生活,赞成积极大陆政策。新组织之法西斯党有国民同盟,主张废除内阁制,而代以直接对天皇负责之国务会议,对外图建立一东方之无上威权。最近日本政府在军人支持下,日益倾向于法西斯政治，故极右派于一九三七年二月图组织散漫的二百余团体以集合成一大党之事实，距离尚远；后虽组织日本主义斗争协会，然其前途仍不可乐观。

以上是日本布尔乔亚政党之简单的史的叙述，虽然它们的合并与分解、没落与复兴、名目与派别都是极端复杂与无常，但始终不离布尔乔亚之党的本质。

第四节　布尔乔亚政党与一党专政

我们在上面把英美式的布尔乔亚政党、大陆式的布尔乔亚政党、日本的布尔乔亚政党都做过简单的史的叙述，但对于布尔乔亚政党的叙述似乎还不免有一些遗漏，因为除了上述的二党对立制与多党分立制的国家以外，很明显的还有所谓一党专政的国家，最明显而为一般布尔乔亚学者所乐道的则有意大利的法西斯党与苏俄的布尔塞维克党（但布尔塞维克并非一党专政）。布尔塞维克党属于普罗列塔利亚政党范畴，姑置不论，实则政治之法西斯化，现在也不限于意大利一国，他如波兰、南斯拉夫、西班牙、土耳其、德国、日本等国都是。

尤其是意、德、日。意、德、日的法西斯组织虽有不同，它的阶级属性却完全一样。法西斯是以暴力为出发点，而以退伍军人为领导。墨索里尼、希特勒都是军人出身，而日本的法西斯亦以军领荒木贞夫及少壮军人为主干。后台则不外克虏伯、蒂孙、拉温波士根、胡堡根等军火商人及金融巨头。至于外形的特征，意大利法西斯党人穿着黑衣，手持棍棒；德意志法西斯党人则穿褐色制服，全副武装。

自然,意大利的法西斯党是一党专政的典型。我们现在请即以意大利法西斯党为代表而一述其简单的历史。所谓法西斯党是标榜着法西斯主张(Fascism)的一种政治斗争的集团,是欧战以后,即一九一八年停战后,由于意大利社会革命之爆发而诱致的大反动所产生出来的一种反动的政治集团。由一九一八年到一九二〇年,法西斯党在意大利各处不过有很少的支部,但不久便成为遍于意大利之都市与乡村的全国组织,成为意大利政治上之反动的独裁的政党。它的首领是有名的墨索里尼(Benito Mussolini,墨氏在欧战时还是社会党的首领,主编社会党的机关报,战后便转变为国家主义者,成为意大利布尔乔亚独裁政治的首领),而其党员成分则为学生、退役军人、小商人、智识分子、农民以及多数之无赖汉。至于它的组织,差不多一切党员都军队化,其目的即在消灭一切有革命倾向的团体及其指导者与团体员,所以意大利目前的劳动运动、社会运动几成为不可能。法西斯党的党旗为黑旗,党员着黑衫,党的标语是"不辞水火",所以有人把法西斯党叫作国粹党或黑衫党。但墨索里尼之取得意大利的独裁政权却也经过了好几个阶段:最初是一九二三年十月的进取罗马,称为法西斯革命,其实不过是对墨索里尼组织政府加以拥护的示威运动。墨索里尼的第一次内阁还是诸党混合的内阁,慢慢才把其他各党排除出去,而成为完全的法西斯内阁。一九二四年四月实施了一九二三年的选举的改革法,法西斯党始在议会中占多数。一九二五年二月,经过了二次选举法的改正,采用了单一选举区制与比较多数制,于是法西斯党在议会中才可有确实的多数。这样,才有完全的法西斯政治。

上面说过,政治之法西斯化并不限于意大利,这就是说布尔乔亚在目前，无论是国家机关，无论是阶级前卫，一般都法西斯化了。这是偶然的吗？当然不是。因为资本主义经济的发展到了所谓帝国主义的阶段，自由竞争便转变为独占，因此他们对于布尔乔亚德谟克西拉的追求已不感到有何等利益，加以随着布尔乔亚之强大而强大起来的普罗列塔利亚的伟大势力，在欧战后不断地以种种斗争直接威胁着他们。于是布尔乔亚德谟克拉西也转变为布尔乔亚独裁。这是很明显的，这一个时代——帝国主义时代，是社会主义革命的前夜，是一个大转变的时代。在这一时代，资本主义制度日趋崩坏，社会主义社会的条件却在资本主义社会里日趋成熟，而新的普罗列塔利亚特的势力却正在推动这一历史的车轮促其加速度地转变，所以布尔乔亚为保持旧社会组织、旧社会制度，对此新的势力必须要用非法的高压手段来对付。所以法西斯政治之普遍化，就是布尔乔亚不能用虚伪的德谟克拉西来镇压反对者之具体的表现，即不能用合法的手段来镇压革命势力之具体之表现。因此，布尔乔亚政党的一党专政实际即为布尔乔亚一阶级专政。严格地说，本来是无所谓一党专政的，党不过是在政治上起领导作用罢了。那么，在布尔乔亚阶级专政底下，一党专政与多党专政绝对没有什么本质的不同，所以我们在这里不能不加以申说。

第五节　布尔乔亚政党的本质

我们在前面说过：政党的产生是由于阶级的自觉，任何政党总是具有一定的阶级基础而代表其一定的阶级的利益的。不待说，布尔乔亚政党便是代表布尔乔亚利益的。代表布尔乔亚利益，自然就是布尔乔亚政党的本质。但是我们在叙述布尔乔亚政党之史的发展时，同是代表布尔乔亚利益而却有许多政党，于是有人怀疑到“一阶级一政党”的原则，同时也就怀疑到我们前面政党分类——分政党为布尔乔亚政党、普罗列塔利亚政党、小布尔乔亚政党——之不当。这在前面也说过，一个阶级在表面上之所以有几个政党，如所谓多党对立制、二党分立制，是因为阶级之具有不同性。再如，就布尔乔亚政党之史的发展来看，政党政治的产生，一方面是因为封建社会的贵族地主阶级自产业革命以后其运命便日趋于危险，他们为保持其垂危的运命计，不得不对“第三等级”让步，即容许其参加政治；他方面则因为“第三等级”伴于工商业的发展，经济实力日趋雄厚，时时企图从封建阶级手上夺取政权。毕竟“第三等级”走上了政治舞台，政治的支配发生本质的转变。但残余的封建势力，即贵族地主的势力，决不因此就消灭下去，并且他们为适应经济关系以图存，必然在经济上亦有全面的转变，即从前以“等级”为生活资源的贵族地主，现在便转变而为藉地租(资本主义社会的地租)及资本利息、企业利润以为生活的资本家。所以此时政党总是代表着二种势力，即旧的地主、高利资本家的势力与新的产业资本家的势力。因为地主、高利资本家与产业资本家利益不能相同，所以或主自由贸易，或主保护贸易，或主使用奴隶，或主解放奴隶。后来资本主义的发展由产业资本而进为金融资本，于是又由产业资本家与金融资本家的利益不能相同，而经济政策、政治主张亦不能不有表面上的差异。例如日本政友会与民政党之对于国内思想问题、对华问题过去都有若干不同，然亦不过仅在有程度之差耳，并无什么根本的不同。因为政友会、民政党之在日本，政友可说是三井党，民政可说是三菱党；政友若系产业资本家党，民政实是金融资本家党。关于这点，也有人说过：

> 我在考察终了之前，还不能不说到下一问题，即说不定有人要攻击我说一阶级不会有几个政党的问题。无论如何，这是不错的，例如布尔乔亚就是以一阶级而有几个政党的，共和党、民主党、急进社会党、急进党、自由党、保守党便是。这种事实岂不与君之定义矛盾吗？也说不定有人像这样问我。但是我敢答复说：否。我以为布尔乔亚各党实际上非一个独立的党，而仅仅是布尔乔亚党的各分派。这些分派，有时像牝鸡互斗那样的神气——特别在选举的时候——但普通这都是空洞的。有时——在对于他们有利的场合，在民众之前，一见好像他们彼此之间有重大意见的不同，然而在实际上，关系于数百万人的根本问题，他们却完全一致，他们所争的只限于第二义的问题，凡关于民众爆发革命而要影响他们利益的根本问题，特别是关于私有财产问题，所有布尔乔亚政党都是一致的。所以我们说关于根本问题，即在本质上，布尔乔亚政党只有一个——这一政党即是奴隶使用者、私有财产所有者的政党。毕竟是没有什么矛盾的。

第六节　布尔乔亚政党对立之虚伪

如前所说，布尔乔亚政党有所谓二党对立制、多党对立制。所谓二党对立，即二大政党交互组织内阁，一党在朝施行政治，他党便在野监视政治，而使互相掣肘。这样的政党政治一般人称之为立宪政治下的宪政常轨。然而这种对立是虚伪的,因为这样的两个政党同样是资本家地主的政党。所谓一党在朝、他党在野的交互作用,不过在一党的支配不能欺骗劳动者农民的耳目时,他党即起而代之,假装那起来矫正前一党的失败,再给予或散布一些幻想于大众,更深一层地欺骗、蒙蔽大众的耳目罢了。实际上,布尔乔亚政党的对立决不是政治纲领的对立。即政党的名称虽不同,而政治纲领则没有什么分别。例如英国的保守党、自由党,名称是不同的,然而就它们两者的政纲来说,实在看不出它们的分别在什么地方。美国的共和党、民主党也是一样,它们政治纲领的分别不明显,较之英国尤甚。举例来说,美国一八八八年的总统选举,共和党标出政纲十九条,民主党标出政纲十二条,然而便有九条是完全相同的,所不同者只关于关税率的一部分而已。又美国一八九二年的总统选举,共和党标举政纲二十条,民主党标举政纲二十二条,其不同的也只有关于关税率的一条。到一九二〇年,我们算很明显地看见了美国两党意见的冲突,这便是对于外交问题,民主党主张批准国际联盟,而共和党则表示反对。所以,有人把美国的两大政党比作两个空瓶,两个空瓶里面是灌进什么酒去都可以的。

又有人把布尔乔亚政党的政纲比作同类营业的广告,例如同是营出版业的,无论他们各自的广告如何标新立异,总只能用印刷精美、纸张洁白等以为标榜,所以它的政纲决不能有本质的差异。商人的广告原是欺骗主顾藉广招徕的,因之布尔乔亚政党的政纲也是欺骗民众藉以夺取政权的工具。至于政权到手以后,政纲便等于一张废纸。关于这种事实,美国有一很富于趣味的谐谈,这个谐谈大概是如下所说:

> 有一乘客立于火车的上下口，即 platform 上面，管车的见了，告诉这一乘客说照火车上的规则，乘客不得立于 platform 上，劝他离开。这位客人听了这话，答道：platform 是给人乘车（get on）用的，不许人踏上 platform，难道有这样的规则吗？卒不听管车的劝告。于是管车的说道：阁下对于实际政治的情形想来是知道的，platform（政纲）不是教人乘着（get on）的，这只是上车（get in）用的呀！

政纲也叫作 platform，这就是暗示政纲只用于选举议员之时，议员当选以后便不要政纲了。这样看来，所谓二党对立根本是虚伪的。多党对立自然也是一样，因为他们虽然有的代表地主的利益，有的代表资本家的利益，有的代表产业资本家的利益，有的代表金融资本家的利益，然而按其在受历史决定的社会生产系统中的地位，按其对于生产机关之关系，按其在社会劳动组织上的作用，按其收入的方法及其所能支配的财产之大小，他们都是属于同一人群，即属于同一阶级，他们都是布尔乔亚，所以他们在根本问题上都是一致的。

第七节　布尔乔亚政党的组织与财政

我们在第五章里面曾说："民主集中主义常常是普罗列塔利亚特的政党之组织的根本原则。"然则布尔乔亚政党的组织原则是什么呢？我们可以说是领袖中心主义与地盘主义。

关于这种事实，试拿英国的布尔乔亚政党来说。英国的保守党，它就是先决定党的领袖，然后才组织干部起草政纲的。该党分为院内保守党与院外保守党两部。院内保守党在议院以内担当实际政治，院外保守党则在议院以外宣传主义政策，以谋本党多得议员人数。两者同戴一首领。首领的地位即由该党上下两院议员及议院候补人大会选出，党的政策也由首领干部会议决定，照例院内党的领袖便是党的首领。如果由他组阁的时候，内阁阁员也就是党的干部。一旦下野，则组织所谓“Shadow Cabinet”以为对抗，英国的自由党也如保守党一样，分为院内与院外二部。并且党的首领不是由选举产生的。依照惯例，凡现任内阁总理即为党的首领，即在下野的时候，也仍然是该党的首领，自然首领组阁，其他干部便是内阁阁员，党的政策也例由领袖会议决。所以从英国保守党、自由党的统制关系看来，都完全是一种领袖中心主义的组织。

因为布尔乔亚政党是先有首领然后才组织干部决定政策的，所以结果不免于领袖中心的组织。正以此故，他们就像封建诸侯之有采邑一样，各个布尔乔亚政党都有它的地盘为其根基。这种地盘主义既经确定，往往一个议员在他的地盘以内，不问党籍有否变动，而始终有当选的把握。以日本的布尔乔亚政党来说，起初有政友会与宪政会的对峙，其后政友分裂为政友本党，最后政友本党与宪政会合并起来形成现在的民政党，不久，政友本党中的床次一派又脱离民政党而归政友会。党籍虽有变更，然而床次在他的选举区内却始终能当选。这就可以看出地盘势力的伟大与个人中心的坚强了。

但是有了地盘，有了领袖，甚至于有了广告式的政纲，然而在财政上如果没有充分的准备，当选举时还是不能操必胜之权。所以，充分的财政的准备实是布尔乔亚政党活动的原动力。

政党财政的支出大体也与一般无二，有所谓经常费，有所谓临时费。经常费大概即是党部办公费以及一切经常的支出。临时费大概指选举费而言，如在选举的时候，用之于扩充党势、运动选举的都是。因为有的党员虽然有能力自己担任选举运动费，而有的党员则不能，于是只有由党的财政来担任。且一个选举区非常庞大，所有候选人未必为一般人所周知，所以为便候选人见知于选举起见，候选人例须举行公开讲演，或至选举区各处巡回讲演，这种藉讲演会场及旅行的费用一定也不在少数。据说在美国纽约，藉一讲演会场并把它布置一下（如装饰、音乐、扎彩等），普通就得需要三千元美金以上。又据日本当选一个议员，普通都需要五万元以至十万元。这样看来，临时费实较经常费要多到无数倍。

除了经常费、临时费的支出以外，布尔乔亚政党还有所谓正当支出与不正当支出二种。正当的支出大概都有账目可查，因为党是公开的，如成立选举事务所，印行散发各种宣传品，付给书记、办事人等的薪资等都是；至于不正当支出，例不公开，在各党的报告书上都把它隐秘起来，所以局外人简直不得而知。据熟悉于美国政治及选举舞弊情形的人说：美国投票总数的十分之二是不正当的。有一个叫作雷（Ray）的人说："即在以民众政治自夸的美国，有很多地方其选民自百分之十至百分之三十五是可以买收得到的。"这不仅美国为然，其他一切布尔乔亚政党的选举收买可以说都成了公开之秘密。因此不正当支出也远超过于正当支出。

在这里便发生了一个问题，即这样一笔巨大的党费是从那里来的呢？这在表面上总说是靠党员的党费，其实这是骗人的。每个党员很少认真缴党费的，就是都如数地缴纳，杯水车薪，亦是有限得很。此外，能够比较来得多一点的便是由党员出身的官吏及候补人对于党的捐款。如在美国,凡由党员出身的官吏必须以其薪金之若干捐纳于党。这在布尔乔亚法律是不允许的。然因为党员的官由党的援助而来,不捐款,官就要发生动摇,所以虽然违法,捐款仍然是要捐。但就是这样,党费的收入还是有限,这党费的真正来源还是只有求之于另一秘密。这一秘密是什么?这便是资本家拿出它榨取劳动者的利润的一部分来办党,又拿党来帮助它榨取。所以很明显的,如在日本,政友会的背后便是三井,民政党的背后便是三菱。资本家以金钱关系控制政党使为己用。这便是布尔乔亚政党的财政之真正来源,所以布尔乔亚政治实即金权政治。

第十四章　普罗列塔利亚(Proletarian)政党

第一节　普罗列塔利亚政党的形成

普罗列塔利亚特是现代社会里两个主要的对立的阶级之一,它随着对于布尔乔亚的种种斗争,即随着阶级发展的成熟——由"自在的阶级"进于"自为的阶级",必然要发展到为推翻布尔乔亚的政权,建立自己阶级政权的斗争。这种斗争——夺取政权的斗争,无疑的便是所谓政治斗争了。

普罗列塔利亚特,不仅是现代社会里两个主要的对立的阶级之一,它同时还是最强健的担负历史使命的阶级。这就是说,只有普罗列塔利亚特是现在担负创造前进的更高级的、更完美的新社会关系的阶级。这主要的原因:第一,因为普罗列塔利亚特没有任何生产手段,它除了坚决地破坏布尔乔亚制度没有别的出路;第二,因为它是创造社会上的一切建设与财产的劳动者,所以只有这是新社会关系的建设者;第三,因为它的利益与广大劳苦农民、手工业者的利益相接近,使它能对广大群众起领导作用;第四,因为它要最终消灭阶级与压迫制度,所以它不仅反对布尔乔亚的压迫,而且反对布尔乔亚前期的封建压迫、民族压迫,所以只有它是一切革命彻底的战士——社会主义革命、布尔乔亚民主革命彻底的战士。

在普罗列塔利亚特达到阶级的成熟之种种阶段，把对于布尔乔亚的各种斗争导引为政治斗争，更使这些斗争发展到完全地遂行普罗列塔利亚特的历史使命之统一的指导机关时，普罗列塔利亚政党便形成了。这种意义上的普罗列塔利亚政党亦就是现在各国的无产政党。

但普罗列塔利亚特达到阶级的成熟之种种阶段，即由“自在的阶级”进于“自为的阶级”之阶段决不是一蹴而成的，也不是全阶级的群众同时变化的。一阶级中的一切分子和一切层次没有同等的生长及发展之能力；又因为普罗列塔利亚特随时吸收农民及其他破产的小布尔乔亚进来，使它随时受到小布尔乔亚意识的薰染，所以不免使阶级中有先进分子，也有落后的分子，而引导这些落后分子到“自为的阶级”斗争上去是一个很长的过程。甚至于这一过程到了普罗列塔利亚特已经夺取政权而得到了统治地位之后还没有完成。这在前面已说过。而普罗列塔利亚政党的形成却必然地要由“自在的阶级”进于“自为的阶级”后才有它的根据。也惟其是普罗列塔利亚特的群众不能同时变化，所以才有普罗列塔利亚政党之必要。

这里所说的普罗列塔利亚政党，它不是改良主义的政党、和平发达的政党，它在客观上是担负伟大的历史使命的政党，它必需能够打破一切艰巨的困难和障碍，忍受巨大的牺牲和失败。因为这一历史使命——取消资本主义式的社会关系，实现更高级的、更完美的新社会关系，决非改良和平的方法所能达到目的的。

但是在普罗列塔利亚特斗争的历史上，有许多例证证明普罗列塔利亚政党往往与名不符实，甚至出卖普罗列塔利亚特利益。

这种政党是和真正代表普罗利益政党的性质大不相同，而在国际的范围内看起来是属于第二国际的各政党，普通称这些政党为社会民主主义政党，例如德国的社会民主党、英国的劳动党、法国的社会党以及日本的社会大众党等就是其中的代表。这种政党也就是前面所说的小布尔乔亚政党。在这里没有多说它们的篇幅。

第二节　普罗列塔利亚政党及其国际

我们在前面说过，现在的无产政党，它的组织是国际的，所以各国的普罗列塔利亚政党全部都加入了第三国际。第三国际是各国真正无产政党之国际组织——是他们的最高机关。现在各国的党都成为第三国际的支部，根据它的指令而活动。这就是说，普罗列塔利亚政党为了遂行普罗列塔利亚特之历史的使命而斗争，已经不是各国单独的斗争，而是全世界统一了的成为一个有机的全体之阶级斗争。兹将第三国际的规约择要揭示如下：

(1)新国际劳动者团体是以完全地废止阶级、实现新社会为唯一目的而努力，为了组织全世界普罗列塔利亚特的共同行为而设立的。

(2)新国际劳动者团体名为第三国际。

(3)所有属于第三国际的党都称为某国共产党（第三国际支部）。

(4)第三国际的最高机关是加盟各团体的世界大会。

(5)世界大会选任第三国际的执行委员会。

(6)第三国际执行委员会的所在地是由第三国际的世界大会

随时规定的。

(7)第三国际的临时世界大会是依执行委员会的决议,或依第三国际最近一次世界大会时加盟各党过半数以上的要求,始能加以召集的。

(8)执行委员会的主要任务,委之于根据世界大会的决议决定为执行委员会所在地之国家的共产党。

(9)执行委员会是指导从这一大会到另一大会时期中第三国际的全部工作,至少以四国国语来发行第三国际的中央机关报(第三国际杂志及国际通信),用第三国际的名义发出必要的指令,对于一切第三国际加盟团体及政党给予有拘束力的准绳。

(10)第三国际的执行委员会有承认虽不曾加盟第三国际但对它抱有同情与之常相接近之团体及政党的代表,能以顾问的资格参加执行委员会的权利。

(11)一切加盟于第三国际或表同情于第三国际之政党及团体的机关报,负有刊载第三国际及其执行委员会之公示或决议案的义务。

(12)全欧洲及美洲的一般状态,使全世界的共产党,除了公开的团体之外,更有创设秘密团体的必要。

(13)加盟于第三国际的各党间之政治的交涉,原则上由第三国际的执行委员会来进行。

(14)承认社会主义的原则,在第三国际的指导之下,结合于国际规模上的各组合,构成第三国际的组合部,这些组合在第三国际世界大会时,经各该国的党派遣代表出席。

(15)先锋青年国际也是第三国际的一分子,它和其他一切分子同样地隶属于第三国际及其执行委员会。

（16）第三国际的执行委员会确认先锋妇女运动的国际书记，组织第三国际的妇女部。

（17）第三国际的各会员由一国移住他国时，能受到该国第三国际会员方面之友爱的扶持。

第三节　第三国际下的普罗列塔利亚政党的特征

在目前国际社会运动的潮流里，除了第三国际所领导的各国党这一潮流外，还有第二国际所领导的各国号为普罗列塔利亚政党这一潮流。然而第三国际领导下的各国党与第二国际所领导的号称普罗列塔利亚政党，究有什么不明的特征，在这里必需有所说明。现在，试就其主要方面的几点分别说明如后。

第一点，与现存国家的关系。在这一点上，又可分为关于国家本质的见解、关于议会的德谟克拉西之见解、关于政府之见解、关于反动势力之见解四项述之。

（1）关于国家本质之见解。第三国际所属之各国党，以为国家是阶级社会的产物，国家是阶级的支配机关，因之如果将来无阶级的社会实现了，国家就要自然归于消灭。第二国际则恰相反，他们以为国家不一定是阶级的支配工具，宁可说它是超阶级的，或有机的包容各阶级的一种存在。

（2）关于议会的德谟克拉西之见解。第三国际以为现在布尔乔亚德谟克拉西不过是布尔乔亚独裁的假面具，所以普罗列塔利亚特决不能希望以议会的多数达到夺取政权的目的。但在目前反法西斯的统一战线下，却不能忽视议会这一民主的机构。第二国际则不然,他们以为现在政治关系的特征是布尔乔亚与普罗列塔利亚特在某一程度上已处于势力平均的状态,因之在包容各阶级的议会里,普罗列塔利亚特如能渐次占得多数,结局,政权即会自然落于普罗列塔利亚特之手。

(3)关于参加布尔乔亚政府的见解。第三国际认为与布尔乔亚政党不能有一瞬间的妥协,纵在某种条件下需与其他政治势力形成统一战线,而组织上、政治上必需保持绝对的独立性。第二国际则认为与急进自由主义布尔乔亚政党成立联合政府,在策略上有时应服从其领导,即领导权应属于布尔乔亚。

(4)关于反动势力的见解。第三国际认为在革命的现实斗争中,反动的压迫政策是必然要来的,绝不能因压迫而即停止斗争,而且反动的尖锐化或者还是使普罗列塔利亚特的政治斗争尖锐化的条件。第二国际则认为反动之来必然对于劳动运动引起深刻的精力消耗,故因环境不好而停止斗争是正当的。

第二点,是两者——第三国际、第二国际——对于资本主义的见解。关于这一点,又可分为对于资本主义运命的见解、对于帝国主义克服的见解两项述之。

(1)对于资本主义运命的见解。第三国际以为资本主义的生产现在已达到了它最后的阶段,即帝国主义的阶段,它已经是无路可走,其崩坏的运命已迫在眼前。世界各国资本主义的发展虽不是同一速度的,虽不能够在一天的日子同时崩坏,但每一国的资本主义都是世界资本主义之一环,必然要走着同一形态的过程。而第二国际则以为资本主义的经济并未走到发展的尽头,虽然因第一次欧洲大战表现出来已到了绝路的样子,但不久就恢复了常态。总之,资本制内在的矛盾尚没有逼近山穷水尽的境地,至少资本主义目前还不会急遽地崩坏。再则，资本主义崩坏的过程，其藉以决定的诸条件，各国决不是同一步骤。并且普罗列塔利亚特方面的各种条件，也还没有充分成熟到全生产组织的再建设。

(2)对于帝国主义克服的见解。第三国际肯定帝国主义是资本主义末期的必然现象，要克服它，除了由资本主义本身的克服以外别无其他的办法，即只有实行革命，从各国内部去克服资本主义。第二国际则以为帝国主义可由“超帝国主义”来克服，一切促进和平的国际联合机关即是走向“超帝国主义”去的径路，因之如现在的国际联盟亦尽可看作走向“超帝国主义”去的第一步。再则，各帝国主义内部，战争的机会也会随着普罗列塔利亚特参与政权的程度之增大而减少。

第三点，则为两者对于普罗列塔利亚特现状救治策的见解。关于这一点，第三国际认为一切的要求都必需为促进前线的政治斗争的题目。即普罗列塔利亚党的第一个目的必需是使阶级意识及阶级对抗的情势尖锐化，促进组织的斗争性及未组织者的斗争之组织化。因之各个要求的内容不一定要在现实上是妥当的。而第二国际则以为现在的要求其主要的为产业立宪制，即对于产业的经营管理确立劳动者的参与权、基本产业的社会化、布尔乔亚剩余所得的社会化，确立生活工钱制度，促进工会运动及合作运动的发达，以及劳动所得之独立并资本化，即促进劳动银行之设立、普及和发达等等，并且各种要求必需其内容本身在现实上是妥当的。

第四点，则为两者对于与其他阶层的关系之见解。关于这一点，又可分为对于农民之见解、对于小布尔乔亚之见解二项述之。

(1)对于农民之见解。第三国际跟着夺取政权的斗争日益迫切，于是需要获得小农及贫农的政治势力便愈加成为必要，所以他们始终不会忽视农民革命的力量。然而无论在什么地方、什么时候,他们也不会忘记在工业的普罗列塔利亚特的领导之下把农民组织起来的方针。而第二国际则从来对于农民方面不很看重。但近来才开始努力获得农民,并且渐次伸展势力于这方面来了。

(2)对于小布尔乔亚的见解。第三国际对于小布尔乔亚也注重把他们争取过来,领导权则须绝对握在普罗列塔利亚特手里,即小布尔乔亚决不能使它参与斗争的领导方面——不过,代表普罗列塔利亚特意识感情的智识分子出身者是可以站在领导的地位的。而第二国际对于独立的小工商业者、下级官吏人员、下级工商业使用人、智识分子、自由职业者的所谓小布尔乔亚,认为应当广为包容,就是在斗争的领导方面也不应当排除他们。

第五点,是两者对于哲学宗教的态度,现在分别述之如下。

(1)哲学的唯物论。第三国际以马克思的唯物史观为一切理论及行动的基准,同时以为唯物史观须以全世界观的唯物论为基础,即以辩证法的唯物论为基础。第二国际对于唯物史观,有完全承认或附条件承认的,也有完全不承认的,就是在所承认的一部分,也不一定以为必需立脚于全世界观的唯物论上。

(2)对于宗教的态度。第三国际以为在理论与实践上,普罗列塔利亚政党都不能不严重地执行反宗教的斗争。即在理论方面,从唯物论的立场说,当然要绝对排斥宗教;在实践方面,"宗教是鸦片",是对于普罗列塔利亚特的麻醉剂,从这个见地说,当然也要绝对排斥宗教。然而第二国际则以为宗教是纯粹个人的问题,因之信宗教与否是各个人的自由问题。

第六点,则为两者关于国际联合的组织问题。第三国际是一个严密的中央集权的统一体。凡属于第三国际的各国普罗列塔利亚政党，无论那一个，都不过是第三国际的一个支部，因之各国党须依照国际本部的指令而行动。这是从它上述关于资本主义现阶段的见解产生出来的必然的结论。而第二国际则是一种松缓的协议团体，参加第二国际的各国普罗列塔利亚政党是各自独立的。

以上是第三国际与第二国际在国际运动上对于各种问题显然不同的几个主要点，即几种显然相反的特征。我们把两者比较研究，便能益加显出第三国际及其所属各国普罗列塔利亚政党的特征来。

第四节　全世界普罗列塔利亚政党之史的发展——从第一国际到第三国际

自十八世纪末欧洲发生了产业革命后，随着资本主义往前发展，英、德、法等国的工人运动也在十九世纪上半期发展起来。可是那时工人的组织、运动都很散漫零絮，领导者也未建立。到十九世纪五十年代，资本主义有了更进一步的发展，工人的组织、运动也随之严密、高涨，特别是在英、法、德等国，于一八四六年便在德国成立一个秘密宣传团体，这就是所谓“共产主义者同盟”。一八四七年春，马克思、恩格斯两氏亦加入其中成了这一组织的领导者。这一组织可以说就是全世界无产阶级政党的初步形式。一八四七年十一月在伦敦举行第二次代表大会，推举马克思、恩格斯起草《共产党宣言》，于一八四八年二月公布，它便立刻成了国际工人运动的旗帜。“共产党”这个名称正式被工人运动采用，这是第一次。但自一八四八年德国革命失败，压迫革命势力极凶，尤其对于工人运动的组织，于是这一组织——共产主义者同盟便在一八五〇年结束了。合计自成立至结束，只有短短四年的历史。

一八五〇——一八六〇年是西欧革命运动低落时期，国际工人运动陷于停顿状态，但资本主义社会内在的矛盾却在不断地发展。一八五七年资本主义的恐慌发生了，一八六一年，南北美战争又爆发，西欧断绝了纺织工业的原料，大批工人更加失业，工人运动不得不再起。一八六二年，许多工人代表都集中到了伦敦，使得各国工人发生了紧密的联系，于一八六四年各国工人代表在伦敦开会，便组织了一个“国际劳动者协会”，这就是无产阶级政党历史上所谓“第一国际”。但第一国际的组织成分在内部是不纯粹的，领导者主要虽是马克思、恩格斯，但同时还有法国的蒲鲁东派、俄国的巴枯宁派、德国的拉萨尔派、英国的工联主义派。因此，第一国际的时期，可以说是马克思、恩格斯与各派斗争的时期。马、恩两氏在《共产党宣言》中，及在国际劳动者协会告全世界无产者宣言中，都指出资本主义必然走到灭亡，必然代之以社会主义社会，但它的条件是革命，是工人自己起来争取。而当时的空想家又无政府主义者都不懂得资本主义社会本质及其发展法则，忽视创造新社会的力量，忽视劳苦大众解放的条件，想用和平的方法代替斗争，想以说明的方法使富有者统治者觉悟，这当然是一种空想。无政府主义者却主张小的私有财产不动，于二十四小时内消灭国家，反对工人运动的组织性及集中制，实际上都是反对马克思主义及工人到胜利之路。一八七一年，巴黎公社失败，第一国际即告终于一八七二年，合计自成立至告终不过短短八年。它存在的时期虽短，但它在政治上的意义却很大。因为它奠定了国际工人运动的理论基础，它领导了巴黎公社的实际斗争，并建立了世界上第一次无产阶级专政的政权形式。

巴黎公社失败之后，西欧对于工人运动的压迫与改良政策的影响，使工人运动一时陷于低落状态。到一八八〇年工人组织才又逐渐恢复，英、法、德等国重新组织各种劳动团体。一八八九年，各国工人代表聚于巴黎，卒于一八九一年在比国京城布鲁塞尔开联合代表大会，成立了第二国际。第二国际所属各种组织通称社会民主党。它的组织虽扩大了，但严格说来，还够不上一个真正无产阶级政党，只是交换意见互通消息的机关。殖民地半殖民地的工人并未包含在组织里面去。

第二国际是处在资本主义比较稳定时期，它把各国工人运动拘限在国会之内，企图由国会多数和平达到社会主义。这种错误是由它一贯的机会主义的观点出发的，这在上面已做过详细的比较研究，但这就是第二国际大多数领袖在第一次世界大战时公开拥护帝国主义战争、保卫帝国主义祖国、掠夺被压迫民族的来由。这时，只有俄国社会民主工党——列宁领导的布尔塞维克始终举起马克思主义旗帜，坚决地反对第二国际的机会主义，主张反对战争，主张变帝国主义大战为国内战争。所以自第一次世界大战爆发，除俄国社会民主工党及意大利社会党一部分外，第二国际的大多数都违反过去历次的决议案，而使第二国际本身破产了。然第二国际也不是全没有它的历史意义，它的主要功绩在于它组织了和训练了各国无产阶级，扩大了各国工人运动的组织基础。

列宁所领导的俄国布尔塞维克，在俄国社会民主工党内部或在第二国际内部始终坚持马克思主义，与修正主义、机会主义的一切流派斗争，所以列宁主义成为了帝国主义时代的马克思主义。他在俄国十月革命之前就主张改变党的名称，组织第三国际。他以为应当像马克思、恩格斯一样称自己为共产党,所谓社会民主党在科学上说是不通的。因为社会主义必然要发展为共产主义,眼光需看得更远一些,民主主义是国家形式之一种,国家不能成为一个永久的目标。这是列宁主张改党名的理由。俄国十月革命成功后,所以他即发起组织第三国际,亦即所谓共产国际。一九一九年三月,第三国际开成立大会于莫斯科,出席代表五十人,代表二十四个党的组织,并通过国际章程十七条(如前引),发表了反对第二国际的宣言,成立了国际执行委员会,选举了主席团作为大会闭幕后全世界各国共产党最高领导机关。这便是全世界无产政党之史的发展过程——从第一国际到第三国际的过程。

第三国际自成立到现在,曾经领导过世界历次革命运动,特别是一九二一年四月德国革命运动,一九二六年五月英国总罢工运动,以及殖民地半殖民地民族解放运动。一九二八年七月,召开第六次代表大会,通过了《反对战争决议》、《殖民地问题决议》等。一九三五年七月,召开第七次代表大会,通过了全世界无产阶级反对法西斯主义统一战线的决议案,提出国际为拥护和平与反对帝国主义而斗争的任务。它现在包括六十四个支部。

第五节　苏联联共党史发展过程简述

俄国的无产政党——马克思主义的社会民主工党,是在与一切错误观点的斗争中创立起来的。首先是与俄国民粹派的斗争。十九世纪八十年代,普列哈诺夫及所组织的“劳动解放社”已给了民粹主义以决定的打击;九十年代,列宁在思想上又完成了粉碎民粹主义的任务。劳动解放社成立于一八八三年,在理论上建立了社会民主派的基础,并向迎接工人运动走了第一步。一八九五年,列宁组织了彼得堡“争取工人阶级解放斗争同盟”,成为俄国革命无产阶级政党的第一个萌芽;接着在工业中心及边疆都创立了马克思主义者的组织;在一八九八年便召集了俄国社会民主工党第一次代表大会,但真正的政党并不算创立,因为那时还没有党纲、党章及领导的中心。在真正统一的党未创立前,列宁主张先办一个马克思主义的报纸,这便是《火星报》。一九〇〇——一九〇一年,《火星报》的出版表示俄国工人政党进入了一个新时期,即从散漫的集团和小组织进到组成统一的社会民主工党时期。这时工人政党主要的敌人是“经济派”,他们否认这种政党的必要,《火星报》恰恰打击了他们。

自一九〇一——一九〇四年,俄国工人运动在生长着,俄国社会民主党的组织也在生长着。在反对“经济派”的斗争中,《火星报》的革命路线取得了胜利,并且准备了第二次党代表大会。在第二次代表大会上(一九〇三年),成立了俄罗斯社会民主工党,通过了党纲和党章,并成立了中央领导机关。在第二次代表大会中,出现了两派,即布尔塞维克与孟塞维克。这时两派主要的分歧是在组织问题上。孟塞维克和“经济派”日益接近,代替了“经济派”在党内的地位。他们反对战斗的、统一的党,他们在党内实行分裂的路线,在普列哈诺夫帮助下,一时竟夺取了《火星报》和中央。这时,布尔塞维克采取了制裁分裂者的办法,动员地方党组织,主张召集第三次党代表大会,发行自己的报纸——《前进报》。

这样,便达到俄国第一次革命的前夜,即一九〇五年革命的前夜。这时正在日俄战争结束的时期。自一九〇五——一九〇七年短短的三年之中,俄国工人阶级和农民得到了异常丰富的政治教育的训练,这是过去和平发展的三十年间所不能得到的。革命的几年把和平发展条件下几十年不能弄清楚的东西都弄得明明白白了。革命暴露了沙皇制度是人民残暴的敌人,自由派资产阶级不是想和人民联盟,而是想和沙皇联盟。革命指明了:只有工人能成为民主革命及一切革命的领袖,贯彻革命到底,开创到社会主义之路。最后,革命指明了:劳动农民总是能和工人联盟的唯一伟大力量。在第一次俄国革命时,布尔塞维克与孟塞维克两条路线斗争着。布尔塞维克采取的方针是展开革命,以武装起义推翻沙皇制度,争取工人领导权,孤立资产阶级立宪民主派与农民联盟,创立以工农代表组成的临时革命政府,贯彻革命到底。相反地,孟塞维克采取的方针是以改良沙皇制度来代替武装起义,以立宪民主派的领导权来代替人工领导权,以和自由派的联盟来代替和农民的联盟,把国会作为革命力量的中心来代替临时革命政府。

很明白的,在这样重大的意见分歧之后,俄国社会民主工党实际上分裂成为两党。党的第四次代表大会想变更这种情形没有做到;在第五次代表大会当总结革命运动时,才斥责了孟塞维克路线是妥协的路线,批准了布尔塞维克路线是革命的路线。

可是自一九〇八——九一二年是革命工作最困难时期。这时布尔塞维克改变了自己的策略,即从反对沙皇制度的直接斗争转变到斗争的迂回道路。在反动的极困难的条件下,它利用了一切最小的、合法的可能以保持和群众的联系。革命失败(第一次革命)后,对革命失望及离开党的智识分子,例如波格达诺夫、巴柴洛夫等,对党的理论基础做机会主义的攻击。这时,布尔塞维克成了党内唯一的力量,只有它保持着对党纲的忠实,团结布尔塞维克的基本骨干去保卫党及党的革命原则。相反地，孟塞维克此时更加离开革命，变成取消主义者，主张取消非法的革命的无产阶级政党，企图组织自己改良主义的政党。另一方面，还有一部分不了解迂回策略的布尔塞维克分子主张拒绝利用公开的可能，主张召回国会内的工人议员，他们以“左”的辞句在本质上和取消派联合起来，互相呼应。取消派与主张召回国会内的工人议员的召回派联合为一个总的联盟反对列宁，这就是托洛茨基组织的八月联盟。在反对取消派与召回派的斗争中，在反对八月联盟的斗争中，布尔塞维克蒸蒸日上，胜利地保障了革命的无产阶级政党。这时最重要的一件事是俄罗斯社会民主工党一九一二年一月普拉格代表会议。在这次代表会议上把孟塞维克驱逐出党，永远地结束了布尔塞维克与孟塞维克形式地统一在一个政党之内的情况。普拉格代表会议安放了新型的政党，即把布尔塞维克从政治集团形成为独立的俄罗斯社会民主工党，形成为列宁主义的政党。普拉格代表会议所实现的从党内清除机会主义者及孟塞维克，对于党和革命的发展有着重要的决定的意义。假如布尔塞维克不把工人事业的变节者驱逐出党，那么一九一七年的十月革命，布尔塞维克就不能鼓起群众来夺取政权，建立无产阶级专政。

一九一四年，帝国主义大战发生了。它的发生是由于资本主义各国发展的不平衡，是由于主要列强间均势的破坏，是由于帝国主义者有战争和新均势方法来重新分割世界的必要。假使第二国际不违反历次大会反对战争的决议，假使他们积极起来领导工人反对本国帝国主义政府、反对战争的点火者，则大战也许不会有这样破坏性质，不会那样大规模地展开。这时，只有布尔塞维克依然效忠于社会主义和国际主义事业而组织国内战争，以反对本国帝国主义政府,成为唯一的无产阶级政党。所有其他第二国际各党因上层分子领导的错误都做了帝国主义的俘虏,跑到帝国主义方面,成了大战的帮凶了。战争既是资本主义总危机的反映,它同时更尖锐化了这一危机,削弱了资本主义本身。俄罗斯的工人及布尔塞维克党乃是世界上第一个胜利地利用资本主义弱点、突破了帝国主义阵线、推翻了沙皇制度、创立了工农兵代表苏维埃的党。

这便是二月革命的胜利。小资产阶层的广大群众,甚至一部分士兵和工人,因被革命的初步胜利所陶醉,都对于克伦斯基为首,孟塞维克、社会革命党人参加的临时政府予以支持;而那时提在布尔塞维克面前的任务便是向陶醉于初步胜利的工人、兵士乃至小资产阶层群众说明距革命的完全胜利还很远。当政权操在资产阶级的临时政府手中,而苏维埃由妥协派——孟塞维克和社会革命党操纵的时候,则人民便得不到和平,得不到土地,得不到面包。要获得完全的胜利还必需再向前进一步,把政权交给苏维埃才行。这于十月革命实现了。这时俄罗斯社会民主工党便于一九一八年三月第七次全俄党大会改称共产党,又于一九二六年以后改称联邦共产党。这便是联共党史的发展过程之简单的记述。

第十五章　中国的政党

第一节　中国政党之史的观察

政党是近代社会阶级对立尖锐化的产物，任何民族国家的历史一走入近代，必然因其阶级分化之日趋明显、斗争之日趋尖锐而反映出党的组织来，并且因为社会阶层之特殊的复杂性反映出政党的复杂性来。中国在这一点上决不能是例外的。但说到中国，一开始就具有简明的政纲与革命要求的政党之起源，都不能不首推孙中山先生组织之兴中会。它在一八九四年成立于檀香山，以“驱除鞑虏，恢复中华，创立合众政府”为其政治目标。其后，即一九〇九年*，孙中山先生把兴中会改组为中国革命同盟会，正式成立于日本，改以“驱除鞑虏，恢复中华，平均地权，建立民国”为四大政纲，卒于辛亥一役（一九一一年），完成了民主革命之一部分的任务。这是中国党的革命派。但在他方面，有与革命派对峙的那便是康有为、梁启超所领导之君主立宪派，亦称保皇党。君主立宪运动之发生实导源于一八九八年康有为等所发动之变法维新，结果演成戊戌政变，他们的中心主张为拥护清室，在清室统治之下谋政

* 此处年代表述有误，当作“一九〇五年”。——编者注

治之部分的改革，而否认革命式的根本改造。终清季之时，两派成对峙之势，即于民国成立后十年中，亦尚隐然具有对峙局面。同盟会在民国成立后，递演为国民党、中华革命党、中国国民党；立宪派在民国成立后，递演为共和党、进步党、研究系。

民国元年八月，成立于北京的国民党是合并那时的统一共和党、国民共进会、共和实进会、国民公党诸团体而成的。那时的国民党已不同于同盟会时代，只图党势扩张，不求主义贯彻，甚至把孙中山先生的革命政纲都认为危险思想而完全抛弃了。因此，中山先生另组中华革命党，希求恢复原来革命精神，而这一工作却在民国十三年国民党改组为中国国民党时才能底于完成。所以民十三年的中国国民党改组在中国的革命史上是有很重大的意义的。它不仅恢复了同盟会时代的革命精神，而且使中国革命、中国国民党呈现一种新的姿态——走上真正的三民主义革命的途程，值得我们特别回顾一下。

此外类似于康、梁的改良派的组织，在清季还有资政院内各资政员——以张謇为首所组织之宪友会，于一九一一年六月在北京成立，而资政之保守分子、官僚分子亦组织宪政实进会、辛亥俱乐部等。民国成立，新党林立，始则国民党、进步党，继则在南北两国会中北方有安福俱乐部、研究系、讨论系、交通系、新交通系等，南方则有政学会、益友社、民友社等，形形色色，争权夺利，已失政党本意，有人把它叫作变党为朋时期，这是很确实的。

但民国以后，革命政党，除中国国民党外，还有中国共产党。中国因在第一次欧洲大战期间，民族资本已获相当发达，又外受苏俄十月革命之刺激，内受“五四”运动之激荡，所谓社会主义运动乃盛行于民国八年之交，介绍社会主义的刊物及研究社会主义的团体有如雨后春笋，到处萌芽茁长，其最著的便是社会主义青年团，它便是现在中国共产党的前身。开始只在研究马克思主义，后于民国九年成立劳动组合书记部。直至民国十年（一九二一年），中国共产党才正式成立，次年加入第三国际，在广州召开第一次全国代表大会。* 其机关报纸有《向导》、《中国青年》等。最初并没有什么力量，但在民国十二年（一九二三年）爆发了“二七大罢工”，其力量便渐渐表现出来了。民国十三年，中国国民党改组，孙中山先生采取“联俄、容共、工农”三大政策，声势乃日益扩大，中国革命也日益向前发展。至“五卅”运动以至省港大罢工，其势力乃遍布于全国。那时，因国共两党之切实合作，各党派及各种势力、各种社会阶层在孙中山先生与国民党的领导之下，形成了坚强的国民革命的统一战线，所以就产生了北伐的大胜利，爆发了一九二五—一九二七年的中国大革命。共产党可以说是社会主义运动中的革命派。但在另一方面，也有所谓社会改良派的出现，这便是所谓基尔特社会主义派，介绍这一派学说最力的是张东荪、郭梦良等，其发行刊物有《解放与改造》及《时事新报》副刊。它的出现也在民国八九年间，他们是想以基尔特社会主义代替马克思主义，以改良主义代替革命主义。但其力量甚小，说不上什么对峙局面，也没有什么组织。此外一九二七年大革命后，还有以陈铭枢为领袖的所谓社会民主党（但他们自己不承认），以邓演达、谭平山为领袖的第三党（他们自己也不承认），其本质、其客观意义也多少只是代表小

* 此句表述有误，当作：“直至民国十年（一九二一年），中国共产党才正式成立，在上海召开第一次全国代表大会，于次年第二次全国代表大会上做出加入第三国际的决议。”——编者注

市民的政治要求。实则前者并无社会民主党这一名称，更不曾与第二国际有什么联系，后者也不叫作第三党（开始叫作中华革命行动委员会，后改称中华革命党，意在继承孙中山先生中华革命党的遗志）。“福建事变”以后，前者改为中华民族解放大同盟，后者改称中华民族解放行动委员会。但抗战不久，前者即自动宣言解散，以符精诚团结、一致对外之旨。

再则，急性的富于幻想的小市民的组织还有中国的无政府主义派。这一派虽在目前几为一般人所忘记，然自民元至民国九年之间，它们先后有晦明学舍、心社、群社、实社、无政府主义同志会、进化社等团体，其发行报纸有《自由》、《互助》、《自由人》、《学汇》、《春雷》、《鸡鸣》、《洞庭波》等刊物。

中国一般政党还有大家所熟知的国家主义派，现改称青年党，其分子为曾琦、李璜、左舜生、陈启天、常燕生诸氏。国家社会党，其分子为张君劢、张东荪、陆鼎揆、罗隆基、诸青来、汤芗铭诸氏。

第二节　中国各政党的现状及主张

本节的标题虽然是“中国各政党的现状及主张”，但决不能把上述历史上的各党派一一加以说明，这不但是不可能，而且不必要。现在我们先就中国第一大党、握有政权的党、正在领导抗战建国的党即中国国民党说一说。

中国国民党是根据孙中山先生三民主义及其全部遗教的党。中山先生说：“三民主义，系促进中国之国际地位平等、政治地位平等、经济地位平等，使中国永久适存于世界，所以三民主义就是救国主义。”中国国民党第一次代表大会宣言及其对外对内政策乃至建国大纲所规定，对于三民主义的解释，政治、经济、文化、军事、外交等建国步骤与规划，尤为详尽而正确。试看第一次代表大会宣言说：“国民党之民族主义有两方面之意义：一则中国民族自求解放；二则中国境内各民族一律平等。”“国民党之民权主义，于间接民权之外，复行直接民权，即为国民者不但有选举权，且兼有创制、复决、罢免诸权也。……近世各国所谓民权制度为资产阶级所专有，适成压迫平民之工具，若国民党之民权主义，则为一般平民所共有，非少数人所得而私也。”“国民党之民生主义，其最主要之原则不外二者：一曰平均地权；二曰节制资本。盖酿成经济上之不平均者，莫大于土地之为少数人所操纵。故当由国家规定土地法、土地使用法、土地征收法及地价税法。私人所有土地由地主估价呈报政府，国家就价征税，并于必要时依法收买之，此则平均地权之要旨也。凡本国人及外国人之企业，或有独占的性质，或规模过大为私人之力所不能办者，如银行、铁路、航路之属，由国家经营管理之，使私有资本制度不能操纵国民之生计，此则节制资本之要旨也。举此二者，则民生主义之进行可得良好之基础。于此犹有为农民告者：中国以农立国，而全国各阶级所受痛苦，以农民为尤甚。国民党之主张，则以为农民缺乏田地沦为佃户者，国家当给以土地，资其耕作，并为之整顿水利，移殖荒郊，以均地力。农民之缺乏资本或为高利贷以负债终身者，国家为之筹设调剂机关，如农民银行等，供其匮乏，然后农民得享人生应有之乐。又有当为工人告者：中国工人之生活绝无保障，国民党之主张，则以为工人之失业者，国家当为之谋救济之道，尤当为之制定劳工法，以改良工人之生活。此外如养老之制、育儿之制、周恤废疾者之制、普及教育之制，有相辅而行之性质者，皆当努力以求其实现，凡此皆民生主义所有事也。”

以上是它的全部主义乃至全部政治哲学及革命的政治、经济方案。抗战以来，特召开全国临时代表大会，发布划时期的有革命意义的临时代表大会宣言，根据当前迫切需要，制定抗战建国纲领，为全国上下共同一致奋斗的目标。改组总理制为总裁制，以蒋委员长为总裁，同时又取消预备党员制而组织与党接近的三民主义青年团，以陈诚等主持青年团工作。它主张在目前抗战与建国同时并进，主张容纳各党派、各阶层形成坚强的抗日民族统一战线，主张抗战到底，建立民族独立、民权自由、民生幸福的三民主义的新中国。

中国共产党，它信仰并为实现共产主义而奋斗，或者说信仰并为实现马克思主义、列宁主义而奋斗。但在殖民地半殖民地等落后的国家，即资产阶级民主革命尚未完成的国家，它是彻始彻终为反对封建制度、民族压迫的民主主义或民主革命而奋斗的。中国共产党在中国，它的一切运动或革命任务正是资产阶级性的、民主性的，决没有超过这一范围而走到盲目的无产阶级革命。试看一九二七年后，中国共产党号召中国劳动者为民主革命而奋斗的纲领便可明白。其纲领：(1)推翻帝国主义的统治；(2)没收外国资本的企业和银行；(3)统一中国，承认民族的自由权；(4)(略)；(5)建立工农兵代表会议政府；(6)实行八小时工作制、增加工资、失业救济与社会保险；(7)没收一切地主阶级的土地，使耕地归农；(8)改善兵士生活，发给士兵土地和给予工作；(9)取消一切军阀政府地方的捐税，实行统一的累进税；(10)联合世界无产阶级与苏联。这些任务是资产阶级民主革命的任务，因为它不但未超过资本主义发展的可能的范围，而且客观上是更能促进资本主义迅速发展的。因此，这一纲领如能实现，不但有利于工人与农民，而且也有利于民族资产阶级。

由于“九一八”日本帝国主义占领东北三省，由于日寇之继续侵略华北以至于全中国，中华民族的深刻危机摆在整个中国人民的面前，民族矛盾（中日矛盾）超过了一切国内矛盾。根据这一历史的新事变，根据这一迫切的具体情况，中国共产党在一九三五年（民廿四）发布了有名的《八一宣言》，提出了抗日民族统一战线的新政策，停止内战，团结一切抗日党派去共同抗日，以保卫中华民族之独立生存。并且为了挽救民族危机，为了共同抗日救国，它自愿做了一些必要的原则上的让步，例如把苏维埃政府改为中华民国的地方政府，停止反对政府的武装起义与没收地主土地的政策，把红军改编为国民革命军。这一提议得到全国爱国人士热烈拥护。“西安事变”尽力保卫蒋委员长出险，后亦得到中央政府、中国国民党、蒋委员长的同意，国内的和平统一得以实现，国共的光荣合作亦复开始，在抗战建国的基础上，实现了国内各党派、各阶层之空前的团结与统一。

抗战开始以后，他们发表了抗日救国的《十大纲领》及《中国共产党对时局宣言》，它对目前革命的认识及主张都可以从这些文献中看得出来。读者可自行参考。

此外有一个集团，本来不是什么政党组织，而却富有强烈的政治性，从“抗日救国”到“抗战建国”这一伟大时代的转变中具有特殊意义，值得我们特别指出的，则有所谓全国救国联合会。它的产生是日本帝国主义企图进一步吞并华北五省、冀东傀儡政权和北平冀察政委会成立的时候。特别是“一二·九”、“一二·一六”华北学生大示威，深刻地刺激了这些热心救国的志士，先后在上海成立了文化界救国会、妇女界救国会、国难教育社等团体，结果，便于一九三六年（民廿五）五月三十日，由各地救亡团体或个人在上海成立了这个全国救国联合会。当即通过了初步政治纲领及宣言。那时，华北的问题很紧迫，因此，他们对于华北事件的主张：(1)以发动一个举国之战的决心去应付华北事件；(2)立刻发动全国对日经济绝交，根本消灭走私，同时表示抗战决心。那时他们认为，过去互相间曾经发生政治争夺的各党各派互相猜疑和互相警戒是必然的，但是因为互相猜疑和互相警戒的缘故，内争便要依然继续，而一致对外便依然不可能。这种僵局的存在，要使每一个关心国事的人民感觉到忧虑与苦闷，要使民族永远陷在自相残杀的深坑里面，以至于消灭。大会（按即救国会成立大会）认为这种危险僵局的打破，是人民救国阵线当前最迫切的主要任务；也只有人民救国阵线的力量，才能打破这种僵局，才能促成各党各派一致抗敌的联合阵线，以树立民族的生机。因此大会很郑重地向各党各派建议：(1)各党各派立刻停止军事冲突；(2)各党各派立刻释放政治犯；(3)各党各派立刻派遣正式代表，人民救国阵线愿为介绍，进行谈判，以便共同制定抗敌纲领，建立一个统一的抗敌政权；(4)人民救国阵线愿以全部力量保证各党各派属于共同抗敌纲领的忠实履行；(5)人民救国阵线愿以全部力量制裁任何党派违背共同抗敌纲领，以及种种一切足以削弱抗敌力量的行动。

这不过是其救国主张之荦荦大者，然在抗战已经两年的今天看来，他们不但对于事局的认识、国策的供献没有什么错误，而且对于抗日救国的推动、抗日民族统一战线的形成是有很大帮助的。虽然他们用了人民救国阵线这一名词，但这只是表示他们那时的组织纯粹是人民救国的结合，决不是表示与政府对立，而且他们的主要目标是想促成各党各派合作的抗日民族统一战线，而不是要形成一个像法兰西、西班牙一样的反对内部敌人——法西斯的“人民阵线”。他们的领导者是沈钧儒、邹韬奋、章乃器、王造时、史良、李公朴、沙千里等所谓“七君子”。然在抗战开始以后，他们便在中央政府领导之下从事各种抗战建国工作，而且连他们的独立组织——救国会都取消了，藉以表示他们过去现在之纯洁诚恳，即表示他们在政治上并无成见，正如他们一开始所再三声明的一样：“没有任何的政治野心，没有争夺政权的企图，而不过是尽一份人民救亡的天职。”

第三节　中国国民党的特征

中国国民党是当前唯一大党、握有政权的党、正在领导抗战建国的党，已如前述。我们对于它必需有比其他政党更具有明确之认识，即对于它的特征必须坚实地把握定。著者与黄松龄、马哲民两氏，在集体写成的《贡献中国国民党五中全会》一文中，曾由黄松龄氏执笔在这一部分有详尽的发挥，兹录其全部如次。*

* 以下引文从略，其具体内容，读者可参见《贡献中国国民党五中全会》一文。——编者注

第　六　编

革　命　论

第一章　革命的概念

由于社会阶层矛盾产生了国家、政府、政党，同时也产生了革命。社会阶层矛盾正如一根红线似的，把全部政治范畴的各种政治形态贯穿起来，而结集到决定政治变革乃至社会变革的“革命”这一范畴，这是社会阶层矛盾的顶点，这也是政治科学的总结穴。所以革命的概念是什么，我们必需首先弄明白。

我们在前面说过“革命的根本问题就是政权的问题”，但这只是从革命的任务上来解释革命，也只把革命拘限在政治方面，实则革命的全部意义决不是这样狭隘的。然则革命是什么呢？答复这个问题，最好先看下面一段话：

> 社会之物质的生产力发展到一定的程度，便和那从来活动于社会内部的生产关系或单由法律表现出来的财产关系发生冲突。这种关系本来是生产力的发展形式，到此便变成生产力的桎梏，于是社会革命的时代便来到了。巨大的上层建筑之全部便随着经济基础的变动或者缓缓地或者激剧地变革了。*

---

* 此段引文出自马克思：《〈政治经济学批判〉序言》，参见《马克思恩格斯选集》第 2 卷，人民出版社 1995 年版，第 32—33 页。——编者注

从这段话里，我们可以很明确的知道革命是什么。所谓革命，主要的、根本的是社会制度的变革。但因革命总是社会发展途程中的一种“突变”、一种“飞跃”、一种由生产力与生产关系之极端矛盾所演出之社会矛盾的最终胜负的决胜点，所以革命总是最尖利的、最猛烈的而又是极端复杂和残酷的消灭旧社会制度、产生新社会制度的一种奠定数千万人民的生命过程。

本来人类社会的构成，如果把它分析一下，就是这样：人类为谋社会的生产，相互进入一定的生产关系，结果，造成“社会的经济构造”，然后以这经济构造为地盘，“建筑起来”“法律、政治的上层建筑”，更形成那与此相适应的“社会的意识形态”。而人类整个的生活过程便不外是社会的、政治的、精神的生活过程，上面所谓“社会革命”便是指的“社会的经济构造”之变革。所谓“巨大的上层建筑之全部便随着经济基础的变动或者缓缓地或者激剧地变革了”，便是指的“法律、政治的上层建筑”及“社会的意识形态”之变革。这三种变革，质言之，即社会革命、政治革命、文化革命。不过“法律政治的上层建筑”及“社会的意识形态”的变革都是随着经济基础之变动而变动的，即政治革命、文化革命都是为社会革命所决定的。所以严格地说，只有社会革命是一切革命的主流、根本、总归宿。所以主要的、根本的革命便是社会制度的变革。但政治革命与文化革命亦能影响社会革命，促进社会革命。尤其是政治革命，往往为实现社会革命之最主要的力量。例如社会上的被压迫阶级必须改造这个社会组织才能得解放，而社会上的压迫阶级必须维持这个社会组织才能保持它的特权，但要改造社会组织与维持社会组织的两方都非握有政治上的全部机构——政权，便不能达到目的,所以夺取政权便成为革命的一个主要的任务,因此说:"革命的根本问题就是政权的问题。"这句话也就正是针对着政治革命说的,就是政治革命的真实内容。这样看来,社会革命是以政治革命为手段的,政治革命是社会革命之一个有力的契机。然则文化革命就不重要吗?不,它在政治与社会革命的过程中往往起先行作用,社会意识的变革往往先于社会存在的变革,为社会存在的变革扫清道路;在革命成功后,文化上的各种努力亦能促成社会的建设。

如上所述,所谓社会革命、政治革命、文化革命虽有各种具体条件为其内容,但它们彼此之间决不是孤立的,决非孤立或独立在没有关系的领域,而且恰恰相反,它们是具有最严密的装置、最活泼的有机的联系,而或为首要的或为次要的显现为不能分离的具体的统一。

以上便是"革命的概念"之简单的解释。

第二章 历史上革命的阶段

历史上的革命，即社会制度的变革，是经过了好几个阶段的，而最显著的、最为一般人所意识到的便是由封建社会转变到资本主义社会这一阶段。这一阶段的革命便是所谓资产阶级的民主革命。资产阶级以革命的手段破毁了封建社会的旧形式，建立了资本主义社会的新形式，较高的社会形式。但这一社会形式也不会停留在原地点，它必然要经过那发生、成长、没落的过程。就全世界的范围来说，现在的资本主义已发展到了帝国主义。就是说，它已走上了没落的程途。也就是说，它已达到了蜕变期，它要从资本主义社会的旧形式转变到新的更高的另一社会形式，这一转变便是无产阶级的社会主义革命。那么，就全世界的范围来说，资产阶级的民主阶段已经过去，而革命的现阶段正是无产阶级的社会主义革命阶段。自然，全世界经济、政治的发展不是同一的，在许多经济比较落后的国家里，远没有达到无产阶级革命，即在这样的国家里，还要经过资产阶级的民主革命，至少是完成民主革命。因此，资产阶级的民主革命也可细分为资本主义时代的资产阶级革命与帝国主义时代的资产阶级革命，而帝国主义时代的资产阶级革命又有帝国主义内的资产阶级革命与殖民地半殖民地内的资产阶级革命的不同；从另一方面说，亦即殖民地半殖民地国家内的民族革命。

然而我们在这里，主要的是以全世界的范围为论点，就是说，我们在这里，是站在一个大前提上来论述社会主义革命。因为就全世界的范围来说，整个的现社会正要从资本主义社会的旧形式转变到新的、更高的另一社会形式，即社会主义社会形式。所以现阶段的革命主要是社会主义的革命。上述一切不同性的革命都将以此为总汇而形成整个世界的大变革。

有人说"帝国主义时代是社会主义革命的前夜"，那么我们要论述社会主义革命，必须从分析帝国主义开始。即要理解帝国主义时代的资产阶级革命，亦非首先理解帝国主义的本身不可。但是究竟什么是帝国主义？它的特征在什么地方？这是我们必须马上要解答的。

第三章　帝国主义

第一节　帝国主义的基本特征

我们在论及国家历史的发展时曾提出所谓“帝国主义国家”来说明过，但那不是以帝国主义的本身为对象的。帝国主义在其最正确的意义上，它是二十世纪特有的一种普遍在世界范围内的政治经济现象，我们要从现阶段的政治经济关系中找出现阶段的革命性质及其主潮，所以帝国主义本身的研究就成了这里的课题。

帝国主义是侵略主义、强权主义，这种解释令人一说到帝国主义便联想到古代的罗马帝国，联想到欧洲中世纪的查理曼帝国，甚至联想到中国的秦始皇、汉高祖、唐太宗、成吉思汗的开疆拓土，这是不正确的。“帝国主义是资本主义的最后阶段”，“帝国主义是资本主义的垄断阶段”，“帝国主义是寄生或腐化的资本主义”，“帝国主义是垂死的资本主义”。以上这种种伊里奇所下的解释或定义都是以帝国主义为资本主义发展上的一个新阶段、一个特殊的阶段，而实则不过是以前资本主义时代的延长。因此，旧资本主义时代所特有而基本的矛盾，例如劳资间的矛盾、资方与资方间的矛盾、生产的社会化与占有的个人性的矛盾，以及生产的无政府状态乃至经济恐慌等等，在帝国主义时代，不但没有消灭，而且反而走到更尖锐、更高度的程度，所以使得资本主义的生产的寄生性、腐化性日趋严重，一直走入垂死的状态，这是正确的。这是把帝国主义这一范畴归结到二十世纪所特有的一种世界政治经济现象了。但这还不具体，还不曾从一般政治经济现象中指示出其种种特征来。所以伊里奇在所著《帝国主义论》二一三页特再指出它五大特征：

（一）生产集中和资本集中已发展到了很高的程度，以至于形成了垄断，而这垄断在经济生活中是起有决定的作用的。

（二）银行资本和工业资本的结合，并且在这“财政资本”的基础上造成了财政寡头政治。

（三）跟商品输出不相同的资本输出得到了特别重要的意义。

（四）形成了瓜分世界的、资本家的国际垄断同盟。

（五）在各个最大的资本主义列强之间，地球上的领土瓜分已经完竣了。（见伊里奇原著：《帝国主义论》增订本，吴清友译）

以上这种种政治经济的现实形态实是资本主义发展为帝国主义的根本原因，亦即帝国主义的基本特征。所以我们要研究帝国主义本身，必须从分析这些达到帝国主义统治的经济条件、政治条件开始。

第二节　生产集中和垄断

资本主义生产最显著的特点之一就是工业之巨大而迅速的发展，及各部门的生产向较大的企业中迅速地集中。这主要的原因是在“自由竞争”时代，资本主义社会的各个企业家相互间的竞争，谁胜谁败是靠生产技术是否进步。而能利用较优良技术的一定是资本雄厚的大企业家。所以在生产过程中，大资本往往并吞小资本，大生产往往压倒小生产，生产的集中成为“自由竞争”时代资本主义生产下铁的法则。生产集中的结果就是把无数中小工业变为少数大企业家的牺牲品。不过，生产集中的速度因工业或生产部门的不同而有差异，例如矿业、钢铁工业、电气、机械制造业、化学工业等重工业，其集中的速度较快，轻工业则比较迟缓。

由自由竞争演成生产集中，又由生产集中走向垄断。所谓垄断，就是少数大资本家联合起来，在各种生产部门垄断一切。例如几个煤油大王联合起来垄断煤油，钢铁大王联合起来垄断钢铁。但当每一部门的生产是分散在成千百万的独立的中小企业家手上的时候，是不容易实行垄断的。所以垄断必需以生产集中为条件——随着生产的集中，少数大企业就跟着也出现。少数大规模的企业与企业家之间便产生了竞争的困难和垄断的优势。因此，十九世纪和二十世纪之交，垄断的成立便可能了。不过在这里必需注意，股份公司的出现是造成大企业、造成垄断的基础。再则，垄断首先发生于主要而占领导地位的工业部门——重工业部门，以次渐普及于轻工业各部门。

资本主义垄断的方式有如下几种：

(1)卡德尔的方式——这只是共同商定出卖物品的价格，而各个企业之间仍保持各自的独立。换言之，这种方式，即各个企业之间相互约定，不许用互相竞争的方法去损害同业的利益；同时，而是保持同业垄断的利益。

(2)辛迪加的方式——在这种方式之下，出卖商品，有时购买原料，都需通过辛迪加这一总机关，甚至出品数量也要受辛迪加的共同限制，因此垄断组织的各企业之间已不能保持各自营业的独立了。

(3)托拉斯的方式——在这种方式之下，各个企业差不多都完全合并起来了，因此联合的程度较之辛迪加更为紧密。加入托拉斯的各企业完全丧失了独立营业的资格，一切都要服从托拉斯这一共同机关。

托拉斯的方式，如上所述，是更紧密的一种垄断方式，自从有了托拉斯这一怪物后，它便在经济生活上演着决定的作用，无论那一生产部门都由少数托拉斯占着支配的地位。此等生产部门，或代表制造某种原料的各个阶段，例如由铁苗熔成生铁，由生铁炼成钢，再由钢铁完成各种工具，或者这一部门对于另一部门尽着辅助作用，例如利用废物或副产品生产打包用品等。此外，它往往经营与其主要生产部门的邻接部门的企业，例如钢铁托拉斯，为避免受煤业垄断的限制，它往往自行兼营煤矿。

大家都知道，资本主义的生产是社会的，垄断的盛行更加使生产社会化。从前许多企业各不相谋，盲目地生产，现在似乎由垄断组织可以实行有计划的生产了。然而生产虽是社会的，生产虽由垄断更趋社会化，而占有仍系个人的，而且个人的占有也更趋严重了。大多数人民所受少数垄断者压迫、剥削也今非昔比了。自由竞争为垄断所代替，但垄断并没有消除竞争，而且使竞争剧烈化。伊里奇说道："自由竞争乃是资本主义和一般商品生产的基本特性，而垄断恰是自由竞争的反面。不过我们亲眼看见，这种自由竞争变成了垄断，它先创造了大生产，排挤了小生产，然后又使更大的生产代替了大生产，使生产和资本的聚积达到最高程度，因而生产了垄断组织，为卡德尔、辛迪加、托拉斯以及跟它们融和在一起的被大财阀操纵的数十家大银行的资本。同时，由自由竞争长成的垄断组织并没有消除自由竞争，而凌驾它之上并与它同时存在，且由此生产了特别尖锐、特别深刻的矛盾、敌对和纠纷。"

第三节　银行的新作用和财政资本的寡头统治

垄断便是"资本主义发展的最新阶段"中的最后一句话，但是倘若我们没有注意到银行的作用，那么我们对于现代垄断组合的实力和意义的观念便会是极不充足、极不完全的。银行的基本和最初的机能便是充任支付的中间人，因此银行就把不活动的货币资本变为活动的资本，即变为能给予利润的资本。它集聚所有一切货币的收入供资本家去利用。随着银行事业的发展和这事业的集中化，银行乃由不关重要的中间人的作用一变而为万能的垄断者的作用了。它差不多支配了全体资本家和小私有主的货币资本，以及一国或数国以内的大部分生产资料和原料来源。从无数不关重要的中间人变为少数垄断者的那个转变，便是由资本主义成长为资本帝国主义的主要过程之一。因此，我们必需首先考察银行事业的集中。据一九〇九年的统计，柏林九个大银行支配德国银行资本总量约百分之八十三；又据一九三三年的统计，日本全国银行的存款额有百分之四十二掌握在五家大银行手里；在美国执牛耳的只有两个银行集团：一是摩根银行，一是罗克非勒银行。

银行事业由集中而垄断，这是必然的。这样便使银行营业已不限于像以前那样只做存款、放款的过付机关，它便利用积聚的巨量资本投入生产事业，把银行与工业的关系密切起来，而且操纵工业生产。股份公司的出现更给予银行一种很大的方便，银行只要购买某股份公司股票的三分之一，它就可以在该公司中取得完全无限制的支配权。当银行与工业间的联系日益密切巩固，同时银行家与工业家的结合也一天天密切，精明强干的银行家加入工业生产的董事会，而工业垄断组合的领导人也加入银行的管理机关，于是银行和工业巨头融合在一块了。银行对某一工业部门投放巨量资本以后，它便与某一工业企业发生血肉相连的关系，而不能不注意它的命运，它便要秘密资助它发展，促成它们间的垄断协调，这样，银行便更加倍地加强和促进资本集中与垄断过程了。银行的作用由一个简单的中间人变成了一个万能的垄断者，这便是银行的新作用。规模最大的银行与垄断最有力的几个工业部门密切地结合在一起，垄断的银行资本和工业资本也就结合起来成了财政资本。垄断的银行资本与工业资本的结合是帝国主义的主要特征之一，所以帝国主义也有人把它叫作财政资本主义时代。

财政资本的发展使巨量财富愈益集中在少数资本巨头手中，谁支配全国或全世界的经济生活，谁就支配全国或全世界的政治乃至全资本主义世界的命运。因此，在帝国主义时代，不管任何国家的国体政体如何，实质上的全部政权总握在少数财政巨头手中。

行政当局——就是不可一世的希特勒先生,也不过是这些财政巨头的仆役罢了。财政巨头为了他们的利益之无穷的扩展,把竞争也扩展了,把竞争扩展到垄断组合与垄断组合间、国与国间,因此,挑拨战争,压迫本国劳苦群众与殖民地半殖民地民族解放运动,遂使帝国主义成为工业国的垄断托拉斯、银行和财阀的万能权力。垄断托拉斯最巧妙地施行一种"参预制"。

所谓参预制者,就是一个总经理管理一个主要的股份公司,这一公司等于"母亲公司"。这一"母亲公司"又支配着附属于它的所谓"女儿公司",而"女儿公司"又支配着所谓"孙女公司"。依次递演,可以建立许多辈行的参预制。因此,参预制的实行,一百万元的"母亲公司"就可使八百万元的"孙女公司"服从自己。美国在经济恐慌期间曾经破产的"殷苏尔"电气财团,利用六层的参预制,控制了一三二家公司。参预制造成了几十层高的金字塔,而在塔顶上站着的便是财政巨头。

第四节 资本输出与各资本家集团的瓜分世界

对于自由竞争占完全统治的旧资本主义,它的特征是商品输出;对于垄断占统治的现代资本主义,它的特征是资本输出。资本不是一种物品,而是一种社会关系,它怎样由甲国输出乙国,这里有两种方式:一是放款资本的输出。例如,假定中国向英国借款,英国的资本便输出到中国了;可是其结果是高利的息金由中国流入英国。一是工业资本的输出。例如,假定英国在中国上海或其他城市开办纱厂,每年由投资所获得的利润便落在英国人手中。

但无论是放款资本的输出或工业资本的输出，其所得利润都比商品输出大。资本的输出在二十世纪初达到了巨大的发展，第一次世界大战的前夜，输出巨量资本的是英、法、德三国，它们在外的投资共计一千七百五十万万到两千万万法郎，每年利息假定以五厘计算，是八十万万到一百万万法郎之多。这就是帝国主义寄生生活的坚固基础。

资本输出使落后国家陷入他们的财政资本网中。假使落后国家需要借款，有时利用现物，即以订货的方式取得。军火大王和钢铁大王，因为他们和银行密切结合在一起，就有许多方法能以取得借款国家的有利订货。这种方法，简直渐渐代替了公开市场的竞争。

资本家的垄断组合，例如卡德尔、辛迪加、托拉斯，首先瓜分了国内市场；但是在资本主义的生产组织下，国内市场是必然要与国外市场相关联的。资本主义早已造成了全世界的市场，所以随着资本主义输出之增加，各种国外联系和殖民地联系之扩大，随着最大的垄断组合势力范围之扩张，便自然要发生如垄断组合间的相互国际协调，并形成国际卡德尔。国际卡德尔的组织通常规定销货市场的分配，在这种场合下，这些国家可以无顾虑地在某些市场出卖自己的商品，不怕其他非缔约者来竞争。例如在第一次世界大战以前，电气、机械等生产事业都是集中在德美两三个大托拉斯手中，它们之间订立协定，瓜分世界，每一国际托拉斯都取得许多完全归它控制的国家。此外，尚有国际锌业辛迪加、国际钢铁辛迪加、国际石油托拉斯等等。

世界大战后，国际卡德尔更成立了不少，它包括了欧洲许多国家。其中首推钢业卡德尔，其次为石油业、化学业、铜业、铅业、无线电业、铁业、人造丝、锌业、纺织业等。参加这些卡德尔的大多数国家为法、德、比、捷、奥等，波兰、瑞典、匈牙利、西班牙、挪威也有若干加入其中。此外，各国的军火大王一面高唱爱国主义，一面成立军火国际垄断组织，瓜分市场，特别对那些能出高价的国家（不管是敌国或友国）供给军火。因此，轰击德国城市的往往是德国克虏伯炮厂的大炮，打死英国兵士的往往是英国威克厂制造的兵器。

国际垄断协定是否可以消除国际间深刻的矛盾呢？不，决不。因为资本家联合起来瓜分世界是为资本的集中程度所逼迫，是少数资本家竞争力量的加大，是把通常资本家间的竞争变为占有世界瓜分世界的竞争。由于资本主义发展的不平衡律在帝国主义时日益加剧，更使得国际垄断组织时常动摇不定。其中每一资本家都用尽方法进行斗争，设法提高自己瓜分的一份，实力的比重一发生变化，市场便要随之而重新分割一次，每一次的重新分割必然要加剧竞争的形势。所以国际垄断组织不但没有消除国际间的矛盾，反而使国际间的矛盾尖锐化了。

第五节　各列强间的世界分割

帝国主义列强在其进行世界分割的过程中占夺了一切自由的土地，一切自由的土地都先后变成它们的殖民地半殖民地。十九世纪末，是殖民地半殖民地出现的一个特殊时期。大约自一八七六年——一九一四年间，所谓列强共霸占了两千五百万平方公里的土地——霸占土地的总面积比整个欧洲大两倍。就中当然是以英国霸占的为最多。此外，德、意要想占一些或多占一些，便只好向英国口袋里去搜索。二十世纪初，世界的分割便完毕了，即世界上已没有一块自由的土地了。任何帝国主义要想求得殖民地只有一个办法——就是把世界重新分割一次。但这又只有战争才能做到。第一次世界大战不错！把世界的版图重新划分了一下。但是它并没有最后解决世界分割的问题。因此，各帝国主义正在继续跃进，准备第二次的分割；因此，第二次世界大战，正是一天迫近一天，不，已经在欧、非、亚三处部分地开始：意大利法西斯已吞并阿比西尼亚；德意志法西斯并奥吞捷；德意两法西斯共同干涉西班牙战争；日本法西斯在强占东北三省以后，正在疯狂地进行吞并全中国的帝国主义的侵略野蛮战争。德、意、日三法西斯国结成了侵略的同盟，成为第二次世界大战的挑衅者、点火者。民主国家，如英、美、法为维持现状，也不能不扩大自己的军备，即社会主义国家的苏联为拥护世界和平，更不能不有自己巩固的国防。

据一九三二年统计，全世界的人口共计二十万万。苏联占一万万六千三百万，各列强占三万万四千三百万，比较落后的资本主义国家占二万万三千九百万，已经由殖民地解放了的国家，例如土耳其、波斯、阿富汗占三千万，此外殖民地的人口占六万万六千二百万，半殖民地国家的人口占五万万三千七百万。那么，总计在帝国主义压迫下的人口便是十二万万人。所以帝国主义便是区区少数国家对地球上绝对大多数人口施行财政奴役和殖民地压迫的一个全世界体系。

说到殖民地，原不是在帝国主义时代才有的。古代以奴隶制度为基础的罗马就曾经行过殖民政策。资本主义发生的初期，亦即资本主义的产生和形成，殖民地即起过重大的作用。所谓资本的原始蓄积，其重要来源之一便是殖民地的抢劫。不过，各时代殖民地的作用和意义却有着本质上的不同。例如资本主义自由竞争时代殖民地的意义是:(1)作为商品市场;(2)作为过剩人口移殖的场所;(3)作为宗主国直接搜括财富的对象。但在那时,由于自由竞争这一法则之故,殖民地的实际价值还不显著。英国的资本家们曾部分地反对过殖民政策,他们有些人以为把殖民地解放了反而于他们有利。一到了帝国主义时代,殖民地的意义便变得非常重要了。这时,殖民地成了各帝国主义相互斗争的一个重要的武器。资本不断地集中而寻求出路,生产力不断地发展,由于资本主义的阶级关系所起的消费限制以及由此而发生的经济衰疲和利润低降都威胁着帝国主义,只有向外发展,只有占领殖民地。所以殖民地就成了帝国主义的生命线,所谓各列强间的世界分割也就是殖民地的分割。

第六节　帝国主义是社会主义革命的前夜

帝国主义为什么是社会主义革命的前夜呢?这一由于它是寄生的或腐化的资本主义,一由于资本主义矛盾的加深。帝国主义的寄生性或腐化性表现于下列各种事实上:

(1)寄生阶级的膨大——资本家大多数是剪息票生活的人,在帝国主义时代,他们差不多都变成了股票、债券、公债及其他有价证券的所有者,他们对生产过程都没有直接的关系,资本的输出更加强了这种完全脱离生产的情形。寄生的腐化的资本家们和他们的侍从——政客、官僚、技术家,吃尽千万直接生产者劳动的果实,把像瑞士那样整个的国家、像法国南部那样的区域都变成了国际资本家纵欲享乐、浪费他们不劳而获的所在。

(2)技术进步的停滞——在资本主义时代，资本家为要提高利润、减少生产费，便需力谋生产技术的改进；而在帝国主义时代，少数垄断的资本家，他们不仅垄断生产价格，而且垄断新技术的发明，用重价买收，搁置不用，以免它走入生产界打破他们垄断的地位。

(3)对劳动力的摧残——作为社会的基本生产力的劳动力，在帝国主义时代，已没有能力来利用，因此经常造成慢性失业的现象，使劳动者的生活日益贫困化，影响人口生殖率的减低。此外，战争、白色恐怖等等都是直接、间接摧残劳动力的。

(4)不生产劳动的增多——巨数的工人从生产部门走到供应纵欲享乐的部门，旅馆、酒店、轮船上、避暑地，服役的人一天天加多了，生产劳动便相对地日益减少。

(5)生产停滞——经济恐慌使得生产停滞，许多生产机关经常不能全部开工。

(6)固定资本和生产品的破坏——战争期间或恐慌期间，工厂、机器、原料等的破坏及存货的销毁是难以数计的。

(7)流通费用的增长——在商品流通领域内，服务的人数日益加多，巨大的广告费使流通费用大大增长。

(8)军备战争、宪警装备的扩大——这些费用的增加比世界生产总量的增加要快得多。

(9)对于工人上层分子的收买——帝国主义把从殖民地拾来的额外利润，拿出一部分来收买工人中的上层分子，利用他们破坏工人内部的团结，这笔费用也不少。

(10)道德的堕落——贪婪、腐败、欺诈、骄淫、抢劫、偷盗等等，是普遍于各帝国主义的流行现象。这种现象侵入政治、社会生活、文化艺术等各方面。

帝国主义时代资本主义矛盾的加深，表现在下列的三种矛盾上：

第一个矛盾——就是劳动者与资本家间的矛盾。资本家对于劳动者的压迫、剥削在帝国主义时代日益加紧加深，或者安于奴隶生活，或者推翻资本社会自为主人，这便是帝国主义向千百万劳苦大众提出的问题。

第二个矛盾——就是各财政集团间、各列强间为争夺原料产地、为争夺殖民地而产生的矛盾。这种深刻矛盾的结果及其特点就在它包括一种不可避免的因素——帝国主义战争。这种战争的结果及其特点又在于它使帝国主义者自己削弱，乃至整个资本主义阵线都削弱，使社会主义革命成功的时机迫近。

第三个矛盾——就是少数帝国主义国家压迫民族与殖民地半殖民地的被压迫民族的矛盾。帝国主义侵略殖民地半殖民地的结果及其特点，也在它包括一种不可避免的因素——殖民地半殖民地的民族觉醒及民族革命。这种革命也从根掘动资本主义的阵地，直接、间接帮助了社会主义革命。帝国主义推动被压迫阶级与被压迫民族走向社会主义革命。

第四章　社会主义革命论

第一节　帝国主义时代与社会主义革命

社会主义革命，在全世界范围内当前是主要的阶段，所以我们首先处理它。然则它的规律性或必然性是在那里呢？这是历史本质的发展决定的，是二十世纪特有的世界政治经济关系的产物。

如前所述，资本主义在帝国主义时代走上腐化的、垂死的道路。它在以前也曾经是经济发展、技术改良、财富增进的推动机，可是到了帝国主义时代，它把极大部分的财富都握在一部分很少数的垄断资本家的手中，即握在资本主义的垄断组合的手中。这些垄断组合规定商品在国内的最高价格，即垄断的价格，更加残酷地剥削工人乃至农民阶层，把持国家机关，利用国家机关的全部力量来镇压工人和农民的反抗；同时，它们对于殖民地半殖民地的国家之压迫与剥削也更加紧了。各殖民地半殖民地的人民也再不能忍受这种难堪的状况了。此外，帝国主义为夺取新的商品市场、原料出产地、贱价劳动力，换言之，即为重新瓜分殖民地瓜分世界，除用武力之外，没有别的方法，使它们彼此之间做最残酷的斗争，一直走向战争。这样，帝国主义便使大部分人类不能生活下去，造成极大的政治经济危机，造成十二万万被压迫民族的贫困，帝国主义的战争更消灭了千百万壮年的人，并使其他依壮丁为活的人走入黑暗地狱。这样，帝国主义便把全世界上两个主要力量——最后决定一切的力量，逼迫起来为打倒帝国主义的压迫与奴役而斗争了。这两个力量：第一，就是帝国主义内革命的工人阶级及其同盟者的劳动农民；第二，就是受资本帝国主义压迫的殖民地半殖民地民众。

此外，在帝国主义时代，资本主义一切矛盾都特别厉害地扩大和加剧起来，因此而引起的帝国主义相互间的战争便会减弱帝国主义势力乃至资本主义全体系的力量，而使世界上两个主要力量——最后决定一切的力量，即帝国主义国内革命的工农阶级战线和殖民地半殖民地国内民族解放运动战线容易联结起来，共同抵抗帝国主义的虐待，乃至推翻帝国主义，完成社会主义革命。同时，帝国主义的经济条件已为社会主义筑好了基础，使得工农大众能够以这为基础而实行改造了。这就是说，以前许多时代的人类的劳动给现代人类遗下了无可比拟的巨富，这种巨富便是建筑新社会的钢骨水泥，它现在虽仍为少数垄断家所占有，但它是可以移过来创建新社会作为劳苦群众很美妙的幸福生活的。这一巨富的转移必需经过社会主义革命。帝国主义，如前所说，正是社会主义革命的前夜。

第二节　资本主义发展不平衡律与社会主义革命

政治经济发展的不平衡是资本主义的绝对定律，而这一定律到了帝国主义时代更加紧张显明，因此便引起帝国主义时代资本主义矛盾的特别紧张显明。

所谓资本主义发展的不平衡不是指不平均，不是在发展的程度上比较，说那一个上前了，那一个落后了，它乃是指资本主义国家的政治经济不是顺次的、并行的、渐进的发展，而是以越级的、跳跃的、突进的方式发展。好比在资本主义国家中，往往有一个新兴国家从后面赶上腾跃向前，而原来的先进国却一时现出停滞状态被挤落在后面。例如古老的英国，在工业方面，比起欧洲其他国家来要早一百多年，后来——从十九世纪末起，德国便在二十年内赶上了英国。此种发展的不平衡使它们中间发生剧烈的冲突以至于战争。一九一四——一九一八年的帝国主义战争就是这样造成的。大战以后，帝国主义发展的不平衡，即由大战引起的变化更加厉害。例如大战以后，美国很快地赶过其他各国乃至走到英国前面，日本也疯狂地跃进了几步。帝国主义时代资本主义发展的不平衡律为什么特别紧张显明呢？主要的原因有两个：(1)世界势力范围已被帝国主义集团瓜分完毕，任何角落早已没有一块自由土地；要达到世界分割的平衡，只有要求重新分割世界，只有出于武装冲突，拼命备战是当前各帝国主义的特征，备战的政治、经济条件因特殊原因更加不能平衡发展，又是当前各帝国主义的特征。(2)旧的先进国的技术发展因老大(或因走在前面而满足)而表现停滞状态是有可能的；而新兴国家因已落后而拼命向前追赶、不断改进技术、增加生产也是可能的。而在帝国主义时，新的技术利用性更加扩大，技术改进的可能性更加容易，因此新兴帝国主义集团便必然要更广大地利用新技术，发展生产，使它在争夺市场、原料、投资地等斗争中都能赶上并超过先进的帝国主义集团，于是使得发展的不平衡更加剧烈。

这种资本主义发展不平衡的加剧，对于社会主义革命有血肉相联的关系，它能使社会主义革命在资本主义矛盾最剧烈的地方、在帝国主义链条最弱的一环首先发动并首先获得胜利。社会主义革命之在帝国主义时代等于是帝国主义某一环被冲脱的结果；但这种被冲脱的地方是不一定在工业最发达的国家，往往是在帝国主义最弱的一环，即在它的内部矛盾最尖锐的国家。例如在一九一七年十月的俄国，由于资本主义发展不平衡的加剧，社会主义革命不仅能在一个资本主义国家内发生，而且能坚持革命胜利，能在一国内建设社会主义。这是因为不平衡律造成了一国的特殊条件，而工人又能和农民巩固地联合起来，这种工农联合的力量是能够克服社会主义革命过程中任何障碍的。但是社会主义革命在一国内的胜利是否可以说就是最后的胜利呢？不，因为一个社会主义国家，如果还处于许多资本主义国家包围之中，这还不能说它的胜利已得到了完全的保障，已经脱离了武装干涉的危险和资本主义复辟的企图。如果社会主义革命的胜利要得到完全的保障，要脱离武装干涉的危险和资本主义复辟的企图，只有在国际范围内才有可能。即只有全世界社会主义革命胜利了，至少要有几国革命的胜利才有可能。换言之，只有在这种情势之下，一国社会主义革命胜利才是最后的。这也就是说，没有国际工人阶级的帮助，社会主义革命在一国内最后胜利的任务便不能解决。但这决不能得出下列结论：应该放弃一国内的社会主义革命乃至社会主义建设，坐待世界社会主义革命。

托洛茨基在俄国就是坚持非有世界革命的成功一国内的社会主义革命是不能胜利的，一国内社会主义的建设也是不能完成的，然而苏联社会主义建设的事实把这种错误见解粉碎了。

第三节　社会主义革命在俄国的实例

因着社会主义革命有可能在帝国主义链条最弱的一环发生、在矛盾特别剧烈的国家发生，所以因着第一次帝国主义战争，使社会主义革命的俄国首先爆发，便首先在俄国胜利。

俄国的矛盾是怎样特别加剧的呢？这是帝国主义战争造成的。自然，俄国的历史条件的特殊是其主要原因。一九一四——一九一八年帝国主义战争，亦即第一次世界大战，它带给了什么给参战国的民众呢？可以说只有极大的灾难与无数的痛苦。在所有参战的国家中，它武装了二千六百万人，死于猛烈的炮火中的约计一千万人，受伤残废或终身残废的达二千四百万；战费的消耗计一万二千万万马克（每马克约合中国五角）。而在战争前，所有参战国的财产总额约计二万四千万万马克。这就是说，第一次世界大战吞灭了欧洲人民累代所积累的总价值的一半。这时，世界上最富有的国家之巨大财产都一时化为乌有了。这使本来并不富有的俄国、在沙皇制度下已经非常痛苦的工农更陷于不能忍受的死境。

这样，于是俄国在一九一七年二月首先爆发了工农联合的民主革命——资产阶级的民主革命，起来打倒沙皇专制地主贵族的政权，建立了工农苏维埃，实现了工农民主专政。但因那时苏维埃内部孟塞维克与社会革命党的领导一面帮助帝国主义，一面自愿把政权让给资产阶级的临时政府，其后（一九一七年十月）便再进一步，起来推翻资产阶级的临时政府，实现无产阶级的社会主义革命，建立无产阶级专政，把苏维埃转变为无产阶级专政的国家形式，剥夺旧俄罗斯时代资本家对于工厂、矿山、轮船、银行等所有权，同时还剥夺了地主贵族对于土地、森林、水利等所有权，亦即附带地完成了前一阶段——民主革命阶级所未完成的任务。

这样，俄国工农联合经过二月到十月的两次革命，就完全推翻了地主贵族乃至资本家的政权，把社会主义革命在俄国胜利了。

第四节　社会主义革命的基本条件

资本主义社会转变为社会主义社会，一切富于幻想而没有科学头脑的人总以为工人及一切劳苦群众、聪明的知识者群可以苦口婆心劝导资本家，使他们感觉到资本主义制度不好，有一天自愿放弃所有的财富并放弃保护他们财富的政权。这就是说，以为这一社会变革可以不必采取革命手段——采取武装起义的手段。的确，历史上曾经有过这样的一些社会主义家，例如英国著名的著作家摩尔、社会主义家涡文就有过这样的幻想，法国的社会主义家圣西门和傅立叶也有过这样的幻想。这些幻想自然终于是幻想，世界上决没有那样蠢的资本家，不，历史决没有这样轻松的一页。

到了十九世纪四五十年代，马克思、恩格斯才发现了历史发展的真正规律。他们证明一种社会制度之代替别种社会制度是用革命手段推翻旧社会制度的结果。社会主义革命是以革命手段消灭对一切生产手段的私有制，建立无产阶级专政，把工厂、地产和其他一切财富变成无产阶级国家的公产。但资本主义社会的一切生产手段的私有是有全部的国家机构保护着的，采取革命的手段，破坏旧国家机构，建立自己的政权，固属必要与必然，不过革命决非儿戏，革命的阶级及其群众首先必需一致团结并组织起来，有了坚强的团结与坚强的组织，才能有革命行动。而组织的首脑、组织的司令部、组织的作战部队便是革命的政党。革命的政党把整个工人阶级和全体劳苦群众团结在自己的周围，进行社会主义革命，当前是主要的阶段。这就是说，在社会主义革命阶段，领导工人阶级革命的是无产阶级政党（在目前是共产党），它是无产阶级组织之最高形式，同时是拿在无产阶级手上作战的工具。在无产阶级未取得政权以前，自然是以它为争得无产阶级专政的工具；在无产阶级已经取得政权的国家（如苏联），是以它为巩固无产阶级专政的工具。这在当前是主要的，即在落后的殖民地半殖民地的国家——资产阶级民主革命尚未完成的国家，它也是那些国家的工人、农民为彻底反对封建压迫及反对民族压迫，即是为资产阶级民主革命的彻底胜利而斗争的工具。没有它作为无产阶级斗争的工具，即在资产阶级民主革命中反对封建压迫、民族压迫的民主运动也是不能彻底胜利的。所以，无产阶级政党对于社会主义革命便成为绝不可少的基本条件，革命的政党与革命也就成为不可分的一物两面了。

但是社会主义革命不是在无论什么情势下都可以发生并成功的。要革命，还要把握革命的形势社会主义革命的形势，主要有下面三种标志：（1）统治者由于巨大的政治、经济危机，本身已不能照旧统治，甚至统治者已不能照旧生活下去；（2）被压迫者的贫困和灾难非常厉害，工人阶级已明白认识革命之必要，并且决心进行革命，广大农民及城市小资产阶级也转向在工人阶级的领导之下，愿意与工人阶级一起来进行革命；（3）由于上述原因，群众的积极性大大增加起来，革命的暴风雨普遍地笼罩着。既有这样的革命形势，又有无产阶级政党来坚决地、巧妙地领导工农群众武装起义，那么社会主义革命的胜利就会到来。俄国的十月革命就是这样胜利的。

第五章　资产阶级民主革命论

第一节　资产阶级革命的产生

我们不能不于说述了社会主义革命后，再来说明资产阶级革命。因为历史发展的不平衡是贯穿于任何时代的，特别是帝国主义时代，这样就使得一直到现在，民主革命还没有完成的国家还很多，中国就是一个。为的要说明一国的较特殊的资产阶级革命，先就要说明一般的资产阶级民主革命。

如前所说，革命是产生自生产力和生产关系的极端矛盾中，是代表生产力发展的阶级以群众的力量行动起来推翻代表旧生产关系的阶级统治、夺取政权、建立新生产关系的一种奠定数千万人民生命的过程。然则为什么发生了资产阶级的民主革命呢？中世纪的封建社会内多少孕育了资本主义的因素，即在封建社会内资本主义制度的形式已经存在着。随着生产力的发展——工商业的发展，也产生了新的社会阶层，例如工商业资产阶级、农村资产阶级、无产阶级与雇农。这些阶层的出现是代表生产力发展的要求的，他们力图推翻旧的封建的生产关系，造成适合于新生产力的新的资本主义的生产关系。但是旧的封建关系、封建统治却极力阻止新的生产力的发展、新兴阶级势力的发展。例如专制统治的存在、农奴制度的保持、贵族教士的特权、国家的不统一、连年不断的内争、上层分子的荒淫、捐税的繁重、度量衡的不一致、货币制度的紊乱等等,都是束缚工商业的发展的,同时,使得农业的改革也成为不可能。这样便产生了代表生产力发展的民主力量——这些就是在封建社会内成长起来的资产阶级、无产阶级、农民及城市小资产阶级。他们是与封建阶级对抗的。因此,他们就与封建阶级之间发生斗争。这种斗争逐渐尖锐化,便发展成为广泛的民主革命运动。

民主革命是资产阶级性的。这就是说这种革命没有超过资产阶级、资本主义社会经济制度的范围。即资产阶级民主革命是表现资本主义发展的要求,它不但不破坏资本主义的基础,而且把它扩大、把它深化。但这也不是说这一革命只有利于资产阶级,只能由资产阶级来领导来完成这个革命,它同样有利于工人、农民及城市小有产者,因此他们也参加并应参加这一革命,使它达到彻底完成。资产阶级民主革命一般的任务是什么呢?它是:

> 肃清封建制度,解决土地问题,获得民族的统一,实现政治的自由。

如果我们具体地来研究资产阶级的民主革命,就还有资本主义时代的资产阶级革命与帝国主义时代的资产阶级革命,这是就时代说的。此外,还有压迫民族内(即帝国主义内部)所发生的资产阶级革命与被压迫民族内(即殖民地半殖民地内部)所发生的资产阶级革命,这是就民族说的。若就领导权说,便还有资产阶级所领导的资产阶级革命(那时在消灭封建制度,建立资产阶级自己政权，例如法国大革命）与无产阶级领导的资产阶级革命（那时是彻底完全民主革命，使它转变为社会主义革命，例如俄国二月革命），及资产阶级与无产阶级共同领导的资产阶级革命（那时是对外反对帝国主义，对内反对封建残余势力，例如殖民地半殖民地进行的民族的民主的革命）。所以对于资产阶级民主革命，我们必须最具体地就各国历史特殊条件加以分别研究。

第二节　资本主义时代的资产阶级革命

资本主义时代的资产阶级革命，主要为如下几国：（1）十七世纪英国资产阶级革命；（2）十八世纪美国独立运动；（3）一七八九年法国大革命；（4）一八四八年德国革命。以下依次说明之。

一、十七世纪英国资产阶级革命

十七世纪的英国还是一个农业国，但工商业已有相当发展，例如那时对外贸易已有东印度公司、立陶宛公司、莫斯科公司等。商业资产阶级在那时已成为封建制度与天主教的反对者。当时的政治状况，英国已有两院制的国会：上院代表多大地主与贵族、官僚；下院则多为城市资产阶级、中小贵族与一部分农民。在十七世纪初，英国国会与国王的斗争异常剧烈，结果爆发国内战争。革命方面领导者为代表商业资产阶级的克林威尔，以克林威尔的铁骑军为革命军队的中坚，军队成分主要为农民、手工业者与纺织工人，因为他们是当时最受压迫的阶层。革命军的战斗力甚强，主要是因为当时已创立了政治工作，所以终于一六四六年战胜了国王查理第一，并于一六四九年一月十日判处国王死刑。革命是胜利了，但革命胜利后，当时资产阶级急需一强有力的政权镇压因革命发动起来的民众运动，于是造成了克林威尔的军事独裁。此后历经胜利的资产阶级的反动与革命民众势力的消长，终于在威廉第三时代批准了资产阶级的《权利法典》，英国建立了资产阶级自己的政权。

总而言之，十六世纪英国资产阶级依赖广大民众反对君主专制及一切封建制度，结果与大地主共同取得了政权。经过一六八八年《权利法典》的批准，资产阶级与大地主的政权便更加巩固了。

二、十八世纪美国独立运动

十七世纪，英国一些政治上、经济上、宗教上的被压迫者便相率逃往北美洲。他们在那里所遇到的只是半游牧的印第安族微弱的抵抗，很快就把他们征服了。英国的被压迫者一时成了殖民者，他们利用北美的自然富源，利用对于土著印第安的掠夺，很快便发展了他们在那里的农业、工商业。那里没有贵族，没有封建地主，这种社会情形造成了自然性的民主政治的基础。此后，英国在北美各殖民地设一王家总督；同时，各殖民地也成立一个议会——如英国下院一样，议会与总督间的争执便时常发生了。英国把北美看作本国商品销售市场与原料供给地，即是把它当作英国的殖民地，极力阻止北美工商业的发展，以免与英国工商业发生竞争；但北美殖民地的工商业家是反对的，于是殖民者与英政府间的斗争便日益激剧。一七六〇年，英王佐治第三极力压迫殖民地，扩张王家总督的权力，并派遣大军赴北美，宣布戒严，各殖民地便一致团结毅然踏上为独立而战的革命运动之途了。一七七六年，发表《独立宣言》，宣布独立。经过八年之久的战争，英政府也不得不承认其独立了。民主的北美合众国于以成立，第一任大总统为号称美国之父的华盛顿。

这里我们要特别指出：美国殖民地的解放战争是真正为求解放的革命战争，这在历来贵族、地主、资本家间为占领土地或掠夺利润而起的许多战争中是最少有、最伟大的。这是美国民众对压迫他们而使他们陷于奴隶地位的英国侵略者的战争。这次战争对于欧洲的影响很大——十八世纪美国独立战争是对欧洲资产阶级的警钟！

三、一七八九年法国大革命

一七八九年初的饥荒与财政紊乱，可以说是大革命爆发的近因。革命一爆发，广大民众都被卷入到革命潮里，同时还波及到军队方面。资产阶级公开号召以武装保护国民会议。七月十四日，巴黎民众武装攻开巴斯蒂尔牢狱并夺取军械库等。革命胜利了。各地农民亦开始响应巴黎武装起义，袭击地主邸宅土地，焚毁封建义务文件，革命火焰烧尽了一切封建制度的基础。法国大革命的历史可以说是第三等级（包括资产阶级、无产阶级、农民与城市小资产阶级）与封建制度斗争的历史。法国革命前的社会成分约分为三个等级：第一等级为天主教会，他们拥有肥沃大块土地及大量资本，不缴纳国税，不受法庭审判，拥有政治上种种特权。他们利用种种特权对农民施以惨无人道的榨取，形成最残酷的上层封建统治。第二等级是贵族。高级贵族对于国家也无纳税义务,而他们荒淫无度的生活反建筑在佃农与农奴的地租或年贡上。他们在政府机关与军队中都占很重要的位置,或挂一虚衔,领受巨额薪俸,形成第二层的封建统治。第三等级却只有供给国家一切担负的义务,政治上绝无任何权利,因此他们对于封建统治的反对是共同的。所以他们都主张取消封建特权,争取政治上的自由平等,拥护资产阶级民主要求,完成民主革命的任务。这种主张或要求实际上不仅第三等级是共同的,并且第一、第二等级中的下层,即教会中的下级僧侣与贵族中的下级贵族,都在革命中愿与第三等级联合行动。所以有人说:法国大革命的历史不仅是第三等级与封建制度斗争的历史,也是第三等级联合第一、第二等级的下层共同对封建上层斗争的历史。

第三等级对封建统治的反对虽是共同的,但它们各自间的经济地位却显然不同。那时,第三等级中只有资产阶级力*比较壮大,工人在第三等级中虽有相当数量,但力量不集中,还没有明确的阶级意识,因而提不出独立的政治主张,没有夺取政权的企图。农民在当时占法国人口中的大多数,而且所受压迫与剥削也最大、最深,取消一切关于赋税的重压、封建义务、教会什一税等是农民迫切的要求。然而农民的落后性、散漫性使得他们也只能做了资产阶级革命的尾巴。因此,我们可以说,一七八九年的法国大革命是资产阶级领导下的一个资产阶级民主革命。

* 此处疑漏排“量”字。——编者注

四、一八四八年德国革命

有些人以为革命是由于少数人恶意鼓动起来的时代是早已过去了。凡是发生革命的地方必然有着社会经济的根据，一八四八年的德国革命正是如此。德国资本主义经济的发展与其封建体系的冲突是日益激剧化，革命已成为不可避免的事实。恰逢一八四七年的灾荒与瘟疫引起了德国空前的危机，再加以法国一八四八年二月革命的影响，德国也爆发了资产阶级的民主革命。但这一革命可以说是流产了，即未能完成德国民主革命的任务。这是有原因的：第一，因为德国当时距离世界贸易的大西洋太远，工商业方面还不能形成像法国巴黎、里昂，英国伦敦、曼彻斯特那样的中心，因此德国资产阶级也没有英法资产阶级那样集中有力，在革命中便也表现了他们的软弱，特别因为他们属于下层革命的恐惧，使他们更加不敢硬站出来领导革命。第二，由于工商业发展的不够，小商人、手工业者在德国还占着很大的数量，他们在近代一切革命中本也有着极大的作用，唯因他们是处在两极之中间地位，在德国软弱的资产阶级不能领导革命的情况下，更充分表现了他们的动摇性。第三，无产阶级的发展原是随着资产阶级的发展为消长的。没有巨富的集中的资产阶级，自然也不会有数量广大而集中的无产阶级。那时德国工人在全国人口中还只占百分之三，所以也不能由他们提出独立的政治要求，担负革命的领导权。他们之所以能使得德国资产阶级害怕，只因他们在那时是积极参加革命的（人数虽少）。他们与那时的学生群众是巷战、是革命战争的先锋队。第四，农民在德国占最大多数，但因他们的落后性与散漫性，又在封建地主的重重压迫下，不能自发地有所行动外，还丝毫得不着领导（不论资产阶级与无产阶级的领导），故对于革命亦不起作用。不过一八四八年的德国革命虽由于上述种种原因未能完成民主革命的任务，却留下了一些可贵的教训。

这便是在一八四八年德国革命爆发后，马克思、恩格斯二氏立即返德参与革命运动，即当德国资产阶级还是革命的时候，他们俩在科仑加入资产阶级的民主集团，指导民主派的《新莱茵报》；但保留对于资产阶级民主派的批评权。这种以推动革命为前提的与民主派合作的活动，在理论上与策略上都遗给后来革命者以丰富的经验。同时根据一八四八年革命经验，马氏又指出：工人阶级为了实现在革命中伟大的作用，应有自己独立的组织，即应建立独立的工人阶级的政党，联合劳动农民，彻底完成资产阶级民主革命的任务，进而走向社会主义革命的大道。

总观以上各国的资产阶级的民主革命，我们可以看出下列的几个共同点：(1)这些革命产生在封建社会逐渐崩溃与资本主义开始形成时期，它扫除了资本主义发展的阻碍，因而造出了资本主义发展的一切必要前提。(2)在英法革命中，资产阶级是比较急进的革命阶级，是革命的领导阶级。一六四〇年的英国革命与一七八九年的法国革命，资产阶级都创下了他们光荣的史迹；但在一八四八年的德国革命中，资产阶级却暴露了他们对于革命动摇、恐惧的弱点，不能在革命中起领导作用。(3)工人群众在这些资产阶级革命中虽是积极地勇敢地参加了，但他们本身还不能成为一个独立的政治力量，更未能发展成为足以领导革命的力量，未能产生工人自己的政党。(4)农民在反对封建制度上是一个整然的阶级，但由于它本身的落后性与散漫性，任何时代他们都不能形成革命的领导。所以他们当时是由资产阶级代表着他们实现争取土地与自由的要求,他们在这些资产阶级革命中便成为资产阶级的后备军。(5)由于上述各种条件的限制,这些资产阶级革命的前途,所以只建立了近代资本主义社会,未能向更高级的社会主义社会转变。

第三节　帝国主义时代的资产阶级革命

帝国主义时代的资产阶级革命,可以作为实例的为两个:一是俄国一九〇五年的资产阶级民主革命;一是俄国一九一七年二月的资产阶级民主革命。它们的经过是这样的:一九〇五年一月九日号称“血的星期日”,惊醒了俄国工人及一切劳动人民对于沙皇制度所存的仅有的幻想,展开了英勇的革命斗争。罢工潮从圣彼得堡开始普及到了各大城市,而罢工运动成了革命斗争中的主要方式,在罢工运动中产生了富有历史意义的工人代表苏维埃;苏维埃逐渐发展便成了武装起义的机关与人民政权的萌芽机关。在苏维埃领导下,罢工运动一直发展到十二月二十二日的莫斯科武装起义,经过九日的英勇战斗,才被沙皇从外省调来的援军镇压下去。但在工人群众罢工运动的影响下,农村中的革命运动亦起来了,军队中士兵的武装起义也开始了;同时,国内少数民族(被压迫民族)的解放运动也与无产阶级的革命运动紧密地联结起来。然而毫无疑义的,一九〇五年的俄国革命是一个资产阶级的民主革命。当时统治俄国的是万恶的沙皇制度,农奴制度与一切封建残余都还存在着,它挡着资本主义发展的道路。俄国人民所受资本主义的痛苦远比不上所受资本主义发展不足的痛苦,因此俄国人民无条件地需要推翻沙皇制度的封建统治。所以这一革命的基本任务是:“推翻沙皇,建立工农民主专政的临时革命政府。争取一切民主自由,确立八小时工作制,承认少数民族的民族自决权,没收地主土地,建立革命的农民委员会。”只有彻底实现这些任务,才能把俄国从老朽的沙皇制度下解放出来。然而这一资产阶级革命已不同于以前欧洲各国资产阶级民主革命,主要因为它发生在帝国主义时代。由于俄国资产阶级是帝国主义阶段的资产阶级,它已转到反动的沙皇方面,他们只需要一种小的革命,就是说他们不要使这个革命太彻底、太坚决、太无情,方有利于自己。他们为了有利于自己,宁可使资产阶级民主主义方面的各种必要改革不用革命方法来进行,而用改良的方法渐渐地、谨慎地、不坚决地来进行。使这些必要的改革对简单的人民(工农)的革命的积极性、创造力与毅力尽可能地少刺激、少发展,否则工人们便容易“把枪枝从右肩转到左肩”。这就是说,不要把资产阶级革命给他们所锻炼的武器,亦即把资产阶级革命所给予他们的自由、所给予他们在推翻农奴制度的基础上成立起来的民主建设,用来反对资产阶级。就在这一点上,使俄国资产阶级已不能成为民主革命的动力了。所以,一九〇五年俄国民主革命的动力反而是无产阶级与农民。伊里奇论一九〇五年革命的特点时说:

> 根据它的社会内容是资产阶级民主性的,因为它直接所要求的以及自己力量所能达到的是民主共和国,八小时工作制,没收地主的巨大土地——一切这些都是法国大革命于一七九二年至一七九三年已大部分实现了的。但它同时又有无产阶级性的,不只因为无产阶级是领导力量、是运动的先锋

队，而且因为无产阶级的斗争方法——罢工，是激醒群众的主要方法。

资产阶级革命绝不能说只有利于资产阶级，无产阶级为要充实自己的力量，实现历史所赋与它的使命——建立社会主义社会，它必需积极参加资产阶级民主革命。若资产阶级革命来得愈彻底、愈坚决，则无产阶级为着社会主义与资产阶级之斗争也愈有保证。一九〇五年俄国革命，俄国工人群众已实现了它光荣的动力作用与领导作用，并创立了它独立的政治组织——无产阶级政党，同时还缔造了坚强的工农联盟，依靠着以无产阶级为领导的工农联盟，惊动了腐朽的俄国，震撼了全世界。

一九〇五年革命是一个资产阶级民主革命，但有可能转变到社会主义革命。这因为它是发生在帝国主义时代，而且俄国本身已是一个帝国主义国家（所以这一革命也就是上面说的在帝国主义内发生的资产阶级革命）。这时，资产阶级对于无产阶级革命的恐惧，已不可能成为革命的领导者乃至参加者，而无产阶级已以独立的力量出现于政治舞台，已创立了自己的政党，已缔结了工农相互的联合。在这个基础上，充分存在着由资产阶级民主革命转向社会主义革命的可能性，充分存在着实现工农民主专政的苏维埃政权形式，彻底完成资产阶级民主革命任务的可能性。不过那时俄国的孟塞维克派是坚持资产阶级革命应由资产阶级所领导，应建立资产阶级政权，否认革命有转变为社会主义革命的可能。托洛茨基派则以“左”的面目出现，否认革命之资产阶级民主性，否认农民的革命性及无产阶级领导农民之可能。但这两派的理论是为一九一七年的二月革命到十月革命的事实所粉碎了。

跟着我们便来说说一九一七年二月俄国资产阶级民主革命。在第一次的世界大战里，俄国沙皇政府表现了不能胜利的进行帝国主义战争。三年多的大战，特别是沙皇军队在前线的失败，国库费用的浩大支出，工业生产的急剧下降，农村经济的破产，失业者的增加，物价的高涨，国民经济的总崩溃，引起了政治经济的空前危机——人民多数不能生活下去，前线兵士不断发生叛变，后方工人不断地举行罢工，农村中亦发生继续不断的骚动，在这种情形下，沙皇统治已摇摇欲坠了。那时（二月二十六日），布尔塞维克起来发表宣言，号召工人、农民、士兵奋起组织武装起义，推翻沙皇统治，建立工农兵代表苏维埃，结束帝国主义战争。于是一下武装斗争便在彼得格勒开始了，经过八天英勇的战斗，革命洪流终于冲破了帝国主义阵线最弱的一环。革命胜利了。这仍然是一个资产阶级民主革命。它的任务是："推翻沙皇统治，铲除封建余孽，结束帝国主义战争，实行土地革命。"这个资产阶级民主革命是在俄国无产阶级领导下实现的。但由于那时开始觉醒的俄国人民还浸润在小资产阶级的政治观点中，无产阶级本身的组织与觉悟也还不够，所以社会革命党与孟塞维克这些小资产阶级政党还具有相当影响，因此把政权一时落在资产阶级临时政府手上。可是傍着这一临时政府，还存在着一个工农兵代表苏维埃。它在那时虽是萌芽的、薄弱的，却毫无疑义的，它是一个事实上存在着并正在成长着的政府。这就形成了那时的所谓"两重政权"：一是资产阶级临时政府的政权——虽是合法而无力的政权；一是工农民主专政性质的苏维埃政权——不依靠于法律而依靠于武装民众直接力量的政权。

但是二月革命仍然是未能完成资产阶级民主革命的任务。沙皇政府虽已推翻,帝国主义战争的政策仍在继续执行,农民对于土地的要求仍未达到目的,国内经济状况与人民生活更加恶化。临时政府只是反革命的合法的保护者与掩盖者,社会革命党与孟塞维克只成为临时政府反动的工具。根据这种情况,俄国革命已走到从第一阶段过渡到第二阶段的时期,于是必需利用这一时期的特殊条件来准备无产阶级与贫农去夺取政权。从这一时的特殊条件明显地看出:不推翻临时政府——整个资产阶级政权是不能以真正民主的和平来结束战争的。因此,提出了"一切政权归苏维埃"的口号,提出了把资产阶级民主革命转变为社会主义革命的战斗任务。因此,在俄国旧历十月二十五日又胜利地发动了震撼全世界的十月革命。这一革命是社会主义革命,它才附带地彻底实现了资产阶级民主革命的任务。

一九〇五年与一九一七年的俄国革命都是在无产阶级领导下的资产阶级民主革命,但这两个资产阶级民主革命却不同于以前欧洲各国的资产阶级民主革命,这从下列的几种特点可以看出来:

第一,俄国两次资产阶级民主革命都是处在帝国主义时代,亦即垂死的资本主义时代;而以前欧洲各国的资产阶级革命却发生在封建制度走向崩溃与资本主义发展的时代。

第二,帝国主义时代的资产阶级已不可能成为革命的动力。它虽与沙皇制度也存在着相当的矛盾,但由于工人力量的壮大,它对于工人革命的恐惧远超过对于沙皇的矛盾。所以它反而转到沙皇制度方面以求妥协,一面企图用改良政策在政治上取得更多一点的权力,一面则力谋与旧势力联合,以便共同对付革命势力。

第三,工人数量在俄国人口中虽也未占多数,但他们已形成一个集中而有组织的阶级,且已创立了自己的政党,因此他们在俄国能形成资产阶级民主革命中的领导权。

第四，俄国资产阶级转到反动方面去了，便丧失了在民众中尤其是农民的信仰；再由于俄国无产阶级之强有力的领导，更加能使过去是资产阶级革命后备军的农民变成无产阶级革命后备军的农民，而结成的巩固的工业联盟。

第五，俄国工人自己的政党——布尔塞维克，不但一开始与俄国的民粹派、立宪民主党等资产阶级影响做了总的清算，而且还坚决地打击了社会革命党、孟塞维克与托洛茨基派。因此，布尔塞维克便在这不断的、顽强的斗争中锻炼了、壮大了，能在革命中起着非常大的作用。

第六，它与欧洲各国资产阶级民主革命大不同的，还在由于上述的条件把资产阶级革命变成了社会主义革命。

第四节　殖民地半殖民地资产阶级革命

这里所谓殖民地半殖民地资产阶级革命，就民族说，亦即被压迫民族的民族革命或民主革命；就时代说，便是帝国主义时代被压迫民族的革命；就领导权说，是以工农为中心的全民性的领导。因此，在本节略分下列三点述之：（1）帝国主义的殖民政策；（2）殖民地半殖民地民族解放运动与民族革命战争；（3）殖民地半殖民地资产阶级革命与社会主义革命。

一、帝国主义的殖民政策

我们曾经在本编第三章说过帝国主义是垂死的资本主义，是资本主义的最后阶级，是寄生的、腐化的资本主义。对于帝国主义的特征，亦曾说过财政资本家集团为着垄断原料市场、投资等等，不能不进行剧烈地争夺殖民地及势力范围的分割。他们早把世界分割完了，世界上任何角落已没有一块的自由的土地。因此，他们把整块的世界也分成了两半边：一边是帝国主义极少数的压迫民族；一边是殖民地半殖民地绝大多数的被压迫民族。从另一方面说，工业资本主义发展为二十世纪帝国主义时代垄断的资本主义后，一边各个跑到前面的资本主义国家（德、意、英、美、法、日）马上由一个民族的国家变为占有很多殖民地的多民族国家，由要求独立解放的民族变为帝国主义的压迫民族；一边许多原来独立的国家却变为不独立的殖民地、半独立的半殖民地，许多原来独立的民族却变为不独立的被压迫民族、变为国破家亡的亡国奴隶。并且帝国主义全人口只有三万万四千三百万人，而被压迫民族的人口却有十二万万人。在压迫民族内，把各民族平均计算，每一个人有四个殖民地半殖民地内的奴隶，若各别计算就还要多些，例如一个英国人平均就有十个殖民地半殖民地的奴隶。然而这正是资本主义生产发展的必然结果、资本主义发展到帝国主义时代的结果。世界上有资本帝国主义存在着，而可以免除民族压迫或不去抢夺殖民地的事，这是不可思议的。

帝国主义的殖民政策表现在各方面：

第一，在经济方面，它把殖民地半殖民地经济变为帝国主义经济的附庸,变为原料、燃料、食粮、军需资源等等的供给地,近代重工业是很少在殖民地半殖民地举办的,因为要防止殖民地半殖民地经济上的独立。此外,帝国主义还支持殖民地半殖民地内的半封建经济势力,以阻碍民族资本主义的发展。

第二,在政治方面,帝国主义特别懂得“分而治之”,挑拨民族感情的政治阴谋,以破坏殖民地半殖民地内被压迫民族的团结,尤其善于利用被压迫民族内各种反动势力(半封建势力或在国际间吃磨擦饭的间谍群)阻碍、破坏被压迫民族的新兴革命势力。日帝国主义对于中国的一套办法便正是这样。

第三,在军事方面,帝国主义往往于殖民地半殖民地的重要军事战略据点驻扎庞大的海、陆、空军,控制海上、内河及陆路要道,即控制殖民地半殖民地的咽喉,以便随时以武力压迫殖民地半殖民地的民族解放运动,英国之在印度、埃及、非洲,美国之在菲律宾,法国之在安南,意大利之在非洲属及新被征服的阿比西尼亚,日本之在朝鲜、我国台湾及东北、华北、华中等地,无不如此。

第四,在文化、思想方面,原来资本主义在未发展到帝国主义时代,在历史的各方面都曾演过相当的进步作用。例如十七、十八世纪及十九世纪上半期,西欧各资本主义国为着反对封建制度,不仅在政治、经济上起过革命的进步的作用,即在文化、思想上也曾起了革命的、解放的作用,很显然的,他们曾经有力地反对过中世纪的黑暗、迷信、宗教、野蛮等等。但资本主义逐渐发展——一直到帝国主义时代,他们却回转头去同一切中世纪的黑暗携手来压迫本国内的革命运动,尤其对于殖民地半殖民地,不仅回转头去同中世纪半封建残余力谋妥协,而且实行所谓文化侵略政策,即宣扬宗教迷信及反动哲学等等去麻醉殖民地半殖民地的被压迫民族。

日帝国主义目前在中国所宣传的王道主义、孔教思想，乃至医卜星相、上谕圣旨及一切腐烂的封建意识的残屑正是这一套。

二、殖民地半殖民地民族解放运动与民族解放战争

帝国主义时代，主要的是资本输出，这样就在殖民地半殖民地内引起民族资本的发展，殖民地半殖民地也随之而产生民族资产阶级与无产阶级。同时，由于帝国主义侵入农村及各处小城市的结果，使得农民及手工业者破产，酿成殖民地半殖民地经济生活上空前的大变动，而帝国主义又逞其故技勾结殖民地半殖民地各种反动势力——尤其是半封建势力，对于被侵略民族中的穷苦人民大施剥削与压迫，于是引起殖民地半殖民地民众对于异族压迫之深恶痛绝，因以爆发出殖民地半殖民地民众及帝国主义的民族解放运动。特别是在第一次世界大战以后，被压迫民族的解放运动汹涌泛滥，不可遏止，例如一九一九年印度独立运动，同年中国的"五四"运动，朝鲜三月独立运动，土耳其、阿富汗、波斯等国民族独立运动，以及北非、南美各地民众运动。当时各地民族解放运动是与帝国主义内社会主义革命配合着的。这就是所谓战后第一个革命与革命周期，即战后第一直接革命时期。一九二三年德国革命的失败，结束了战后第一个直接革命期，资本主义经济趋于暂时稳定，然而在最大半殖民地的中国仍然爆发了伟大的一九二五——一九二七年的大革命。一九二九年，资本主义经济危机又在美国开始，接着发展为全世界资本主义经济危机，又终结了资本主义经济的暂时稳定。于是自一九三一年中国"九一八"事变起，有一九三三年德国法西斯魔王希特勒的上台执政，有一九三六年意国法西

斯并吞阿比西尼亚的剧变，有一九三六年德意两法西斯开始共同武装干涉西班牙战争的野蛮举动，有一九三七年七月七日倭寇开始直接进攻中国的战争，有一九三八年德国法西斯吞并奥国、侵占捷克的公开抢劫。这些接二连三的事变，同时终结了资本主义国家在政治上的暂时稳定。全世界已一步步走上了第二次战争与革命的新周期，亚洲、欧洲、非洲已有许多地面正在作战，全世界已有三分之一的人口卷入战争漩涡。特别是日寇进攻中国民族的战争，是日帝国主义大陆政策——殖民政策之一贯的继续，其目的在吞并全中国、奴役全中国人民。所以就日寇进攻中国的战争性质说，它所进行的是侵略的、反革命的帝国主义的强盗战争；中国的抗战就其性质说，则是革命的、正义的民族自卫战争，亦即半殖民地被压迫民族对异族压迫之独立解放战争。正因为中国对日抗战的性质是民族革命战争，所以我们提出了“保护祖国”的正确的、革命的口号，这与第一次世界帝国主义大战，有些人们提出来的“保护祖国”的口号根本不同。因为第一次世界大战的两方面都是为着抢夺殖民地，都是劫持赃物的强盗，都是反革命的战争。那时提出“保护祖国”的口号是保护帝国主义侵略者的祖国，那显然是一种欺骗的、反动的口号。但在被压迫民族革命战争中提出“保护祖国”的口号，是保护被侵略的弱小民族求独立自由的祖国，所以它就不是欺骗的、反动的，而是正确的、革命的口号了。中国的抗战是为祖国生存而战，是全国各阶层人民为共同“保护祖国”而战！

再则，帝国主义时代，所有民族运动都可以说是革命的。因为被压迫民族——殖民地半殖民的反帝国主义的民族解放运动是世界革命的一个侧面，是削弱、动摇帝国主义统治的一种极大的助力。因为殖民地半殖民地在帝国主义时代成了帝国主义经济上主要来源之一，甚至就是帝国主义镇压本国无产阶级革命势力的后方。所以殖民地半殖民地的反帝国主义运动，无论是正规战、游击战，无论是政治经济罢工或正式的武装起义，在客观上都是削弱、震撼帝国主义势力及其存在的，所以都是革命的进步的民族运动。但在帝国主义时代也不是没有反动的、欺骗的民族运动，例如目前德国法西斯为吞奥并捷也提出日耳曼民族主义来号召，日寇法西斯为吞并我国、离间我国民族的团结，也运动蒙、回各族来反对汉族，也提出什么"蒙古民族自决"、"重建蒙古帝国"的口号，乃至一般的"民族自决"、"民族自治"等招牌它也挂出来欺骗，就是明证。所以我们不但要在具体条件的严格限制上来理解"保护祖国"的口号，还要在具体条件的严密意义上来理解"民族自治"、"民族自决"等口号。

三、殖民地半殖民地的资产阶级革命与社会主义革命

很显然的，帝国主义时代民族问题的提法与以前工业资本主义时代民族问题的提法是不同的。其不同表现在以下各点：

第一，以前人们把民族问题只看成国内的问题——看成欧洲文明民族如波兰人、爱尔兰人等的民族问题；现在却把民族问题由国内问题变为一般国际问题——变成世界问题，变成殖民地半殖民地被压迫民族从帝国主义奴役下解放的问题，即把民族问题与殖民地问题联结起来了。

第二，以前人们把民族自决权缩小为民族文化自治权，即把民族自决权变为适应帝国主义资本家利益的口号；现在民族自决权的权利却是被压迫民族的分立权、各民族国家独立自由的权利。

第三,以前人们对于“民族平权”的口号是空洞的呐喊;现在却把民族平权看作帝国主义内被压迫阶级对于殖民地半殖民地内被压迫民族的实际援助,不仅要在政治上民族平权,而且要消灭历史上遗下来的被压迫民族经济上、文化上之不平等。

第四,以前人们把民族问题看作一个单独的问题,以为帝国主义内被压迫阶级可以不得到殖民地半殖民地被压迫民族的联合,能单独得到胜利;现在却以为帝国主义内社会主义革命必需与殖民地半殖民地的民族革命(亦即资产阶级革命)联合起来,反之殖民地半殖民地的民族革命也必需与帝国主义内社会主义革命联合起来,形成被压迫阶级与被压迫民族坚强的统一革命战线,才能共同得到胜利。

关于这一点,孙中山先生在讲民族主义时已辉煌地提出来了,他已把中华民族的解放看成世界革命之一部分。因此直到他临死之前,还郑重嘱托他的后继者,要联合世界上以平等待我之民族共同奋斗。抗战开始以后,国民党临时全国代表大会重新提出孙中山先生民族主义的主张,制成抗战建国纲领,这是切实把握了当前具体的历史条件的。

被压迫民族解放运动,在当前成为世界革命运动的一部分,这是诚然。但世界革命的担当者——即帝国主义内的无产阶级,必须如何实际援助殖民地半殖民地的民族解放运动呢?最要紧的是,世界革命的担当者及指导世界革命的政党必需主张殖民地半殖民地被压迫民族的“民族自决权”,一直到被压迫民族脱离帝国主义压迫民族的统治而建立一个独立自由的民族国家。只有这样,世界革命的担当者及指导世界革命的政党才能取得被压迫民族及压迫民族的工农群众之信任,而达到被压迫阶级(无产阶级)

与被压迫民族的国际一致。例如当前日帝国主义疯狂地侵略中国，日本的无产阶级及其政党主张日本军阀政府失败，主张把侵略中国的帝国主义战争变为日本国内反法西斯军阀政府的国内战争，主张日本一切海、陆、空军退出中国，并且在日本国内以实际行动援助中国对日抗战，这就是国际主义与民族主义的一致性，这就是世界革命运动与民族解放运动的一致性。不过，被压迫民族——尤其是被压迫民族内的工农群众，一面要坚决地、积极地参加抗日民族革命战争，去为保护中华祖国而战，去为保护中华领土主权的完整及行政统一而战；同时，另一面必需坚决主张中华民国境内各民族一律平等，反对过去所遗留下来的汉族对于国内蒙、回等民族的民族特权。因为汉、满、蒙、回、藏在当前都是被压迫民族，都有变为日寇亡国奴的危险。只有坚决主张国内各民族一律平等，才能联结各民族一致抗日。同时，为要走向各民族自由的、自愿的民族大联合，也只有坚决主张国内各民族一律平等，才能取得各民族的信仰，促成真正的团结。这在孙中山先生所亲自领导的中国国民党第一次全国代表大会宣言中，已明白而具体地规定了，即"一则中国民族自求解放；二则中国以内各民族一律平等"。并"承认中国以内各民族之自决权；于反对帝国主义及军阀获得胜利之后，要组织自由、统一的（即各民族自由联合的）中华民国"。从这里我们又看出国际主义与民族主义的一致性、世界革命与民族革命的一致性。

关于这一点，俄国无产阶级的十月革命——亦即社会主义革命，给了我们一个最辉煌的实例。俄国十月革命获得胜利的因素之一，就是因为那时俄国的工农得到了各边疆内殖民地被压迫民族的援助。如果那时没有各边疆殖民地被压迫民族的援助，俄国工农便不能夺取政权，乃至不能维持政权。换言之，即俄国社会主义大革命不能取得胜利。但反过来说，俄国各边疆殖民地被压迫民族若无压迫民族内亦即沙皇统治内俄国无产阶级的爆发革命帮助他们争取解放，各边疆殖民地被压迫民族也是得不到像现在一样的民族自由与民族独立的。这证明了民族解放运动不是孤立的，也不能是孤立的。

第六章　当前资本主义总危机与革命高潮

第一节　从战后资本主义总危机到新经济恐慌

由于第一次世界大战——帝国主义战争所带来的空前灾难，开始了世界资本主义的总危机；由于资本主义的总危机加紧了帝国主义内部阶级斗争及殖民地半殖民地的民族革命运动，所以革命首先在俄国爆发了。俄国的十月革命，在全世界六分之一的地面上建立了人类有史以来第一个苏维埃社会主义国家。随着十月革命的影响，在欧洲大陆及殖民地半殖民地国家爆发了无数次的革命行动。例如一九一八年十月，爆发了芬兰无产阶级革命，同年十一月，奥德发生革命；一九一九年三月，爆发了匈牙利无产阶级革命与朝鲜人民暴动，同年四月，德国巴伐利亚省产生了苏维埃政权；一九二〇年九月，土耳其发生资产阶级民主革命，同年九月，意大利工人取得占领工厂的胜利；一九二一年三月，德国无产阶级的先锋队发生暴动；一九二三年九月，保加利亚发生暴动。一直到一九二三年秋德国革命失败，这才结束了第一期直接革命的危机。第一期直接革命危机正是配合着世界资本主义总危机来的。

一九二三年秋，由于德国革命失败，结束了战后资本主义总危机的第一个时期，随即进入战后资本主义相对稳定的阶段。这是由于到了一九二三年，各资本主义国家的生产差不多都已达到战前的水准了。如果同战前一九一三年比较，煤的产额达百分之九十八，铁达百分之九十，铜为一百〇五，国际贸易为九十八。由于经济上局部的、暂时的稳定，政治上的局部稳定或暂时稳定也出现了。这一方面表现在资产阶级旧势力的抬头，即在总危机深刻时政治上社会民主党的地位，到经济局部稳定时为旧的资产阶级政党所代替；另一方面表现在各帝国主义间有限度的妥协，即在那时不断地举行国际会议、缔结妥协条约，这自然只能暂时缓和一下。然则资本主义所以能进入相对稳定阶段的原因是什么呢？第一，是由德国革命失败，欧洲革命斗争一时转入低潮；第二，资本帝国主义厉行合理化政策；第三，资本积聚和集中过程加速，各帝国主义厉行高度国家主义的经济政策；第四，改良派首领极力帮助各资本主义国恢复秩序；第五，美国以庞大的资本帮助欧洲资本家。这些都成为战后资本主义相对稳定的因素。

由于厉行合理化政策，由于拼命剥削工人阶级及殖民地半殖民地民众所得到的资本主义的相对稳定，将必然发展为新的更高级的矛盾，因而更加加深资本主义的总危机，创造世界革命成熟的条件。果然，资本主义的相对稳定到一九二九年便结束了，即从一九二九年冬季开始资本主义恐慌的新周期。这一危机到一九三二年达到了最低点，以后虽有部分改善，但终不能恢复过去的繁荣，而且经济危机的深刻性与普遍性有着与过去不同的许多特点。这些特点表现在：第一，这次工业危机普遍到了所有资本主义国家；第二，工业危机与农业危机错综起来，农业危机也普遍到了一切农业国与半农业国；第三，农业危机又普遍到各农业部门，例如牧畜业等；第四，在工业内占统治地位的卡德尔垄断商品的高价，使危机特别痛苦，并阻碍存货的推销；第五，主要因为此次工业危机是在资本主义总危机更加厉害的阶段上发生出来的，所以非普通办法（例如通货膨胀、商品倾销等）所能好转。一九三二年以后，虽然由于军需工业的畸形发展，虽然由于对本国工人及殖民地半殖民地民众更加残酷的掠夺等，形成了部分的好况，然而完全恢复繁荣的前途是没有可能的。不惟不可能，而且陷于一九三三——一九三六年经济特种萧条的状态。为什么一九三三——一九三六年的经济萧条是特种萧条呢？原因就在它不仅没有克服失业和贫困，反而因为严重的失业和广泛的贫困更加缩小了购买力，造成新的更加严重的危机。原因还在它没有克服"不变资本"的慢性过剩。原来在危机以前，几个主要国家的生产机关就停顿未用；到危机最猛烈的时候，美德等国的机器工厂开工率最多也只百分之三十左右。到一九三三年和一九三六年，英美两国的固定资本虽也开始在革新和补充，然而这并不是普遍的现象，一般生产能力过剩的问题并未根本解决。最后一个重要的原因，就是虽有过部分的好况，也是不平衡的。一面是有些国家已超过一九二九年的水平，有些国家则仍停留在原来的阶段；另一面，所谓好况却只限于有关军事工业的部门，其他如农业、工业、消费品生产则相对地或绝对地缩小了，好况的基础是非常狭小而薄弱的。

一九三六年到一九三七年春，资本主义好况曾经一度部分地达到了最高峰，然而为时不到几个月，就在一九三七年的夏季，新的经济恐慌又从美国开始了，马上就传波到了全资本主义世界。新经济危机使侵略国愈益困难，而侵略国之疯狂的进行侵略战争复更促进经济危机深刻化。新的战争已经不断地爆发了，这又是加速危机过程与加深危机深度的直接因素。这里已经证明这一次新的危机是在还没有恢复繁荣和资本主义内在矛盾发展得最剧烈的条件下爆发的。它的面前已经在事实上出现了战争，而且还一定要走到新的革命危机的路上去，走到大规模的，正规的第二次世界大战。

第二节　空前的紧张局面与新的革命高潮

自经济恐慌发展以来，各帝国主义内部以及各帝国主义彼此间的局面不断地紧张起来，争取国外市场斗争的加强，消灭了自由贸易的最后壁垒，而关税高筑、货币战争、倾销政策、军备竞赛以及其他许多类似的办法更使各帝国主义间的关系空前紧张，并且把重分世界、重划势力范围的最后的办法——残酷的战争，迫切地提在全世界人的面前了。过去缔结的各种和平条约，凡是认为于己不利或于侵略不便的都在一通一通地加以摧毁，甚至早经视同废纸。德国于一九三三年法西斯魔王希特勒上台之后，即以军缩会议限制德国军备为藉口突然退出国际联盟，恢复自由行动。一九三五年三月十八日，希特勒宣言重整军备，这便是德国撕毁《凡尔赛和约》的第一步，接着是进兵莱因，要求恢复旧有殖民地，到一九三八年它更吞奥并捷，最近(一九三九年)更威胁波兰，要求把但泽也并入版图。至此《凡尔赛和约》已撕毁无余了。意大利法西斯于一九三五年十月举行了侵略阿比西尼亚战争，次年便把阿国一口吞灭。西班牙战争发生后，德意两法西斯又实行武装干涉，帮助叛军佛郎哥在两年之内硬把西班牙共和政府蛮横地压倒下去。《罗迦诺公约》早已由希特勒声明废弃，事实上也早不存在了。一九三一年“九一八”，日本帝国主义野兽似的起来撕毁了《九国公约》，武力占领了中国东三省；继续逞其野蛮，又造成了一九三二年“一·二八”上海战争；同年十二月进占热河，兵临华北，造成了古北口战争；一九三五年又成立“冀东自治区”，直逼平津，并且一再强迫中国签订屈辱条约，例如《淞沪协定》、《塘沽协定》；一九三七年七月七日，卢沟桥事件爆发，这又是日帝国主义有计划的阴谋，从此正式展开了大规模武装进攻中国的战争。这一战争整整继续到现在已有两年多，然其进攻并未停止，其军事进攻与政治阴谋更加毒辣。然这正充分证明当前政治局面的空前紧张，各帝国主义间的火并要更大规模地开始。

拖延性的（慢性的）资本主义总危机已经使各帝国主义剑拔弩张起来，而在挽救危机的具体方策上不外两端：一是对外战争，一是加紧对于本国工人阶级和殖民地半殖民地民众的剥削，因此便更加加重帝国主义与殖民地半殖民地之间、资本家与劳动者之间的矛盾。现在广大的工人群众不断地脱离社会民主主义的影响而更加革命化，而殖民地半殖民地民众亦不断地掀起了民族解放运动或民族革命战争。因工人与资本家间矛盾的加深，在一九二八——一九二九年，欧洲各资本主义国家里就已经不断地爆发了经济的大罢工，例如波兰洛茨工人罢工；鲁尔煤矿工人罢工；捷克、印度等处也发生过大大小小的罢工运动；一九三〇年美国发生了广大失业工人的大示威运动，一九三二年发生农民运动，不久又发生退伍军人长途向华盛顿进军的示威运动；一九三〇——一九三一年，德国不断发生示威运动；一九三一年四月发生西班牙革命；一九三二年，英国有“因弗果顿”舰队的罢工；同年，智利舰队亦发生暴动；此后有西班牙英勇反抗法西斯斗争达两年之久；阿比西尼亚虽已亡国，然还在不断地采取游击战争方式抵抗意大利法西斯的野蛮侵略；中国的奋起抗战震撼了全世界，正在英勇地争取最后胜利。这都是资本主义总危机新开始所带来的新的革命高潮。这一高潮表现在国际工人阶级反法西斯斗争而结成了反法西斯的无产阶级统一战线，以及劳动民众的人民阵线，乃至反战、反法西斯、反帝国主义侵略的民族统一战线，此外则还有国际间反侵略战线的民主和平战线。

第三节　反法西斯的人民阵线

在资本主义总危机之下，由于反映在政治上的危机，使法西斯独裁政治好比“虎列拉”一样在这六分之五的世界里蔓延着。除意大利是一家“老店”外，近几年来，从德国到波兰、芬兰、匈牙利、保加利亚、罗马尼亚、希腊、南斯拉夫、西班牙、葡萄牙，以至于远东的日本，南美的巴西、阿根廷等，或是纯粹的法西斯统治，或是在蜕化中的法西斯统治形态，或仍旧披着议会民主政治的外衣，而实际则行法西斯统治。试看英国也有莫斯莱党在野的呐喊，有过去鲍尔温的法西斯政策；法国有荷枪实弹要再举夺取政权的“火十字团”；就是自诩不会生长法西斯的美国，也已有过“银衫党”的煽动、“黑军团”的恐怖。法西斯把经济恐慌的负担转嫁于劳苦大众，减少乃至完全取消社会保险基金与失业津贴，高度膨胀通货提高物价，榨取苛捐杂税，已使大众生活陷于饥饿、半饥饿状态；更疯狂备战，把国家全部预算移作军费，实行战时经济收夺人民企业，驱使成千百万壮丁受军事训练上前线当炮灰；更剥夺人民一切基本权利，实行强制义务劳动。在集中营里，秘密警察拘留所里，有期徒刑、无期徒刑的监牢里，无数为自由、为文化、为人类解放而斗争的战士被幽囚、被施以酷刑或屠杀。很显然的，法西斯的牺牲者不仅是工人、农民，而且有城市小资产者、智识分子以及一切非特权的资产阶层都在内。所以在政治经济危机日益严重的情势下，法西斯的毒焰高涨，而反法西斯的民众势力及一切组织也逐渐抬头或组织起来了。最先组织起来的可以说是反法西斯工人阶级的统一战线，其次则有广大民众的人民阵线；在殖民地半殖民地，则有反帝反侵略的民族统一战线。我们现在试先从反法西斯的人民阵线说起。

反法西斯的人民阵线，法兰西、西班牙两国的是先锋、是榜样，现在即以它们两国的反法西斯的人民阵线作中心叙述。法兰西人民阵线的胜利，给全世界反法西斯、反帝人民阵线运动以莫大的兴奋；同时，对于各国的自由主义者、社会党、共产党为保卫民主政治和大众利益而联合斗争，也给予了一个辉煌的典范。因此，我们应该深刻认识反法西斯人民阵线的主要任务，是为保卫民主政治和大众利益而斗争的联合（统一）战线。这种运动是各党、各派、各社会阶层为对付国内敌人——法西斯统治而联合起来的民主运动。法国也和其他帝国主义一样，陷落在深刻的经济总危机的深渊里，法西斯就在这种经济状况下得着生长的土壤。法国又是世界上第二位多金的国家，可是大部分的黄金却拿在二百个金融巨头手上。这少数金融寡头统治榨取民众，几至导引民众于毁灭，不满现状的情绪广泛地展开了。金融巨头深怕民众起来革命，便不能不重新觅取镇压革命的工具，于是法西斯便成为大资本家天然的拥护者。一时，法国的法西斯团体就发展为下列各种："青年保皇党"、"法兰西团”、“爱国青年”、“火十字团”等等。就中最著名而具有相当力量的是“火十字团”,它所编练的国民义勇军有武装三十万人,武装夺取政权是他们预定的工作。可是一九三四年二月巴黎暴动很快就失败了,失败的原因由于巴黎工人第一次结成工人统一阵线的队伍。工人统一阵线的成功,建立了人民阵线的基础。人民阵线吸引着农民、城市小所有者、中产阶级及青年群众,使它获得迅速而广泛的发展。法国的人民阵线共计包含九十八个团体,主要的是社会党、共产党、急进社会党、人权大同盟、退伍军人后援会等等。人民阵线全国委员会宣言,目的在要求一个自由的、强大的、美丽的、幸福的法兰西,号召全国人民为保卫民主政制、革命传统而斗争。它的政治纲领的要点是:普遍的大赦,解除法西斯团体及其武装,改正出版法,尊重工会的权利,保障妇女劳动权,延长义务教育年龄等。经济要求的要点是:实行可以恢复大众购买力的政策,创立救济失业的国民基金,不随工资减少而缩短工作周,改革税制,增设大财产税,建立大规模公共工程计划等。关于维持国际和平的要求,其要点是:为组织和平、达到维持和平的目的,进行国际间人民——特别是勤劳大众的合作;为实行集体安全达到保障及制裁侵略的目的,进行国联会内国际间的合作;采取限制军备以至废除军备的步骤;军需工业国有;拥护法苏协定等。勃鲁姆内阁时代是典范的人民阵线内阁时代。此后各相次出现的内阁,乃至目前达拉第内阁,虽对于人民阵线政纲的执行不甚彻底,但人民阵线的势力却只有日益蓬勃的发展。在人民阵线中心领导得到强力的支持与策略正确的运用之下,它必然是能最后击破法西斯的壁垒的。为领导人民阵线前进,领导工农大众到达于最后胜利,工人阶级政党的单一化是必要的,一个适应形势发展的计划与战略也是必要的。这两个迫切的问题已被现实提出于法兰西工人阶级的两大政党之前。

西班牙一九三四年十月革命，亚斯特里亚十五天的战斗，西班牙社会党、共产党、UGT（社会党工会）、CGTU（共产党工会）、无政府党及其工团CNT联合作战，制就了西班牙人民阵线的典范。十月革命是失败的，革命失败以后，虽在反革命的恐怖时代，但大众联合斗争的精神却一点也没有销沉。大众这种不屈服的精神，一方面使西班牙卢白尔士法西斯不敢实行独裁政变，另一方面使工人各集团的亲和继续增进，随即成立人民阵线政府。人民阵线政府成立以后，宣布大赦政治犯，恢复宪法规定的民主权利，恢复一九三二年基本劳动法，恢复因十月革命关系被开除的工人的工作，普遍增加工资，规定四十小时工作周，清除天主教教育，增添学校五千所，设法分给土地与无地农民……政府确实向人民阵线的政纲前进着。可是政府解决土地问题的步骤是迂缓的，而且没收地主土地分配给农民，人民阵线纲领没有这样彻底的规定，那时共和左派的阿柴那政府也不能做到这个程度，所以不久便发生了反动派法西斯的叛乱。叛乱的实力派是以佛郎哥为首所率领的大部分的西班牙陆军以及召募来的摩洛哥的土著军，它所代表的成分是：贵族、军阀、天主教、地主、资本家、保皇党及一切反动集团。奋不顾身起而应战的是：工人、农民、妇女、青年、城市小资产者及智识分子。在战争进行中，改组政府使政府成为百分之百的人民政府，使政府的政策与人民的意志完全一致，使人民阵线政纲充分实现。西班牙的政府军与佛郎哥叛军艰苦支持两年之久，然终为德意两法西斯国的横蛮干涉，对于叛军的多方援助，把政府军压溃了，但决不就是人民阵线的失败。在全世界范围内，保卫民主政治和大众利益而战斗的最后胜利仍将是属于反法西斯人民阵线的。

反法西斯人民阵线运动不仅典范地展开在法兰西、西班牙，即在法西斯的魔窟里也艰苦地生长出来了。德国被法西斯摧残的工农们、中产阶级、城市小资产阶级、智识分子也于一九三六年二月二日联合起来讨论人民战线的实行问题，起草人民阵线纲领并发表宣言。宣言的要点如下：

> 由于浪费，由于扩军，由于摧残外国贸易与人民购买力，目前德国摧毁着经济的、社会的生存基础。在这种统治以下，事情必然愈过愈坏。
>
> 现政府以非日耳曼制度的专制、暴虐，生活的强迫，统治者们个人发财，使差不多全德国人极端渴望这恐怖的终结与恢复基本人权。目前基本人权的恢复是最重要的要求。各党、各集团被结合在一起，不放弃他们各自前进的目标，领导他们全部力量来实现下列普遍妥当的统一口号："言论自由，研究与教授自由，良心与宗教自由，人的自由，尊重人民生命，改组政治机构，统制公共收支，取消法西斯独裁统治。"
>
> 在以毁灭来威胁德国自己与全世界的大恐怖面前，帝国主义大战是否爆发系于德国人民能否坚决反抗，一切党派与个人如果愿意加入这一阵线，必需尽可能地来阻止新世界大战的惨祸，保全祖国与人民，保全其他国家与民族。

这是德国反法西斯人民阵线的呼声。但这种运动与呼声不仅在德国有，它是普遍于德、日、意一切法西斯国家的。

第四节　反帝的民族统一战线

反帝的民族统一战线，这里只能以印度做一个典范的例子来叙述。

战后，印度民族运动的发动，国民大会的出现，完全是在甘地的领导之下。因此，运动的政治目标是一个不明确的"自己的政府"；经济纲领是代表民族资产阶级的要求；战术是消极抵抗；领导运动的机关，即国民大会，正如它的名字的涵义，是全民的组织，包含各种阶层，据一九二〇年的登记，会员约有一千万人。但这是不可厚非的，这就是民族统一战线的初步基础。一九二七年五月，印度的工农阶层提出比较进步的纲领于国民大会，要求大会以民族独立为目标，采取群众的直接行动——包括总罢工运动。大会初尚企图否决这一建议，然终被群众坚持通过。一九二九年，民族运动的左翼在布斯领导下提议与英国断绝一切关系，建立印度与英国并峙的政府，甘地则以相反的提议与之对消。但甘地虽坚持非武力抵抗主义，然而一九三〇年，终于出现了对英帝国主义的武装反抗。一九三一年，甘地与印度总督欧文谈判停战，并出席伦敦圆桌会议，然在他由伦敦回到孟买时，印度群众却用大示威来答复他。这证明了反帝民族统一战线是应该以工农阶层做中心的。然而在印度，民族资产阶级毕竟是国民大会的权力者，他们为维持其领导地位，在一九三四年孟买大会开幕前，主张削减大会代表至二千人（前次在纳革坡开大会，代表是一万四千人）。他们始终坚持割断民族斗争与经济斗争的关联。但时代的潮流与印度本身的情势决不复能使这种坚持再继续下去，于是大会不免发生左右翼的分化。工农大众要求不妥协的斗争，要求参加国民大会前进；民族资产阶层不欢迎这样做，他们排斥大众参加国民大会，他们只想和民主派联合，和站在大会外面的与英帝国合作的人联合。

甘地因此逐渐失去人民的信仰，他曾反省而很痛切地说："我现在应当退到一旁，让这个不可阻遏的急流在我面前过去。"甘地退休了，现在国民大会唯一的权威领袖是尼赫鲁。一九三三年，他曾公开宣言："我相信在今日政治领域内最基本的选择是类似共产主义或类似法西斯主义的二者之一，我是选择前者的，那就是共产主义。"一九三六年三月，国民大会在鲁克诺开会，左翼也发表他们的意见，提出国民大会的任务是反帝、反奴隶宪法，为印度的完全独立、为劳苦大众生命线的需要斗争到底。国民大会过去并没有成为民族斗争统一战线的国民大会，还把很广大的群众关在门外，纲领也还不会明白表现出是为民族斗争的纲领，所以必须修改大会组织法，让工会、农会、青年、妇女团体以及各种民众团体集团地参加大会，建立民族统一战线的坚强基础。鲁克诺大会开幕，主席尼赫鲁致词正反映出了这种需要。他说：

> 我们不能把印度或印度问题从其余的世界孤立出来，西方的社会主义和勃起于东方的及其他非独立国的民族主义，反对与法西斯主义帝国主义联结。必须记着，东方的民族国家完全和新的恐怖的、狭隘的法西斯国家的民族主义不同，前者是把历史推进向自由，后者是反动的最后的避难所。
>
> 世界分成两个集团：法西斯和帝国主义在一边，社会主义和民族主义在另一边。

我们——为印度自由而工作的人站在那一边呢？无可避免的，我们要和彻底的反帝反法西斯的世界前进势力站在一边。

假使前途是有充满的希望，这主要是由于苏联和它所做的一切。假使世界灾难不加阻碍，这新文明将展开于其他地域，终结资本主义所饲养出来的战争。

我不知道这新秩序怎样又何时来到印度，我想每一个国家都会依据它自己的精力仿效它、追随它之后。

我相信解决的唯一锁钥在于社会主义。我深愿这大会成为社会主义者的组织和为新文明工作的世界势力携手。

这表现出左翼势力的成长，例如大会通过许多大众有力的决议案；但仍有许多重要决议不能通过，这是受了右翼的控制。尼赫鲁为苦心维持印度反帝民族统一战线，他对大会的阶级构成分最后来了一个折衷的态度。他说："无可避免的，我们必需中等阶级的领导，但必须深深注视着群众，吸取他们的力量与感应力。"这样便使得大众力量得到很快发展的机会，而印度反帝民族统一战线也日益走上扩大与巩固之路了。

这里，我们虽然只把印度反帝民族统一战线作为典范的例子来叙述，实则亚洲其他弱小民族的解放运动，尤其是中国的反帝抗日运动，此外有如拉丁美洲弱小民族的解放运动、非洲弱小民族的解放运动，都不知不觉地或有计划地走上了反帝民族统一战线的大道。

第五节　中国人民的抗日民族统一战线

为着反对帝国主义战争、反对法西斯中世纪的反动黑暗，帝国主义内部的工人阶级结成了反战反法西斯的统一战线，同时并组织反法西斯的人民阵线，团结一切和平的民主的力量，去推翻法西斯的独裁，例如在德、日、意等国内，去阻止法西斯的兴起，例如在法、英、美等国内。在殖民地半殖民地国家的内部，工农大众为着推翻帝国主义的异族压迫，也必须建立反帝的民族统一战线，上述印度反帝民族统一战线就是一个典范的例子。但由于各殖民地半殖民地国家历史的、经济的、阶级关系的及民族特性等具体条件之不同，建立反帝统一战线的形式与内容也就有很大的区别。例如在印度和中国，资本主义都已有相当发展，都已有相当数量的民族产业工人阶级，这一点是相同的；然而印度是多年英帝国主义的殖民地，中国却是各帝国主义的共同殖民地——半殖民地，所以印度与中国又有多少不同。有些殖民地国家（如埃及）资本主义并不甚发展，因之民族产业工人阶级的数量也较少。有些殖民地半殖民地国家（如摩洛哥、阿比西尼亚等）差不多完全没有民族资本家，也就完全没有民族产业工人阶级。在这些不同种类的殖民地半殖民地国家内，革命的传统、工人阶级及其政党的政治影响与组织力量又是各不一样的。因此在这些各种不同的国家内，必需建立各种形式不同、内容各别的反帝统一战线，而不能忽视各别的具体条件，使之强同。根据历史的、阶级的、民族的特点等具体条件去建立各种不同的反帝统一战线，这是起码的必需遵守的科学原则。

由于日寇法西斯军阀对于中国“九一八”以来的新进攻，中华民族危机之加深，又由于新进攻影响到我国内各阶级、各党派、各军队等等相互间关系之变更，并由于国际情况，特别是远东情形之变动等具体的历史条件之大大变动，因此在中国不是建立一般反对一切帝国主义的统一战线，而是建立以工农为中心、国共两党合作为基础的、由国民党领导的抗日民族统一战线。当前我国抗日民族统一战线不仅与其他殖民地半殖民地反帝统一战线不同，并且与一九二五——九二七年中国大革命时代的反帝统一战线有别。一九二五——九二七年中国大革命时代所建立的反帝民族革命统一战线，革命的主要打击方向是集中在国内北洋军阀身上。其次则间接打击外国帝国主义在华的统治。当前抗日民族统一战线，革命的主要打击方向是集中在日本帝国主义身上，因为日寇帝国主义对我国进行着直接的强盗的侵略战争，军事占领我国领土，威胁整个中华民族和国家的生存，所以在目前对日抗战的最高原则是精诚团结、一致对外，团结全国各阶级、各党派、各抗日军队及各抗日地方政府，在国民党、中央政府、最高领袖的领导之下去一致抗日，去坚持抗战到底，以求在持久战中最后战胜日本帝国主义。

中国第一次所建立的反帝民族革命统一战线曾是反对一切帝国主义的。因为当时正处在资本主义暂时稳定时期，各帝国主义，不论英、法、德、意、美、日都一致地镇压中国革命，因此当时的民族统一战线不能不并且不得不是反对一切帝国主义的。但是目前的国际形势，特别是远东的形势，大大变更了。由于德、意、日三个法西斯国家实际上已形成了三角军事同盟，他们这伙强盗的侵略不仅威胁着中华民族和中国的生存，并且也威胁着各民主国家，例如英、法、美、荷、比等国切身的经济、政治利益。因此，我们二年来对日寇的英勇抗战，在国际上就不仅取得全世界工人阶级、被压迫民族及苏联社会主义国家人民之同情与实际援助，并且也得到了各民主国家爱好和平的人士们与一部分当局者之同情及某些物质上、精神上的援助。因此，目前民族统一战线不仅是可以着重对外抗日，并且也是必需着重抗日，而不是反对一切帝国主义的。目前对日抗战，它是要完成我国民主革命中头等首要任务的，所以在对内关系上，它是带着全民族、全民的性质。正因为它要完成民主革命的任务，挽救中华民族国家的危亡，对外求得中华民族的独立解放，把中华民国变为名符其实的、新式的、真正人民的民主共和国、真正三民主义的国家，实现孙中山先生的理想，成为全国各阶级、各党派之共同要求与共同斗争目标，所以目前抗日民族统一战线不能不是包括各抗日阶级、各抗日党派的。在抗日民族统一战线下，不仅包括工人阶级、农民、城市小资产阶级，并且包括民族资产阶级及一部分参加或同情抗日战争的地主。在抗日民族统一战线内部既包括各个不同阶级，而且这些阶级之存在乃是客观的、现实的存在，决不能由个人主观意志加以变更。那么，在民族统一战线内部不免因局部利害不同而发生磨擦也是不足为怪的。问题就在无论如何不能让磨擦扩大影响抗战，甚至于破坏抗战。由于在客观上，我国社会内部既存在着各个不同的阶级，参加抗日民族统一战线的成分也不能不包括各个不同的阶级。那么，因代表不同阶级利益而产生的各抗日党派间的某些政治上的磨擦也是不可避免的，更是不足为怪的。问题就在无论如何要使各抗日党派的利益服从抗战的利益、服从民族国家的利益。这就要各抗日党派，尤其是领导抗战建国的国民党认清责任重大、局势危迫，无论如何不受日寇及汉奸们的挑拨离间，而去按时按地适当地解决各党派间的相互磨擦。这不仅是必需的，而且是可能的。阶级的存在既是客观的现实，在目前历史的阶级*上无法消灭，也是不能消灭的，因此各抗日党派的存在也是客观的现实，在中国历史的现阶段也是无法消灭和不能消灭的。十年来的历史告诉我们，我国历史现阶段发展的规律性决定任何一个政党在今天不能违背历史的发展与客观真理，也决定任何一个政党不能不为实现三民主义而奋斗，不能不为抗战建国而奋斗，不能不在抗日民族统一战线之下而奋斗。抗日民族统一战线的胜利是抗战胜利的基本条件——是“抗战必胜建国必成”的基本条件。

第六节　国际上的两条阵线——侵略阵线与和平阵线

由战后资本主义的总危机到新经济恐慌，由新经济恐慌下的空前的紧张局面到新的革命高潮，这是一面；另一面新的世界大战的危机也已经日益严重了。在目前，第二次世界大战随时随地都有爆发的可能，而且大的战争已在远东、西班牙、欧洲的某些部分、东非洲进行着；德、日、意已经结成了侵略的同盟，而以反共防共为藉口掩护其掠夺的侵略战争。这一侵略者的同盟之存在就表示出新的世界大战危机之严重。

在这个新的随时都可爆发的世界大战中，侵略者的目的何在？侵略者固然极力把自己的目的描写为纯粹是反对共产主义、反对

* 此处“阶级”疑作“阶段”。——编者注

第三国际。反对共产主义、反对第三国际、反对苏联固然是侵略者主要目的之一,因为社会主义苏联的存在、第三国际的存在就表示法西斯专政是不巩固的,但是侵略者在事实上,除了准备进攻苏联,还在进攻苏联之前就进攻了中国,进攻了西班牙,并吞了奥大利、捷克,并吞了阿比西尼亚、阿尔巴利亚,现正谋夺取但泽、进攻波兰。这就是侵略者已经实行的目的或正在准备要实行的目的。这就说明了侵略者同盟的危险性,不仅对于苏联严重的存在着,就是对于整个资本主义民主国家,特别是英、法、美,同样是严重的存在着。因此,新的世界大战的危机就不但是苏联所应关心的问题,也是全世界民主国家所应关心的问题,也是全世界一切爱好和平的人们所应关心的问题。德、意、日侵略者的同盟在世界范围内形成了国际侵略阵线,同这个疯狂的侵略阵线处于绝对对立地位的就是国际反侵略的和平阵线。社会主义的苏联有世界无匹的强大的陆、海、空军,有忠实于自己的祖国并不怕牺牲自己以捍卫祖国独立自由的一亿七千万人民,有强大的社会主义的经济基础,但是苏联并不需要战争。苏联从它出现于世界以来就一直为保卫自己的和平与安全而奋斗,为建立世界真正和平而努力,这便是苏联和平政策的基础。没有丝毫根据来说苏联的和平政策是欺骗世界的一种手段。苏联的外交政策是拿它的和平政策贯注着的。试看斯大林在联共第十八次大会讲演词,它的外交政策更觉得是非常明白而确定。他说:"一、我们拥护和平和力求增进苏联与所有各国之间的商业关系,这便是我们的立场。在各国也拿同样的关系来对付苏联而不去企图践踏我们的利益时,我们将始终守着这个立场。二、我们对于和苏联有共同国界的邻邦总保持着和平的、密切的和友谊的关系,这是我们的立场。只要我们的邻邦也拿同样的关系对待苏联，而不去企图直接地或间接地破坏苏联领土的完整和它的国界的不可侵犯性，我们将始终守着这个立场。三、我们赞助那些被侵略者所侵略而正在为自己国家的独立而作战的国家。四、我们并不畏惧侵略者的威胁，而且正准备给那些意图破坏苏联的边境的战争挑动人以加倍的打击，如果他们果真来打击我们。”这便是苏联的和平外交政策。

由于苏联之忠实于真正的和平，所以苏联的和平政策就得到了全世界一切爱好和平与民主的人们、一切爱好和平与民主的国家的同情和赞助，成为团结全世界一切爱好和平与民主的力量的中心。为着保卫世界的和平，就应当认清世界和平是不能分割的，应当以集体安全制度去反对侵略者，应当采用集体的行动去制裁侵略者，应当运用一切对于世界和平有利的机构如国联等，应当扩大与加强和平阵线去打击侵略阵线。由于苏联对于和平的努力，过去就订立了法苏与捷苏两互助公约，同时中国、土耳其和其他各国也和苏联订立了互不侵犯条约，美国这几年来也表示更向苏联与和平阵线进了一步，最近各民主国家，特别是英、法、苏的互助谈判显然有成功的希望。所有这些就证明全世界一切爱好和平与民主的人们和国家都已觉悟到和平是不可分割的，只有巩固和扩大和平阵线才能回答侵略者的进攻。

在这两个基本对立的阵线外，英国的外交政策始终不免显示着动摇。基本上英国是应该站在和平阵线方面的。因为它有广大的殖民地和市场，这正是侵略者垂涎的对象。可是英国在不久以前却不惜牺牲和平国家弱小民族的利益，向侵略者无条件地妥协，助长侵略者的疯狂。很显然的，这种动摇政策表示出英国统治的不巩固，害怕民众起来。但它的妥协动摇政策不改变，它必然会在侵略者的血腥教训与全世界爱好和平的人民和民主国家及其本国民众的反对之下归于惨败。现在事实上已经证明英国动摇外交政策是失败了，所以才有目前对苏谈判，希图补救。但无论如何，和平阵线的损失、侵略者的疯狂是张伯伦“现实主义”的外交政策所给予的。

然而由于过去西班牙、阿比西尼亚人民之坚决的英勇的抗战，特别由于中国之持久抗战、抗战到底的决心，对于日帝国主义的打击，再由于苏联的实力充足与民主国家之觉悟，特别是英国外交政策之转变，和平阵线将有进一步的巩固和扩大的可能。而且从目前国际形势看，有许多事实都是说明全世界和平的和民主的力量正在增长着。建立、巩固和扩大国际的反法西斯的和平阵线，有完全可能去制止目前已经进行着的德国对波兰的侵略野心，有完全可能去制止日寇法西斯军阀进攻中国的侵略战争，并有完全可能去防止这些战争变为第二次世界大战。为着达到以上的目的，就首先需要全世界工人、农民的统一行动，需要全世界反法西斯人民战线的统一行动，需要全世界殖民地半殖民地反帝民族统一战线的统一行动，需要全世界民主国家，特别是英、法、美等民主国家和平阵线之集体行动，去制裁反动的、侵略的、违反世界和平的、侵略阵线的国家。所以，反法西斯的人民阵线、反帝的民族统一战线、反侵略的世界和平阵线，它们彼此之间不是孤立的，而是有紧密的联系的，它们是由某种历史具体条件之不同而形成的各别的革命支流，汇合统一在历史现阶段的革命高潮之下的巨瀑。

第七章　中国革命论

第一节　中国革命的性质及其动力

中国是一个地大物博、人口众多的国家，全国面积为一千一百十七万三千五百五十八平方公里，超过全欧洲面积的总和，人口有四万万五千万以上，占全世界人口总额的五分之一，物产之丰与矿藏之富为世界上任何国家所不及。中国文化是全世界人类与历史上最早、最古的文化，有五千年悠久的历史，其中有伟大的思想家、卓绝的军事家及出色的发明家，有异常丰富的典籍文艺，有素称发达的农业和手工业。远在纪元前两千年间，中国已有指南针的发明；而火药的应用亦远在欧人以前；二世纪时即有纸的制造；七世纪时即有刻版印刷术的发明；到十一世纪更有活字印刷术的使用；其他如华美精致的金属品及光泽美观经久耐用的染料亦为中国自古著名的特产。中华民族是习于勤劳的民族，而忍苦耐劳、爱国热忱与酷爱和平的精神尤为其他任何民族所不及。中国已有近代的大都市，有四百万人口的上海，一百五十万以上人口的天津，有一百万以上人口的武汉；中国已有好些近代的工业，如纺织业、面粉业以及其他许多轻工业；中国已有近代的交通，如铁路、汽车路、内河航行等等。

但自鸦片战争后，特别是《马关条约》与“义和团事件”后，帝国主义便在中国夺取了种种特权，大肆其经济、政治、文化侵略，把中国看作它们的公共殖民地。在经济上，帝国主义垄断中国各种工厂、企业，把持中国交通、铁路、航运及空运，操纵中国财政，强占中国海关税及盐税；此外，还经过买办、高利贷资本、商业资本及地方封建势力榨取中国农民，垄断中国各种重要的农产品。在政治上，各帝国主义国家，特别是日本帝国主义，以暴力威逼中国政府租借土地，开辟商埠，签订各种不平等条约，甚至强占中国土地，任意屠杀中国同胞，并利用国内封建势力割据状态，挑拨中国内战，操纵中国政府。最近日帝国主义则利用汉奸、伪组织阴谋分化，以华制华，使中国沦为其殖民地。在文化上，则藉口传教，藉口办教育，如日寇则藉口尊孔、尊经、阐扬中国王道，实行其文化侵略。而中国历来政府——自满清政府以至于北洋军阀政府，一方面成为帝国主义统治中国的工具，另一方面，它们本身即是国内封建势力的代表。它们代表官僚、军阀、地主、豪绅、大商人等剥削集团，对人民大众施以残酷的剥削与压迫。因此，捐税苛重，民不聊生，内战不绝，政权不统一，封建势力笼罩全中国，阻碍中国走不上近代化的道路。

二十世纪初，由于帝国主义在华投资的刺激，中国民族资本——近代工业，如纺织业、面粉业及其他许多轻工业，都有着初步的发展，尤其是在第一次帝国主义大战中，因为各帝国主义忙于应付战争，一时不得不放松对于中国的侵略，又因为对中国市场若干军需及日用品的需要，以及以中国本身因舶来品的减少对国货的需要，于是使得中国近代工业得到了进一步发展的良机。纺织工业、面粉工业、丝业、火柴业、水泥业等等，在此时固都有相当的发展，其他部门的重工业、金融业亦开始发展了。但这种发展在帝国主义大战结束后的几年中，即是在帝国主义国家对中国又复实行更大规模的侵略中遭受了极大阻碍，甚至走向停滞与破产。这是因为帝国主义想把大战的损失转嫁于中国人民，加倍侵略中国的结果。于是帝国主义的加倍侵略与中国半封建势力的束缚，成了中国发展资本主义、走向近代化的严重桎梏。

但无论如何，中国近代资本主义总在艰苦中迟缓行进，随着中国资本主义之某些发展，中国民族资本家、买办资本家已逐渐形成起来；他方面，由于帝国主义在中国创立某些工厂，这与中国民族工业的发展相结合，也不能不产生中国的产业工人阶级。现中国约有六百七十五万大产业工人，手工业工人则达一千二百万以上。他们在外国及其他工厂中奉献极长的工作时间，换取极低微的工资，还要经常的失业。他们所受的是重重压迫——资本的压迫、民族的压迫、封建势力的压迫，所以中国工人在工人运动中一开始便带着浓厚的反帝反封建的政治色彩。中国工人固然是很痛苦的，但其痛苦决赶不上中国农民所受的痛苦之深。

中国农民，可以说是中国最受痛苦的阶层。在中国历史上，地主对于农民的剥削、对于农民土地的兼并是很可怕的。“富者田连阡陌，贫者无立锥之地”，“一邑之中，有田者什一，无田者什九”（清邱家穗语）；“有田者只十分之一，坐拥一县之田，役农夫，尽地利”（清盛枫语），这成了中国历史上一种经常的状态。大概历代的大地主即是中国真实的统治者，所以地主在农村中往往具有政治上、法律上的特权。所谓“谋威恃强，视佃民为鱼肉”，“武断乡曲”，“格杀庄佃”，历史不断地记载着，而国家法律，如《大清律例》的“乡饮酒礼”，且公然规定：“佃户见田主，不论齿叙，并行以小事长之礼。”如有违反，鞭笞五十。农民终岁勤苦所换来的收入，除了要用一半以上缴给地主外，还要纳粮负役。所以“今日完租，明日乞贷”（顾亭林语）就成了农民经常的生活，最后就迫得“卖妻鬻子”，不能自存。历代封建地主对于农民残酷的剥削实造成了中国民族落后及历史发展的停滞。加以近代帝国主义把中国变成半殖民地后，不但在城市中垄断各种新式企业、压迫中国工人，而且也把他们的势力侵入农村，从各方面参加对于农民的封建的或半封建的剥削。他们设法使地主依附于自己，使地主不得不变成自己的工具；同时，把自己也变成地主，在农村中用直接、间接的方式做高利贷事业，经营盗掠式的商业交换去剥削农民，使农民陷入他们所布置的铁桶中，并使农民加紧地、不断地破产、崩溃。农民生活无任何保障，不但无政治上的自由可言，抑且无生存上的人生可言。这就是中国当前社会经济状况的缩写。中国革命的要求就产生在这种社会经济状况里。

中国社会经济状况反映出中国革命的要求，同时也规定了中国革命的内容——反帝国主义与反封建的内容。因为要使中国的经济向上发展，要在政治上使中华民族得到彻底的解放，必须一方面驱逐帝国主义势力出中国，粉碎其在中国之一切政治、经济、文化的侵略；同时，另一方面铲除国内封建势力，实现农民对于土地的要求，彻底解放农民，改善工人生活，实现民主自由政治，建立一个真正民族独立、民权自由、民生幸福的三民主义的新中华民国。上述这些任务——反帝反封建的任务，是半殖民地条件下的资产阶级民主革命的任务。换言之，即完成这种革命的任务不但未超过资本主义发展的可能范围，而且客观上只是为资本主义的发展、中国近代化的发展扫清道路，更能促进资本主义迅速发展的。因此，这一革命不但是工农大众所应该参加积极负起责任的，而且也是民族资产阶级所应该积极参加共同奋斗的。反帝反封建固然是中国资产阶级性的民主革命之两大内容，亦即三民主义革命之两大对象，它们之间虽然有着相互关系，彼此相互地推进着，但这两大任务不是同时并重并进的，它根据中国某一时期内外具体情况决定反帝反封建在某一时期特殊的重要性，这正是反映三民主义因时地不同而各有其特殊重要性来的。

以上是中国革命的性质。然则中国革命的动力是什么？毫无疑义的，中国的革命是一广大民众的革命，是包含中国各社会阶层在内的革命，在某一时期甚至反映出全民革命的形式。不过一般讲来，它应该是以工农为中心的全民革命。这就是说，工人与农民是中国革命的主要动力，城市小所有者、民族资本家、智识分子也是革命的动力，合起来成为中国革命的总动力。自然，这不能机械地来理解、判定，随着革命发展阶段以及阶级力量对比的变动，而革命动力的各组成部分亦将有所变动。

第二节　中国革命之史的发展

近百年中国革命史，要详细地叙述，在这里没有篇幅，只好划分几个阶段，略举纲目。现在试从辛亥革命说起。

一、辛亥革命

满清末季，中国人民大众一面感受外侮日逼——帝国主义的压迫，另一面受着满清腐败官僚政府的虐待，社会经济日趋崩溃，人民生活日趋恶化，痛苦日深，因而革命的要求、群众对于满清的反抗也日形迫切，所以辛亥革命前就充满着人民大众反对苛捐杂税的运动，农民“叛乱”，且酝酿为太平天国大革命。辛亥前后，国外华侨资本家与国内新兴市民更起而要求对外解除帝国主义压迫，对内解除封建统治的束缚，藉使中国资本主义顺利发展，于是天诞睿智，由孙中山先生出而积极领导。孙中山先生首创兴中会，建立领导革命的政治力量，更不惜与当时群众下层组织的哥老会、三合会相联络。哥老会、三合会是当时的秘密结社，带着极深厚的反清的民族运动的性质的。其后，兴中会合并光复会与华兴会而为同盟会，更与三合会、哥老会密切联系汇合为一反满革命的统一战线，甚至满清政府的新军分子也受着革命运动的影响，投到这一统一战线来了。这样，便一时风起云涌形成了异常广泛的民族革命运动。一九一一年（辛亥年），在全国人民反对满清专制政府的愤怒下，在满清政府本身的腐化、动摇、崩溃的情形下，在各省人民争路运动的狂潮下，辛亥革命爆发了。十月十日的武昌起义与各省革命运动之纷纷响应，满清政权终于不能不在革命火焰下烧毁了。等到民军占领南京后，便成立了临时政府，选举孙中山先生为临时大总统。接着南北议和，清帝退位，孙中山先生让总统位于袁世凯。这种史实想是人们所熟知的。

辛亥革命虽打倒了满清政府，但由于革命势力与反革命势力讲和太速，革命的任务并未全部实现。即封建势力并未铲除，帝国主义仍然在中国有种种特权。在袁世凯的独裁下，北洋军阀逐步向革命势力进攻，国民党曾于一九一三年（民国二年）发动讨袁的“二次革命”，不幸失败，北洋军阀的统治反得到了暂时的稳定。

若就辛亥革命的全盘说，可以说是失败了，但它有着不可磨灭的历史意义。因为它第一次推翻了中国的专制制度——它是世界上最古老的专制制度，推翻了帝国主义在华的工具——帝国主义为维持其在华统治是支持满洲帝国的。在这里，辛亥革命失败的原因是值得我们来一番深刻检讨的，我们要从失败的经验中获取血的教训。辛亥革命失败的原因：

第一，可以说由于当时反满革命统一战线之迅速的破裂。因为当时的统一战线仅仅建筑在推翻满清这一共同点上，因此满清一倒，便表现出“革命功成，革命党消”的瓦解现象。

第二，由于当时革命组织还未注意广大民众的革命力量。对于辛亥革命前种种民众运动——抗捐运动、争路运动，未能予以切实的组织与领导，未能把这些民众力量吸收到革命队伍中来，推翻满清仅是单纯军事的胜利。

第三，由于革命势力对反革命势力的迅速妥协。因此，虽然打倒了一个满清皇帝，而对它腐败的官僚制度军队制度不但未加以彻底破坏，反把政权让给老奸巨猾代表这万恶制度的袁世凯。

第四，由于帝国主义对于革命势力的压迫及对于革命党人的软化政策。帝国主义以善后借款帮助袁世凯，这自然是压迫革命的，同时它又贿诱一部分意志不坚定的革命党人做它的新工具。

由于这些原因，辛亥革命是失败了，但它给了我们许多宝贵的教训，对于未来革命的组织，使我们有事先的布置与预防。

欧战后，跻身于战胜国之林的中国在凡尔赛和会上仍然受到帝国主义，特别是日帝国主义的欺凌侮辱。这样，在辛亥革命后便又爆发了中国伟大的反帝国主义的“五四”运动，这是有广大的学生群众及市民阶层参加的，这使中国的革命势力逐步向前。民国十三年，国民党改组为中国国民党，孙中山先生更把各阶层革命群众都吸收到党内来，特别是把共产党分子、青年分子都容纳到党内来，革命势力便一日千里地、大踏步地向前发展着。一九二五年五月三十日，又在上海爆发了伟大的反帝运动，这是以上海工人反帝罢工开始的，这一运动可以说是中国工人参加中国革命有力的表示，在这一运动中，中国工人起了最积极、最决定的作用。这一运动的烽火照耀了全中国，终于掀起了一九二五——一九二七年革命的大风暴。这便是一九二五到一九二七年的大革命。试于下段略述之。

二、一九二五到一九二七年的大革命

国民党改组的结果，在孙中山先生伟大精神领导之下，中国人民走上了以革命战争进行推翻全国反动统治的途径。一九二六年七月，国民革命军从广东出发，实行北伐。由于广大群众的热烈拥护，由于国民革命军中政治工作的建立与士兵战斗情绪的激增，北伐军在短期内便击溃了声势浩大的北洋军阀的军队，占领了长沙、武汉、南昌等大城市。在北方，冯玉祥将军所统率的国民军亦占领了陕西、河南等省。在北伐的过程中，各地民众由于国民党及革命青年之积极领导有着迅速的发展，特别是工人团体与农民协会，他们以惊人的勇敢参加了战斗，固然不免有许多幼稚举动，但给了北伐军以无可比拟的重要赞助则是铁一般的事实。当时军民合作的光荣，亦即民族统一战线的胜利，现在还在中国人民的新鲜记忆中与更加积极的仿效中。当时革命的北伐军与各地民众英勇斗争的配合击退了反动的北洋军阀势力，严重地减削了各帝国主义在华的统治力量。

国民革命军的发展使得帝国主义在革命民众面前发抖，同时亦使得国内封建势力濒于崩溃。而在市民阶层看来，革命的发展甚至有超过资本主义的范围，使民族资本家阶层也感受相当的威胁之势。由于帝国主义逐渐布置反攻的压力，由于国内封建统治之垂死的挣扎，特别由于新兴市民阶层本身所包含的动摇性与妥协性明显地暴露出来，于是结束了这一伟大的、暴风雨的革命形势。国民革命统一战线发生分裂。那时国民党虽然继续北伐，但力量以分散而减弱，帝国主义便出来干涉革命，例如"济南惨案"之类，而炮击南京事件也就在"济南惨案"之前大胆地、毫无忌惮地表演出来了。这时，国内封建势力乘机反攻，于是益使帝国主义气焰高涨，特别是日帝国主义便冒险地扮演了"九一八"的一幕。

由于"九一八"日帝国主义占领我东北三省，由于日寇之继续侵略华北以至于全中国，中华民族的深刻危机明显地摆在每一个中国人面前。这时，民族矛盾超过了一切国内矛盾。根据这一新的历史条件，停止内战、团结御侮便成为迫切需要，于是抗日民族统一战线便有着普遍的、深入的、进一步的发展，而终于不分阶层、不分党派、不分性别、不分宗教信仰的大团结予以告成。共产党为了挽救民族危机，为了共同抗战建国，亦自愿将苏维埃政府改为中华民国的地方政府，自愿停止反政府的武装暴动与没收土地政策，自愿把工农红军改编为国民革命军，自愿为实现三民主义而奋斗。这样，中国的革命运动就转入了现阶段。

三、现阶段的中国革命

中国革命的主要内容原是反对帝国主义与反对半封建势力，但由于“九一八”后日帝国主义之疯狂的侵略，由于民族危机之特殊深刻，于是把反对日帝国主义成为中国革命现阶段的主要内容，使得一切行动皆应服从这一主要任务。新的历史变动与具体情况把中国革命的任务变动了。根据中国革命的性质，根据当前的具体条件，中国革命的主要任务是：打倒日本帝国主义，保卫祖国，争取民族解放，实现民主政治，改善民众生活，建立民族独立、民权自由、民生幸福的三民主义的新中华民国。这个统一的新中华民国——民主共和国，是应该由普选制的国会来产生的。它产生以后，仍然应该有真正的民主国会，制定真正的民主的五权宪法，建立真正的民主政府，执行真正的民主政策。一句话，真正实现抗战建国纲领。具有这样内容的革命仍然是资产阶级性的民主革命，即这一革命的内容并未超过资本主义发展的范围，但也不是拘限在这一范围的。它一方面为资本主义的发展，亦即为中国的近代化扫除障碍，另一方面也为较高级的社会秩序建立基础。总之，它是三民主义的革命，稳站在三民主义基础上的革命。现在有人在中国鼓吹无产阶级的革命，即认定中国革命的性质——现阶段中国革命的性质是无产阶级革命，这只是挑拨中国内战，使有利于日寇侵略中国的谰言。

第三节　中国革命的前途

我们要论述中国革命，必须首先认清中国革命的性质；我们要论述中国革命的前途，必须首先认清中国对日抗战的性质，亦即此次中日战争的性质。关于中日战争的本质（根本特质），著者与马哲民、黄松龄二氏共同写作的《抗战形势的总检讨》一文，由马哲民氏执笔的一部分论之最详，兹引述如下：

这次中日战争决不是偶然的，因为它是通过了国际关系之总的矛盾过程以存在于中日两国的特殊条件中而必然爆发的日本法西斯侵略与中华民族之争求解放的斗争。在这个战争中包含着自掘坟墓的日本法西斯之反动的、残酷的侵略和创造光明的中华民族之争求解放的、进步的两种本质不同的力量，作生死的决斗。由于这个战争，决定了日本法西斯只有本着帝国主义之没落的必然性，加紧向反动的、死灭的路上奔驰；同时又决定了中华民族从反日本法西斯的斗争中将自身跃进到时代的前线，成为创造光明世界的一个基石。因此，这个战争不仅对于日本法西斯的崩坏和中华民族的解放有着决定的意义，且对国际法西斯的存在和一切社会主义、民主主义、民族解放的前途也有着决定的意义。

一、中日战争与日本法西斯

本来在国际资本主义之一般的没落过程，尤其从一九二九年国际资本主义总危机爆发以后，决定了各帝国主义者更只有从事世界市场的再度瓜分，互相火拼。由于这个一般性，乃使那先天条件不良（如资源缺乏）、后天条件很弱（如市场狭小）的帝国主义者（如德、意、日）只有走上以冒险的、赌博式的战争看作唯一出路的法西斯政策。日本是一个先天条件和后天条件都不良好，且当其刚发展到高度的资本主义阶段，而世界市场俱为其先进的帝国主义者瓜分霸占，并到了不能再进发展，而益深化其内在的矛盾（以劳资对立为中心而展开之有产阶级与无产阶级的矛盾及独占资本和中小资本的矛盾等等）与外在的矛盾（以其内在的矛盾为基轴而展开之与苏联的矛盾及其与殖民地民族的矛盾并其相互之间的矛盾等等）的今日，它既不能有英美那样优良的先天条件和后天条件，固不能形成如同英美那样有力的集团经济，以求偷安一时，又深受着此种内在的矛盾与外在的矛盾之恐怖，乃只有将其政治、经济生活转化为以冒险的、赌博的战争为中心任务的体系，并加紧向中国进攻。

因而从日本法西斯侵略中国以后，我们看到了它的政治生活，是以财阀、军阀、独裁为中心的法西斯化代替那原为一般有产者所要求、现在只属于其他的小有产所渴望的民主主义；同时，我们又看到了它的经济生活，是以发展军需工业为中心的、牺牲其劳苦大众和中小资本并毁灭其一般的必需品生产的“消极扩大再生产”。

日本法西斯为满足其征服中国的欲求，当然要将其中心力量更集中到军事方面。然而它只有一方面本着法西斯政权之对其国民大众，特别是劳苦大众的收获，用增加捐税、膨胀货币、发行公债，以刮得其庞大的军需；在另一方面本着其资本主义法则，将一切资本、原料、劳力与高利率，特别为保证军需工业之发展，以强制地移归于军事工业部门。结果，不仅其以军需工业为中心之对劳苦大众的极度榨取无所底止，且其中小资本与一切必需品生产部门的资本，为要对军需资本的独占，竞争剩余价值的再生产，也不得不恶化其劳动条件（表现在工时的延长、工资的减低、失业之加多，以及地租的增加、农民负债的加多等等现象上）。并且由这种以劳资对立为主要矛盾之发展，又发生了军需品工业与必需品工业、独占资本与中小资本、工业部门与农业部门、一般的有产者与封建残余的种种矛盾。因而其战时经济的根本性质不外乎是扩大消耗的军需生产（军械、弹药及其生产手段与兵士力的生产），缩小必需品的生产（必需的生产品与生产手段及其劳动力的生产者），以趋于其向上线的灭绝的道路（表现在其向日立国基础的纺织业之衰弱、对外贸易入超的激增、现金枯绝、外汇惨跌、物价腾贵等等现象上）。

与上述日本法西斯内在矛盾之发展相并行还有外在的矛盾之发展。日本法西斯之对中国的侵略固然会使英、美、法在中国的既得权利遭受损失，且使英在南洋、澳洲、印度等处利益，美在太平洋、菲律宾等处利益，法在广州湾、安南等处利益，大感威胁；同时就其对苏联的关系说，不但因其对中国的侵略便等于进窥西伯利亚之第一步，且会加紧德意法西斯改进攻苏联的企图。如果更就日本法西斯之进攻中国的国际意义来看，是明白地反映国际法西斯之反社会主义、反民主主义、反民族解放的任务，因而它自然会变成了这些国际前进势力的共同敌人。

以日本法西斯之对华侵略的本质建立在此种矛盾的尖端上，乃决定它的命运是愈战愈反动，愈战愈减弱其力量，愈战愈加深其矛盾，愈战愈没有出路，愈战愈没落到灭顶的深渊。在过去国际资本主义之向上线发展的过程中，日本帝国主义因为几次作战（如甲午之战、日俄之战、欧战），将其资本主义的发展逐渐提升到高度的阶级*。但是现在正为着国际资本主义之在向下线发展的过程中，因其陷落到积极的矛盾，会被迫地表现出疯狂的、好战的、法西斯残酷侵略的本质。可以说因为这一次战争的本质与其过去任何战争本质不同的缘故，必然会决定它之由战争起家者终会由战争而破产。

二、中日战争与中华民族解放

中国对于这次战争是处在与日本法西斯完全不同的地位。中国的抗战不仅在一般国际关系中具备了由国际帝国主义之没落过程，使弱小民族可以从反帝国主义的斗争中完成其独立解放的客观可能性（这是与过去民族独立运动本质不同的）；不仅在中国近代历史过程中有由历次革命运动锻炼出来的民族解放斗争之主义、力量，以做领导民族解放斗争的核心；不仅有良好的先天条件（人口多、土地广、资源富）可以做自己创造新世界的凭藉，并且因为敌人之对我们的侵略是随着矛盾关系前进的原因，使我们可以从苏联，可以从英、美、法，可以从世界一切角落里的社会主义者、民主主义者、民族解放主义者，获得种种的援助，甚至于在敌人国内，我们也可以同样找出援助我们的友军。

从目前国际形势看来，法西斯帝国主义不仅是一切社会主义者的敌人——尤其是苏联的敌人，不仅是一切民主主义者的敌人，不仅是一切民族解放主义者的敌人，并且是那比较富有先天条件、同时受着内在矛盾与外在矛盾之威胁以极力图保持现状的帝国主

* 此处“阶级”疑作“阶段”。——编者注

义者（如英、美、法）的敌人。日本法西斯即是在华方进行扩大种种矛盾的主脑，因而我们之反抗日本法西斯侵略就是为国际反法西斯阵线担任了先锋者的任务。由于这个战争的本质及推动旧的反动势力之火速后退与助长新的进步力量之突进发展，因而使我们在这个抗战过程中将自己上升到时代最前线的、最光荣的地位。从我们国内形势看来，可以由这个要求民族解放的战争，变化过去对国际帝国主义之隶属性，尤其是逃出疯狂的、残酷的法西斯恶魔的馋吻而成为独立自主。可以由这个要求民族解放的战争，变化内在的社会性质、阶级关系，而肃清一切依附帝国主义——尤其是法西斯走狗的黑暗与腐化的恶势力，开辟中国的新前途。因为我们的抗战是通过由帝国主义之支配为中心所形成之中国各阶层的关系，以结合之共同要求（统一战线的根据），所以绝不是某一阶层所专有。但是因为愈受压抑的阶层愈有反法西斯帝国主义之侵略的必需的原因，一切下层的广大的劳苦同胞更会成为抗战的实际的基础。

在政治上，虽因我们过去之未通过健全的民主政治之发展，难于有健全的政治力量之集中（统一），但因为抗战之对民主政治的外的敌人（帝国主义，尤其是法西斯）与内的敌人（帝国主义及法西斯的走狗、汉奸）均为民族解放斗争所渐次克服的缘故，这表现在动员民众之自上而下的需要与全民族解放之自下而上的要求，必然会使民主化与集中化（统一政权）之发展成为相依并行的东西。

在经济上，过去因受帝国主义的侵略，一方面将中国的封建经济变作适合其榨取“超利润”的市场，另一方面却利用其特殊权利的力量阻碍中国向民族资本主义之发展，因而我们的国民经济完全成了一个隶属于帝国主义支配之下的矛盾体系，以使国民大众——尤其是劳动的生产大众，沦为帝国主义之榨取对象的总过程。这次日本法西斯之对我们的进攻即是此种帝国主义侵略发展之新阶段，它是要把整个中华民族变成它十足不扣的奴隶。我们的抗战即是对于帝国主义者的侵略——尤其是对日本法西斯侵略之全称否定的斗争。由于这个战争，必然会使制造中国内部矛盾的、使中国陷于自杀地位的帝国主义侵略——特别是日本法西斯的侵略逐渐解体，并使我们的国民经济根据抗战的需要渐向新的发展方面转换。因为全面抗战发展之自然形势将使帝国主义所加于中国的锁链逐渐松懈，阻害人力和物力总动员之一切恶势力逐渐扫除，而在抗战的政府之有计划的统制下，以中国的无限劳力与无限资源按照发展军事工业与全国民经济相配合之原则，开辟经济建设的前途。

三、小结论与大前提

由上述一般的分析，可得出下述几个原则上的结论：

（1）中日战争是通过了国际资本主义总危机之日本法西斯的侵略同中华民族的解放斗争之根本矛盾的爆发。

（2）这个战争是以反动的“回光反照”的日本法西斯之侵略与进步的向上发展的中华民族解放而斗争着的，这两个本质不同的因素结成了一个“契机”（对立的统一物），并决定两者不同的动向以互相乘除。

（3）如果承认战争是表现社会发展的矛盾之喷火口，是社会“飞跃”的转动机，那么敌人是踏着腐朽的、反动的矛盾根据的一方面，我们是踏着新生的、进步的矛盾根据的一方面。在敌我力量之对比中，最为人所迷惑的是敌人的军备超过我们的军备。殊不知敌人之此种优势的条件正是从其劣势的根据上表现出来的，且以其此种优势条件之发展，并助长其劣势根据之发展，召致灭亡；同时，我们的此种劣势条件正是一切半殖民地半封建的、落后性的产物。我们不仅会以民族解放斗争的优势的根据，克服此种劣势的条件，且以其优势根据之发展，并会“扬弃”自身的劣势的条件，助长敌人之劣势根据以趋于向上线。在敌我力量之对比中，同样为人所迷惑的是敌人之物质生活方面的发展水准高度于我，而不知敌我之战争的物质条件其基础完全不同。在敌人方面，完全支配在自相矛盾、自召灭亡的体系上，其物质力量之动员愈紧急，则其崩坏的速度愈迅速；而我们方面，则建筑在否定帝国主义之侵略和腐化势力之束缚的“质”的变化上，不仅愈战愈集中力量，且愈战愈增加其物质力量，何况我们土地的广大，人口的众多，资源的丰富，原来就对敌人占绝对的优势。至若在文化方面，以敌人之突进的法西斯的残暴和反动的本质，不仅一切进步的思想和文化完全被窒息着，就是那比较进步的自由主义、民主主义也整个地被腰斩，但是我们则因民族解放斗争之广泛地展开，使民族意识有普遍而高度的发展，结果，自然会将那过去的文化——少数人的旧文化或外铄的新文化，变作与大众生活不可分离的中国文化。因此，日本法西斯是愈战愈反动，愈战愈缩小力量；我们则愈战愈进步，愈战愈增加力量。日本法西斯之侵略战的前途只有没落；我们反侵略战的前途是诞生一个新中国。

(4)在战争过程中，敌人之以军事为中心的优势条件不仅为助长其内部矛盾与发展其劣势根据的东西，且是“扬弃”中国腐化传统以助长中国之优势根据发展的东西；同时，敌人之劣势根据不仅是否定敌人优势条件的因素，且是增大我们优势根据的因素。我们过去半殖民地半封建的关系所表现之政治形势的落后本是我们劣势条件的决定者，但这种劣势条件不但会为民族解放斗争之优势根据所克服，且会为敌人的炮火所摧毁。

（5）以中日战争为“契机”所决定之敌我不同方向的转换过程，无论是敌人方面或是我们方面，都是要通过许多矛盾的、曲线的发展发生质量的变化，表现为不同的阶级*。但敌人之转向反动没落的法西斯侵略，我们之转向光明和进步的民族解放战争，均以这中日战争做质的变化的根据。此后敌人的变化是加紧其内在的和外在的矛盾，一直到敌人的法西斯帝国主义的覆灭；我们的变化是扫除内在的腐化传统与帝国主义，尤其是日本法西斯的侵略，以实现三民主义的新中国。并且以此种量的与质的互相变化，而引起双方面的力量“飞跃”的变化（当然是敌人向下我们向上）。其结果都不外乎使敌人之所得者变成其所失者的代价，我们之所失者变成为我们之所得者的代价。

（6）日本法西斯侵略是其国内矛盾发展的表现，亦是国际矛盾发展的反映。我们民族解放斗争是内在的要求，亦是国际矛盾根据之暴露，因而敌人的法西斯侵略必然与国际的反动势力之结晶的法西斯（如德意）展开共同的阵线；我们的民族解放战争亦必然与国际法西斯处于对立地位的社会主义、民主主义、民族解放主义等进步力量成为不可分的东西。

（7）从表面上看，日本法西斯似乎是一个很大的力量，然以它系踏着向下线的矛盾根据之尖锐发展起来的缘故，它的基础不但

---

* 此处“阶级”疑作“阶段”。——编者注

比英美自愧不如，即比之德意亦较薄弱；我们的民族解放虽然在表面、形式上不足与敌人对比，但我们的客观条件和我们的主观力量不仅超过阿比西尼亚万倍且与西班牙不可同日而语的缘故，却已奠定了民族革命成功的基础。因此，只要这个战争的性质包含着两种不同的矛盾根据，其结果必然会由此种矛盾根据之解决，而达到中国抗战之最后胜利，亦即革命任务之完成。

以上把当前中日战争的性质做了一番致密的、科学的分析，从敌我两方不同的矛盾根据，因而不同的优势条件与劣势条件之阐发，达到中国抗战之最后胜利的结论，同时也就明确地指示出了中国革命的前途。

第八章　总结论

这本《新政治学大纲》在这里算是结束了。我们应该于结束之后总起来说几句话。这就是说，应该就全书指示出它几个特点：

第一，我可以说本书是把社会矛盾作为政治的基本内容展开的，因此社会矛盾如像一根线似的贯穿着本书的各编。

第二，本书不像一般的政治学，把单纯的国家作为它的全部对象，而是把全部政治范畴作为它的对象。而在全部政治范畴中，与其说是加强国家这一政治范畴的阐发，毋宁说把"政党"与"革命"较之国家的阐发更看得重要，因为政党在政治上的任务目前显然成了一种基本的指导力量。革命在政治上的任务目前显然是被压迫阶层与被压迫民族以群众的力量取得政权、奠定千百万人民生命过程的一种政治运动。

第三，本书在各编的叙述中除了各种政治范畴，例如"阶级"、"国家"、"政府"、"政党"、"革命"之一般的理论叙述以外，特别注意中国之特殊的具体条件，结论出中国的阶级、国家、政府、政党、革命是怎样的，而以三民主义的最高原则为准绳。

第四，科学不是单纯理论的游戏，政治科学亦然，所以专门研究客观世界运动法则的科学主要是服务于我们对这世界的活动，服务于我们的实践。任何科学都成为与实践不可分的"契机"而和实践统一在某种方式上。所以我对于这本政治学不是把它当作一般的政治学来处理的，而是把它当作政治家、革命家的政治的战术战略或革命的战术战略来处理的。

第五，当前中国的对日抗战，是以直接单纯及*日寇法西斯侵略的民族革命为中心，而在政治任务上，则要连带实现民权、民生主义的革命，走进完全实现三民主义革命的最后境界，亦即"抗战必胜，建国必成"的最后境界。本书特别从敌我两方不同的矛盾根据及其优势条件与劣势条件之对比上指出最后胜利的必然性，因而反映出政治科学的重要性来。

* 此处"及"字疑为"反"字。——编者注

附　　录

民主政治的新趋势

对于“民主政治”这一概念，我不愿多搬弄词句以眩惑读者的耳目。所谓民主政治，可以说就是一切都要以人民为主体的政治，或者说一切都要由人民自己做主的政治。这当然不是说所有不相联系的人遇事都毫无组织地张开口来、伸出手来，而是要在一种特定的社会里建立一种特定的制度，使人民或者直接地能有机会为自己的利益说自己要说的话、做自己要做的事（直接民权）；或者间接地能有机会为着自己的利益说自己要说的话、做自己要做的事（间接民权）。美国已故大总统林肯下民主的定义为：“民有、民治、民享”，其义要不外此。国父中山先生引申其义时，“这个‘民有、民治、民享’的意思就是国家是人民所共有，政治是人民所共管，利益是人民所共享”，其义更为明确。

此为民主政治之根本定义，亦即其真实内容。然而它的发展形式亦即其制度的表现上，则有人人所熟知的选举制度、民意机关等等，今人一般想到民主便往往以选举制度、民意机关等为其特征。严格地说来，仅有这些是不能真正符合于“民有、民治、民享”的民主定义的。真正有效的民主，名符其实的民主，必须要把民主的精神扩大而深入地渗透于全国人民各部分的生活中去，由政府机关到工厂、农场、商店、学校，乃至军队、家庭，由政治到经济、文化、教育，乃至诊疗卫生，凡是与一般国民生活有关系的无不在民主原则之下进行着，即在国民生活的每一角落里都无不有民主原则的运用与实践。

因此，民主不是片面的。仅有政治的民主，而没有经济的民主，则民主决不能彻底，所谓"贫穷的人决不是自由的人"（见罗斯福:《国会咨文》）。民主不是悬空的、孤立的。离开工厂、农场、商店、学校，换言之，离开了一般的国民生活，也没有民主。而民主原则的运用与实践即端在处处照顾人民的利益，使得大多数人民在各方面的利益，例如"在国内商店、农田或矿场获得既有益且有利的权利，有赚得足够生活费以供衣食娱乐的权利；每一农民生活所得足以使他本人或家属获得适当生活的权利；每一商人，不论大小，有免受国内外不合理的竞争和独占性的并吞而得的自由交易的权利；每一家庭有获得适当居住的权利；人民有获得适当诊疗和发展、享受康健机会的权利，免受经济恐惧、老年疾病、意外及失业而有充分保障的权利，以及获得良好教育的权利……"（同上）。离开人民的利益更没有民主。

以上是我对于"民主政治"这一概念的简单的说明（下略数段）。

近代的民主制（即资产阶级的民主制——原编者注），就其形式说是较发展完全的，但它也同古代奴隶社会、中世纪封建社会的民主制一样，不同的国家形式决不能变更其所代表的阶级内容。如果古代和中世纪的国家不论其为君主国或共和国都是奴隶主人和封建领主的国家，则近代资本主义的国家也不论其为君主立宪国或民主共和国将都是资本所有者的国家。因而所谓近代民主政治仍然只是少数人的民主，不能与我们开头所标举的民主概念全相符合。就其形式说，成为近代民主之特征的东西就是规定国家组织、机关职权、人民权利义务等等之一大套宪法及其他保障私有财权之一大套公私法律条文。在法律条文上，我们可以举出下列基本规定，如：(1)法律之前万民平等；(2)人民在法律上享有如下各种权利，如人身、居住、迁徙、贸易、营业、信仰、言论、出版、集会、结社等等之自由权；(3)国家主权属于人民全体；(4)国家最高权由人民选举之立法机关行使之(民意机关、代议制度)；(5)人民制定国家根本大法(宪法)，全国上下皆须共同遵守……然这些都不过是民主之现象、形态、形式骗局。法国号称民主制的母亲，罗伯斯比尔于临死时痛呼"共和国灭亡了，强盗们胜利"。"理性的王国"不过是"资本主义的王国"，仍然可以说形式是民主的，实质(内容)是专制的。所以资本主义对封建制的革命，其目的并不在取消为封建制服务的僧侣贵族专政、取消封建关系的榨取制度，只企图改变榨取形式，把榨取的特权从一种人手里转移到另一种人的手里罢了。所以近代民主制的国家形式并不根本破坏封建制的国家机构，只是改造这国家机构，加强这国家机构，使适合于资本制的需要罢了。等到资本主义实质的专政由隐秘的形式发展到公开的法西斯独裁的时候，便更加要把昨天的敌人——王公贵族当作朋友，要把昨天的友人——人民大众当作仇敌，公然地回转头去宝贝那些僵死的、落后的、中世纪的封建残渣，甚至采用宗教裁判等野蛮屠杀、焚书坑儒等残酷暴行，把世界历史硬拉回到民贼独夫的黑暗世纪去。

这是因为近代资本主义社会虽然由于产业革命所引起的经济

变革产生了近代的民主主义，同时也产生了民族主义，可是民主、民族问题不但未因资本主义的发展获得解决，反而生长了新的内容、新的矛盾。例如资本主义社会的民主在表面上（亦即在法律条文上）承认法律之前万民平等，但在实际上却以财产的差别、纳税的差别、教育程度的差别，抑或男女两性之差别等等，自己否定了自己，这等于从左手给出去的东西用右手收回来。其于民族主义的矛盾则尤显然。在其内部，既因经济上的不平等引起民族的分裂（同一民族分成有产者与无产者）；而在其对外关系上，则因资本主义的对外发展引起民族间的冲突（强大民族与弱小民族间的冲突）。等到资本主义发展到了最后阶段，亦即帝国主义阶段，所有民主问题、民族问题不但未曾解决，其矛盾冲突的程度反愈加尖锐化、严重化起来了。那些资本主义发展不成熟或者先天不足或者后天不良的国家（既无良好的资源，又无良好的市场，更无广大殖民地供其榨取，因而民主政治原来就不十分发达，内部阶级矛盾无从缓和，外面又受强大帝国主义之威胁——这即是所谓资本主义最弱之一环），一遇特殊事变（如世界大战），或则爆发社会革命（如旧俄），或则在夹攻中（内有社会革命危险，外有沦为强大帝国主义之附属的夹攻中），走上公开专政的法西斯之路（如德、意、日），这可以说是近代资本主义社会历史发展法则的必然结果。

但这并没有否定近代资本主义社会及其表现在民主、民族问题上的进步因素。例如资本主义社会较之封建社会确实在历史的轨迹上进了一步——它提高了社会的生产力，取消了农奴制超经济的剥削，造成了资本主义社会转化为更高级社会的条件，其表现在民主、民族问题上，特别是民主问题上，虽然也只是形式的民主，但其形式与内容之本质的规定毕竟有着某些对立的一致（法律如果规定了工人的选举权，工人总有可能投一票），而且形式的民主也会开辟了有限性的某些自由平等的园地，使得人民大众的解放斗争更加容易。争取解放的人民大众、懂得战略战术的革命政党，向来不曾因为资本制民主的有限性、虚伪性或在某些地方确乎是徒具形式而拒绝使用这一武器，或轻轻放弃这一武器，抑或鄙薄轻视这一武器（形式的民主这一武器）。

况且一切都是发展的，近代资本制的民主政治也在发展。在发展中加深民主、民族问题的矛盾，同时也属不得不走向缓和矛盾及至消灭矛盾的程途。事实很明白地告诉我们，除非有资本制的根本改革，像俄国十月革命一样，法西斯主义是绝对不能消灭民主、民族问题的矛盾乃至缓和矛盾的。事实很明白地告诉我们，民主制度的缺点只能由更广泛、更纯粹的民主来补救，这就是说形式的民主的缺点只能由实质的民主来补救。随着资本制民主的发展，其形式与内容对立的一致性也在展开。试再就历史的轨迹加以一番追寻，我们便知道近代资本主义社会发展到了十九世纪末、二十世纪初便显示出两个主要不同阶段：在这以前是产业资本阶段，亦即自由竞争、具有支配的阶段，以后是财政资本垄断一切的阶段，亦即帝国主义阶段。两个阶段的资本主义自无实质上的区别，因而其民主制也都未能完全达到实质的民主。换言之，资本制的民主总是资本所有者的民主，但不能因此得出结论说，资本制的民主不能在其发展的阶段上使其统治权力、政治领导有所改变。事实很明白地告诉我们，资本制发展到了帝国主义阶段，民主、民族问题的矛盾愈加尖锐化、严重化，使得某些资本主义国家（亦即资本主义最弱的一环）不走向社会革命，就走向法西斯独裁；而强大的资本主义国家，亦即如英美等资源较丰富、市场较广大、殖民地较多、阶级矛盾尚不尖锐因而民主政治亦较有基础的国家，其统治权力或政治领导的执行，除资本所有者外，便不能不顾到非资本所有者或小资本所有者，乃至一切社会阶层的利益，使其民主缺点得以补救，使其政治基础得以扩大，使其所受于法西斯野蛮侵略的威胁得以解除。

在这种情形之下，民主、民族问题的矛盾便转化或总结为民主主义与法西斯主义的矛盾。由于法西斯主义之内而恐惧社会革命，极端仇视社会主义的苏联，外而要求殖民地与世界市场之再分割，极端仇视英美，而企图以极野蛮的、无人性的、较之中世纪尤为黑暗的统治强固其少数金融寡头地位，压迫工农人民，反对民主、自由，挑动战争，独霸全世界，遂爆发为此次全世界民主主义反法西斯主义的大战。由于民主主义反法西斯主义的战争必然是民主统一战线的（在国际不分苏联与英美，在国内不分阶级、党派、宗教、种族、民族、性别的民主统一战线），所以其本身已不能不由形式的民主逐渐走向实质的民主——即资本所有者一阶级的统治便不能不照顾到社会阶层的各方面。而那些从法西斯侵略解放出来的新国家便在民族战线、民主战线、爱国战线的全民团结下，一个跟一个地形成了各党、各派、各社会阶层的联合政府或联合政权。所谓各党、各派的联合政府或联合政权，即是由各党、各派、各社会阶层联合执行统治权力或政治领导，不是像过去一样仅在形式上（法律条文上）规定国家主权属于国民全体，而在实质上则是资本所有者一阶级专政。因此，凡属资本所有者一阶级专政的民主政治，可以说是过去了的、旧型的民主政治；凡属各党、各派、各社会阶层的联合政权，则是今天具有支配性的、新型的民主政治。

当然，我们绝对不能看掉在世界六分之一的土地上已经有了一个社会主义国家。社会主义国家在形式上是一个无产阶级专政的国家（大多数人民对于少数贵族、资本家等等的专政），而在实质上是一个社会主义的民主国家（最大多数人的民主），所以它的民主政治是更高级的民主政治。它的最大特征有二：一是国家政权确实掌握在最大多数的无产阶级手中；二是实行没收土地及一切生产机关为国有（取消私有制），并厉行社会化的生产之建设。因此，它对于大多数的工农说是民主的，对于少数地主、资本家说则是专政。可是这种专政并不是以扩大民主、民族问题的矛盾为目标，而是以最后消灭阶级矛盾因而最后消灭民主、民族问题的矛盾，以建设社会主义乃至共产主义社会为目标。因而其一九三六年十二月五日所通过的新宪法便实现了由形式的民主到实质的民主之社会主义更高级的民主政治。根据这个新宪法的规定：(1)它实现了以社会主义经济为基础的经济平等——例如取消凡足以造成剥削他人的私有权，同时并积极促进社会主义、生产及消灭一切阶级。(2)广泛地确立以工农为中心的无男女、种族、宗教信仰等差别之公民权，并以各种积极条件保证之——例如其公民的工作权，即以社会主义的计划经济保证之；其公民的休息权，即以减少工作时间、休假给薪、建立多数的休养所及疗养所等保证之。(3)其政治组织采取直接民主权，对于创制复决、罢免等权既可充分行使，且以立法机关为中心，行立法、行政、司法三权之统一权，而最高权力机关则以联盟会议与民族会议相并行，一面保证全联盟之集中运用，一面保证各民族之平衡发展。(4)实行公民之普选制，不拘教育程度、居住年限、社会出身、财产状况（这与前述资本制的选举正相反）。凡十八岁以上之公民皆有选举与被选举权，且于选举时采秘密投票制。以上仅略举其主要之点，已充分足以证明它与过去的一切民主制相较是更高级的民主。只有在这种更高级的民主制下，民主、民族问题的矛盾才彻底解决了。这种更高级的民主政治（社会主义的民主制）可以说是最新型的民主政治。

旧型的民主政治——新型的民主政治——最新型的民主政治，这是民主政治发展之必然的史序。旧型的民主政治，它是资本主义发展前一阶段的产物——自由竞争资本主义阶段的产物，其根本特征为其统治权力或政治领导掌握在资本所有者一阶级手里；新型的民主政治，它是资本主义发展后一阶段的产物——垄断资本主义阶段的产物，其根本特征为其统治权力或政治领导掌握在资本所有者、小资本所有者或非资本所有者的各社会阶层联合手里（其所谓联合政权的重心反而是由非资本所有者所支撑）；最新型的民主政治，同样是垄断资本主义阶级*的产物——帝国主义是社会主义革命的前夜，其根本特征为其统治权力或政治领导掌握在非资本所有者，亦即无产阶级一阶级手里（但其最后目标在消灭阶级，因而消灭一切矛盾）。

这样旧型的民主政治可以说已经失去了它的黄金时代，这里我们可以不必多论；最新型的民主政治虽然在社会主义国家的苏联已经实现，而且毫无疑义地要成为将来一定时期中之世界的政治统治形式，但在今天还不可能在全世界范围内一下子形成，这里我们也可以暂置不论；至于新型的民主政治，则正是当前“天之骄子”、历史的“宠儿”，我们却不能不在这里加以申说，试略加探索。新型的民主，它在这次民主主义反法西斯主义战争以前就在欧洲政治舞台上已经有过若干尝试，例如纳粹匪帮攫取德国政权以前，

* 此处“阶级”疑作“阶段”。——编者注

德国人民大众为了阻止德国大资本所有者绞杀民主的阴谋而酝酿的人民革命政权就是一例；一九三六年，西班牙反法西斯的民众阵线的共和政府又是一例；一九三六和一九三八年，以法国各阶层人民联合组成的民主阵线为支柱的反法西斯、反独占资本的勃鲁姆内阁是第三个例子。然而因为当时客观、主观条件都不够，它们都不能不归于暂时失败。只有经过这次全世界民主主义反法西斯战争的炮火，亦即经过第二次世界大战的炮火，才于熊熊之火的大洪炉中把它燃烧起来了，把它镕铸成器了，而且锻炼得更结实、更壮大、更具体，它的一往无前的、波澜壮阔的精神，即其新鲜、活泼、光辉、充实的理论系统，表现在一九四一年八月十四日罗、邱《大西洋宪章》里面，表现在一九四二年一月一日《二十六国共同宣言》里面，更表现在一九四三年十一月一日《莫斯科会议公报》及《四国普遍安全宣言》、一九四三年十二月一日《德黑兰会议公报》及其宣言里面。从德黑兰到克里米亚、到旧金山会议，都是一贯的精神，它的各党、各派联合政府或联合政权，亦即其壮大、结实、具体的新姿态，则表现在法兰西、意大利、南斯拉夫、罗马尼亚、保加利亚、波兰、匈牙利等所有新从法西斯侵略解放出来的各国政府形式里；至于它的真实内容，亦即新型民主之“新”的特点，概括地说，则完全符合于我们开头所标举的“民主概念”，亦即符合于“民有、民治、民享”的真谛。具体地说，则是它将要从政治的民主扩展到经济的民主，从国内的民主扩展到国际的民主，要尽可能消灭（至少是缓和）民主、民族问题的矛盾。所以它处理民主问题的根本方针是广泛的民主自由（政治的平等），处理民族问题的根本方针是彻底的民族自决（民族的平等），处理人民生活问题的根本方针是普遍的民主幸福（经济的平等）。同时更具重要的，成为政治的民主、经济的民主、国内的民主、国际的民主之决定环节的是它的统治权力或政治领导将不再为资本所有者一阶级所掌握，而是共同掌握在小资本所有者或非资本所有者，乃至各个社会阶层手里，即在于它是人民大众的或全民的，“且是以劳苦群众为重心”，而非少数财势分子的；是接近于实质的，而非徒具形式的；是表里一致的，而非虚伪骗人的；是不断进步的（必然进步到最新型的民主），而非保守倒退的。这种包括这么多新的特点的民主已是当前支配世界普遍政治生活的主潮，亦即当前民主政治的新趋势。

原编者跋

这一次全世界反法西斯侵略的大战,正和前一次帝国主义世界大战一样,大大地丰富了世界历史发展的内容,替政治学的研究提出了许多新的有理论价值的问题,并且接着在实践过程中又局部地解决了那些问题。但是这次世界大战所加诸历史发展的新的内容,是较之上次大战更加深入了,它所提出的问题也更加具体化了。最显著的一个事实,亦即构成现阶段历史发展之主流的一个事实,那就是世界政治发展到了一个崭新的阶段——新型民主的阶段。新型的民主就是真正人民大众的民主,是"人民的世纪"所决定的民主。不把握到这一崭新的阶段,在政治实践上就会犯严重的错误,甚至不知不觉地变成反民主集团的俘虏。丢开了这一点不谈,政治学的理论就成为陈腐的、脱离实践的公式主义。

假使说上一次世界大战所加诸世界历史的新的内容,它替政治科学所提出的新问题,是无产阶级的社会主义革命由资本主义发展不平衡律的作用,在一个资本主义并非最发达但本身已发展到了独占阶段的国度得了胜利,这一胜利的结果产生了无产阶级专政的国家制度,并且只有经过无产阶级才能达到社会主义建设的成功。那么,这一次反法西斯的世界大战所加诸世界历史的新内容和它所提出的新问题却是资产阶级的民主制度在全世界人民大众反法西斯斗争中必然要被扬弃而上升到它的更高阶段——新型民主的阶段，这一阶段的彻底完成才能进一步过渡到社会主义的境界。只有在各阶层人民反法西斯的联合民主政权（即新型的民主政权）之下，经过法西斯残余及其社会经济根源的彻底消灭，才能过渡到社会主义。所以在今天，新型民主政治的问题应当成为新政治学的中心理论问题。

邓先生的这一本《新政治学大纲》，无论从方法上讲或从理论体系上讲，都堪称为当今国内政治科学出版物中一部突出的巨著，但是因为这本书的著述是在七年前完成的，即是说在这次反法西斯世界大战以前就完成的，那时新型民主政治的问题尚未被公开提出来，反法西斯的斗争尚未明白地被提升到新型民主政权的问题，邓先生书中的略去这一问题的阐述是可以了解的。然而这本书既在今天印出再版来，加上一点附篇之类作为补充的说明，当然是非常必需的。我们因而从邓先生去年出版的《民主的理论与实践》一书选出《民主政治的新趋势》一文作为附录，以补救这一缺点；同时因为避免篇幅过多的缘故，我们把该文中一部分无关问题而在本书各章中已经阐明了的事情加以节略了。希望读者特别注意到这一篇短短的附录。至于详细阐明新型民主政治一事，只好待诸本书作者日后自行大加修订和补充了。这一工作，我们已在催请邓先生从速完成，读者拭目待之可也。

卅五年三月二十日，上海

邓初民先生学术年表*

1889 年（光绪十五年）

10 月 20 日，生于湖北石首一个塾师之家，取名为“经喜”。

1893 年（光绪十九年）

在父亲开办的私塾里学习“四书”、“五经”，接受启蒙教育。后入石首县立小学、荆州荆南中学就读，在此期间自取名“希禹”。

1912 年

考入武昌江汉大学学习。因向往原始社会共同劳动、没有剥削的生活，自取名为“初民”。

1913 年

5 月，赴日本，入东京法政大学法学部攻读政治学。受进步教授河上肇的影响，阅读了《共产党宣言》等著作，成为我国最早接触马克思主义的学者之一。

1915 年

参与领导留日学生反对“二十一条”的爱国运动，组织成立中国留日学生总会，被推选为总会评议会会长，并同李大钊等创办会刊《民彝》杂志。

---

* 本年表由吴汉全、吴颖撰写。

1916 年

参与组织神州学会，在此期间结识林伯渠。

1917 年

冬，大学毕业回国。因未谋职业，遂回乡闲居。

1919 年

应聘去太原，在太原进山中学、山西公立法政专门学校任教。任山西省政书总编辑，后任山西督军府秘书。

1921 年

1 月，在《东方杂志》第 18 卷第 2 号发表《自治单位问题与其实施之初步》。

1922 年

4 月，参与组织山西学术研究会，与张友渔创办《新觉路》半月刊。

5 月 1 日，在《新觉路》创刊号发表《怎样改造中国》，断言中国社会改造"必须创造社会的新组织"。

1923 年

4 月 20 日，在《申报》发表《山西国民外交大会力争收回旅大，否认廿一条》。

5 月，在《新觉路》第 2 卷第 5 号发表《无产阶级专政与普通的民主》。同月，在《东方杂志》第 20 卷第 9 号发表《政治问题之根本讨论》。

是年，在《东方杂志》第 20 卷第 19 号发表《土地国有问题》。

1925 年

2 月，到武汉任法科大学教务长。经董必武介绍加入中国国民党，被选为湖北省党部执行委员兼青年部部长，参与领导湖北青年和学生运动。

1926 年

9 月，任湖北省临时政务委员会委员，任慰问江西军民代表团团长。

1927 年

1 月，参与主持召开国民党湖北省第四次代表大会，任大会秘书长，同时被选为省党部执行委员。

不久，任湖北省政府委员、省审判土豪劣绅委员会审判长，坚决反对国民党右派分子分裂和叛变革命的行为。

3 月，在毛泽东主办的武汉中央农民运动讲习所任教，讲授政治学常识。

12 月，秘密离开武汉到上海，参加谭平山等组织的中华革命党，被选入中央领导机构（1929 年下半年，中华革命党境况日趋复杂混乱，遂脱离该组织）。

1928 年

1 月，在上海暨南大学任教，讲授社会进化史。同时在法政学院、艺术大学和中国公学兼课。

是年，与李达等创办《双十月刊》，任主编，宣传马克思主义的政治学观点。

其著作《政治科学大纲》由昆仑书店出版。

1929 年

其著作《国家论之基础知识》由新生命书局出版。

1930 年

5 月，参与发起成立中国共产党的外围组织中国社会科学家联盟，任主席。

1931 年

在上海暨南大学、法政学院、艺术大学和中国公学等校任教，讲授政治学和社会发展史，积极参加抗日救亡活动。

10 月，其著作《社会进化史纲》由神州国光社出版。

1932 年

以“田原”为笔名撰写的《政治学》一书由新时代出版社出版，该书创建了马克思主义政治学的理论体系。

1933 年

秋，离开暨南大学，赴广州中山大学任教，于社会学系讲授社会进化史和思想方法论。

是年，在《史地丛刊》第 1 卷第 2 期发表《关于研究历史必须注意的几个根本点》。

1936 年

1 月，避居香港。

3 月，转至桂林广西大学任教，讲授中国社会史。

4 月，在《上海文化界救国会会刊》发表《留别广州国立中山大学书》。

1937 年

暑假，离开广西大学。

9 月，北上武汉，从事抗日统战活动。

11 月，创办《民族战线》周刊。

是年，在《文摘》第 2 卷第 1 期发表《非常时期的学生暑假工作》。

1938 年

1 月，在《全民周刊》第 1 卷第 4 期发表《当前的三个问题》。

春，发起成立湖北省战时乡村工作促进会，后回石首任朝阳学院政治系主任。

10 月，朝阳学院迁往四川成都，继续在该校任教，讲授政治学。当时，成都学术界把邓初民、黄松龄、马哲民三位进步教授并称为“邓马黄”。

是年，在《激流》第 1 卷第 3 期发表《论政治动员》。

1939 年

8 月，在《理论与现实》第 1 卷第 2 期发表《论民主政治》。

10 月，在《中苏文化》第 4 卷第 3 期发表《辛亥革命与民主政治》。

11 月，在《中苏文化》（苏联十月革命二十三周年纪念特刊）发表《苏联文化革命的现阶段》。

1940 年

2 月，在《理论与现实》第 1 卷第 4 期发表《论当前宪政之意义》。

7 月，在《中苏文化》（抗战三周年纪念特刊）发表《抗战三年来的民主运动》。

9 月，在《中苏文化》第 7 卷第 3 期发表《“九一八”九周年抗战全部历史的重温》。

11 月，其著作《社会史简明教程》一书由生活书店出版。

12 月，在《中苏文化》第 7 卷第 6 期发表《论“日汪条约”》。

是年，在周恩来直接领导下，于重庆开展民主运动。

其著作《新政治学大纲》由生活书店出版。

1941 年

在重庆加入全国各界救国联合会，参与发起成立中国民主革命同盟，并加入中国民主政团同盟。

是年，在周恩来的指示下，以民主教授身份从事国民党上层人士的统战工作。

1942 年

4 月，在《文化杂志》第 2 卷第 2 期发表《夏殷时代的中国奴隶社会》。

是年，其著作《中国社会史教程》由文化供应社出版。

在《中苏文化》第 10 卷第 5—6 期发表《从兴中会到同盟会》。

1943 年

在《国讯》第 294 期、第 360 期先后发表《加强政治领导 完成政治任务》、《沙皇怎样摧残民主政治》；在《中苏文化》第 2 期发表《东方弱小民族与新约》；在《文风杂志》第 1 卷第 1 期发表《旧时游踪》。

1944 年

2 月，在《中苏文化》第 15 卷第 2 期发表《论中国政治的“类型”》。

9 月 5 日，在《新华日报》发表《邓初民关于实行民主的讲话》。

10 月 10 日，其撰写的《如何研究民主政治》被收录在《国民党中央图书杂志审查委员会档案》中。

11 月，在《宪政月刊》第 11 期发表《人民政治的历史范畴及其特质》。

是年，还在其他刊物上发表文章多篇，主要为：在《民主周刊》第 1 卷第 4 期发表《人民是最后的判决者》；在《国讯》第 367 期发表《提供一点学习历史的经验》；在《中苏文化》第 15 卷第 6—7 期发表《沙皇制度的崩溃》；在《大学月刊》第 3 卷第 5—6 期、9—10

期先后发表《世界史初稿绪说》、《人民的世纪》。

其撰写的《清末立宪小史》被收录在张申府等著的《民主与宪政》一书中。

1945 年

1 月，参加中国民主同盟，被选为中国民主同盟中央委员，并兼任民主教育委员会副主任。

4 月，在《群众》第 10 卷第 5—6 期发表《新民主之法兰西型》。

5 月，在《中苏文化》第 16 卷第 4 期发表《柏林的陷落》；在《民主周刊》第 1 卷第 21 期发表《民主政治与民主教育》。

7 月，在《民主周刊》第 2 卷第 3 期发表《中国民主运动的两条路线》。

9 月 1 日，与宋庆龄、冯玉祥等知名人士一同出席中苏文化协会举办的宴请毛泽东主席的酒会。同月，以民盟代表团顾问身份，参加重庆政治协商会议。在《民主周刊》第 2 卷第 10 期发表《为和平、民主、团结而奋斗》。

10 月，任民主同盟重庆市委机关刊物《民主星期刊》主编，宣传民主同盟的政治主张。

12 月 6 日，在《新华日报》发表《为从奴役中解放的大众而奋斗》。

是年，其著作《民主的理论与实践》由文治出版社出版。

此外，撰写文章多篇，主要为：在《再生》第 104 期发表《略论政党》；在《文萃》第 8 期发表《如何才能全面而彻底的消弭内战？》；在《文萃》第 9 期发表《东北问题应该政治解决》；在《文萃》第 10 期发表《对于今天时局的认识》；在《文萃》第 12 期发表《读了左舜生先生〈从制止内战谈到政治协商会议〉》；在《文萃》第 20

期发表《论提高政治水准》;在《文萃》第24期发表《保卫政协决议》;在《民主周刊》第1卷第11期发表《论民主的主潮》;在《民主与科学》第1卷第4期发表《论中国政治上的“礼教主义”》;在《民主与科学》第1卷第9—10期发表《政党论》;在《群众》第10卷第3—4期发表《人民的政权》。

其撰写的《怎样研究政治学》被收录在郭沫若、夏衍等著的《怎样自我学习》一书中。

1946年

1月，旧政协召开时,作为民盟和中国共产党邀请的政协代表顾问团成员,为政协代表制定提案提供咨询。

6月,在重庆主编《唯民周刊》,并担任民盟中央机关报《民主报》的社论委员,参加爱国民主运动,批判国民党政府。

7月,《新政治学大纲》一书由生活书店再版。此次再版,在原版本的基础上由编者加入邓初民于1945年出版的《民主的理论与实践》中《民主政治的新趋势》一文部分内容作为附录,使之所阐述的理论体系更加完整。

10月,其著作《世界民主政治的新趋势》由文治出版社出版。

12月23日,在《民主报》发表《谈和平攻势》。同月25日,在《文汇报》发表《廓清宪法问题上的一切乌烟瘴气》。

是年,还在其他刊物上发表文章多篇,主要为:在《清明》创刊号发表《论民主思想》;在《民主教育》第4期发表《论读书的宗旨》;在《青年学习》第1卷第4期发表《中国青年的再教育问题》;在《人民时代》创刊号发表《论提高政治水准的迫切要求》;在《文萃》第28期发表《一切为了人民》;在《唯民周刊》第1期发表《什么是政治(政治讲座)》;在《唯民周刊》第3期发表《加紧提高政治水准(政治讲座)》、《沉重的悼念》;在《群众》第11卷第1—4期发表《如何从根本上停止内战》;在《理论与现实》第3卷第3期发表《从法俄大革命论外力干涉》;在《北方杂志》第1卷第4期发表《文摘:二十三天的停战令期满以后》;在《新华文摘》第2卷第5期发表《“一·二八”十五周年》;在《民主》第2卷第1—2期发表《对于当前严重局势的估计》;在《民主星期刊》第45期发表《哭行知》。

1947年

1月,参加民盟在上海召开的二中全会。

4月,被迫出走香港。任达德学院政治系主任,讲授政治学。

6月9日,在《申报》发表《罗隆基等解答中下级盟员质询》。

是年,还在其他刊物上发表文章多篇,主要为:在《文汇丛刊》第2期发表《展开保障人权的运动》、《论社会律》;在《文汇丛刊》第3期发表《论教育之社会意义和政治意义》;在《现代文摘》第1卷第4期发表《论民主与反民主的斗争》;在《现代新闻》第1—7期发表《为争取民主的教育而斗争(专论)》。

在平心等著的《救救青年》一书中发表《论社会律》。其撰写的《论教育之社会意义与政治意义》被收录在陈鹤琴等著的《青年运动与教育改造》一书中。

1948年

春,参与重建中国民主同盟领导机构,同时参与成立中国国民党革命委员会,被选为中央常务委员。

5月8日,参加各民主党派和无党派人士举行的“以目前新形势与新政协”为题的座谈会,发言说:中共的“五一口号”对团结各民主党派、动员广大人民民主力量、促进革命胜利具有重大意义;表示坚决接受共产党的领导,为推翻国民党的反动统治、为民主联合政府的建立和新中国的诞生贡献力量。

6月4日,与茅盾、朱蕴山等在港的125名各界人士联合发表声明,赞同拥护中共“五一口号”。

是年,其三部著作《阶级论》、《寻找知识的方法》、《新中国政治问题讲话》在香港出版(其中《寻找知识的方法》一书后于1949年8月由文化供应社出版。《新中国政治问题讲话》一书更名为《中国政治问题讲话》,后于1949年6月由智源书局出版;同年12月,其修订本由文化供应社出版)。并在《中华论坛丛刊》第2期发表《读中国农工民主党政治决议以后》。

1949年

1月,到达北平。之后,转抵东北解放区,并于同月22日与李济深等五十五位民主人士联名发表《我们对于时局的意见》,表示愿意在中国共产党领导下为人民民主革命迅速成功和新中国早日成立而斗争。

3月,与郭沫若、钱学森、徐悲鸿等一同出席在布拉格召开的世界和平代表大会。

4月,《社会科学常识讲话》由文化供应社出版。

7月,在《中国青年》第11期发表《略谈怎样为人民服务》。

9月,出席第一届全国政协会议,被选为全国委员会委员。

是年,出任复旦大学政治学系主任。

从1949年9月至1953年12月间,历任华北行政委员会委员、山西省人民政府副主席兼山西大学校长,省政协副主席兼山西省体委主任,省文化教育委员会主任,中国民主同盟中央副主席等职。

1950 年

5 月,《阶级·阶级斗争概论》一书由文化供应社出版。

是年,其撰写的《谈学习观点》被收录在艾思奇、邓初民、舒友所著的《学习的目的与基本方法》一书中。

1951 年

11 月,改版后的《社会科学常识讲话》一书由文化供应社出版。

1952 年

2 月,在《新华月报》第 2 期发表《民盟盟员应怎样具体地进行思想改造》(该文后被收录在《光明日报》社编辑的《思想改造文选(第三集)》中)。

3 月,在《新建设》第 3 期发表《论知识分子的思想改造问题》。

是年,《邓初民副主席在省第二届第一次各届人民代表会议上关于思想改造的报告》刊登于《山西政报》第 8 期。

1954 年

7 月,在《政法研究》第 2 期发表《讨论、宣传中华人民共和国宪法草案的思想准备工作和方法问题》。

9 月,当选为第一届全国人大常委会委员。

12 月,当选为第二届全国政协常委会委员。同月,在《人民教育》第 12 期发表《进一步提高教育质量 为祖国的社会主义建设事业而奋斗》。

1956 年

1 月,在《中国青年》第 2 期发表《配合社会主义改造的高潮,加强团结改造知识分子》。

3 月,在《新建设》第 3 期发表《知识分子要努力改造自己,为完成伟大的社会主义革命事业而奋斗》。

6 月,其著作《怎样培养青年的共产主义道德品质》由新知识出版社出版。

7 月,在《新华半月刊》第 14 期发表《我们亲切地体会到建国以来的成就》。

8 月,在《新建设》第 8 期发表《两种制度、两种道德及其斗争》。

1957 年

3 月,在《历史教学》第 3 期发表《孙中山先生在中国近代史上的地位——纪念孙中山先生逝世卅二周年》。

5 月,在《新华半月刊》第 9 期发表《我们克服内部矛盾的力量日益壮大》。同月,在《历史教学》第 5 期发表《怎样研究历史》。

7 月,在《新建设》第 7 期发表《纪念人民教育家陶行知先生》。

8 月,在《新华半月刊》第 16 期发表《皆“中山狼”也!》。

10 月,在《争鸣》发表《当前民主党派的政治方向和工作问题》。

11 月,在《新华半月刊》第 21 期发表《关于知识分子的两面性及其改造问题》。同月,在《历史教学》第 11 期发表《人类历史的胜利——纪念十月革命四十年》。

1958 年

1 月,在《争鸣》第 1 期发表《关于知识分子阶级属性诸问题》。

3 月,在《新华半月刊》第 6 期发表《我要歌唱》。

4 月,在《争鸣》第 4 期上发表《我的决心书》。

5 月,在《争鸣》第 5 期发表《让我们继承“五四”优良的革命传统前进!》、《任何矛盾只能克服不能调和——结合一般整风学习文件的一点体会》;在《新华半月刊》第9期发表《制止印度扩张主义分子乱说乱动》。

6月,在《争鸣》第6期发表《伟大的理论著作与整风运动的基本胜利——纪念毛主席"关于正确处理人民内部矛盾的问题"发表一周年》。

7月,在《争鸣》第7期发表《从社会发展动力问题谈到不断革命——学习毛主席著作和总路线的一些体会》。

10月,在《争鸣》第10期发表《这里是新的集体——访北京顺义区人民公社述感》。

12月,当选为民盟中央副主席。

1959年

4月,当选为第二届全国人大常委会委员,第三届政协常委会委员。

1962年

加入中国共产党。

此后,相继当选为第四届、第五届全国政协常委会委员,第三届至第五届全国人大常委会委员。

是年,在《汾水》副刊发表《祝〈汾水〉》。

1963年

2月,在《江淮学刊》第1期发表《历史上看马克思主义的胜利发展——在安徽史学界所作的报告摘要》。

6月,在《人民中国》(日文版)发表《七十五岁始新生》。

1979年

10月,当选为民盟中央副主席。

1980 年

12 月，中国政治学会在北京成立，被公推为名誉会长。

是年，在病榻上乐观地回顾自己的人生历程，其口述的《沧桑九十年》经由吴伯就记录、秦牧整理后刊载于《战地》1980 年第 4 期。

1981 年

2 月 4 日，因病在北京逝世，享年九十二岁。

［本年表编写时，参考了邓初民口述的《沧桑九十年》（载《战地》1980 年第 4 期）、吴伯就的《邓初民传略》（载《晋阳学刊》1982 年第 10 期）等文章。邓初民先生发表的文章甚多，本年表只收入其重要的论文。］

邓初民及其《新政治学大纲》

——写在邓初民先生的《新政治学大纲》新版之际

吴汉全

邓初民(1889—1981),原名经喜,又名昌权、希禹,湖北石首人,我国著名的马克思主义政治学家、社会科学家、教育家,在中国现代学术史上有着重要的学术地位。

一

邓初民于1889年10月20日出生于湖北石首一个塾师之家。孩童时,在父亲开办的私塾里学习“四书”、“五经”,接受启蒙教育。后入石首县立小学、荆州荆南中学就读。在此期间,崇尚大禹治水精神,自取名“希禹”。1912年,考入宋教仁创办的江汉大学,接受高等教育。此时的邓初民对于原始社会那种没有剥削、没有压迫的生活很是向往,于是改名“初民”。

1913年5月,因江汉大学解散,邓初民留学日本,入东京法政大学法学部攻读政治学,系统地接受专业教育。留学期间,受日本进步学者河上肇的影响,阅读了《共产党宣言》等著作,接触到马克思主义学说。邓初民在留日期间,积极参加革命活动。1915年,任东京中国留日学生总会评议会会长,参加反对“二十一条”的斗争,并兼会刊《民彝》编辑。不久，他参与组织神州学会，并在此期间结识林伯渠，积极参加反对袁世凯复辟帝制的斗争。留学日本是邓初民人生道路上的重要经历，是他立世之始和成为学问家的准备期。

邓初民于1917年毕业回国。1919年，在太原参与撰写辛亥革命回忆录，后到进山中学和山西公立法政专门学校任教。1925年，任湖北法科大学教务长，在董必武介绍下秘密参加改组后的国民党的工作，先后任国民党湖北省党部常委、青年部部长、宣传部长，湖北省临时政务委员会委员等职，并在毛泽东主持的武汉中央农民运动讲习所任教。

"四一二"反革命事变后，邓初民来到上海，任教于暨南大学、艺术大学、中国公学等校，以马克思主义观点讲授政治学、社会进化史等课程，并任中国共产党的外围组织中国社会科学家联盟的主席，领导马克思主义学术研究工作和思想宣传工作，反击国民党的文化围剿。在上海的近六年中，邓初民先后出版了《政治科学大纲》（昆仑书店1928年版）、《国家论之基础知识》（新生命书局1929年版）、《社会进化史纲》（神州国光社1931年版）、《政治学》（署名"田原"，新时代出版社1932年版）等专著，开创了中国马克思主义政治学研究的新局面。1933年秋，他被上海教育当局解聘教职后赴广州，任教于中山大学。因支持学生抗日救亡运动，受到当局的迫害，于1936年1月被迫赴港。1936年3月，回广西桂林，任教于广西大学，讲授中国社会史。

邓初民于1937年9月到武汉，11月创办《民族战线》周刊，宣传抗日主张。1938年春，发起成立湖北省战时乡村工作促进会，后回石首任朝阳学院政治系主任。10月，朝阳学院迁往四川成都，继续在该校任教，讲授政治学。在抗日的艰难时期，邓初民努力从事马克思主义的学术研究工作。1940年是邓初民学术著述丰收的一年，其学术思想体系也臻于完善。这一年中他出版了《社会史简明教程》（生活书店1940年版）、《新政治学大纲》（生活书店1940年版）等学术专著，此外还有《社会进化史纲》等著作的再版。从1940年起，邓初民在周恩来直接领导下，于重庆开展民主运动。1945年1月，他参加中国民主同盟，被选为中国民主同盟中央委员，并兼任民主教育委员会副主任。此后，他先后任民盟中央委员、政治协商会议陪都文化界促进会理事、《民主星期刊》和《唯民周刊》主编、香港达德学院教授。1948年，邓初民参与重建中国民主同盟领导机构，同时参与成立中国国民党革命委员会，当选为民革中央常委。他积极响应中国共产党提出的召开政治协商会议号召，于1948年6月4日与茅盾、朱蕴山等在港的125名各界人士联合发表声明赞同拥护中共“五一口号”。1949年，邓初民出席了第一届全国政协会议。

新中国成立后，邓初民曾任山西省政府副主席、副省长，山西大学校长等职。1958年，因病辞山西省各职，回北京。后任民盟中央副主席、中国政治学会名誉会长等职。1962年加入中国共产党，生前曾任第一届至第五届全国人大常委会委员，第二届至第四届全国政协常委。

二

邓初民是现代中国杰出的马克思主义学术大家。在其九十二年的人生历程中，他除了繁忙的政治活动、教育工作外，学术研究始终是极为重要的方面。他著有《国家论之基础知识》、《政治科学大纲》、《政治学》、《新政治学大纲》、《社会史简明教程》、《中国社会史教程》、《社会进化史纲》、《阶级·阶级斗争概论》、《民主和理论》、《世界民主政治的新趋势》、《中国政治问题讲话》、《社会科学常识讲话》、《寻找知识的方法》、《怎样培养青年的共产主义道德品质》等著作，发表了有关学术论文三百多篇，涉及哲学、政治学、历史学等学科及其众多领域，而尤以政治学领域学术成就最大，为中国以马克思主义为指导的学术研究体系的建立和发展做出了卓越的贡献。

在哲学领域，邓初民传播马克思主义基本观点，为推进马克思主义哲学大众化事业做出了重要贡献。邓初民在留学日本时开始接触马克思主义，回国后以宣传马克思主义为己任。早在1922年创办《新觉路》杂志时，他就对马克思主义的阶级斗争学说、唯物史观等进行介绍。邓初民根据自己的讲稿编著了《社会科学常识讲话》一书，于1949年由文化供应社出版。该著对于唯物辩证法、社会结构与社会变革、社会变革动力、社会结构中的经济、政治及意识形态等都做了通俗易懂的解释。譬如，该著在说明哲学基本问题时指出："什么是哲学呢？可以说把整个宇宙（包括自然现象，社会现象和思想活动）作为研究对象的就是哲学；要把整个宇宙（包括自然科学，社会科学和思想科学）的最基本、最普遍的法则研究出来的就是哲学。"但要研究哲学，首先就要区别唯心论与唯物论这两个派别。"唯心派以为世界只有心，没有物"，而"唯物派的哲学家说物支配心"，可见"物与心的关系问题——物质与精神的关系问题——是哲学上最基本的问题。前面所说的先有物后有心，或先有心后有物，物支配心，或心支配物等等，都是哲学最基本的问题。我们承认物与心的关系是先有物后有心和物支配心就是唯物论,反之即唯心论”①。在学术著述中,邓初民也是自觉地运用马克思主义哲学分析人类历史的发展,剖析各种社会现象的经济成因,使马克思主义的宣传与学术研究工作有机地结合起来,为马克思主义哲学中国化做出了贡献。

在历史学领域,邓初民运用马克思主义对历史做出重新的解释,巩固了唯物史观在历史学研究中的指导地位。其代表性著作有《社会进化史纲》(1931 年)、《社会史简明教程》(1940 年)、《中国社会史教程》(1942 年)等。邓初民以马克思主义的观点来解析人类社会的历史,强调规律的探求对于历史学进到科学的阶段的意义。在他看来,“所谓社会史便是记述人类社会生活(包括经济的、政治的、精神的各种生活)发展之过程,并阐明贯通其进化的全阶段的客观法则之科学”②。因而,他主张要从社会的角度来研究历史,并以发现规律来达到改造社会的目的。他指出:“我们之所以要研究过去的历史,正是要探求过去历史的发展法则,以推测未来历史的方向,以促进它并改善它。”③关于研究人类社会的历史与研究中国历史的关系,邓初民在《中国社会史教程》的“自序”中说,这部《中国社会史教程》“与《社会史简明教程》,可称为姊妹作。欲理解中国社会史,却不能不先理解一般社会史,也不能理解个别社会史的中国社会史。因为我们欲理解某一特殊社会的发展过程以探求其特殊发展法则时,同时不能不理解其一般性。而在

① 邓初民:《社会科学常识讲话》,文化供应社 1949 年版,第 19 页。
② 邓初民:《社会史简明教程》,生活书店 1947 年版,第 7 页。
③ 邓初民:《中国社会史教程》,文化供应社 1950 年版,第 14 页。

欲理解整个社会发展过程的全系列以探求其一般法则时,同时又不能不理解其特殊性。这便是所谓全面的理解。一切都需要有全面的理解,对于社会发展过程的理解尤然"①。在历史学的研究中,邓初民将世界历史规律的研究与中国社会历史进程的考察结合起来,在宣传马克思主义历史观的同时,重点研究和阐释中国社会演变的规律。

在政治学领域,邓初民运用马克思主义理论阐释政治现象,研究中国的政治变迁,探讨新民主主义革命的基本问题,创建了中国马克思主义政治学体系。邓初民的学术著作以政治学的著作居多,能够反映其政治学思想演进并最具有代表性的有五部著作,即《政治科学大纲》(1928 年)、《国家论之基础知识》(1929 年)、《政治学》(1932 年)、《新政治学大纲》(1940 年)、《中国政治问题讲话》(1949 年),并在学术上确立了包括阶级论、革命论、国家论、政府论、政党论等内容在内的马克思主义政治学的研究体系。

在《国家论之基础知识》一书中,邓初民依据马克思主义的国家观对国家这一传统政治学的研究对象及其相关问题做出了新的解释,将"强力"作为国家的基本特征,并进而阐明国家的阶级性质,他指出:"既叫做国家了,它便是人类社会之有组织的各个集团中间的虎豹,赋有特别的强力,就是说它挟有较任何集团还强大的特别的武装队伍。"②并就学术界不加限制地将"土地"、"人民"、"主权"三者作为国家的构成要素提出了自己的意见,认为这三者只有与国家的阶级性质结合起来才有意义。该著对国家的职能进

① 邓初民:《中国社会史教程》,文化供应社 1950 年版,第 1—2 页。

② 邓初民:《国家论之基础知识》,新生命书局 1929 年版,第 9 页。

行研究，阐述了国家作为上层建筑的一部分具有能动的作用和“相对的独立性”，揭示了“革命的阶级”与“反对革命的阶级”在对待国家问题的不同态度，并对国家的类型以及国家形态与政府形态的关系等进行深入探讨，尤其注意研究资产阶级国家与无产阶级国家的本质区别，以便为现实的政治斗争以及新的无产阶级国家的建立提供历史借鉴和现实启示。

《政治科学大纲》一书不仅在指导思想上坚持马克思主义，而且将“社会阶级与政治”、“政党”、“民族”、“政治的统制”、“国家”等政治学的重要问题专立出来，依据马克思主义的政治学理论予以专门的叙述，在学术体系上有很大的突破，是当时具有开创性的政治学研究成果。该著从生产力与生产关系、经济基础与上层建筑的关系来解释国家的外在表现形式——“公权力”，从而从学术上提高了对国家问题分析的理论力度。邓初民在书中指出：“政治统制便是行于社会里面之一种强力的支配。这种强力的支配一定表现于国家。国家是一个社会历程中的产物。等到社会的生产关系因必然的矛盾而发生了阶级的对立，国家便成为这一阶级支配那一阶级的机构而表现。国家的支配一定是一种强力的支配，这是必然的。这一种强力，就其本质说，就是一种适应于生产关系的生产力，即一种社会的物质的技术的力。然而表现在形式上的便是国家的公权力。它的内面包含着种种的强力，尤其是武力。这种国家的公权力是维持国家组织、保持自己阶级政权之根本的决定的力。然而这种公权力的运用，尤其是关于国家组织、政府职权、社会秩序安宁之种种方面，必然由法律而表现。关于所谓一般的政治统制的组织大纲的法律便是宪法。……那末，我们便可以这样说，无论何种的政治统制之形态都是靠两根支柱来维持的。

一是强力;二是法律。自然,法律也是有强制的拘束力的,不过根本的决定的力仍是所谓强力。强力作用于内部,法律则表现于形式。”①《政治科学大纲》一书对“民族国家”的分析很有特色,从生产力的发展和世界经济变动的视角阐明“民族国家”产生的历史必然性,并对“民族国家”的政治地位做了科学的评价。正如该著指出的:“民族国家是资本主义时代之典型的正常现象。一切生产手段的独占,资本之集积与集中,人口的结集,必然的结果,引起政治的集中,建立民族国家。经济的集中与政治的集中同时实现,于是社会的生产力更加增大,使人类社会得着一个飞跃的进步。这一飞跃的进步,它的原动力虽然是资本家阶级,虽然是代表资本家阶级的要求,同时却也助长了全社会的公利,这是任何人不能否认的事实。就是说民族的统一与民族国家的形成,在这一时期,确是推动历史进化的机能,它本身就是一个进步的现象。”②但“民族国家”毕竟成长于资本主义国家之中,由于此时“在资本主义胎内成长不已的生产力,至与资本主义的生产关系发生矛盾,资本的蓄积为剩余价值之实现,把国内非资本主义的被支配的生产关系转化于资本主义的生产关系,更转化为不得不占有国外市场”,资本主义的“民族国家”就“由革命的要素转化为反动的要素,已由促进生产力发展之要素转化为阻止生产力发展之要素”。③

《政治学》一书,依据马克思主义政治理论对国家的起源、本质、职能、国体与政体的关系等进行了研究。该著认为,国家有一

① 邓初民:《政治科学大纲》,中国社会科学出版社 1984 年版,第 103—104 页。

② 同上书,第 91 页。

③ 同上书,第 94 页。

个产生、发展和灭亡的过程，但这个过程是随着社会革命的行进而联系在一起的，并且国家的职能也是经过一个转变的过程之后才能使国家走向灭亡。邓初民指出："有人把国家的死灭用'衰亡'两个字来表示，这是很有意义的，衰亡即是逐渐凋残一意。因社会革命的结果，社会阶级的分裂归于消灭，那国家以及政权的性质就要开始转变，从政治的到单纯管理的，即政权就要失掉它的政治性而变成与社会利益有关的单纯的管理职权了。'政治的国家'便要变成'非政治的国家'了。这便是国家'衰亡'或'死灭'之过程。"① 该著结合马克思主义经典作家的论述，对无产阶级专政国家的职能问题做了详细的回答。邓初民这样写道："总括起来，无产阶级专政的基本任务，就是下列几点：第一，压倒国内资产阶级分子的任何反抗，抵抗国外资产阶级的一切进攻。第二，与非无产阶级劳动群众结成联盟，领导他们，改造他们，来为社会主义奋斗；同时，在争斗中改造无产者本身。第三，建立社会主义经济，以实现一种比较资产阶级更高的社会劳动组织，渐进于无产阶级的社会。"②他强调无产阶级对资产阶级国家的占有必须采取破坏的手段，而不能直接地利用。邓初民指出："资产阶级的国家发展到了帝国主义国家，国家的一切机能已达到绝顶，因此它不能不由帝国主义国家转变到社会主义国家。但这一转变，决不能把官僚和军事的国家机关从一部分人手里转移到另一部分人手里，因为新兴的革命阶级，在这里便是无产阶级不能简单地夺取现成的资产阶级的国家机关，而运用它来完成自己的目的。所以他们不能仅限于占有这

① 出原：《政治学》，新时代出版社 1932 年版，第 152—153 页。

② 同上书，第 473—474 页。

个机关,而必须破坏这一现成的国家机关。所以破坏官僚和军事的国家机关几乎成了无产阶级在革命中对于国家问题之首要的任务。因此这一转变……是以原则上根本不同的一个国家形式来代替一个旧国家形式的一种伟大的改革。老实说,便是由资产阶级的国家变为无产阶级的国家,由一阶级压迫另一阶级的特殊力量的国家变为实际上已非真正国家的一种形式。"①这里,邓初民阐述无产阶级专政的任务,显然是按照马克思主义关于打碎资产阶级国家机器的论述来叙述的。

《中国政治问题讲话》一书,其主旨是研究中国的政治问题,强调了开展新民主主义革命在解决中国政治问题中的中心地位。该著认为,解决民族矛盾和阶级矛盾就是当时中国社会所要解决的中国政治问题。"在半封建的半殖民地社会里,显然就包含了两大矛盾:一是半封建势力与民主势力的阶级矛盾;一是半殖民地民族与帝国主义民族的民族矛盾。这两大矛盾如何解决,就成为中国政治问题的中心;这两大矛盾的彻底解决,也就是中国政治问题的彻底解决。"②而要解决这两大矛盾,达到解决中国政治问题的目的,就必须采取革命的手段来达到。该著对"革命"进行了诠释,阐述了"革命"手段在推进中国当时两大矛盾解决、建立新中国的特殊地位。邓初民指出:"所谓革命,在手段上是要对外打倒帝国主义与对内打倒大地主大资产阶级;在目的上就是要改变中国人民在政治、经济、文化各方面所受的压迫与侵略。也就是说在经济上要把帝国主义、大地主、大资产阶级的经济推翻,建立人民大众丰

① 田原:《政治学》,新时代出版社 1932 年版,第 130 页。

② 邓初民:《中国政治问题讲话》,智源书局 1949 年版,第 1—2 页。

衣足食的繁荣的经济；在政治上也是要把帝国主义、大地主、大资产阶级在中国特权及对中国人民的压迫推翻，来建立中国人民大众自己的政治，建立民族自由平等的国家；在文化上也是要把帝国主义、大地主、大资产阶级洋化、奴化的文化推翻，建立人民大众自己的新文化。总而言之，是把旧的经济、政治、文化推翻，建立新的经济、政治、文化，这是革命的目的。所以我们的革命不是为着别的，就是为的要把帝国主义、大地主、大资产阶级打倒，把经济、政治、文化上的压迫剥削推翻，而建立新的政治、经济、文化；我们奋斗的目标就应当是为建立新的政治、经济、文化的新中国而奋斗。"[①]该著对革命动力的论述富有创见，不仅认为"工农是中国民主革命的主要动力，城市小所有者及民族资产阶级在一定时期内亦成为革命的动力"，而且认为"随着革命发展阶段以及阶级力量对比的变动，革命的动力也有所变动的"。[②] 又如，该著认为"农民阶级就是农村中的小资产阶级，但他们的内部正在激烈分化中"，并对农村阶级中"富农"、"中农"、"贫农"进行政治的分析，阐述了中国共产党对农村各阶级的政策，强调"依靠贫雇农，联合中农"以及"无产阶级也只有同中农、贫农结成坚固的同盟"对"领导革命到胜利"的极端重要性。[③]

《新政治学大纲》一书出版于 1940 年，在学术研究体系上有独到的特色，是其政治学著作中最具代表性的著作。在邓初民看来，那种简单地把政权、政府、政党、革命等政治现象概括在国家之内，

① 邓初民：《中国政治问题讲话》，智源书局 1949 年版，第 3—4 页。
② 同上书，第 48 页。
③ 同上书，第 51—53 页。

并由此认为“政治学就是研究国家规律之学”的观点，是有其历史缘由的。过去社会关系、政治现象比较简单，在阶级矛盾所反映出的上层建筑也比较简单，因而这样的论断“或许也不算错”。但历史发展到现阶段则不然，阶级矛盾尖锐化，上层建筑随阶级矛盾的尖锐化而日趋复杂，这样所表现的政治现象也就不是一个国家了，因而也就不能拿“国家”这一概念来包括政党、革命等内容。由于“它们——国家、政党、革命——的共同点，却都是以阶层矛盾为基本内容的政治现象，所以我们仍然可以把它们概括起来，概括在‘政治’这一根本范畴内”①。该著在“自序”中指出：“新政治学的基本特征，是它把政治关系的运动法则放置在社会内部的阶级对立上，而以‘阶级矛盾’为政治关系之基本内容，同时它不是把国家这一单纯的政治机构作为它的全部对象，而是把全部政治范畴，例如政党、革命、那种在政治上最高基本的指导力量、那种在政治上奠定千百万人生命过程的政治运动都作为它们对象的，而对于国家的本质及其任务，并所谓专政与民主诸问题，则由帝国主义时代，亦即廿世纪初叶的革命领袖们，在帝国主义战争、劳动大众革命、反机会主义、反法西斯以及其他许多新条件下，往前发展了十九世纪中叶革命前辈们的理论或学说，并把这理论或学说提高到了新的阶段。”②在“绪论”中又说：“以上所序列的国家、政权、政府、政党、革命都是政治力量亦即政治现象的具体表现，因此我们可以说：政治学的对象是政治范围的全部，而政治范畴的全部起码是包括国家、政权、政府、政党、革命等政治现象的，决不能单纯的

① 见本书第10页。
② 见本书第1—2页。

国家。”[①]因此，该著以“阶级矛盾”的展开为线索，突破了传统政治学即是国家学的研究体系，建立了一个新的包括国家、阶级、政党、政府、革命等在内的政治学研究体系。《新政治学大纲》一书在民国时期多次出版，在中国马克思主义政治学体系中占据特殊的地位，在本文的下一部分将对这部著作的学术贡献做重点的说明。

通过以上著作，我们可以看出邓初民的学术研究工作有其鲜明的特点：一是始终坚持马克思主义在学术研究中的指导地位，科学地运用马克思主义的立场、观点、方法，对人类社会的历史及其表现的各种社会现象予以解释，将理论指导和学术研究的实践活动很好地结合起来，是中国有数的马克思主义学术大家之一。二是学术领域广阔，涉猎中外古今，注重学科之间的联系，举凡哲学、历史学、政治学等皆有突出性的代表性成果，引领当时的学术研究方向，因而堪称学术大师。三是理论联系实际，与时俱进，学以致用，强调学术研究服务于现实社会变革实践活动，自觉地以学术研究来推进中国社会的前进，从而在马克思主义学术中国化方面做出了卓越的贡献。

三

由生活书店于1940年出版的《新政治学大纲》，是邓初民以其强烈的政治责任感和使命感、为现实政治斗争服务的目的来写作完成的一部巨作。他在该书的“自序”中说：“伴随着抗敌救亡运动

① 见本书第9页。

之逐渐展开，'抗战建国'任务之必需完成，这是一个如火如荼社会斗争的大时代。由于这种社会的实践、政治的实践所迫切要求，担当着这一斗争的全中国人，尤其是进步的人群，必需要有新的斗争武器、新的战术战略——新政治学为他们服务。"具体说，"我们研究新政治学，当前的主旨，更是需要从活生生的实践中把握新阶段的政治理论——政治的战略战术，剖析敌我两方不同的矛盾根据及其优势条件与劣势条件，指出最后胜利的必然性，来服务于摧毁日寇侵略势力，建立民族独立、民权自由、民生幸福的三民主义新中国的任务。"该书堪称中国马克思主义政治学史上的里程碑著作，尤其是在阶级与阶级斗争理论、政党理论等方面有突出的建树，突破了他此前在政治学方面的三部代表作（即《国家论之基础知识》、《政治科学大纲》、《政治学》）中以国家为中心的学术研究体系，并总结和提炼了中国共产党人政治斗争的经验，对中国马克思主义政治学体系的发展做出了突出的贡献。以下，试就该著中的"阶级论"和"政党论"两方面做些介绍。

（一）在阶级论方面对马克思主义政治学的贡献

邓初民依据马克思主义理论，对阶级的起源过程进行了深入的探讨，确认生产力发展对阶级产生的绝对性意义。关于阶级产生的历史过程及其中所涉及的各种制约性因素，邓初民在著作中给予这样的描述：

> 第一，即当人类开始脱离动物界之时，他们还未脱去半动物的境界，生活是粗野低劣，仰赖自然界现成的食物以生活，

完全受自然支配。因而他们的生活在某种程度上是平等的，各家族之家长的社会地位也是平等的。至少在这种时候，社会上还没有阶级。这种状态一直在后来的文化诸民族之原始的农耕共产体中还是继续存在。在这样的共产体中，从最初起就有一定的共同事务存在，而这些共同事务必须在全社会的监督之下委托一部分人去处理，而这部分人为完成其职务起见，又必须设有一定的权力。随着生产力的发展，社会有了自己消费之外的、多余的生活资料；有了多余的生活资料，就需要有一部分人专门负保管之责（通常是氏族中的长者），久而久之，等到生产力再进一步向前发展，而保管财富变成一种世袭的、固定的职务时，阶级就告形成。复次，由于生产力的增大，个个共产体之间又发生了共同的或抗争的利害关系，因而以这种利害关系为中心的共产体就被造成为一个较大的全体，于是一种新的分工又成为必要，而保卫共同利益及防遏抗争的机关就自然产生出来了。于是站在这样公共机关的人们因为由偶然而变为世袭的缘故，便渐渐地特殊化而成为特殊阶级，遂至把自己提高到社会支配的地位，而各个支配者便结为支配阶级。这样看来，阶级发生的物质前提是生产力的发展。

第二，即和上述阶级构成的过程相并着，又有着一种阶级构成的过程。农耕家族中原始的分工一到财富发展到一定阶段时，就能吸收家族以外的人们的劳动力。生产发达起来，人类的劳动生产力除了维持自身生存所必要的资料以外，还能有多余的生产物。这时，既有可以维持较多劳动力的生活资料，又有可以使用这些劳动力的工具，于是劳动力便取得了价值。而这种过剩劳动的来源便是战争。战争所得的俘虏，在以前是被屠杀被烹食的，到这时便把他们用来做奴隶了。所谓奴隶制度就是这样形成的。这种奴隶制度实是社会的分工之最单纯、最原始的形态。古代（希腊、罗马）之以阶级对立为基础的社会的繁荣与进步就是在奴隶制度下成就的。①

在对阶级产生的历史进程进行分析的基础上，邓初民得出这样的结论："阶级是历史的范畴，即它为特定的历史阶段所规定，而且随着历史一同变化。例如，古代社会的基本阶级是奴隶和奴隶主人，封建社会的基本阶级是农奴和领主，资本社会的基本阶级则是工资劳动者和资本家。因为历史阶级（段）的不同，即社会经济结构或生产关系的不同，便反映到阶级关系的不同，而阶级关系的不同又直接表现在剥削、收夺的方法之不同中。"②邓初民对阶级起源历史过程的描述，强调了生产力发展、生产品的剩余所起的决定性作用，从社会经济变动的角度来理解阶级产生及阶级对立问题，而且又揭示了阶级的历史性特征及其与经济结构变动的内在关系，坚持了马克思主义唯物史观的指导地位。

邓初民将"社会经济结构"的变动性及社会演进的历史性结合起来，说明"阶级结构的历史性"决定了各阶级的历史命运，因而随着历史的进程，各阶级的历史命运也就各有不同。这显现出了在马克思主义唯物史观指导之下的独特的研究视角。邓初民指出：

① 见本书第44—45页。
② 见本书第50页。

由于社会经济结构以及阶级关系依历史转变的结果，所以各个社会经济结构下被剥削压迫的勤劳者的阶级运命便也各有不同。自然，从所有这些阶级都曾经和各种压迫他们的生产关系斗争过，即对于新社会的创造都曾经尽过积极的任务这一点来说，一般在生产过程中的劳动力的所有者都是站在生产力发展的利益上，为了扬弃生产力的桎梏的生产关系而战斗的革命阶级，但他们的历史运命却各有不同。很明显的，古代社会的奴隶便没有能在新发生的封建制下提高自己为统治者，封建制下的农奴亦没有能在新发生的资本主义社会下提高自己为统治者。而在将来的社会主义的生产下面，即如现在世界六分之一的苏联，工资劳动者是已成为新社会的主人翁了。如果我们要具体地去理解古代社会的奴隶、封建社会的农奴、资本主义的工资劳动者他们的历史命运之所以不同的理由，那就仍然是阶级结构的历史性决定了它。这就因为封建制的农业，亦即其社会结构，在奴隶制的社会结构中，以及资本主义的商品生产在封建制的社会结构中，都是自发地生长出来的，而未来的社会主义的生产关系决不会在资本主义胎内生长出来。

这样，阶级和社会经济结构的本身一样，不是什么固定不变的，而是随着历史的演变发生、发展乃至被扬弃的。因而它有其发生的历史条件，也决不是要存留到永久的将来的超历史现象，所以把阶级看成自然秩序，把阶级的分化从个人间的生存竞争来说明它，或由生物学的要因亦即优生学的观点来规定它，都不是科学的阶级规定。①

由邓初民以上的分析来看，他的基本观点是：阶级的产生是社会生产力演变的必然，而由于社会经济结构决定社会的阶级结构，社会的阶级结构又决定各阶级的历史命运，所以各阶级的历史命运虽然直接决定于阶级结构，但归根到底是取决于社会的经济结构。而社会经济结构本身具有历史性的特征，随着社会生产力的演进而变化，"不是什么固定不变的"，因而阶级本身依其历史条件的变动而变动，所以阶级也是一个历史性的阶级，并不具有永存性。由邓初民的观点来看，他在考察阶级产生及阶级历史命运时，将生产力与生产关系、经济基础与上层建筑矛盾运动的原理运用得非常娴熟，既注意到生产力这一社会发展根本动因在阶级这一问题上的决定作用，又考虑到生产关系演变的具体情形及其给阶级的历史命运进程所带来的重大影响。

邓初民论述了"社会的经济结构"对阶级历史命运的决定作用，那么阶级作为一种历史的现象在其演进的历程中，到底与社会的经济制度、生产手段、劳动组织等存在什么样的具体关系呢？而这种具体的关系又使阶级在社会经济层面处于何种地位呢？对此，邓初民的回答是："所谓阶级者，乃是根据它在那被历史规定了的社会的生产体制内的地位，根据它在对生产手段的关系（大部分它被法律所确保和固定化），根据它在社会的劳动组织内的作用，因而根据它在社会的财富之中所处理的那一部分的获得样式和大小来互相区别着的多数的人类集团。所谓阶级者，乃是受一定的

① 见本书第51—52页。

社会经济制度内的地位之差异的赐与,可以私有他人的劳动的这样人类的集团。”正是根据这样的回答,邓初民得出这样的结论:“总之,阶级存在的首要前提是特定历史发展阶级(段)上的社会生产体系内的各人地位之差异;这种差异的根本标志,表现在每人对生产手段的关系之差异,即表现在生产手段的分配之中。因此,一方面没有任何生产手段或基本生产手段的人类集团与他方面独占一切生产手段或基本生产手段的集团之存在,就是一切阶级社会结构的根本特征。”①由此可见,邓初民认为阶级是社会经济结构中的阶级,而阶级存在的基本特征实际上是对生产手段的占有问题,亦即阶级的对立体现出经济的利益与经济的地位的对立。正是由于经济利益与阶级之间的密切关系,邓初民强调在对阶级划分时要有正确的划分标准,主张要从“生产本身来考察”阶级,如此“才能给出阶级的科学的规定”。他指出:“然则正确的、科学的阶级规定是什么呢?很显然的,当正确地、科学地规定阶级时,就不许仅以生产物的分配(收入的源泉)或生产手段的分配为指标。生产物的分配是从生产手段的分配归结来的,但生产手段的分配又是生产发展的结果。生产手段的分配虽然是决定阶级关系的特征,但离开生产本身来考察时,就不免要陷到考次基的武力说去了。所谓把生产手段的分配与生产本身的发展联结起来考察,那就是要将社会的分工、社会的劳动组织放在这分配的基础上,即是说应在社会的分工、社会的劳动组织之上去求分配的基础。……这里所谓社会的分工、社会的劳动组织决不是布哈林所说的企业内的劳动组织,它是把所有关系上的阶级敌对、生产手段分配上的敌对之

① 见本书第40页。

各种历史形态都包摄其中的特定的社会劳动组织。这样,它便使各种历史上的阶级敌对形态贯穿在那社会的劳动组织、生产的社会的体制之中,而生产物的分配、经济上的剥削、收集都是阶级关系的表现了。这样,才能给出阶级的科学的规定。"①邓初民强调要从"生产本身来考察"阶级,"在社会的分工、社会的劳动组织之上去求分配的基础","把生产手段的分配与生产本身的发展联结起来考察",正是在把握阶级与社会经济结构关系的基础上所得出的正确结论。

邓初民对现代社会(亦即资本主义社会)的阶级结构进行了较为全面的分析,对各阶级的地位和作用也予以评定。

关于地主阶级,邓初民认为地主阶级是资本主义社会的"从属的阶级",表现出对资产阶级的依附性,但与工业资本家阶级也并非完全"不可调和"。邓初民指出:"地主在封建制下本是和农民共同构成基本的阶级,并且是统治阶级之唯一的特权身分。但在资本制下,它已不再是身分,而是资产阶级之从属的要素,构成了资本主义社会统治阶级之一部分。虽然在地租的多少与农业品价格的贵贱等上面,不免与工业资本家也有利害的对立,但因为地主在资本主义社会底下已是以资本主义的生产方法为其生活条件,所以它与农工业资本家间的利害对立决非在同一生产关系之下不可调和的。"②

关于小资产阶级,邓初民认为小资产阶级在现代资本主义社会里是一个从属的阶级,因而也是一个处于过渡阶段的阶级。关

① 见本书第38—39页。
② 见本书第54页。

于小资产阶级，邓初民指出："小资产阶级是包括了城市小资产阶级与农民。城市小资产阶级在资本主义社会下，因为它的成员一面无产阶级化，而另一小部分则幻想能爬上资产阶级的地位，所以在生活条件上是极不安定的，因而在政治上也不能担负任何独立的斗争。小资产阶级，因为它是小生产商品者、小经营者之故，所以它反对那商品生产的桎梏即封建的支配，又因它是小所有者，所以它对大资产阶级也抱着反对的气息；同时，因为它到底是小所有者，所以异于无所有者而仍然具有所有者的心理。因此，它的心情与行动总在中间层或上或下地摇摆。村中典型的小资产阶级在资本主义社会中是中农。中农随资本主义农业的发展，大部分没落为半无产的贫农，更经过贫农而没落为农业无产者；小部分则发了迹变成有产者的富农。因此，它的生活条件也和城市小资产阶级一样，政治上的斗争也没有独立性，即在它参加民主革命的场合，因为它在封建制下被那分散性的小领主的土地所束缚住，不能成为统一起来的为其自身的阶级，即'自为的阶级'，所以如果它不和资产阶级或前期无产阶级的运动合流，是不会独立获得民主的。"①

关于资产阶级，邓初民认为资产阶级是"现代社会基本阶级之一"，在资产阶级革命时有其历史的进步性，但资产阶级的本性决定了其革命性不能持久。邓初民指出："现代社会基本阶级之一的资产阶级，如前所说，在它代表发展途上的生产力对封建势力斗争上看，它是进步的、革命的。但因为他们是资产阶级，所以其进步为其阶级属性所限，自始就表现了它的两重性：一面要对封建势力斗争，一面又怕革命超过他们的利益要求以上。所以它的革命性

① 见本书第55页。

总有某种程度的不彻底,因之欧洲资产阶级的革命,总以对封建支配的妥协而告终;许多殖民地半殖民地的民主革命,亦动辄以其同伴——广大革命群众之较激昂而走到革命之相反的路线,即与国外的压迫民族——帝国主义,国内的封建势力妥协来绞杀革命。所以资产阶级即在民主革命上,一般地说,亦断然不是采取最彻底的态度的革命阶级。……因此,有人认为在资产阶级的民主革命阶段其领导权应属于资产阶级的见解,也是不正确的。实际上,参加民主革命运动的资产阶级,它和都市小资产阶级、农民、劳动者之间并不一致,特别在劳动者以本身独自的要求出现时更加明显。"①

关于无产阶级,邓初民在分析时通常称之为"劳动者"(亦有时称为"工资劳动者"),认为其已经达到"自为的阶级"的阶段,成为取得民主革命胜利的重要条件。邓初民指出:"现代社会基本阶级之一的劳动者,在它以本身独自的要求出现时,即它由'自在的阶级'进于'自为的阶级'时,他们的革命对象是资产阶级,他们是代表在资本主义社会发展途上的新生产力来同资本制度斗争的。他们不仅是已达到于'自为的阶级',而且他们的主体条件——真正的革命组织——政党亦已形成,其组织与结合的可能性之深刻与广泛,出乎历史的任何阶级之上。它不仅在反对资本制度的抗争中是最根本的要素,即在反对封建制度的民主革命中也是最根本的要素。它在参加社会革命的抗争中,是在直接解决资本主义生产的敌对性,即在它参加民主革命帮助资产阶级革命以使资产阶级地位日趋稳定时,这也决不是把自己本身降于更不利的地位,反

① 见本书第58—59页。

而是使他们对资本制度的抗争引导于胜利的必然条件。”①

邓初民对近代中国的阶级格局也做了具体的研究，对当时中国社会中阶级的特殊性有较好的阐发。开展民主革命，就必须认识中国阶级的特殊性。邓初民对中国阶级的分析，一方面结合中国的阶级实际，另一方面结合中国所要完成的民族民主革命的任务，将中国的阶级的特殊性叙述清楚。譬如关于中国的地主阶级，邓初民揭示其封建落后性。邓初民指出：“中国当然也有地主阶级，并且它在农村中大都还具有政治上、法律上的特权，武断乡曲，格杀庄佃，在中国历史上不断地被记载着。并且历代封建地主对于农民之残酷的压迫，实造成了中国民族落后及其历史发展的停滞。封建制度下基本的对立阶级是地主与农民。中国农民是中国人民中最受痛苦的阶层，它的收入百分之五十以上被地主收夺了去，此外还有赋役等封建剥削的残余形式。”②又譬如，关于中国的民族资产阶级，邓初民鉴于中国民族资产阶级的政治态度，指出其两面性的特征，揭示在半殖民地半封建社会中的中国民族资产阶级与欧洲一般资产阶级的不同之点，要求重视对民族资产阶级革命性的发挥。邓初民指出：“中国的民族资产阶级要求反帝反封建的革命，即他们要求打倒妨碍中国近代化——资本主义发展的两重压迫。不过在某种情势之下，即当革命运动势要超过他们的要求，或轶出他们所能控制的范围，他们便对革命开始犹豫，甚至离开革命。这里也表现一般资产阶级的两面性。但是当半殖民地半封建的中国遭遇空前危机，根本危及中华整个民族的生存，因而危

① 见本书第59页。

② 见本书第64页。

及中国社会各阶层的生存时，中国民族资产阶级仍然是积极参加革命的，例如此次对日英勇的抗战便是。这是他们与一般资产阶级——欧洲资产阶级不同之点。"①邓初民揭示中国阶级的历史特点和政治态度，是为了进一步阐述中国社会各阶级在民主革命的地位。

概括而言，邓初民对现代社会阶级结构的分析，有这样几个显著的特色：

一是他认为现代社会的基本阶级是资产阶级和工资劳动者，其他阶级包括小资产阶级、地主阶级、农民阶级等处于依附阶级的地位，这不仅是符合马克思关于现代资本主义社会阶级构成（工业无产阶级与工业资产阶级）分析的，而且对马克思主义阶级结构的分析有所发展。在马克思主义经典作家的著作中，大都提出了工业资产阶级与工业无产阶级是现代社会两大对立阶级的思想，但对于现代社会的其他阶级所处的"从属阶级"的情形并未充分地展开论述。邓初民不仅比较详尽地说明了现代社会其他阶级的从属地位，而且对两大基本阶级的对立关系用矛盾斗争的原理进行了分析。如邓初民就有这样的论述："资本主义社会的基本阶级，如前所说是资本家与工资劳动者。资本主义社会生产方法的矛盾表现为两者之间的矛盾；同时，两者又相互制约着，构成矛盾的统一。一般在矛盾的统一上的统一、安定都是相对的，而矛盾、抗争却是绝对的。矛盾的扬弃与克服是矛盾向前展开的结果。所以在资本主义社会，推进矛盾向前展开的是劳动者，要把矛盾努力抹杀、固

① 见本书第65页。

执统一藉维现状的则是资本家阶级。”①

二是他在分析阶级结构的过程中，特别注重阶级“分化”的研究，以此来说明现代社会阶级结构呈现的变动性的特征。根据马克思主义的唯物史观原理，现代社会的阶级结构处于变动之中，而阶级结构的变动则根源于社会经济结构的变动，亦即是由社会生产力的发展之所致。但是，社会阶级结构的变动其表征是什么呢？这就需要研究阶级的“分化”问题。邓初民对阶级分化的事实予以高度的重视，试图通过对阶级分化的说明来显现阶级结构变动的一个具体面相和社会演进的趋向。譬如，邓初民对小资产阶级的“两极分化”问题有这样的具体看法：“城市小资产阶级及农民是资本主义社会的从属阶级之一，他们在资本主义社会中是不断地向两极分化，即一方面少数部分资产阶级化、富农化，一方面大多数无产化、贫农化。在政治的关系上，与其说在独立的斗争着，不如说在有产者与无产者之间动摇。在各自场合，他们究竟是倾向于有产者方面，抑无产者方面，那是由有产与无产两阶级的势力关系面和政策来决定的。不过在资本主义的害处发展，打破了小所有者的幻想，小所有者阶级独立性的外观却在日趋消灭了。在他们受着日趋没落威胁着的现代，宁是同情于无产者的日益加多。但因为他们小所有者的心理和政治水准的低落，在没落威胁加剧的时候，也很容易急不暇择地为法西斯所欺骗利用。不过在资本主义的勃兴期，产业革命开始以前，城市小所有者在都市中占过人口的多数，起过重要的作用。他们的下层随资本主义的发展日趋无产化，他们便和手工业工人、城市劳动者、浮浪人等一同构成了‘都

① 见本书第53页。

市平民的要素'。在一七八九——七九三年的法国革命、一八四八年的德国革命中，都市小资产阶级都尽了不少的任务。特别在法国，那为雅各宾党所代表的都市小资产阶级曾援助过农民和一般'都市要素'，亦即'前期无产阶级'。"[①]又譬如，邓初民对现代社会的农民分化问题也进行了深入的研究，考察了农民分化后各部分的态度及其在民主革命中的地位。他指出："农民——也可说是农村小资产阶级。它在资本主义之下正分化为农业资本家、富农、中农、半无产者贫农和农业劳动者。它决不构成为一整个阶级，但在农村中如果还是封建的土地所有支配时，他们对于封建地主则仍然是构成一个阶级的。这就是说，对于反对资本主义的抗争，富农是反对的，中农中立，贫农和农业劳动者则成为革命者的战友，其态度各不相同，而在清算封建土地所有的问题上，这一切分子则又表示完全出于一致。因此在资产阶级民主革命上，封建制下的基本阶级——农民的意义非常重大。……即如十七世纪英国资产阶级革命、十八世纪法国资产阶级革命，农民也与都市小资产阶级一样，提供了很大的力量。不过农民必需在民主革命时代与资产阶级联合，在社会革命时代与无产阶级联合，才能完成其政治任务。这就因为它始终因封建土地的束缚不曾发展为'自为的阶级'之故。"[②]邓初民对阶级分化问题的研究，不仅揭示分化的事实，而且还对阶级分化的影响特别是对民主革命的影响予以充分的估计，这在当时的政治学著作中是很有特色的。

三是注重对社会阶层的研究，剖析阶层在社会阶级结构中的

---

① 见本书第 60—61 页。

② 见本书第 61 页。

作用,这是运用马克思主义阶级分析的进一步深入。在邓初民看来,阶级之中是分层次的,即使是现代社会的两大基本阶级——无产阶级和资产阶级也不例外。“在工人阶级中便分出:劳工贵族、普通工人阶级、苦力工人阶级、大工厂工人、小工厂工人、女工等。这在资产阶级中也是一样。它大约可分出:大资产阶级、中资产阶级、小资产阶级、商业资产阶级、工业资产阶级、金融资产阶级等。”①这里要指出的是,邓初民对社会上那些不构成独立阶级的社会阶层给予同样的重视。譬如,邓初民对“流氓无产者”这一特殊的社会阶层进行了研究,认为:“所谓游离分子——亦即流氓无产者,有时虽然也很勇敢地来反对现存资本制度,然而与生产劳动脱离关系、毫没有组织能力的他们决不能在政治任务上起积极作用……不过,在这里我们还要知道:这种游离分子对于政治任务不但没有积极的意义,在他们参加革命运动时甚至是有害的,例如他们往往按日被人雇来施行反动的任务,做打手,做各种侦查工作,破坏革命就是明证。”②又譬如,邓初民对知识分子这一社会阶层进行研究,剖析这一阶层在社会中的政治态度及对社会演进的影响。他指出:“智识分子在资本主义社会内是互异其在生产关系内的阶级地位的,即它不构成一个社会阶级。一般地说,所谓智识分子者,是指在智识劳动与肉体劳动的分工存在着的社会中专门从事智识劳动的人。例如技术家、事务员、官吏、医生、学者、记者、艺术家、俳优、律师等等。以上这些智识分子在他们没有生产手段一点上说,是跟劳动者一样。但他们有的则被资本家以薄薪雇入,有的

① 见本书第48页。

② 见本书第62页。

则在劳动过程上尽指挥任务，有的则成为下级官吏，一方面受其雇主或其上级剥削，也同劳动者一样，一方面又在帮助其雇主或其上级压迫劳动者及一般人民。到了少数上层智识分子，例如高级技术家、政治家、大学教授等等则又不同；这是他们的生活条件已极接近于资产阶级，甚至构成了资产阶级之一员，而在社会生活向各方面积极执行资产阶级的意志，其资产阶级的阶级性极明显地被反映出来。”[①]值得注意的是，邓初民还提出了判断知识分子阶级属性的标准，认为对于知识分子，“就其社会任务方面来观察，以发展和传布社会意识为职务的学者，却看他所散布的是什么意识形态，而决定他是服务那一方面的。卡尔、恩格斯被称为无产者集团的思想家，正是由于这种标帜。但不是学者、教授，即不专门处理意识形态的技术家或官吏等，却不能由其意识形态的内容来决定其所属的阶级。例如有一些高级技术家或官吏，即使他们具有革命的意识形态，在他们还没有站在革命的方面来反对其技术之为反革命所利用时，他们依然只是不革命的智识分子。但纵然是如此，对于智识分子，决不能有不正确之估计”[②]。邓初民关于社会阶层的具体分析是很有学术价值的，对于当时的政治运动也有重要的指导意义。

邓初民的《新政治学大纲》以马克思主义的政治理论研究阶级问题，不仅阐明了阶级的起源、发展与消亡的历史进程，揭示了阶级的实质与特征，在宣传马克思主义阶级和阶级斗争理论方面做出了贡献，而且依据中国民主革命的实际，分析了中国社会阶级的

① 见本书第55—56页。
② 见本书第61—62页。

特点和阶级斗争的新情况，阐述了中国民主革命所要完成的任务，并为民主革命任务的完成指明方向，从而为中国马克思主义政治学增添了极为重要的成果。

（二）在政党论方面对马克思主义政治学的贡献

关于政党问题的研究，是邓初民《新政治学大纲》的另一个重要内容，在推进中国的政党理论研究方面做出了重要贡献。

邓初民在《新政治学大纲》中对政党的产生及政党的基本内涵进行了系统的研究，揭示了政党代表阶级利益的实质，估价了政党在阶级斗争中所起的指导作用。在邓初民看来，政党是近代社会发展的产物，与近代社会的阶级斗争紧密联系在一起。他指出："一切社会科学所研究的对象都是社会发展过程的产物，政党便是社会阶层对立尖锐化到了近代社会所产生出来的东西。因为一切社会斗争都是政治斗争，而政治斗争之最完成、最统一的形态便是政党的斗争。"①同时，邓初民认为政党又不是一般的社会产物，也不仅仅是阶级的一部分，政党在阶级之中占有特殊的位置。他指出："政党是阶级社会的产物，尤其是近代阶级社会的产物，因此党便是一定阶级之一部分。然而仅是这样说法还不充分，因为阶级之为物，就大体说来虽然是等质的、一律的、完整的，但就个个分子加以分析，则他们的智力、体力及其阶级意识或阶级觉悟总不免有许多差异。为使这个包含有种种不同分子的阶级全体从事于有效的斗争，指导的部分便成为必要。不用说，这一负担指导斗争的一

① 见本书第207页。

部分，必然是全阶级中最有阶级觉悟、最能团结又最勇于为本阶级利益奋斗之一部分。这一部分便是政党。”①邓初民还指出：“所谓政党，是一定阶级之一部分，且是全阶级中最有阶级觉悟、最能团结又最勇于为本阶级利益奋斗之一部分。概括言之，它便是由全阶级中之先进分子结集而成之指导社会斗争的组织。”②邓初民在对政党概念的阐述中，强调的是政党在阶级之中的先进性和中枢地位。即是说，政党不仅是阶级利益的代表，而且在阶级之中是具有先进性的部分，并且成为所代表的阶级从事阶级斗争的领导者。这样，邓初民给“政党”下了一个具体的定义：“政党是阶级社会的产物，是阶级的指导部分。打一个比方说，它便是阶级的头脑、阶级的先锋。这一政党的概念不仅是适用于某一阶级之政党的概念，而且是适用于一切阶级之政党的概念。”③邓初民的政党定义有这样几个鲜明的特色：一是强调了政党的阶级性（政治性），即政党是代表某一阶级利益的政治组织，是阶级利益的代表和体现，就此而言不存在全民政党的问题。二是强调政党是社会的产物，即是社会发展到一定的历史阶段才会产生政党，因而“政党便是社会阶层对立尖锐化到了近代社会所产生出来的东西”，这是说政党是资本主义社会阶级斗争尖锐化的产物。就此而言，所谓政党不是天生就有的，而是现代资本主义社会的产物。三是强调政党在阶级中的特殊地位，即政党虽然是阶级的一部分，但不是某阶级中的一般部分，而是“阶级的指导部分”，是“阶级的头脑、阶级的先锋”，

① 见本书第208—209页。

② 见本书第209页。

③ 同上。

这是强调政党在阶级之中的先进地位和指导地位。四是强调政党是充当阶级政治斗争的工具，“因为一切社会斗争都是政治斗争，而政治斗争之最完成、最统一的形态便是政党的斗争”，这是说政党的主要任务在于从事政治斗争。就此而言，政党的目的在于“最勇于为本阶级利益奋斗”，以维护本阶级的利益。

邓初民就政党产生的历史条件进行分析，认为近代社会经济构造、阶级利益的对立而致政治斗争的尖锐化、各种上层建筑的设施的具备等，为政党这一政治组织的产生创造了条件，这也使得政党成为政治斗争的产物，并在阶级的政治斗争中发挥作用。他指出：“政党斗争是政治斗争之最完成、最统一的形态。然则政治斗争而取着政党的形式必然要在什么时候才能见到呢？这必然是要在近代社会。因为在近代资本主义社会，它的基础——经济构造，才能容受较完整的各种上层建筑，例如政治、法律、意识形态等等，政党必需在某一阶级感觉到政治斗争之必要，而且有了斗争，指导的科学以及政纲、政策、策略、战术，才能有政治的组织，即政党的组织。”①邓初民又指出：“等到被压迫阶级，亦即代表新生产力的阶级，在斗争的过程中，由‘自在的阶级’进到‘自为的阶级’，同时它必然要造成自己斗争的组织，即领导本阶级全体群众的那种战斗组织。这一组织便是近代意义的政党。这一组织正是用来与压迫阶级之国家组织相对抗的。因为国家组织的存在便是证明压迫阶级已经成为一个‘自为的阶级’，一种国家政权的行使便是证明压迫阶级对于其基本利益之充分的觉悟，压迫阶级是以一切国家机关为工具去与被压迫阶级作战的。在压迫阶级与被压迫阶级恶

① 见本书第211页。

战苦斗的当间，被压迫阶级也只有最有效地适用它那与国家组织相对抗的组织，即政党组织，才能与它的敌人应战；一旦革命爆发或国内战争到来之时，这种政党的组织便将要冲破敌人的阵线而成为新的国家机关之雏形的组织。”①邓初民在以上对政党产生条件的分析中，不仅自然地引出了政党政治活动开展的基本情形，阐述了政党演变的大致轨迹，而且还就压迫阶级政党与被压迫阶级政党进行对比，阐明代表不同阶级利益的政党在政治目标上的不同及其在政治活动中所起的作用不同，从而更凸显了政党与政治斗争的紧密关系，以及政党在推进政治斗争中的特殊作用。

邓初民从政党的基本形态来对政党的构成要素进行研究，同时又依据政党的阶级本质及政治活动的样式，对政党的基本特征进行系统的阐发。在邓初民看来，既然政党是阶级的一部分，而且政党又是代表其阶级的整个利益而斗争的，则政党的构成必须有“党员”、“主义及政纲”及“组织”这三个基本要素，而且这三者缺一不可，否则就不能成为政党，自然也就不能起到政党的作用。那么，政党的三要素其具体的内容又如何呢？邓初民指出：“政党的第一个要素当然便是党员。如是某一阶级的政党，必然就是某一阶级的群众占党员成分之多数。不过因为阶级具有不同性，所以决不是全阶级的群众都是党员的，而且有时某一阶级政党的党员并不限于某一阶级本身……构成政党的第二个要素便是主义及政纲。什么叫作主义呢？凡属一个政党，必然有一种共同的意识形态（Ideologie），即一定的经济的、政治的、哲学的见解。所以每一个政党也就是一种意识形态的结晶体，或是一种特殊的、一定的经济

---

① 见本书第212页。

思想、哲学思想、政治思想的复合体之代表者。这一切思想的复合体之集中的表现便是党的主义。……现在要说到构成政党的第三个要素了，这便是政党的组织。政党是指导作战的机关，它要在指挥统一的机关之下行使及运用它全部的职权，所以组织是特别重要的东西。”[①]邓初民在揭示政党构成要素的基础上，还具体地阐述了政党的六个基本特征。他这样写道：

关于政党的本质或其特征……

第一，一个政党首先应该是一个阶级的先锋队。政党应该集中所有优秀分子以及其经验、其革命性、其对于阶级利益之无限的忠诚到组织里面来。……政党就是阶级作战的司令部，也就是阶级的先锋队。……

第二，一个政党应该是一个阶级有组织的队伍。……

第三，一个政党是阶级组织的最高形式。政党是一个阶级有组织的队伍，但政党不是唯一的阶级组织。除了政党外，还有许多其他组织。

第四，政党是阶级专政的工具。……政党是阶级组织的最高形式，是阶级诸组织之根本的指导机关。不仅此也，它还是阶级专政的工具。一个阶级在不曾取得政权时，可以用它来夺取政权；既取得政权以后，又可以用它来巩固政权，执行阶级专政。以无产阶级为例，无产阶级需要党，不仅为夺取政权，尤其为保持、巩固、扩大此政权，以达到社会主义的完全胜利。……

① 见本书第220—221页。

第五,政党的意志是统一的,即党内不容有党派存在。我们在前面说,政党是阶级专政的工具。它夺取(政权)并保持阶级专政,如果没有一个团结的和铁的纪律的政党,夺取政权或保持政权都是不可能的。……

第六,政党往往因肃清了党内机会主义分子而能巩固起来。……

以上六点,即是任何政党所应该具有的特性。①

邓初民对政党特征的阐述,就研究的视角而言,是将政党置于阶级的体系之中。即将作为阶级利益的最高组织——政党,与所代表的阶级利益联系起来进行考察,注意到政党的阶级性、先进性、组织性、工具性、战斗性等基本内容,并将对政党特征的分析与政党的政治活动考察结合起来,这就使得他对政党特征的分析切合政党本身的实际,其结论具有新颖性。

邓初民对政党产生的历史进程进行了比较细致的研究,试图从政治学的层面来解释政党的起源。在他看来,政党的产生从政治方面而言固然是与阶级产生的历史过程相联系的,但主要是根源于阶级的自觉。邓初民指出:"政党由发生到成长的形成过程,我们固然也可以说它是随伴着阶级由发生到成长的形成过程,但不能说有阶级的社会都有政党。古代社会、封建社会是有阶级的社会,古代社会、封建社会却无我们现在所要探究的政党。……固然自从原始社会崩溃以后,人类就进入于新的有阶级对立的历史时代,每一阶级都有随着生产力与生产关系之变化而争取其阶级

① 见本书第224—230页。

利益之必要，但奴隶与农奴却不可能具有明确的政治意识，甚至提出明确的政治纲领，为实现政纲夺取政权而斗争。即他们不可能结成政党，爬上统治者的地位。”①邓初民正是由于注重阶级的政治意识走向自觉而给政党产生所带来的推动作用，因而他“得到一个很明确的结论：政党之形成过程是伴随着阶级之由‘自在的阶级’进到‘自为的阶级’的形成过程的”②。需要指出的是，邓初民不是没有注意到经济基础的变革对政党产生的总体制约作用，相反他特别重视社会的经济结构对政治的决定性意义，如他在考察人类社会变迁、阶级的产生以及资本主义社会运行过程等问题时就非常强调经济基础的决定性作用，把社会生产力看成是社会发展的动因和阶级产生的物质性基础。这里，邓初民主要是就资本主义形态之内，从政治层面中的阶级与政党关系的视角、从与政党联系最为紧密的思想环节来考察的，强调的是阶级对立的基础上所逐步形成的“阶级自觉”（由“自在的阶级”走向“自为的阶级”）在政党形成中的作用。

邓初民对于政党的灭亡问题也进行了研究，分析了政党走向灭亡的历史过程。按照唯物史观的原理，政党组织同其他政治组织一样都有一个走向灭亡的过程。政党的灭亡不仅与阶级、国家的灭亡有着密切的关联，而且也是根源于社会生产力的发展。但政党的灭亡与阶级的灭亡到底存在什么关系呢？政党在走向灭亡的过程有什么突出的表征呢？这就需要在唯物史观的指导下，运用政治学的理论，特别是政党理论，加以细致地分析和说明。在邓

① 见本书第210—211页。
② 见本书第212页。

初民看来,政党的灭亡最突出的表征是“政党的单纯化”,而“政党的单纯化”又源于“阶级的单纯化”,而且政党的灭亡也有一个由“渐变”到“突变”的历史过程。对此,邓初民曾这样解释:

> 政党之形成过程,如前所说,是根源于阶级的自觉,即由“自在的阶级”进于“自为的阶级”的时候才有政党的形成。然则它的死灭是如何到达的呢?我们以为它的第一步骤就是政党的单纯化。我们知道政党是一定阶级之一部分。因阶级之不同性,一个阶级往往有几个政党,一个政党又分许多派别。然随着阶级之日趋单纯化,这许多政党、许多派别自然也是要日趋单纯化的。何以政党之单纯化就是政党死灭之第一步骤呢?因为在一个阶级内的许多政党、许多派别原是阶级层次的反映,而阶级的小层次总是不断地向两极分化,政党的种类也必然不断地向两极分化。同时在许多政党中,必有某一政党是真能代表全阶级的总利益、为全阶级的总利益而奋斗的。如果它真能代表全阶级的总利益,为全阶级的总利益而奋斗,它必能随着阶级意识的发展渐渐得着组织并指导全阶级的地位;它的内部自然会日益团结、日益统一。其余的许多政党或者因革命阶段的深入推动它们,自愿归并那真能代表全阶级利益的政党,或者渐渐消失自己存在意义而自然归于消灭,甚至于许多小派别也由那一真能代表全阶级利益政党的教育作用而自然泯除界限,以完成所谓政党的单纯化。但政党单纯化的主要原因当然是由于阶级的单纯化。如果阶级单纯化到了最后的阶级,到了一种由旧社会过渡到新社会的最后阶级,那阶级必然是日在过渡的崩溃中,代表这一阶级的政党也必

然是日在过渡的崩溃中。阶级因过渡完了而死灭,代表这一阶级的政党自然也要因过渡完了而死灭。但它的死灭是经由了单纯化的过程的。所以我们说,政党之单纯化是它趋于死灭的第一步骤。什么东西都不是突然死灭的,都是由渐变到突变,政党的命运也是一样。①

上引邓初民这段文字,其目的在于认识邓初民提出的"政党的单纯化"的学术主张。以今日的眼光来看,确如邓初民所说,"政党的单纯化"是源于"阶级的单纯化",而且"政党的单纯化"也确实是政党灭亡的表征。然而,"政党的单纯化"除了表现为某一政党能代表全阶级利益外,在表现为政党的种类单纯化的同时,还表现为政党职能的单纯化。因为,只有政党的职能表现为单纯化,才能说明政党的作用日益单一而逐步失去其存在的依据,而归于灭亡的进程之中。与政党的职能单纯化相联系,政党组织的单纯化也是政党单纯化的重要表征,因为只有组织的单纯化才有可能导致整个组织体系的瓦解,从而使政党处于灭亡之中。这里只是用"单纯化"的概念加以发挥邓初民的"政党的单纯化"的学术主张,以引起学界对政党灭亡问题的进一步研究,并对邓初民的学术见解加以总结。

在《新政治学大纲》中,邓初民对政党的政纲也进行了研究,认为政纲在本质上是来源于政党的意识形态,也是政党从事政治活动的指南。他指出:"什么是政纲呢？便是由这一政党的共同的意识形态,即由一定的经济的、政治的、哲学的见解所推演出来的具

① 见本书第260—261页。

体的政治纲领。”[①]学术界通常将政党的政纲解释为政治纲领，亦即是政党的政治活动或政治行动的纲领，但一般很少揭示政纲与政党的意识形态的关系，更没有指明政纲不是一般的意识形态的凝结。邓初民对政党“政纲”的界定，不仅说明了政纲与政党的“共同的意识形态”的关系，而且也说明了政纲并非仅是关于政治的纲领。“由一定的经济的、政治的、哲学的见解所推演出来的具体的政治纲领”，自然不只是政党意识形态中关于政治的方面，还应该包括政党在经济、文化等方面的主张。因而政纲是政党的政治纲领，但涉及的是政党关于社会经济、政治、文化及社会生活各方面的思想和意识，只是以政治纲领的形式表现出来。可见，邓初民对政党“政纲”的界定不仅与政党意识形态联系起来，而且涉及政党意识形态多方面的内容，因而其对政党政纲的界定是很有特色的。邓初民还以中国共产党的政纲为例，来阐述政党政纲所应涵盖的内容及其作用。他指出：

> 中国共产党，它信仰并为实现共产主义而奋斗，或者说信仰并为实现马克思主义、列宁主义而奋斗。但在殖民地半殖民地等落后的国家，即资产阶级民主革命尚未完成的国家，它是彻始彻终为反对封建制度、民族压迫的民主主义或民主革命而奋斗的。中国共产党在中国，它的一切运动或革命任务正是资产阶级性的、民主性的，决没有超过这一范围而走到盲目的无产阶级革命。试看一九二七年后，中国共产党号召中国劳动者为民主革命而奋斗的纲领便可明白。其纲领：(1)推

① 见本书第221页。

翻帝国主义的统治；(2)没收外国资本主义企业和银行；(3)统一中国，承认民族的自由权；(4)(略)；(5)建立工农兵代表会议政府；(6)实行八小时工作制、增加工资、失业救济与社会保险；(7)没收一切地主阶级的土地，使耕地归农；(8)改善兵士生活，发给士兵土地和给予工作；(9)取消一切军阀政府地方的捐税，实行统一的累进税；(10)联合世界无产阶级与苏联。这些任务是资产阶级民主革命的任务，因为它不但未超过资本主义发展的可能的范围，而且客观上是更能促进资本主义迅速发展的。因此，这一纲领如能实现，不但有利于工人和农民，而且也有利于民族资产阶级。①

邓初民以中国共产党的政纲来分析，既说明政党的政纲应该切合革命所处的历史阶段及所要完成的任务，同时也是利用学术著作来宣传中国共产党的政治主张。

邓初民的《新政治学大纲》中关于政党问题的研究有显著的特色。一是在马克思主义政党学说指导下重点研究政党的产生、发展的规律，通过对政党的实质与特征、政党起源与发展及灭亡的历史进程等探讨，将政党产生与阶级斗争的进程联系起来考察，提出许多学术主张，发展了马克思主义的政党学说；二是注重联系中国政党演变的实际，如他认为“因其阶级分化之日趋明显、斗争之日趋尖锐而反映出党的组织来，并且因为社会阶层之特殊的复杂性反映出政党的复杂性来”，而“中国在这一点上决不能是例外的”，并分析了“同盟会在民国成立后，递演为国民党、中华革命党、中国

① 见本书第309—310页。

国民党"的历史轨迹;[1]三是在对政党进行概念界定的基础上,比较注重对政党的政纲进行研究,如他从中国民主革命任务的角度来分析中国共产党的政纲,强调政纲与革命任务一致才能发挥政党的政治作用。虽然,《新政治学大纲》没有穷尽所有政党问题,但在中国马克思主义的政党学说史上仍然有重要的学术地位。

综观《新政治学大纲》一书,是以社会矛盾作为政治的基本内容展开的,把全部政治范畴作为其研究对象,涉及阶级论、国家论、政府论、政党论、革命论等方方面面,因而不是如一般的政治学著作那样单纯地把国家作为政治学的全部对象,这就大大拓宽了政治学研究的范围。在《新政治学大纲》的各个部分中,邓初民强调政治学的体系性,以求揭示政治现象之全貌,因而全书具有一个严密的体系结构,构筑了政治学研究的一个宏大的叙事场景。值得注意的是,邓初民对于政治学体系的各部分有他自己的看法,比较重视"革命"与"政党"问题的阐发,甚至认为"革命"与"政党"比"国家"更为重要,其理由是:"政党在政治上的任务目前显然成了一种基本的指导力量。革命在政治上的任务目前显然是被压迫阶层与被压迫民族以群众的力量取得政权、奠定千百万人民生命过程的一种政治运动。"[2]在全书的框架体系中,邓初民"特别注意中国之特殊的具体条件",并将有关中国政治的问题纳入到该著的有关章节之中,显示出对中国政治问题的高度关注。譬如,该著在"阶级论"中专列"中国的社会阶层"一章,在"国家论"中专列"国家论与中国"一章,在"政府论"中专列"中国的政府"一章,在"政

① 见本书第304、305页。
② 见本书第402页。

党论”中专列“中国的政党”一章，在“革命论”中专列“中国革命论”一章，等等。我在编校《新政治学大纲》时还注意到，该书取材广泛，对中外政治学的经典著作如孟德斯鸠的《论法的精神》、卢梭的《契约论》、高一涵的《政治学纲要》等以及中外报刊的材料予以批判性运用，对于马克思主义经典著作的运用尤为娴熟，善于将马克思主义关于政治的观点有机地融贯到论述之中。譬如，马克思的《哲学的贫困》、《法兰西内战》、《〈政治经济学批判〉序言》、《哥达纲领批判》等，恩格斯的《反杜林论》、《家庭、私有制和国家的起源》、《社会主义从空想到科学的发展》等，列宁的《伟大的创举》、《国家与革命》、《共产主义运动中的“左派”幼稚病》等，在《新政治学大纲》中被多次征引。这说明，《新政治学大纲》无论在理论指导还是在材料的运用方面，都达到了那个时代的高峰。

邓初民政治学思想体系中的五本代表性著作，即《国家论之基础知识》、《政治科学大纲》、《政治学》、《新政治学大纲》、《中国政治问题讲话》，在20世纪三四十年代的中国学术界很有影响。邓初民的这些政治学著作是宣传马克思主义政治学理论的结晶，同时也是运用马克思主义政治观点研究中国政治现象的学术成果，构建了具有中国特色的马克思主义政治学体系，在马克思主义政治学理论中国化方面做出了重大贡献。新中国成立以后，由于众所周知的原因，政治学一度被取消，邓初民的著作也就难以再版面世。十一届三中全会后，邓初民的政治学著作《政治科学大纲》才有新的版本（中国社会科学出版社1984年版）问世，但其他著作仍很难见到。此次，商务印书馆将其政治学之代表作《新政治学大纲》一书纳入“中华现代学术名著丛书”中重新出版，我应约对邓初民及其《新政治学大纲》略作介绍。希望我以上说明性的文字，能对读者认识这位学术大家和阅读此书有所帮助。我相信，随着该著的重新问世，邓初民这位政治学大师的学术思想必将会重新引起学术界的高度重视，同时对我们今天的政治学学科建设也将大有裨益。

2011 年 3 月于南京审计学院

［本文在写作过程中，参考了邓初民口述的《沧桑九十年》（载《战地》1980 年第 4 期）、吴伯就先生的《邓初民传略》（载《晋阳学刊》1982 年第 10 期）等文章，吸收了笔者所著《邓初民〈新政治学大纲〉的学术贡献》（载《政治学研究》2009 年第 3 期）、《中国马克思主义学术史概论（1919—1949）》（吉林人民出版社 2010 年版）等著述的研究成果。］

编后记

本书的编辑出版得到了南京审计学院吴汉全教授的大力支持。《新政治学大纲》一书是中国马克思主义政治学的经典性著作，著者邓初民先生在该著中引用了大量马克思主义的经典论述，吴汉全教授就这些引文的出处做了大量的编者注，以便读者见出其马克思主义的理论体系。在此特别表示感谢！

在本书的出版过程中，邓初民先生的女儿邓小初，女婿邓启元，外孙王照禹，外孙女王照南、王照光也给予了大力支持，一并致以诚挚的谢意！

商务印书馆编辑部

2011 年 4 月